Ulrike Staub / Frank Staub

Entdeckertouren mit dem Wohnmobil

Katalonien

Die Anleitung für
einen Erlebnisurlaub

WOMO®
Der Wohnmobil-Verlag

7. vollständig neu und erstmals von Ulrike Staub verfasste Auflage 2024
ISBN 978-3-86903-287-0

Titelbild: Heiligtum von Montferri (Tour 10)
Bild in vorderer Klappe: Sitges (Tour 9)

MIX
Papier | Fördert gute Waldnutzung
FSC® C089473
www.fsc.org

Ganz herzlich bedanken wir uns bei Ulrich und Ralf für die unermüdliche Fehlersuche und technische Unterstützung mit Rat und Tat.

Reihen-, Umschlaggestaltung und Layoutprinzip/Satzvorgaben: www.martinveicht.de
Karten: Frank Staub
Fotos, siehe Bildnachweis auf Seite 344
Druck: Beltz Grafische Betriebe GmbH, 99947 Bad Langensalza
Vertrieb: GeoCenter GmbH, 70794 Filderstadt
Herausgeber: WOMO-Verlag, An der Liethe 4, 36452 Kaltennordheim
Telefon +49(0)36946 20691 · verlag@womo.de · www.womo.de
GPS: N 50°36'38.2" E 10°07'55.6"
Autoren-E-Mail: staub@womo.de

Einladung

Katalonien – denken Sie dabei an die Costa Brava, zubetonierte Küsten und Partytourismus? Ja? Dann geht es Ihnen wie uns, als wir vom WOMO-Verlag gebeten wurden, einen Reiseführer über Katalonien zu schreiben. Doch bei genauerem Hinsehen wurde schnell klar – Katalonien hat weitaus mehr zu bieten als Sommer, Sonne, Freizeitspaß.

Die Autonome Region im Nordosten Spaniens vereint eine überraschende Vielfalt. Menschen, die Türme bauen und den Sardana tanzen, die eine eigene Sprache sprechen, die Widerstand gegen das Franco-Regime leisteten und die in ihrem Unabhängigkeitsstreben bis heute ungebrochen sind.

Katalonien ... das sind die Künstler Dalí, Picasso und Miró, das sind die verspielten Jugendstil-Bauten eines Antoni Gaudí und das sind mittelalterliche Klöster und Kirchen in abgeschiedenen Bergregionen.

... fasziniert mit großartiger Natur. Im Norden die hoch aufragenden Pyrenäen, in deren Schluchten die Gänsegeier zuhause sind. In der Mitte liebliche Weinregionen mit den berühmten Cava-Sektkellereien. Im Süden das Ebro-Delta mit seinen ausgedehnten Reisfeldern und rosafarbenen Flamingo-Schwärmen. Nicht zu vergessen die weltoffene, bunte und quirlige Hauptstadt Barcelona.

... überrascht auch in kulinarischer Hinsicht. Hier wurde die Crème Brûlée erfunden, hier wächst der Reis für die Paella und im Hinterland werden hervorragende Käsesorten, exzellente Rotweine sowie köstliche Olivenöle produziert. Wir schauen in die Töpfe der Katalanen und entführen Sie auf regionale Märkte.

Konnten wir Sie ein wenig neugierig machen? Dann kommen Sie mit und begleiten Sie uns abseits des Massentourismus auf unseren Entdeckertouren durch Katalonien.

Benvinguts a Catalunya!

Ulrike und Frank Staub

Inhaltsverzeichnis

Ausgrabungsstätte L'Empúries (Tour 5)

Unsere persönlichen Top Ten

Sant Joan de les Abadesses

Spannende Geschichten ranken sich um eine junge Äbtissin und die Nonnen des Klosters in Sant Joan de les Abadesses. Erzählt werden sie mit Hilfe moderner Technik. Anschauen!

Tour 3, Seite 30

Camí de Ronda

Wandern mit Meerblick – Das verspricht der Küstenwanderweg Camí den Ronda. Auf 140 Kilometern verläuft er entlang der Wilden Küste Costa Brava. Unbedingt abwandern!

Touren 5/6, Seiten 104/140

Ullastret

Die Iberische Siedlung bei Ullastret ist ein besonders magischer Ort. Stille, Weitblick, alte Steine – Hier schwebt über allem noch der Geist von mehr als 6.000 Iberern.

Tour 6, Seite 124

Girona

Mittelalterliche Mauern, enge Gassen, steile Treppen – Girona hat uns auf ganzer Linie überrascht. Die Stadt im Hinterland der Costa Brava ist mehr als nur einen Besuch wert!

Tour 6, Seite 146

Barcelona

Die spannende Metropole abseits ausgetretener Pfade erleben? Das geht im UNESCO-Weltkulturerbe Hospital de la Santa Creu i Santa Pau. Ein echtes Jugendstil-Highlight!

Tour 7, Seite 174

… das sollten Sie nicht verpassen!

Kloster Sant Benet de Bages
Wechselvoller könnte die Geschichte kaum sein. Zerstört, wiederaufgebaut und Schauplatz einer romantischen Liebesgeschichte. Der Besuch ist ein mulitmediales Erlebnis!
Tour 8, Seite 190

Salzberg von Cardona
Der Muntanya de Sal gilt als geologisches, weltweit einzigartiges Phänomen. Wir tauchen ab in eine faszinierende Welt der Kristalle. Hingehen und Staunen!
Tour 8, Seite 195

Ebro-Delta
Im Wind wogende Reisfelder, flache Lagunen und Kanäle, lange Sandstrände – Das Ebro-Delta ist wohltuend unspäktakulär und eine Landschaft zum Ausruhen. Einfach genießen!
Tour 11, Seite 243

Bahntrassen-Radwege
Hohe Viadukte und dunkle Tunnel prägen die Víes Verdes in der Ebro-Region ab Tortosa. Auf 130 Kilometern geht es durch spektakuläre Natur-Landschaften. Nachfahren!
Tour 12, Seite 258

Vallbona de les Monges
Im Zisterzienserinnenkloster ist alles ein wenig heller, heiterer und fröhlicher – Fast hört man das Lachen der frommen Frauen im Kreuzgang. Herrlich besinnlich!
Tour 13, Seite 290

Gebrauchsanleitung

Damit Sie sich in den nachfolgenden Tourenbeschreibungen dieses Reiseführers gut zurechtfinden, möchten wir Ihnen zunächst den Aufbau des Buches erläutern. Nehmen Sie sich also ein wenig Zeit, diesen Vorspann zur Einstimmung auf Ihre Reise auf die Iberische Halbinsel zu lesen.

Reisegebiet

Spanien gliedert sich in **17 Autonome Gemeinschaften** oder Regionen – sogenannte *Comunidades Autónomas*. Sie sind mit den deutschen Bundesländern vergleichbar, haben eigene Regionalparlamente und Gesetzgebungen. Manchmal sogar recht vehemente Bestrebungen nach Eigenständigkeit, wie etwa **Katalonien**.

Katalonien ist ein wenig anders als der Rest von Spanien. Die Katalanen pflegen ihren Nationalstolz, sie sprechen eine eigene Sprache und sie haben besondere Bräuche. Genau in diese »aufmüpfige« Autonome Region soll es in diesem Reiseführer gehen.

Unsere Rundreise startet und endet in den **Pyrenäen**. Wir überqueren die Grenze nach Spanien ziemlich genau in der Mitte des Hochgebirges im **Tal der Garona** – auf französischer Seite *Garonne* genannt. Hier befindet sich auch der einzige **Nationalpark** Kataloniens, der **Aigüestortes i Estany de Sant Maurici**. Sein Markenzeichen sind tiefblaue Bergseen und mäandernde Flüsse, die *Aigüestortes*, die zum Namensgeber des Parks geworden sind.

Insgesamt vier Provinzen zählt Katalonien. Die Pyrenäenregion gehört zur **Provinz Lleida**, die einzige des Landes, die keine Küste hat. Doch dafür kann sie mit Skigebieten, Hochgebirge sowie mittelalterlichen Kirchen und Klöstern aufwarten. Von dort geht es ostwärts in die **Provinz Girona**. Neben der zauberhaften Provinzhauptstadt lernen wir die grün bewaldeten Vulkankegel der **Garotxa** und die »wilde« Küste **Costa Brava** kennen. Der berühmte Surrealist Salvador Dalí hat dort seine Spuren hinterlassen. Der Besuch im Dalí-Museum in Figueres ist geradezu ein Muss bei einer Reise durch Katalonien. Außerdem laden einstige Schmugglerpfade zum Wandern ein. Der Küstenwanderweg *Camí de Ronda* ist ein echtes Highlight!

Barcelona – Die Stadt am Meer. Sie ist Provinzhauptstadt, Hauptstadt Kataloniens und eine der meistbesuchten Metropolen Europas. Auch wenn man vom touristischen Rummel schier erschlagen wird, Barcelona muss man einfach besucht haben. Wir verraten Ihnen, wo Sie die hippe Stadt noch abseits ausgetretener Pfade erleben können.

Südlich der Stadt schließt sich die **Costa Daurada** mit ihren Sandstränden an. Wer einen Badeurlaub im Sinn hat, ist hier richtig. Im Hinterland der Küste lockt die liebliche Weinregion des **Penedès** zur Erkundung. Prickelnder ***Cava*** – der spanische Champagner – kann in den modernistischen »Kathedralen des Weines« verkostet werden.

Die **Provinz Tarragona** wartet mit einem reichen, römischen Erbe auf. Amphitheater, Aquädukte, Forum Romanum – Liebhaber archäologischer Ausgrabungsstätten kommen dort auf ihre Kosten. Südlichster Punkt unserer Reise ist das **Ebro-Delta**. Der zweitlängste Fluss der Iberischen Halbinsel mündet in einer wohltuend unspektakulären Landschaft nach 910 Kilometern ins Mittelmeer. Ausgedehnte Reisfelder, Rückzugsgebiet für zahlreiche Vogelarten, unendliche Weite – das Delta ist ein Ort zum Ausruhen.

Ebro-aufwärts geht es wieder nach Norden. Dort wurde 1938 mit der Schlacht am Ebro grausame **Bürgerkriegs-Geschichte** geschrieben. Unter anderem erinnern die Ruinen des Dorfes **Corbera d'Ebre** an diese dunkle Vergangenheit.

Mit Durchqueren der fruchtbaren, zentralen Ebene, dem »Obst- und Gemüsegarten Kataloniens«, erreichen wir die Pro-

Küstenwanderweg *Camí de Ronda* an der Costa Brava

vinzhauptstadt Lleida. Von dort geht es noch einmal in die Pyrenäen, womit sich der Kreis unserer Rundreise schließt.

In diesem Reiseführer haben wir zwar versucht, allen Regionen gerecht zu werden, doch ist es kaum möglich, jeden Winkel zu erkunden. Wir denken jedoch, dass wir 14 abwechslungsreiche Touren für Sie zusammenstellen konnten, bei denen sowohl Badeurlauber als auch Kulturinteressierte und Naturfreunde auf ihre Kosten kommen.

Unsere persönliche **Top-Ten-Liste** der bereisten Gebiete finden Sie übrigens auf den Seiten 4 und 5. Die Aufzählung erfolgt nach Touren und ist nicht als Ranking zu verstehen.

Karten – Symbole – Kilometerangaben

Alle Bücher aus der WOMO-Reihe sind nach Touren untergliedert. In der hinteren Umschlagklappe ist eine **Übersichtskarte** mit allen beschriebenen Touren enthalten. Außerdem finden Sie dort eine **Zeichenerklärung** zu den verwendeten Symbolen.

Jeder Tour vorangestellt ist eine **Tourenkarte**, anhand der Sie sich leicht orientieren können. Sie enthält die durchnummerierten Stell- und Campingplätze, Sehenswürdigkeiten und geographischen Besonderheiten. In keinem Fall ersetzen diese Karten eine klassische Landkarte und/oder ein Navigationsgerät.

Die **Kilometerangaben** neben den Tour-Überschriften sind eine erste Orientierung über die Länge der jeweiligen Tour. Ausgehend vom ersten beschriebenen Stell- oder Campingplatz bis zum letzten Platz der Tour soll Ihnen die Entfernungsangabe bei Ihrer individuellen Tages- und Etappenplanung behilflich sein.

Stellplätze – Farben – Nummern

Die Stellplatzsymbole zeigen auf den ersten Blick, ob es sich um einen Campingplatz (Zelt), einen WOMO-Parkplatz (Oval) oder um einen Offiziellen WOMO-Stellplatz (Camper) handelt.

Symbol		
001	**Offizieller Stellplatz**	Von privater oder öffentlicher Hand für Reisemobile über ein Wohnmobilsymbol und/ oder eine Preisangabe ausgewiesener Platz
003	**Parkplatz**	Für eine Übernachtung geeignet
P	**Parkplatz**	Übernachtung nicht möglich oder verboten
002	**Campingplatz**	

Alle Stellplatz-Symbole sind in den WOMO-Büchern einheitlich mit **Farben** gekennzeichnet, die Ihnen weitere Hinweise auf die

Am Mirador de la Creu de Guils (Tour 2)

jeweilige Eignung geben. **Blau** steht für eine nahe Bademöglichkeit in natürlichen Gewässern, einer Therme oder einem besonders interessanten Schwimmbad. **Grün** kennzeichnet einen Platz, an dem typischerweise Wanderungen oder Fahrradtouren beginnen und dort meistens beschildert sind. **Hellgelb** sind alle Plätze bei Winzern oder Gaststätten, die eine Übernachtungsmöglichkeit für Wohnmobilisten anbieten. Empfehlenswerte Campingplätze haben **olivgrüne** Kästchen. **Orangegelb** sind die Plätze ohne die vorgenannten Merkmale.

Außerdem sind alle **übernachtungstauglichen** Plätze fortlaufend durchnummeriert. Sie werden im Text entsprechend ihrer genannten Eignung farbig eingerahmt und stehen meistens in einem **Stellplatzkasten** mit den wichtigsten Informationen. Plätze, die als reine Tagesparkplätze zu verstehen sind, enthalten keine Nummer.

Informationen in den Stellplatzkästen

Neben den **GPS-Koordinaten** befinden sich, sofern vorhanden, die Kontaktdaten. In dieses Buch wurden auch **Höhenangaben** aufgenommen, da sich weite Teile Kataloniens in bergigen Regionen befinden. Bei Plätzen in Meeresnähe wurde auf die Höhenangabe verzichtet.

Die Angabe **Max. WOMOs** richtet sich entweder nach den tatsächlich vorhandenen Stellplätzen oder aber danach, wie viele Wohnmobile ein Platz verträgt, ohne dass jemand daran Anstoß nehmen könnte. Es folgt bei allen Plätzen eine **Öffnungszeit**. Ist diese beispielsweise bei WOMO-Parkplätzen durch Wochenmärkte oder saisonale Veranstaltungen eingeschränkt, finden Sie entsprechende Angaben bei den **Hinweisen**.

Jeder Kasten enthält zudem eine kurze **Beschreibung** der jeweiligen Ausstattung sowie den Gegebenheiten vor Ort. Dabei geben wir den Zustand des Platzes zum Zeitpunkt unseres Besuches wieder. Sie erhalten zudem Angaben darüber, ob sich der Platz zentrumsnah in einer Stadt oder eher ruhig und einsam außerorts befindet.

Eine – vielleicht nicht nur spanische – Besonderheit auf offiziellen Stellplätzen sind Vorgaben hinsichtlich der **maximalen Aufenthaltsdauer** sowie dem **Campingverhalten**. Einige Regionalregierungen in Spanien arbeiten derzeit an einer neuen, einheitlichen Benutzungsordnung für Wohnmobil-Stellplätze. Neben Mindeststandards sehen diese gesetzlichen Vorschriften unter anderem vor, die maximale Aufenthaltsdauer pauschal auf **72 Stunden** zu begrenzen. Auch campingartiges Verhalten, wie das Ausfahren der Markise und das Aufstellen von Klappstühlen, ist auf einigen offiziellen Stellplätzen unerwünscht. Wo diese Verordnungen bereits in Kraft sind, wurde es in den Stellplatz-Kästen vermerkt.

Die angegebenen **Preise** dienen der **groben Orientierung** und beziehen sich auf ein WOMO mit zwei Erwachsenen in der preiswertesten und in der teuersten Zeit – **ohne** Strom (falls er nicht im Grundpreis enthalten ist), Kurtaxe und Hund. Fehlen Preisangaben, sind die Plätze kostenlos.

Es versteht sich nahezu von selbst, dass die Preisgestaltung volatil ist und von Saison zu Saison schwanken kann. Außerdem sind im Zuge steigender Energiepreise sowie zunehmender Wasserknappheit in Spanien Preissteigerungen zu erwarten, noch ehe dieser Reiseführer druckfrisch auf dem Markt ist. Die Angaben beziehen sich deshalb auf den Zeitpunkt der Recherche und sind nicht als verbindliche Angabe zu verstehen.

Der letzte Stichpunkt in den Stellplatzkästen ist die **Zufahrt**. In Zeiten der GPS-Navigation halten wir die Beschreibung möglichst knapp. Es sei denn, die Anfahrt zu einem Platz bereitet mit dem Navigationsgerät Probleme oder es gibt besondere Einschränkungen hinsichtlich Höhe und/oder Gewicht.

Sehenswürdigkeiten – Land und Leute – Öffnungszeiten

Innerhalb der Tourenbeschreibungen finden Sie Hintergrundinformationen zu den besuchten Städten und Sehenswürdigkeiten sowie Tipps für eine Stadtbesichtigung. Diese sind in etwas kleinerer Schrift mit einem **hellgrauen** Kasten hinterlegt.

Wir haben versucht, bei Sehenswürdigkeiten die Öffnungszeiten und Eintrittspreise anzugeben. Die Angaben sind als grobe Orientierung zu verstehen. Werfen Sie auch einen Blick auf die beigefügten **Internet-Links**, unter denen Sie jeweils aktuelle Informationen und Termine erhalten.

Zudem unternehmen wir innerhalb der Touren immer wieder einen **Exkurs**, in dem wir uns mit Land und Leuten, den Besonderheiten oder auch Skurrilitäten im Reiseland befassen. Dieser Exkurs ist ebenfalls in einem hellgrauen Kasten hinterlegt.

Wanderungen – Fahrradtouren – Tipps und Infos

Innerhalb der Touren beschreiben wir Ihnen lohnende Wander- und Fahrradtouren oder geben entsprechende Tipps dazu. Sie sind im Text **grün** hinterlegt und können in Eigenregie unternommen werden. Entsprechende App- und Kartenempfehlungen finden Sie am Ende des Buches bei den **Tipps und Infos**. Dort finden Sie auch verschiedene **Anreisewege** und allgemeine Angaben.

Reiseführer und der Zahn der Zeit

Mit viel Freude und Begeisterung für Spanien, aber auch mit viel Mühe und Zeit haben wir für Sie diese Tourenvorschläge vor Ort recherchiert, Sehenswürdigkeiten besucht, Stellplätze getestet und letztendlich in Wort und Bild zu Papier gebracht. Trotz aller Sorgfalt können sich die Gegebenheiten jedoch verändern, noch ehe das Buch druckfrisch in den Verkauf geht. Werfen Sie deshalb vor Ihrer Reise einen Blick in das **Forum des WOMO-Verlages**, *www.womoverlag.de*. Dort halten wir Sie über Neuerungen und Veränderungen auf dem Laufenden und dort können Sie Ihre Erfahrungen auch mit anderen Leserinnen und Lesern austauschen.

Teilen Sie uns gerne auch mit, wenn etwas nicht mehr so ist, wie wir es beschrieben haben. Sagen Sie uns, wenn Ihnen etwas missfallen hat oder wenn Sie etwas Neues entdeckt haben. Gerne nehmen wir Ihre Anregungen für Orte oder Sehenswürdigkeiten in die nächste Neuauflage auf. Wir freuen uns über Ihre Anregungen und Erfahrungen, die Sie uns per E-Mail an *staub@womo.de* senden können.

Nun bleibt uns nur noch, Ihnen
Bon viatge und
Gute Reise zu wünschen!

Tour 1

Tour 1

Kaviar, Kirchen, Kurven
Die Hochpyrenäen westlich von Andorra
148 km

Unsere Reise durch Katalonien beginnt kulinarisch. Hätten Sie gedacht, dass im Pyrenäen-Tal Val d'Aran Sibirische Störe im glasklaren Gebirgswasser der Garona gedeihen? Die Fische liefern den begehrten Kaviar, den man gerne mit einem Glas Cava genießt. Weitere Highlights dieser ersten Tour:

- Wanderung zum Mirador de Vielha
- Videopräsentation in der Kirche Sant Climent in Taüll
- Aussichtsreiche Panoramaroute N-260
- Verspielter Modernisme in La Pobla des Segur

Nach langer Anreise durch Frankreich überqueren wir die Grenze zu Spanien und erreichen in **Les** (970 Einwohner) das **Val d'Aran**. Das Hochgebirgstal wird durchflossen von der **Garona**, die nicht weit von hier in den Bergen ihren Ursprung hat. In Frankreich trägt der Fluss den Namen *Garonne* und mündet nach 647 Kilometern bei Bordeaux in den Atlantik. Nach Süden hin bilden hohe Berge eine natürliche Barriere zu den Nachbarregionen Katalonien und Aragonien. Bis zur Einweihung des **Tunnels bei Vielha** im Jahr 1948 war das Val d'Aran also nur von Norden oder über schwer zugängliche Gebirgspässe erreichbar. Diese geographische Ausrichtung hin zur französischen Gascogne und dem Atlantischen Ozean führte dazu, dass sich im Tal eine ganz eigene Kultur und Sprache entwickelte, die bis heute Bestand hat. So wird im Val d'Aran **Aranesisch** gesprochen, welches ein Dialekt des Okzitanischen ist, und das neben Katalanisch und Spanisch den Status einer Amtssprache hat. Sie werden deshalb das Val d'Aran in unterschiedlichen Schreibweisen vorfinden. Neben der offiziellen, aranesischen Bezeichnung heißt es im Katalanischen *Vall d'Aran* und im Spanischen *Valle de Arán*.

Darüber hinaus spiegelt sich die kulturelle Eigenständigkeit auch in der politischen Struktur wider. Das Val d'Aran hat eine eigene Regionalregierung und bildet eine ***Comarca*** (Landkreis) mit Sonderstatus innerhalb der spanischen Autonomen Region Katalonien. Keine Frage, dass hier auch eine eigene Flagge weht. Sie zeigt in der Mitte das Wappen des Val d'Aran, umgeben vom okzitanischen Kreuz, das auch als »Kreuz von Toulouse« bekannt ist.

Es verwundert auch nicht, dass sich die französischen Einflüsse in der Küche des Val d'Aran bemerkbar machen. Und damit wären wir schon beim Thema. Im Örtchen Les dürfen sich Feinschmecker gleich auf einen besonderen kulinarischen Auftakt unserer Reise durch Katalonien freuen. Im glasklaren Gebirgswasser der noch jungen Garona tummeln sich **Sibirische Störe**. Die Lieferanten, für den begehrten Kaviar. Das möchten wir uns etwas genauer anschauen.

Sibirischer Stör aus den Pyrenäen

TOUR 1

Am südlichen Ortsrand von Les betreibt die Firma ***Nacarii*** eine **Aquakultur**, in der die Störe aufgezogen werden. Nach vorheriger Anmeldung kann man die Anlagen besuchen, was wir Ihnen wärmstens empfehlen.

Die Störe kommen als Babys hierher und durchlaufen während ihrer jahrelangen Aufzucht verschiedene Stationen. Dabei wird immer wieder untersucht, welches Geschlecht die Fische haben, ob bereits Eier reifen, es wird sortiert und separiert. Bis der Kaviar »geerntet« werden kann, wie es im Fachjargon heißt, vergehen zehn und mehr Jahre. Um an die begehrten Fischeier zu gelangen, werden die weiblichen Störe geschlachtet. Auch das Fleisch findet Verwendung, so dass die Tiere nicht nur wegen des Kaviars sterben müssen. Im Direktverkauf werden auch Räucherfisch und andere Produkte vom Stör angeboten. Die weitere Verarbeitung der Fischeier erfolgt überwiegend von Hand und ist sehr zeitaufwändig, wie wir in einem Videofilm erfahren.

Kaviar-Verkostung in Les

Am Ende der Führung darf natürlich verkostet werden. Dies wird regelrecht zelebriert. Der Kaviar wird mit der richtigen Temperatur und, um Geschmacksirritationen zu vermeiden, auf einem Perlmutt-Löffelchen serviert. Zusammen mit einem Glas prickelndem ***Cava*** ein Genuß. Die edlen Häppchen schmecken zart, cremig, ein bisschen nussig und nur dezent salzig. Prädikat: Sehr lecker! Wenn man bedenkt, wie viel Handarbeit und Zeit in so einem 10-Gramm-Döschen stecken, wird der hohe Preis durchaus verständlich. Je nach Qualitätsstufe müssen Sie zwischen 22 € und 110 € für die kleinste Portion rechnen *(Führungen: Juni bis August Di.–Sa. um 12 Uhr, im August auch um 10 Uhr. In den anderen Monaten nur Fr. und Sa.; Preise: 10–24 €. Anmeldung: Tel. +34 659 610 346, www.caviarnacarii.com)*.

Für die Anfahrt orientieren Sie sich bitte an der Beschilderung zur *piscifactoria*. Parken können Sie Ihr WOMO neben dem Kreisverkehr am Ortsende. Bitte nicht bis zur Fischfabrik fahren, dort gibt es weder Parkplätze noch geeignete Wendemöglichkeiten. Wenn Sie noch ein wenig in Les verweilen möchten, können Sie hier auch im warmen Wasser eines Thermalbades entspannen, *www.termasbaroniadeles.com*.

001 Les

GPS: N 42°48'43'' E 00°42'40'', Carrer Ressech, 632 m. **Max. WOMOs**: 10. **Öffnungszeit**: Ganzjährig. **Ausstattung**: Picknickbänke, Mülleimer. **Beschreibung**: Zentrumsnaher, teilweise schattiger Parkplatz am Flussufer, der eher für kleiner WOMOs geeignet ist. **Zufahrt**: Im Ort Les der Parkplatzbeschilderung für WOMOs folgen.

Am Ortsende gibt es bei einem Kreisverkehr weitere, große Parkplätze sowie einen Campingplatz mit Adventure-Park.

002 Les – *Camping Cauarca*

GPS/Kontakt: N 42°48'17'' E 00°42'19'', Carrèr de Paissàs, 645 m, Tel. +34 973 647 045, *www.deportur.com*, *deportur@deportur.com*. **Öffnungszeit**: Von Ostern bis Ende September. **Ausstattung**: Campingplatzüblich mit Pool, Restaurant, Grillstellen, Spiel- und Sportplätzen. **Beschreibung**: Familienfreundlicher und geselliger Campingplatz mit teilweise schattigen Stellflächen auf einem Wiesen-Untergrund sowie einem angegliedertem Adventure-/Kletterpark mit Kajak-Verleih. Es werden Touren zu Wasser und Land angeboten und man ist bei der Organisation behilflich. Zwei große Zeltwiesen werden auch von Jugendgruppen genutzt, so dass es in Ferienzeiten etwas lauter sein könnte. Das Zentrum von Les ist 700 Meter entfernt. **Preise**: 21–25 €. **Zufahrt**: Der Campingplatz ist beim Kreisverkehr am südlichen Ortsrand ausgeschildert.

Auf der Weiterfahrt nach Vielha passieren wir entlang der N-230 mehrere Campingplätze. Die meisten davon sind zwischen Ostern und September geöffnet. **Bossòst** ist ein weiteres, nettes Pyrenäendorf im Val d'Aran. Hier reihen sich entlang der Durchgangsstraße Bars, Restaurants und Souvenirshops. Innerorts mangelt es leider an Parkmöglichkeiten, doch am Ortsende können Sie das WOMO an einem Kreisverkehr auf einer großen Schotterfläche abstellen.

Familien mit Kindern empfehlen wir dort einen Abstecher zum *Parc Animalier Aran-Park*. Er ist am Kreisverkehr ausgeschildert, ab dem sich die N-141 auf sechs Kilometern kurvenreich hinauf zum Tierpark und den 1.293 Meter hohen **Pass Portilhòn** windet. Der Tierpark widmet sich der Flora und Fauna der Pyrenäenregion. So sind Braunbären, weiße und graue Wölfe, Murmeltiere, Luchse und viele andere Tiere in ihren natürlichen Lebensräumen zu sehen. Die Gehege wollen sprichwörtlich erwandert werden, denn das Gelände ist recht weitläufig und liegt am Hang. Die Wege sind jedoch kinderwagentauglich (*April bis Ende Oktober täglich 9.30–18 Uhr, im Juli und August bis 19 Uhr. Kassenschluss jeweils 90 Minuten früher; 16 €, Kinder von 3–12 Jahren 12 €, www.aran-park.es*).

Vielha im Val d'Aran

Für uns geht es ab Bossòst weiter nach Vielha, wo wir uns für die nächsten Tage auf einem angenehmen Stellplatz einquartieren.

003 Vielha – *Val d'Aran Camperpark*

GPS/Kontakt: N 42°42'45'' E 00°47'50'', Carretera de França, 943 m, Tel. +34 638 335 625, *www.valdarancamperpark.com*, *valdarancamperpark@gmail.com*. **Max. WOMOs**: 36. **Öffnungszeit**: Ganzjährig. **Ausstattung**: Ver-/Entsorgungsstation, Strom, Dusche, Toiletten, Waschsalon, Picknickzone, WLAN, Gasflaschenservice, Rezeption mit touristischen Informationen, gebührenpflichtiger Quickstopp zur V/E. **Beschreibung**: Zentrumsnaher und sehr freundlich geführter Stellplatz am nördlichen Stadtrand in einem Industriegebiet. Die Stellflächen auf Schotter und Wiese bieten teilweise Schatten, bei voller Belegung steht man allerdings ein wenig eng. Die Einrichtungen sind sauber, die Rezeption ist vormittags und abends besetzt. Bei vorheriger Anmeldung bekommt man einen Zugangs-Code für die Schranke oder erhält telefonisch Einlass. In unmittelbarer Nachbarschaft gibt es einen Supermarkt, das Zentrum mit Vielha mit Restaurants ist etwa einen Kilometer entfernt. **Preise**: 12–20 €. **Zufahrt**: Den Kreisverkehr am Ortseingang umrunden und auf die Einbahnstraße ins Industriegebiet abbiegen. Dort rund 700 Meter zurückfahren. Die Einfahrt zum Stellplatz ist ausgeschildert.

Innerhalb des gesamten Stadtgebietes von Vielha ist das Übernachten im WOMO unter Androhung eines hohen Bußgeldes verboten. Für einen Tagesbesuch steht allerdings der große Parkplatz P3 an der Garona zur Verfügung:

P Vielha – N 42°42'05'' E 00°47'52''

Vielha – oder genauer gesagt ***Vielha e Mijaran*** (5.600 Einwohner, in der Skisaison können es deutlich mehr sein) ist das touristische Zentrum des Val d'Aran, *www.visitvaldaran.com*. Hier finden Sie alle Versorgungseinrichtungen und hierher zieht es die Wintersporturlauber zum Après-Ski. Das Clientel zählt zu den Wohlhabenderen, wie die ansprechende Bebauung mit Villen und Hotels im Stil der Pyrenäen zeigt. In der hübschen Altstadt mit ihren Steinhäusern sind einige Nobelboutiquen zu finden. Schnäppchenjäger kommen also eher weniger auf ihre Kosten.

Der Tourismus ist in Vielha um ein altes Dorf herum gewachsen. Die Ursprünge des Ortes reichen sogar zurück bis in die Römerzeit, als die Siedlung unter dem Namen *Vetula* bekannt war. Der Legende nach soll hier der **Gigant Mandronius** gegen die römischen Invasoren angekämpft haben. Einmal mehr fühlen wir uns im Val d'Aran an Asterix und die unbeugsamen Gallier erinnert. Wir möchten unseren Aufenthalt in Vielha für eine Wanderung nutzen und laden Sie ein, uns zum **Mirador de Vielha** zu begleiten.

Wanderung zum Mirador de Vielha

Unsere Wanderung, für die wir Ihnen etwas Ausdauer, gutes Schuhwerk, Sonnenschutz und ausreichend zu Trinken empfehlen, starten wir zunächst noch gemütlich in Richtung Stadtzentrum. Am Fluss halten wir uns vor der Brücke links und bemerken schon bald ein bunt dekoriertes Haus links am Hang. Dort folgen wir dem Wanderweg GR-211 aus dem Ort hinaus, nicht ohne die zahlreichen Accessoires und den Blumenschmuck am Wohnhaus ausgiebig zu bewundern.

Farbenfrohe Hingucker am Wegesrand

Die Asphaltstraße geht über in einen schmalen Wanderpfad, auf dem wir uns an der Weggabelung nach etwa 150 Metern rechts halten. Unser Pfad führt uns jetzt am Hang zunächst in Richtung Norden bergauf, dann recht knackig in Serpentinen durch den Wald wieder südwärts. Nach etwa 1,3 Kilometern verlassen wir den Wald und können einen ersten Ausblick auf die Stadt Vielha und die umgebende Gebirgslandschaft werfen.

Weiter geht es nun auf einem schmalen Pfad durch eine Wacholderheide entlang des Hangs. Ende März ist der Bewuchs noch karg, die letzten Schneereste scheinen gerade erst von der Sonne getilgt worden zu sein. Während wir angesichts des strammen Aufstieges einige Schweißtropfen vergießen, begegnen uns locker dahinspurtende Trail-Runner. Nun gut – es ist unsere erste ausgedehnte Wanderung der Saison. Da dürfen wir ein

Ausblick vom Mirador de Vielha

wenig schwächeln. Also die letzten Kräfte mobilisiert und wir erreichen wenig später den **Mirador de Vielha** auf 1.413 Metern Höhe. Eine ausgedehnte Picknickwiese lädt uns nun zu einer verdienten Rast ein.

Der Rückweg in Richtung Tal führt uns am anderen Ende des Picknickplatzes auf einer breiten Schotterstraße bergab. Wir schlendern gemütlich durch den schattigen Wald hinunter, passieren ein Viehgatter und halten uns an einer Weggabelung links weiter in großen Serpentinen talwärts. Nach etwa 4,5 Kilometern ab unserem Rastplatz öffnet sich der Wald und wir erreichen eine Viehweide. Der Blick geht zu den Siedlungen **Vilac** und **Mont**, hoch oben am Berghang. Wenig später passieren wir ein nobles, videogesichertes und eingezäuntes Anwesen. Dahinter plätschert es – der akkurate Rasen wird bewässert und wir erspähen einen Springbrunnen hinter dem Einfahrtstor. Nach der Grundstücksgrenze zweigt links ein schmaler Wanderweg ab. Er ist nun wieder mit Wegmarkierungen in Richtung Vielha ausgeschildert.

Kurz darauf grenzt die **Urbanización Santa Gemma** an unseren Wanderweg. Diese wollten wir eigentlich durchqueren, um auf kürzestem Weg zurück zu unserem Stellplatz zu gelangen. Doch Schilder und Tore an der eingezäunten Ferien-/Wohnsiedlung kennzeichnen die Wege als *privado*. Also halten wir uns weiter auf dem Wanderweg und können wenig später unser WOMO auf dem Stellplatz sehen. Leider führt kein Weg hinunter. Da wir inzwischen aber müde sind und nicht den ganzen Weg zurück nach Vielha gehen möchten, suchen wir uns einen Schleichweg querfeldein über die Viehweide. Wenn Sie es uns nicht gleichtun wollen, gehen Sie einfach weiter bis Vielha. Dort mündet der Weg wieder in den Ausgangspunkt bei dem eingangs beschriebenen, bunt dekorierten Wohnhaus.

Am Ende waren wir für die rund **8,2 Kilometer** lange Strecke etwa **5,5 Stunden** unterwegs und haben dabei **530 Höhenmeter** zurückgelegt.

Nach den ersten Tagen des Ankommens in Spanien geht es nun weiter gen Süden. Wir wählen dafür die N-230 und die Fahrt durch den **Tunnel bei Vielha**. Eine andere Straße, die C-28, verlässt die Stadt in Richtung Ski- und Wandergebiete. Diese Strecke werden wir Ihnen in unserer letzten Tour 14 beschreiben. Sollte Ihre Reise ins zeitige Frühjahr fallen, so kann es dort oben noch recht winterlich sein.

Wir fahren also durch den fünf Kilometer langen Tunnel, hinter dem wir tatsächlich bei Sonnenschein wieder ans Tageslicht gelangen. Wir sind nun auch in der ***Comarca Alta Ribagorça*** angekommen, einem weiteren Landkreis der **Provinz Lleida**. Durch eine weiterhin beeindruckende Berglandschaft rollen wir talwärts. Die Stromgewinnung durch Wasserkraft ist allgegenwärtig, doch der Wasserstand in den folgenden Stauseen ist erschreckend niedrig. Ende März, dem Zeitpunkt unserer Reise, sollte der Füllstand eigentlich an oberster Grenze sein. Doch was wir sehen, sind dünne Rinnsale und Relikte von alten Brücken und Mauern, die normalerweise unterhalb des Wasserspiegels liegen würden. Reisemomente, die uns nachdenklich stimmen.

Kurz vor Erreichen der Stadt El Pont de Suert zweigt links die L-500 ins **Vall de Boí** ab. Dieses Pyrenäental ist das UNESCO-gekürte Zentrum der romanischen Kirchen. Insgesamt neun mittelalterliche Dorfkirchen und Wallfahrtskapellen sind in diesem abgeschiedenen, 25 Kilometer langen Seitental zu bewundern. Es besteht aus nur wenigen kleinen Dörfern, in denen insgesamt geschätzte 700 Menschen ganzjährig leben. Die Gotteshäuser fügen sich in ihrer Architektur harmonisch in diese einzigartige Hochgebirgslandschaft ein und sind ein eindrucksvolles Zeugnis romanischer Kunst.

Romanische Kirche Santa Eulàlia in Erill la Vall

Das Vall de Boí wird durchflossen vom **Ríu Noguera de Tor**, der gleichsam das Rückgrat des Tals bildet. Der Fluss entspringt weiter oben in den Bergen im Stausee Cavallers und mündet nach 25 Kilometern in den Hauptfluss **Noguera Ribagorçana**. Zudem ist das Vall de Boí das westliche Eingangstor zum **Nationalpark Aigüestortes i Estany de Sant Maurici**, den wir Ihnen ebenfalls in unserer Tour 14 genauer beschreiben werden.

TOUR 1

Das freie Übernachten ist überall im Tal unter Androhung hoher Geldstrafen verboten und es gibt nur wenige Möglichkeiten, länger zu verweilen. Dennoch lohnt sich der Abstecher hierher und wir werden Ihnen die wenigen verbleibenden Plätze vorstellen, von denen aus Sie sowohl die Kirchen, als auch die großartige Landschaft erkunden können. Wer die gesamte Pyrenäenregion samt ihrer Wandermöglichkeiten ausführlicher besuchen möchte, dem empfehlen wir gerne den WOMO-Reiseführer Band 20 – Pyrenäen.

Das Vall de Boí bei Barruega

Der erste Ort, den wir im Tal ansteuern, ist das Dörfchen **Barruera** (220 Einwohner). Es ist das touristische Zentrum und im Ort finden sich Restaurants sowie kleinere Einkaufsmöglichkeiten. Außerdem eignet sich Barruera gut als erste Anlaufstelle, um sich im **Tourismusbüro**, *www.vallboi.cat*, mit entsprechenden Informationen zu versorgen.

Entlang dem Fluss Noguera de Tor gibt es eine ausgedehnte Grünanlage mit Spielplätzen, Picknickplätzen und vielen Tagesparkplätzen. Gar zu schön wäre es hier, doch Verbotsschilder lassen allenfalls eine Picknickpause zu. Von einer ehemals offiziellen Stellplatzmöglichkeit existiert nur noch eine Entsorgungsstation für Grauwasser. Es gibt aber einen kleinen, einladenden Campingplatz, der über eine begrenzte Zahl an Stellplätzen für WOMOs verfügt.

004 Barruera – *Camping Boneta*

GPS/Kontakt: N 42°30'12'' E 00°48'07'', Carrer del Ríu, 1.091 m, Tel. +34 973 694 086, *www.campingboneta.com*. **Öffnungszeit**: Ganzjährig. **Ausstattung**: Campingplatzüblich mit Restaurant, Spielplatz, Fahrradverleih und Quickstopp zur Ver-/Entsorgung. **Beschreibung**: Einfacher, kleiner Campingplatz mit wenigen Stellplätzen für WOMOs. Sie befinden sich auf einer Wiese mit schattenspendenden Bäumen. In der Umgebung sind schöne Wanderungen und Fahrradtouren möglich, die Lage am Fluss lädt zu Spaziergängen ein. In der Nähe gibt es ein städtisches Freibad mit ermäßigtem Eintritt für Campinggäste. Das Zentrum ist nur wenige Schritte entfernt. **Preise**: 24–28 €. **Zufahrt**: In Barruera ist der Campingplatz ausgeschildert.

In Barruera können wir bereits die erste romanische Kirche entdecken. Die Ursprünge der römisch-katholische **Pfarrkirche Sant Feliu** reichen zurück ins 11. Jahrhundert. Wie kaum eine andere Kirche im Tal erlebte sie mehrere Umbau- und Erweiterungsphasen, so dass Kunstkenner unter Ihnen die verschiedenen Architekturstile erkennen werden. So wurde die kleinere der beiden Apsiden erst ein Jahrhundert später angefügt. Leider waren die Tore bei unserem Besuch noch verschlossen, so dass wir keinen Blick hineinwerfen konnten *(Täglich vom 1.–8. Januar sowie April bis Oktober und im Dezember 10–14 Uhr; 2 €)*.

Etwas mehr Glück hatten wir vier Kilometer weiter in **Erill la Vall** (97 Einwohner). Dort gibt es das *Centre del romànic de la Vall de Boí*. Eine sehenswerte und interaktiv aufbereitete erste Anlaufstelle, um sich ausführlich über die romanische Kunst im Tal zu informieren.

Zudem erfahren wir, warum es hier zu Europas größter Dichte romanischer Kunst kam. Der Parkplatz am Ortseingang ist ausgeschildert *(Täglich 9–14 und 17–19 Uhr; 3 €. Hier ist zudem ein* ***Sammelticket*** *für den Besuch von 3 oder 5 Kirchen zum Preis von 7 € oder 10 € erhältlich, www.centreromanic.com)*.

Die romanischen Kirchen im Vall de Boí

Es war im ausgehenden Mittelalter, als das Vall de Boí von der mächtigen und reichen Familie Erill beherrscht wurde. Die Feudalherren kämpften an der Seite von König Alfonso von Aragón gegen die Mauren, die den südlichen Teil der Iberischen Halbinsel unter ihrer Macht hatten. In den blutigen Schlachten gegen die Mauren machten die Herren von Erill reiche Beute, die sie in den Bau

Romanische Kunst im Vall de Boí

Romanische Kirche Sant Climent in Taüll

von Kirchen investierten. Wohl um Abbitte für begangene Gräueltaten zu leisten, wohl aber auch, um der armen Landbevölkerung im Tal ihre Macht zu demonstrieren.

Errichtet wurden die Kirchen vom 11. bis 13. Jahrhundert in einem Stil der Romanik, der von norditalienischen Baumeistern aus der Lombardei beeinflusst wurde. Aufwändige Steinmetzarbeiten und elegante Kirchtürme zeichnen die Gotteshäuser aus. Die schlanken Türme stehen zudem in Sicht- und Rufweite zueinander. Sie dienten der Kommunikation zwischen den Dörfern. Im Inneren wurden die Kirchen mit großflächigen, bunten Wandmalereien ausgestattet. Die religiösen Motive waren das bildhafte Lehrmaterial für die Gläubigen, die zu damaliger Zeit keine Bibel lesen konnten.

Die schlanken Kirchtürme im lombardischen Stil stehen in Sicht- und Rufweite. Sie dienten der Kommunikation zwischen den Dörfern.

Im Laufe der Jahrhunderte verlor die Familie Erill ihre Macht, andere Herrscher, Bischöfe und Feudalherren kamen und gingen. Die Kirchen im Tal gerieten in Vergessenheit und es fehlten die notwendigen Mittel, um sie instand zu halten. Eine Wiederentdeckung fand erst zu Beginn des 20. Jahrhunderts statt. Damals befand sich ganz Katalonien in Aufbruchstimmung, der ***Modernisme*** hielt Einzug und die Katalanen erinnerten sich ihrer Wurzeln. Damit einher ging eine romantische Bewegung, in der sich der Architekt **Josep Puig i Cadalfach** mit einer Gruppe Mitstreitern auf eine mühevolle Expedition in die Pyrenäen begab. Mit Mauleseln erreichten sie von Barcelona kommend das schwer zugängliche Vall de Boí, um dort eine Bestandsaufnahme des historischen Kulturerbes zu machen.

Groß war dabei die Überraschung angesichts der kunsthistorischen Schätze in den abgelegenen Dorfkirchen. Mit dem Ziel, die an vielen Stellen ungeschützten Kunstwerke vor eventuellen Plünderungen zu retten und sie vor dem rauen Klima zu schützen, wurden die meisten Fresken abgetragen und ins *Museu Nacional d'Art de Catalunya (MNAC)* nach **Barcelona** gebracht, wo sie bis heute im Originalzustand zu bewundern sind.

Tipp: Wer sich eingehender dafür interessiert, kann im *Centre del ròmanic* ein Ticket für das Nationalmuseum in Barcelona erstehen. Es ist ein Jahr lang gültig und Sie können es bei unserem Hauptstadtbesuch in Tour 7 einlösen.

In unmittelbarer Nachbarschaft zum romanischen Zentrum steht die Kirche **Santa Eulàlia**. Ihr filigraner Glockenturm mit stattlichen sechs Stockwerken ist beispielhaft für den lombardischen Baustil. Eine enge und steile Treppe führt hinauf und wir können neben einer wunderbaren Aussicht auch die lineare Ausrichtung zur Kirche **Sant Joan** in Boí erkennen, die in Ruf- und Sichtweite steht.

Boí (220 Einwohner) ist kaum fünf Autominuten entfernt und dann auch schon unser nächstes Ziel. Es liegt in einem Seitental und ist erreichbar auf der L-501. Der einzige Parkplatz befindet sich gleich rechts am Ortseingang unterhalb der Kirche. Die Abfahrt ist etwas steil, aber auch mit einem größeren WOMO zu schaffen.

Sant Joan de Boí

In Boí ist nicht nur die nächste Kirche zu bewundern, das hübsche Pyrenäendorf mit seinem alten Ortskern ist auch Zentrum des Wandertourismus. Von hier starten die **Wandertaxis** in den Nationalpark Aigüestortes i Estany de Sant Maurici und ins **Tal von Sant Nicolau**. Dort befindet sich der beliebteste Zugang zum westlichen Teil des Nationalparks.

Wir sind allerdings wegen der Kirche **Sant Joan de Boí** hier. Sie zählt zu den ältesten Kirchenbauten im Tal. Vor einigen Jahrzehnten wurden einige der Wandmalereien rekonstruiert und vermitteln nun einen Eindruck davon, wie der ursprüngliche Innenraum ausgesehen hat. Die Originalfresken befinden sich aber auch hier im Museum in Barcelona. Der dreischiffige Grundriss, den auch die Kirchen im Nachbarort Taüll aufweisen, wurde einer Basilika nachempfunden *(Täglich 10–14 Uhr und 16–19 Uhr. Im Juli und August bis 20 Uhr; 2 €)*.

Sein östliches Ende findet das Tal der Kirchen schließlich im vier Kilometer entfernten **Taüll** (262 Einwohner). Die Gemeinde auf 1.520 Metern Höhe ist heute eine Ansammlung von Ferien- und

TOUR 1

Wochenenddomizilen in hübsch renovierten Steinhäusern. In der Nebensaison wirkt der Ort allerdings sehr verwaist. Die Hauptattraktion sind hier zwei weitere Kirchen. Einst gab es sogar drei Gotteshäuser und eine Wallfahrtskapelle, die jedoch teilweise dem Zahn der Zeit zum Opfer gefallen sind.

Unbestrittenes Highlight ist heute die Kirche **Sant Climent de Taüll**. Sie steht etwas unterhalb des eigentlichen Dorfes und bildet vor den umgebenden Bergen eine eindrucksvolle Kulisse. Rechts der Straße finden Sie einen großen Parkplatz.

Was uns an dieser Kirche besonders beeindruckt, ist die multimediale Videopräsentation, mit der die Entstehung der Wandmalereien im Chor veranschaulicht wird. Die Besucher tauchen ein in eine andere Welt, erleben die Herstellung der Fresken vom ersten Pinselstrich bis zu ihrer Vollendung. Am Ende bekommt man einen Eindruck davon, wie der Innenraum einst in seiner gesamten Pracht ausgesehen hat. Jahrhundertelang prägte der **Weltenherrscher *Pantokrator*** die Halbkuppel der Apsis. Zudem sind weitere biblische Szenen zu

Romanische Fresken digital

sehen und auch der Namensgeber, der **Heilige Clemens**, darf nicht fehlen. Diese audiovisuelle Rekonstruktion dürfte wohl keinen Besucher unbeeindruckt lassen *(Täglich 10–14 Uhr und 16–19 Uhr. Im Juli und August bis 20 Uhr. Die Videoprojektion findet alle 45 Minuten statt; 5 €).*

Die etwas kleinere Schwesterkirche **Santa Maria de Taüll** erreichen wir bei einem Spaziergang durch das Dorf. Im Innenraum ist eine Szene des Dreikönigsfestes mit den Heiligen Drei Königen zu sehen, die das Jesus-Kind verehren. Die Kirche wurde im 18. Jahrhundert im Barockstil umgebaut, später jedoch wieder in ihren romanischen Urzustand zurückgeführt *(Täglich 10–19 Uhr, an Ostern sowie im Juli und August bis 20 Uhr. Eintritt frei).*

Auf dem Rückweg zum WOMO-Parkplatz lohnt sich eine Einkehr auf der schattigen Aussichtsterrasse des **Restaurants *Mallador*** gleich neben der Kirche *Sant Climent.*

Für unsere Übernachtung in der Region müssen wir nun noch ein wenig höher hinaus. Folgen Sie dazu der L-501 über mehrere Kurven zur **Pla de l'Ermita**. Dort lockt uns ein ruhiger Stellplatz in grandioser Aussichtslage. Die Gemeinde hat hier eine improvisierte Übernachtungsmöglichkeit für WOMOs eingerichtet. Rundherum gibt es Jugendherbergen und Hotels, die der Ausgangspunkt zu den noch weiter oben gelegenen Skigebieten sind.

TOUR 1

005 Pla de l'Ermita

GPS: N 42°30'59" E 00°51'22", L-501, 1.626 m. **Max. WOMOs**: 15. **Öffnungszeit**: Ganzjährig. **Ausstattung**: Mülleimer. **Beschreibung**: Großer, aber schattenloser Schotterparkplatz in Aussichtslage am Rand eines Ferienresorts. Im Sommer kann es schnell voll sein und bei

starkem Wind ist die Lage sehr exponiert. Nur saisonal geöffnet sind im Ort einige der Restaurants sowie der kleine Supermarkt. Am Platz starten Wanderwege in die Berge. Maximale Aufenthaltsdauer sind fünf Nächte, campingartiges Verhalten ist nicht gestattet. **Zufahrt**: In Taüll die L-501 weiter bergauf in Richtung des Skigebietes Boí-Taüll fahren. Der Parkplatz befindet sich am Ortseingang rechts der Straße.

Um uns noch ein wenig die Beine zu vertreten, erkunden wir den Spazierweg, der am linken Ende des Stellplatzes beginnt. Er führt uns zu einem riesigen Picknickgelände mit Grill- und Spielplätzen sowie einem Aussichtspavillon. Noch ein kleines Stück weiter erreicht man eine Ermita. Ganz in der Nähe gibt es auch eine Trinkwasserquelle. Ein hübscher Abendspaziergang mit Sonnenuntergangs-Garantie – zumindest bei schönem Wetter!

Für die Weiterreise kehren wir wieder zurück in das Tal, wie wir gekommen sind. Am Abzweig auf die L-500 können Sie noch einen Abstecher nach rechts in den kleinen Thermalkurort **Caldes de Boí** unternehmen. Dort endet dann aber auch die Fahrt für die meisten WOMOs, denn der dortige Zugang zum Wanderparkplatz im Nationalpark ist nur Fahrzeugen mit maximal zwei Metern Breite gestattet. Für uns geht es zurück zur N-230 und nach **El Pont de Suert** (2.240 Einwohner). Die Stadt liegt am **Ríu Noguera Ribagorçana**, einem Nebenfluss des

Frühlingsbeginn in den Pyrenäen

Segre. Ein geschäftiges Städtchen, in dem sich ein zumindest kurzer Stopp lohnt. Parkmöglichkeiten sind im Ort ausgeschildert.

Ein erster Hingucker ist die modernistisch wirkende, neue Kirche **L'Assumcío de la Mare de Déu**. Sie ist ein Werk des Architekten **Rodríguez Mijares** und stammt aus dem Jahr 1955. Die alte Kirche am Flussufer ist romanischen Ursprungs. Heute beherbergt sie ein Museum für sakrale Kunst, das bei unserem Besuch wegen Renovierungsarbeiten jedoch geschlossen war. Gegründet wurde die Stadt bereits im Hochmittelalter. Relikte davon sind noch im historischen Ortskern zu entdecken, wie etwa die **Plaça del Mercadal** und die auf ihrer gesamten Länge von Arkadengängen gesäumte **Calle Major**.

El Pont de Suert

Wir lassen uns ein wenig durch die Gassen treiben, spazieren am Flussufer entlang und genehmigen uns zum Abschluss eine kleine Kaffeepause in einem der vielen Straßencafés.

Frisch gestärkt wenden wir uns nun der **N-260** zu. Die Nationalstraße ist auch bekannt als ***Eje Pirenaico*** und die wichtigste Ost-West-Verbindung südlich der Pyrenäen. Sie verläuft über 520 Kilometer und beginnt in der Grenzstadt Portbou am Mittelmeer. Bei Jaca (Aragonien) geht sie in die Autobahn A-21 über. Die Nationalstraße wird uns also noch mehrmals auf unserer Reise begleiten. Wahlweise gilt sie als schönste, gefährlichste, spektakulärste oder bergigste Straße Spaniens. Sie dürfen gespannt sein!

Wir starten ostwärts zu unserem nächsten Ziel, dem Städtchen **La Pobla de Segur**. Knapp 40 Kilometer sind zu bewältigen und wir werden belohnt mit einer wunderbaren Panoramaroute. Teilweise etwas schmal und kurvenreich, dann wieder gut ausgebaut führt uns die Strecke über die Passhöhe **Port de Viu de Llevata** auf 1.230 Metern. Es geht aber noch höher. Der nächste Pass

Bergpanorama entlang der Nationalstraße N-260

Port de la Creu de Perves bringt es auf 1.335 Meter. Hier gibt es an einem Straßenabzweig rechts auch die Möglichkeit für einen kurzen Halt, um die Aussicht zu genießen.

Kurvenreich rollen wir auch wieder talwärts. Dann wird das Tal breiter und ist von Landwirtschaft und grünen Weiden geprägt. Wir erreichen den Geoparc Orígens, *www.geoparcorigens.cat* . Das 2.040 Quadratkilometer große Gebiet in den katalanischen Pyrenäen wurde von der UNESCO als besonders schützenswert anerkannt. Geprägt wird der Geopark von atemberaubenden Schluchten, Höhlenmalereien, Resten von Dinosauriern, Burgen und mittelalterlichen Städten. Einiges davon werden wir auf unserer Reise durch Katalonien noch kennenlernen, wie etwa die alte Flößertradition in der Stadt La Pobla de Segur. Dort angekommen, steuern wir zunächst den offiziellen Stellplatz am ehemaligen, städtischen Campingplatz an.

006 La Pobla de Segur

GPS: N 42°14'20'' E 00°57'58'', Avinguda del Camp de la Sala, 508 m. **Max. WOMOs**: 15. **Öffnungszeit**: Ganzjährig. **Ausstattung**: Ver-/Entsorgungsstation, im Winter ist das Wasser abgestellt, Grauwasserentsorgung jedoch möglich, Mülleimer. **Beschreibung**: Asphaltierte, ebene und teilweise schattige Stellflächen zwischen einer wenig befahrenen Bahnstrecke und dem ehemaligen, städtischen Campingplatz. Die mittelalterliche Altstadt von La Pobla de Segur ist etwa einen Kilometer entfernt. Supermarkt und Restaurants befinden sich in der Nähe. **Zufahrt**: Am Ortseingang von La Pobla de Segur zunächst der C-13 in Richtung Tremp folgen, nach 500 Metern links in die Carrer del Flamicell abbiegen und dann rechts durch ein Wohngebiet bis zum Ende der Straße fahren. Die Stellplätze sind ausgeschildert.

La Pobla de Segur (3.000 Einwohner), *www.lapobladesegur.cat*, liegt am nördlichen Ende des Stausees **Pantà de Sant Antoní** sowie am Zusammenfluss des **Ríu Noguera Pallaresa** und des **Ríu Flamicell**. Am Bahnhof genau gegenüber unseres Stellplatzes endet auch der Panoramazug *Tren dels Llacs*, der von Lleida kommend mehrere Bergseen und eine wunderschöne Landschaft durchquert. Wahlweise kann man mit historischen Zügen oder einer modernen Panoramabahn unterwegs sein.

Schon lange bevor hier eine Bahnstation errichtet wurde, war der Ort ein wichtiger Umschlagplatz für das Holz aus den waldreichen Regionen weiter nördlich. Die Baumstämme wurden in La Pobla de Segur zu Flößen, den sogenannten *Rais*, zusammengebunden und den Ríu Noguera Pallaresa hinuntergesteuert. Ein abenteuerliches und zugleich lebensgefährliches Unterfangen, das heute längst durch den Transport auf LKWs überflüssig geworden ist. Das ***Espai Raier*** *(Juli bis Mitte September Di.–Sa. 11–14 Uhr, www.elsraiers.cat)* im alten Bahnhofsgebäude dokumentiert diese jahrhundertealte Tradition der Flößerei, die zudem am ersten Juliwochenende bei den ***Diada dels Raiers*** wiederbelebt wird. Dann steht die ganze Stadt im Zeichen der Flößer, die ihre Holzgefährte unter enormer Kraftanstrengung durch die Stromschnellen des Flusses steuern.

In La Pobla de Segur wird die Flößertradition jedes Jahr am ersten Juliwochenende bei den *Diada dels Raiers* wiederbelebt.

La Pobla de Segur hat auch noch einen mittelalterlichen Altstadtbereich mit kleinen Gassen und den beiden **Stadttoren *Orteu*** und ***Parrau***. Im sehenswerten ***Torre Mauri***, einem im maurischen Stil errichteten modernistischen Bau, ist heute das Rathaus der Stadt untergebracht. Gleich daneben befindet sich eine alte Ölmühle, die *Molí de l'oli de St. Josep* aus dem Jahr 1905. Wir stoßen hier erstmals auf die Architektur des ***Modernisme***, des katalanischen Jugendstils, und sind sofort begeistert von den farbenfrohen und verspielten Mosaiken an der Außenfassade. Zu den Öffnungszeiten dürfen Sie gerne einen Blick ins Rathaus werfen. Auch dort stößt man auf die bunten Kacheln. Dahinter liegt ein kleiner

Maurischer Torre Mauri

Park, in dem wir im Schatten der Palmen und beim Plätschern des Brunnens ein wenig verweilen.

Der eingangs erwähnte Stausee Pantà de Sant Antoní bietet leider nur eingeschränktes Badevergnügen. Bei unserem Besuch war der Wasserstand sehr niedrig, die Uferbereiche ausgetrocknet oder schlammig. Dennoch gibt es am Ostufer mehrere Parkplätze mit Seezugang. Überqueren Sie dazu in La Pobla de Segur die Brücke in Richtung Sort und fahren Sie danach gleich rechts, der Beschilderung nach **Aramunt** folgend. Auf dem schmalen, verkehrsarmen Sträßchen gibt es immer wieder Stichwege zum Ufer. Sollten bei Ihrer Reise bessere Bedingungen herrschen, können Sie beispielsweise diesen Badeplatz aufsuchen, der auch für größere WOMOs zugänglich ist:

007 Pantà de Sant Antoní

GPS: N 42°13'54'' E 00°58'32'', 510 m. **Max. WOMOs**: 2–3. **Öffnungszeit**: Ganzjährig. **Ausstattung**: Keine. **Beschreibung**: Schattenlose Schotterfläche, außerorts am Seeufer gelegen. **Zufahrt**: Am östlichen Seeufer in Richtung Aramunt fahren. An der Uferstraße zweigen immer wieder Stichwege zum See ab.

In La Pobla de Segur endet unsere erste Tour. Der Ort wird später noch eine Rolle als Verkehrsknotenpunkt spielen, wenn wir in unserer letzten Tour aus Süden kommend noch einmal hier Station machen werden.

Wasserknappheit im Stausee Pantà de Sant Antoní

Tour 2

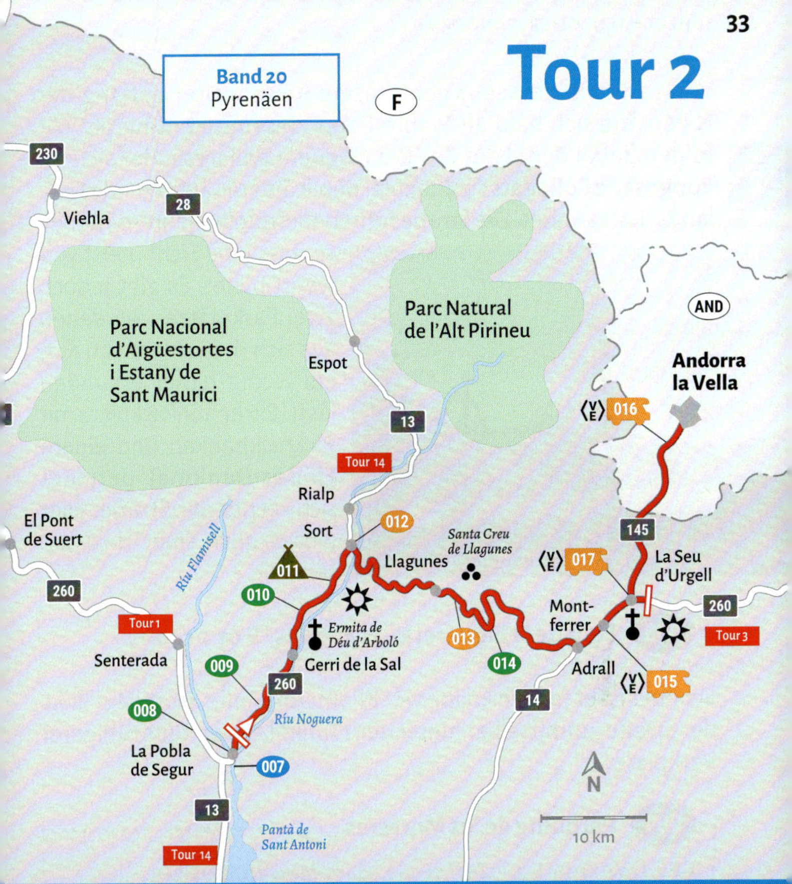

Schluchten, Geier, Panorama
Auf der N-260 nach La Seu d'Urgell

105 km

Mit dem Congost de Collegats lernen wir die erste Pyrenäenschlucht Kataloniens kennen. Sie begeistert nicht nur mit senkrecht himmelwärts ragenden Felswänden, hier können wir auch Gänsegeier bei ihren beeindruckenden Gleitflügen durch die Lüfte beobachten. An der panoramareichen N-260 erwarten uns weitere Attraktionen:

- Fluchthelfermuseum in Sort
- Skywalk mit Weitblick
- Zwergstaat Andorra
- Kathedrale in La Seu d'Urgell

Von La Pobla de Segur geht unsere Reise weiter entlang der N-260, die sich bald als wahre Panoramaroute entpuppt. Wir folgen dabei dem Lauf des Ríu Noguera Pallaresa, der sich im **Congost de Collegats** spektakulär durch die steil aufragende Felslandschaft windet. Die Straße führt dabei durch mehrere Tunnel, so dass eine Sicht meist verwehrt bleibt. Es gibt jedoch zwei Parkplätze, von denen aus sich die Schlucht zu Fuß ein wenig näher erkunden lässt. Ein erster Parkplatz mit Picknickbänken und einem **Flößer-Denkmal** befindet sich rechts der Straße. Hier gibt es auch eine Trinkwasserstelle.

008 Font de la Figuereta – N 42°16'15" E 01°01'40"

Schöner ist es jedoch knapp vier Kilometer weiter. Dort liegt links der Straße, unmittelbar hinter dem Tunnel ein weitaus ruhigerer Parkplatz.

009 Pàrquing de les Morreres

GPS: N 42°18'00" E 01°02'07", N-260, 567 m. **Max. WOMOs**: 2–3. **Öffnungszeit**: Ganzjährig. **Ausstattung**: Picknickplätze, Mülleimer. **Beschreibung**: Teilweise schattiger Schotterparkplatz etwas abseits der Straße, außerorts und am Ausgangspunkt zu einer kleinen Wanderung durch die Schlucht Congost de Collegats. **Zufahrt**: Der Parkplatz ist an der N-260 unmittelbar hinter einem Tunnel ausgeschildert.

Spaziergang in die Schlucht Congost de Collegats

Vom obigen Parkplatz empfehlen wir Ihnen auf der gegenüberliegenden Straßenseite einen kleinen Spaziergang in den **Congost de Collegats**. Vor dem Bau mehrerer Straßentunnel verlief dort die alte Straße. Heute kann man gemütlich entlang des Flusses schlendern. Wir bekommen dabei nicht nur ein Gefühl für die immer näher zusammenrückenden Felswände, sondern können zudem eine besondere Gesteinsformation bewundern. Der Riú Noguera Pallaresa bahnte sich seinen Weg durch

Moosbewachsene Felsformation *Roca de l'Argenteria*

das Kalksteinmassiv und schuf dabei die bizarren Stalaktitenfelsen ***Roca de l'Argenteria***. Angeblich – so besagt es die Informationstafel – soll der Architekt **Antoni Gaudí** beim Entwurf seiner weltberühmten Kirche **Sagrada Família** in Barcelona von dieser Felswand inspiriert worden sein. Eine gewisse Ähnlichkeit lässt sich tatsächlich feststellen.

Auch wir stehen eine ganze Weile bewundernd davor. Mit etwas Fantasie kann man in den Gesteinsformationen Gesichter, Tiere und mystische Fabelwesen erkennen. Wer mag, klettert hinunter an den Fluss, um dort ein erfrischendes Fußbad zu nehmen.

Auf unserem Rückweg werden wir Zeugen eines weiteren Naturschauspiels. Hoch über uns startet eine ganze Kolonie von **Gänsegeiern** zu ihrem Gleitflug durch die Lüfte. Sie haben ihre Horste in den schroffen Felswänden und kommen uns beim Start in der engen Schlucht ganz nah. Zu unserem großen Bedauern haben wir für den kurzen Spaziergang das Fernglas im WOMO gelassen.

Der nächste Ort ist **Gerri de la Sal** (117 Einwohner). Wie der Name schon besagt, wurde im Ort seit Alters her **Salz** gewonnen. Es stammt aus einer unterirdischen, salzhaltigen Quelle, deren Wasser in den Salinen-Becken gesammelt wurde. Das kostbare, weiße Gold lagerte man anschließend im Salzhaus, der ***Casa de la Sal***. Dort informiert heute ein kleines Museum über die Salzgewinnung. Bei einer Führung können sowohl die Quelle als auch die ehemaligen Salzbecken besucht werden. Die Salinenanlagen sind aber auch von der Straße aus gut zu erkennen *(Das Museum ist nur unregelmäßig und meist am Wochenende geöffnet. Informieren Sie sich vorab auf der Internetseite https://baixpallars.ddl.net/museu-de-gerri/horari-museu über die geltenden Zeiten).*

Romanische Bogenbrücke in Gerri de la Sal

Nicht weit vom Parkplatz im Zentrum, den wir aufgrund niedriger Schattenbäume nur Besitzern von WOMOs bis zwei Metern Höhe empfehlen, überspannt eine wunderschöne **Bogenbrücke** den Fluss. Dort führt ein Spazierweg hinüber zum ehemaligen Benediktinerkloster Santa María aus dem 12. Jahrhundert. Einst unterstand die Salzgewinnung in Gerri de la Sal den Äbten des Klosters. Von dem ehemaligen Gebäudekomplex ist heute nur noch die Klosterkirche erhalten. Ein schönes, romanisches Bauwerk mit einem auffälligen, stufenförmigen Glockenturm.

Uns zieht es noch ein wenig weiter durch die wilde Schluchtenlandschaft. Wenn Sie kurz hinter Gerri de la Sal die N-260 noch vor dem nächsten Tunnel nach rechts verlassen und dem Hinweis zur **Ermita Mare de Déu d'Arboló** auf der alten Straße folgen, erreichen Sie nach wenigen Metern einen schattigen und ruhigen Platz am Flussufer.

010 Ermita Mare de Déu d'Arboló

GPS: N 42°20'13" E 01°04'01", 602 m. **Max. WOMOs**: 2–3. **Öffnungszeit**: Ganzjährig. **Ausstattung**: Keine. **Beschreibung**: Schattiger, unbefestigter Parkplatz am Flussufer, außerorts und am Ausgangspunkt zu Wanderwegen gelegen. **Hinweis**: Am 20. Mai findet eine Wallfahrt zur Ermita statt. Dann ist der Parkplatz von Pilgern und Reisebussen belegt und eine Übernachtung nicht möglich. **Zufahrt**: Die N-260 vor einem Tunnel verlassen und der Beschilderung zur *Ermita Mare de Déu d'Arboló* folgen.

Nach der schmalen Brücke über den Fluss beginnt ein etwa zehnminütiger Aufstieg durch den schattigen Wald zur Einsiedelei.

Vom Aussichtspunkt vor der Kapelle haben wir einen eindrucksvollen Blick auf die Schluchtenlandschaft und die steilen Felsen. Tief unten rauscht der Autoverkehr durch die Tunnelröhren. Auch hier sollten Sie das Fernglas griffbereit haben – Geiersichtungen sind möglich.

Die Einsiedelei wurde im lombardisch-romanischen Stil des 12. Jahrhunderts erbaut. Historische Quellen belegen die Existenz einer Ermita bereits um das Jahr 920. Ursprünglich soll es an dieser strategisch günstigen Stelle auch eine befestigte Burg gegeben haben. Wie so oft, ranken sich um diesen Ort Sagen und Legenden. So soll die Einsiedelei vom ersten Grafen von Pallars gestiftet worden sein, weil ihm die Jungfrau Maria half, an dieser Stelle den Kampf gegen die Mauren zu gewinnen.

Sagenumwobene Ermita mit Aussicht

Auf unserer Route weitet sich nun die Landschaft. Der Ríu Noguera Pallaresa mäandert durch grüne Wiesen und Weiden. Zwischen den Orten **Baro** und **Montardit** gibt es jetzt auch Raum für Campingplätze. Sie werden im Sommer hauptsächlich von Wassersportlern und Kanuten genutzt, die das feuchtfröhliche Abenteuer auf dem Fluss suchen. Häufig sind sie aber auch von Dauercampern geprägt. Am empfehlenswertesten erschien uns folgende Einrichtung:

011 Montardit – *Camping l'Orri del Pallars*

GPS/Kontakt: N 42°22'38" E 01°06'38", N-260, 650 m, Tel. +34 973 621 292, *www.orridelpallars.cat*, *info@orridelpallars.cat*. **Öffnungszeit**: Mitte März bis Mitte Oktober. **Ausstattung**: Campingplatzüblich mit Pool, Bar, gutem Restaurant, Minimarkt, Spiel- und Sportplätzen. **Beschreibung**: Sehr schön gelegener, komfortabler und familienfreundlicher Campingplatz mit Stellflächen auf Wiesenuntergrund und schattenspendenden Bäumen. Teilweise liegen die Plätze direkt am Fluss. Sehr freundliches Personal, die Stadt Sort ist noch rund 4,5 Kilometer entfernt. **Preise**: 26 €. **Zufahrt**: An der N-260 ist der Campingplatz mit eigener Zufahrt ausgeschildert.

Bis nach **Sort** (2.200 Einwohner) ist es nun nicht mehr weit. Die Stadt in der ***Comarca Pallars Sobirà*** ist in erster Linie ein Zentrum des Wildwassersports. Im Ort gibt es mehrere Trainingsstrecken für Kanuten sowie Agenturen mit Rafting-Angeboten und

Fluchthelferwege in Sort

anderen Adrenalin-Kicks in den nahen Bergen. Zudem ist Sort ein Knotenpunkt mit Hotels, Restaurants und Einkaufsmöglichkeiten am Ausgangspunkt zu den Wintersportzentren der Region. Entsprechend geschäftig und touristisch zeigt sich die Stadt, in der wir unser WOMO auf einem geräumigen Parkplatz vor einer Sporthalle abstellen können.

012 Sort – N 42°24'29" E 01°07'46"

In unmittelbarer Nähe befindet sich auch das **Tourismusbüro**, *www.sortturisme.com*, mit weiteren Informationen zu Wander- und Ausflugsmöglichkeiten.

Unser Interesse in Sort gilt allerdings weniger dem Abenteuersport als vielmehr dem Fluchthelfermuseum *Presó Camí de la Llibertat* an der Plaça de Sant Eloi. Während des Spanischen Bürgerkrieges flohen viele Menschen vor Francos Truppen ins vermeintlich sichere Frankreich. Während des Zweiten Weltkrieges mussten hingegen Mitglieder der Resistance, Juden, Kommunisten und verfolgte Intellektuelle aus dem von den Nationalsozialisten besetzten Frankreich nach Spanien fliehen. Der Weg über die Gebirgspfade in den Pyrenäen war in beide Richtungen gefährlich. Die Menschen, darunter viele Frauen und Kinder, vertrauten sich deshalb den ortskundigen Schafhirten an, die sie auf ihren Routen heimlich über die Grenzen schafften. Das kleine Museum im ehemaligen Frauengefängnis von Sort erinnert an die Fluchtwege auf dem ***Camí de la Llibertat*** in die erhoffte Freiheit (*Sa. 12–14 Uhr und 18–20 Uhr, So. 12–14 Uhr. Mitte Juni bis Mitte September auch Di.–Fr. 18–20 Uhr; 3 €, www.camidellallibertat.cat*).

Das Museum im ehemaligen Frauengefängnis von Sort erinnert an die Fluchtwege auf dem *Camí de la Llibertat* in die erhoffte Freiheit.

Nach dem eher nachdenklich stimmenden Museumsbesuch verlassen wir Sort und bleiben der N-260 weiterhin treu. Auf dem Weg stadtauswärts entdecken wir aber noch den Hinweis zur **Käserei *Formatgeria Tros de Sort***. Für einen Besuch biegen Sie dazu gleich nach der Brücke rechts ab und folgen entlang dem Fluss der Beschilderung zur *BonArea*-Tankstelle und der Käserei. Im Laden gibt es nicht nur eine köstliche Auswahl verschiedener Pyrenäenkäse, sondern auch andere regionale Produkte. Da lassen wir uns nicht zweimal bitten. Besonders empfehlenswert sind der Weichkäse *Tou del Tillers* sowie der köstlich frische Joghurt aus Ziegenmilch *(Mo.–Sa. 10–14 Uhr und 17–20 Uhr, www.trosdesort.cat)*.

Mit gut gefülltem Kühlschrank geht es weiter auf unserer kurvenreichen Panoramaroute in Richtung La Seu d'Urgell. Die Straße wird ihrem Ruf nun mehr als gerecht. Wir schlängeln uns hinauf auf den Pass **Port del Cantó** auf 1.721 Metern Höhe. Immer wieder gibt es entlang der Route wunderschön angelegte Rastmöglichkeiten an Aussichtspunkten. Einer davon befindet sich noch vor der Passhöhe bei einem verlassenen, mittelalterlichen Bergdorf, dem **Despoblat Medieval de Santa Creu de Llagunes**, *www.museudecamins.com*. Es kann nur während der Sommermonate im Rahmen von Führungen und Veranstaltungen besucht werden.

Aussichtsreicher Rastplatz an der N-260

013 Área de Lleure de Santa Creu

GPS: N 42°22'30" E 01°12'22", N-260, 1.596 m. **Max. WOMOs**: 2–3. **Öffnungszeit**: Ganzjährig. **Ausstattung**: Mülleimer, Picknickbänke. **Beschreibung**: Schattenloser Schotterparkplatz, außerorts und in Aussichtslage am Rand einer archäologischen Ausgrabungsstätte. **Zufahrt**: An der N-260 auf der linken Seite.

Unser persönliches Highlight erreichen Sie knapp zehn Kilometer später. Etwas unterhalb der Straße befindet sich dieser ruhige und aussichtsreiche Parkplatz:

014 Wanderparkplatz am Skywalk

GPS: N 42°20'25" E 01°17'47", N-260, 1.558 m. **Max. WOMOs**: 1–2. **Öffnungszeit**: Ganzjährig. **Ausstattung**: Sitzbänke. **Beschreibung**: Schattenloser Schotterparkplatz, außerorts und in exponierter Aussichtslage. **Zufahrt**: An der N-260 auf der rechten Seite.

Vom Parkplatz führt ein kurzer Spaziergang hinauf zu einem weiteren Parkplatz in der Spitzkehre der N-260. Dort wurde ein **spektakulärer Skywalk am Mirador de la Creu de Guils** angelegt, der einen grandiosen Fernblick auf die Berge der Pyrenäen Andorras und die Landschaft der Vorpyrenäen freigibt.

Nach einer außerordentlich ruhigen Nacht in luftiger Höhe rollen wir die restlichen Kilometer hinunter nach La Seu d'Urgell, dem Ende dieser zweiten Tour. Das Tal mit der Hauptstraße nach Andorra ist breit und verkehrsreich. An ihr befindet sich ein noch recht neu eingerichteter Stellplatz am Rand eines Industriegebietes.

015 Montferrer

GPS: N 42°20'29" E 01°25'18", Carrer Zona Poligono Industrial , 676 m. **Max. WOMOs**: 10. **Öffnungszeit**: Ganzjährig. **Ausstattung**: Ver-/Entsorgungsstation, Wasser gebührenpflichtig (Münzgeld), Mülleimer, Picknickbänke, Spielplatz. **Beschreibung**: Ebener, asphaltierter Stellplatz am Rand eines Industriegebietes und an der vielbefahrenen N-260 in Richtung Andorra. Beim Stellplatz befindet sich zudem eine kleine Touristen-Info, die bei unserem Besuch jedoch geschlossen war. Aufgrund der etwas uncharmanten Lage eher für einen Zwischenstopp geeignet. **Zufahrt**: Die N-260 beim Restaurant *La Masia* und der Feuerwehr *Parc Bombers* verlassen. Eventuell gibt es inzwischen WOMO-Piktogramme.

Bevor wir uns La Seu d'Urgell genauer anschauen, bietet sich für alle Schnäppchenjäger ein Abstecher in den **Zwergstaat Andorra** an.

Kleines Land ganz groß – Der Zwergstaat Andorra

468 Quadratkilometer ist es groß, 81.600 Einwohner leben im Fürstentum, am dichtesten besiedelt ist die Hauptstadt **Andorra la Vella**. Damit ist Andorra der größte der sechs europäischen Zwergstaaten. Bevor Sie das Internet zu Rate ziehen, verraten wir Ihnen die anderen fünf. Es sind Liechtenstein, Malta, Monaco, San Marino und Vatikanstadt.

Hätten Sie außerdem gedacht, dass das kleine Land von zwei Staatsoberhäuptern regiert wird, die weder im Fürstentum leben noch dort gewählt werden? Der eine ist der französische Staatspräsident, aktuell Monsieur Emmanuel Macron. Der andere ist der vom Papst ernannte Bischof von La Seu d'Urgell, in diesem Fall Joan Enric Vives i Sicília. Er ist tatsächlich der einzige weltweit noch amtierende Fürstbischof. So viel zu den teils kuriosen Fakten.

Sonnenaufgang über den Pyrenäen Andorras

Gemeinhin bekannt ist Andorra als Einkaufsmekka und Steueroase. So verwundert es nicht, dass die Wirtschaft des Landes auf Handel und Finanzdienstleistungen beruht. Hinzu kommt der Tourismus und tatsächlich kommen die meisten Besucher hierher, um ein günstiges Schnäppchen zu machen. Die Hauptstraße durch das Tal ist gesäumt von Shoppingzentren, Läden für Tabak und Spirituosen sowie günstigen Tankstellen. Das hat dem Zwergstaat auch den Ruf eines *Lloret de Muntanya* eingetragen. Wer hingegen in die Einsamkeit der teils noch unberührten Hochgebirgslandschaften und die Schönheit der Bergwelt vordringen möchte, muss die Hauptstraße verlassen.

Bevor Sie sich nun dem Einkaufsrausch hingeben und ins Getümmel stürzen, ein paar **Ratschläge, die Sie vorab vielleicht beherzigen sollten**: Andorra ist kein Mitglied der Europäischen Union und auch kein Mitglied im Schengen-Raum. Insofern sind Grenzkontrollen sowohl auf spanischer, als auch französischer Seite üblich und Sie sollten einen Blick auf die längst vergessenen Zollbestimmungen werfen. Das wachsame Auge der Zöllner liegt auf der Einfuhr von Tabak- und Alkoholmengen. Volltanken ist hingegen erlaubt. Auch Ihr Handy sollten Sie für den Andorra-Besuch besser ausgeschaltet lassen. Sonst droht mit anfallenden Roaming-Gebühren die Kostenfalle und der Ausflug ins Einkaufsparadies könnte hinterher doch kein Schnäppchen sein.

Sie möchten in Andorra auch übernachten? Voilá – gleich neben einem Shoppingtempel finden Sie diesen Stellplatz. Schön ist er nicht, aber bei unserem Besuch war er proppenvoll.

016 Santa Julià de Lòria (Andorra)

GPS: N 42°27'14" E 01°29'11", CG-1, 883 m. **Max. WOMOs**: 50. **Öffnungszeit**: Ganzjährig. **Ausstattung**: Ver-/Entsorgungsstation, Mülleimer, WLAN, Toiletten im Einkaufszentrum. **Beschreibung**: Großer, asphaltierter Parkplatz am Fluss neben dem Einkaufszentrum River Center. Nachts beleuchtet und wahrscheinlich auch lebhafter Betrieb tagsüber. Bei unserem Besuch standen die WOMOs dort dicht an dicht. **Zufahrt**: An CG-1 sind die Parkplätze ausgeschildert.

Wir treten hier den Rückzug an und kehren nach der Stippvisite im Nachbarland zurück nach Spanien. Die alte Bischofsstadt **La Seu d'Urgell** (12.300 Einwohner) am Rand der Pyrenäen wurde bereits von den Römern gegründet. Hier befindet sich auch die einzige romanische Kathedrale Kataloniens. Sie ist bereits weithin sichtbar und wir wollen uns dieses Städtchen nun ein wenig genauer anschauen. Dafür bietet sich ein angenehmer und noch recht neuer Stellplatz am östlichen Stadtrand an.

017 La Seu d'Urgell

GPS: N 42°21'29" E 01°27'58", Cami Sant Ermengol, 681 m. **Max. WOMOs**: 29. **Öffnungszeit**: Ganzjährig. **Ausstattung**: Ver-/Entsorgungsstation, Strom, Mülleimer, Picknickplatz. **Beschreibung**: Geräumiger und noch schattenloser Stellplatz der französischen Car-Park-Kette *Pass'Etapes*. Die Stellflächen sind mit Kies befestigt und bieten teilweise Grasflächen für den Liegestuhl. Der Platz ist eingezäunt, nachts beleuchtet und mit einer Schrankenzufahrt versehen. Die Kathedrale befindet sich in Sichtweite, die Altstadt ist rund 300 Meter entfernt.

Neben dem Stellplatz befindet sich das städtische Freibad und es gibt schöne Spazierwege durch die Schrebergärten an den Fluss Segre. **Hinweis**: Unmittelbar vor diesem gebührenpflichtigen Stellplatz gibt es eine große, kostenlose und recht staubige Schotterfläche, auf der für den Tagesbesuch geparkt und auch übernachtet werden kann. Früher befand sich dort der städtische Stellplatz, die Ver-/Entsorgungseinrichtungen sind jedoch außer Betrieb. Dieser Platz wird bei Märkten und Festen auch von Schaustellern genutzt. **Preise**: 11 €, zahlbar mit der Mitgliedskarte *Pass'Etapes*. **Zufahrt**: In der Stadt den WOMO-Piktogrammen folgen.

Bereits bei der Anfahrt auf La Seu d'Urgell konnten wir die Lage der Stadt in der fruchtbaren Ebene am Zusammenfluss des Ríu Segre und des Ríu Valira erkennen. Umgeben von den Bergen der **Serra de Cadí** und den Pyrenäen-Ausläufern dominieren Landwirtschaft, Gemüseanbau und Viehhaltung. Böse Zungen

Romanische Kathedrale in La Seu d'Urgell

Romanischer Kreuzgang in der Kathedrale von La Seu d'Urgell

behaupten sogar, die Zahl der Kühe wäre größer als die Anzahl der hier lebenden Menschen. Fest steht jedoch, dass dieses Städtchen auf eine lange Geschichte zurückblicken kann und sogar zu den ältesten Städten Kataloniens zählt. Im Mittelalter war La Seu d'Urgell die Hauptstadt der historischen Grafschaft Urgell, die bis ins Jahr 1413 ihre Unabhängigkeit bewahren konnte. Bereits damals war die Stadt auch Bischofssitz, woher der Namenszusatz »Seu« rührt. Nachdem die Mauren aus der Region vertrieben wurden, gewann die Stadt zunehmend an Bedeutung. 1133 lagen alle Rechte über die Pyrenäentäler bei den Bischöfen von La Seu d'Urgell. Bis heute ist die Stadt das flächenmäßig größte Bistum des Landes.

Im Gegensatz zum benachbarten Andorra ist das geschäftige Treiben in der sympathischen Kleinstadt eher beschaulich. Das ändert sich etwas, wenn dienstags und samstags **Markttag** ist und die Produkte der Region auf dem Platz vor der Kathedrale angeboten werden. Vor allem der Käse aus der Serra de Cadí ist ein Hochgenuss!

Die **Kathedrale Santa María** ist dann auch die Hauptsehenswürdigkeit in La Seu d'Urgell. Die dreischiffige, romanische

Basilika wurde im 12. Jahrhundert errichtet und umfasst einen schönen Kreuzgang, sowie das sehr sehenswerte Diözesanmuseum *Museu Diocesà d'Urgell*. Neben zahlreichen Fresken ist dort eine historische Handschrift aufbewahrt. Sie wurde vom Mönch Beatus von Liébana um das Jahr 970 verfasst *(Januar bis Mai Di.–Sa. 10–13.30 Uhr und 16–18 Uhr, Juni bis September Mo.–Sa. 10–13.30 Uhr und 16–19 Uhr, Oktober bis Dezember Di.–Sa. 10–13.30 Uhr und 15.30–17 Uhr. Letzter Einlass 30 Minuten früher; 4 €, www.museudiocesaurgell.org)*.

Gegenüber der Kathedrale befindet sich das Stadtmuseum *Espai Ermengol* mit dem **Tourismusbüro**, *www.turismeseu.com*. Das Museum zeigt recht anschaulich die Stadtgeschichte sowie die Herstellung des Käses, für den die Region überregional bekannt ist. Am vorletzten Wochenende im Oktober wird ein großer Markt, die ***Fira del Formatge Artesà del Pirineu*** abgehalten, bei der der Pyrenäenkäse im Mittelpunkt steht *(Mo.–Sa. von 10–14 Uhr und von 16–19 Uhr, Mai bis Oktober auch So. und feiertags von 10–13 Uhr, www.espaiermengol.cat)*.

Nach dem Besuchsprogramm macht es einfach Spaß, sich durch die gut erhaltenen, arkadengesäumten Altstadtgassen treiben zu lassen. Zurück am Kathedralenplatz empfehlen wir eine Einkehr im typisch katalonischen Restaurant ***Café/Bar Oriente***. Dort konnten wir ein bodenständiges, regionales Tagesmenü genießen. Ruhetag ist Montag.

Zum Abschluss dieser Tour in La Seu d'Urgell empfehlen wir Ihnen, vom Stellplatz noch einen kleinen Abendspaziergang zu unternehmen. Am Ufer des Ríu Segre wurden die Kanuwettbewerbe der Olympischen Spiele 1992 in Barcelona ausgetragen. Der ***Parc Olímpic del Segre*** ist bis heute ein Trainingszentrum mit Wildwasseranlage, eingebettet in eine Grünanlage mit schönen Spazierwegen am Fluss.

Naherholungsgebiet Olympiapark in La Seu d'Urgell

Tour 3

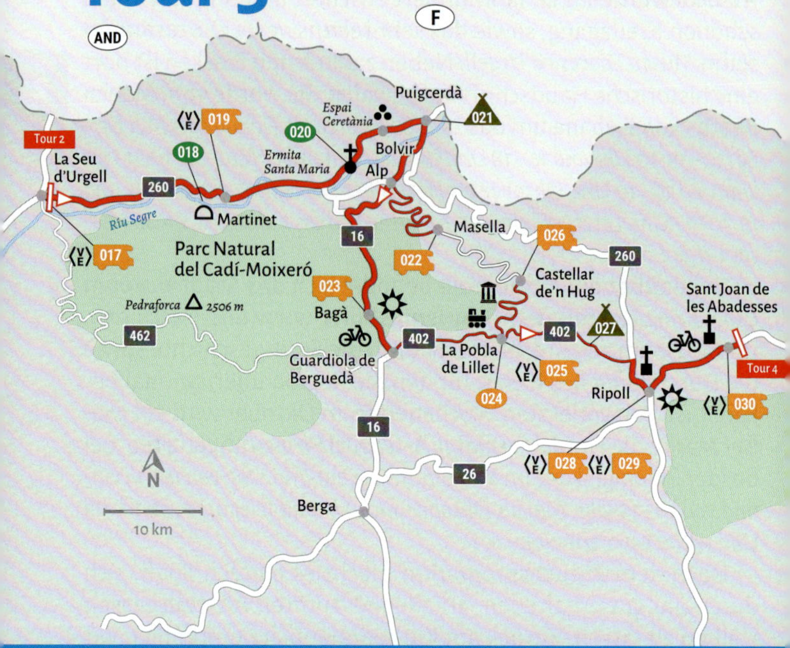

Tour 3

Züge, Zement und eine Bibel aus Stein
Durch die Vorpyrenäen nach Sant Joan de les Abadesses

151 km

Ripoll gilt als die Geburtsstätte Kataloniens. Benediktinermönche schufen im dortigen Kloster einige der schönsten Bibeln des Christentums. Und das nicht nur in Form mittelalterlicher Buchmalereien. Am Portal der Klosterkirche ist sogar eine »Steinerne Bibel« zu bewundern. Entdecken Sie außerdem:

- **Bunker bei Martinet**
- **Katharer-Erbe in Bagà**
- **Zement in La Pobla de Lillet**
- **Grüne Radwege auf ehemaligen Bahntrassen**
- **Spannende Klostergeschichten**

Ab **La Seu d'Urgell** gibt es für die Weiterfahrt zwei Optionen. Die erste empfehlen wir nur Besitzern kleinerer WOMOs. Sie umfährt auf kurvenreichen, engen Sträßchen den **Naturpark Cadí-Moixeró** auf südlicher Seite. Markenzeichen des Naturparks ist der »Berg der Katalanen«. Der charakteristische **Pedraforca** (2.506 Meter) mit seinem zweigeteilten Gipfel kann von sportlich Ambitionierten erwandert werden.

Wer es lieber bequem haben möchte, folgt uns ab La Seu d'Urgell weiter auf der **N-260**. Wir versprechen Ihnen, dass diese Strecke landschaftlich ein durchaus adäquater Ersatz ist. Sie führt uns ostwärts in die **Region der Cerdanya**. Am 7. November 1659 wurde Katalonien im Pyrenäenvertrag zwischen dem französischen König Ludwig XIV. und dem spanischen König Philipp IV. aufgeteilt. Dieser Vertrag, der sogenannte **»Pyrenäenfriede«**, beendete den seit 1635 andauernden Französisch-Spanischen Krieg. Die Cerdanya wurde dabei in zwei Hälften aufgespalten. Die französische *Cerdagne* und die spanische *Baixa Cerdanya*. Die Gemeinde **Llívia** verblieb bei Spanien und bildet heute eine spanische Enklave auf französischem Territorium. Die Hauptstadt der Cerdanya, **Puigcerdà**, ist durch eine neutrale Straße mit Llívia verbunden.

Zunächst folgen wir noch dem **Ríu Segre**. Mit 265 Kilometern ist er der längste Nebenfluss des **Ebro** und mäandert an dieser Stelle durch eine grüne Landschaft aus Wiesen und Weiden. Unseren ersten Halt legen wir am *Parc dels Búnquers* bei **Montellà i Martinet** ein. In den 1940er Jahren ordnete der Diktator Francisco Franco den Bau einer Befestigungslinie entlang der Pyrenäen an, um den Einzug der alliierten Truppen zu verhindern. Diese **»Pyrenäen-Linie«** bestand aus etwa 10.000 Bunkern und reichte vom Cap de Creus am Mittelmeer bis ins Baskenland. Eine große Zahl dieser Bunker befindet sich hier in der Cerdanya, die als strategisch wichtiges Gebiet betrachtet wurde.

Relikte der Pyrenäen-Linie

Der ausgeschilderte **Wanderweg** erschließt insgesamt acht verschiedene Bunkertypen. Von der Artilleriestellung bis zum unterirdischen Stollen. Ergänzende Informationen finden sich im **Besucherzentrum** *(Je nach Witterung von März bis Mai*

und September bis Dezember Sa., So. und feiertags 10–13.30 Uhr und 15.30–18 Uhr. Mitte Juni bis Mitte September auch wochentags; 8 €, www.bunquersmartinet.net).

TOUR 3

018 Montellà i Martinet – *Parc dels Búnquers*

GPS: N 42°21'24" E 01°41'05", 949 m. **Max. WOMOs**: 2. **Öffnungszeit**: Ganzjährig. **Ausstattung**: Keine. **Beschreibung**: Teilweise schräger und schattiger Besucherparkplatz auf Schotter/Erde, außerorts und am Ausgangspunkt zu verschiedenen Wander-/Mountainbike-Wegen. Es gibt ein Naturschutz-Zentrum zur Flusslandschaft des Ríu Segre, das wahrscheinlich jedoch nur im Rahmen von Führungen geöffnet ist. **Zufahrt**: Im Ort ab der N-260 den Hinweisen zum *Parc dels Búnquers* folgen.

Für eine zentrumsnahe Übernachtung steht in **Martinet** (579 Einwohner) auch ein geräumiger Stellplatz zur Verfügung. Freitag vormittags wird im Ort ein kleiner **Wochenmarkt** mit regionalen Produkten abgehalten.

019 Martinet – *Àrea d'Autocaravanes*

GPS: N 42°21'33" E 01°41'48", Camí Montellà, 962 m. **Max. WOMOs**: 25. **Öffnungszeit**: Ganzjährig. **Ausstattung**: Ver-/Entsorgungsstation, WC, Dusche, Strom (gebührenpflichtig), Picknicktische, Mülleimer. **Beschreibung**: Relativ neu angelegter, kommunaler und zentrumsnaher Stellplatz auf zwei Ebenen beim Schwimmbad. Die Flächen sind asphaltiert oder geschottert und bieten teilweise Schatten. Das Zentrum des kleinen Ortes ist in wenigen Gehminuten zu erreichen. Dort gibt es mehrere Bars und Restaurants sowie Einkaufsmöglichkeiten in kleinen Läden. **Zufahrt**: Im Ort ist der Stellplatz ausgeschildert.

Romanische Einsiedelei in der Cerdanya

Auch für den nächsten Halt sollten Sie die Wanderschuhe bereithalten. Unser Wandervorschlag ist keine große Herausforderung, sondern eher ein gemütlicher Spaziergang durch die ländliche Region der Cerdanya. Der Rundweg ist auch für Familien mit Kindern interessant, da die Strecke durch Auenwälder, über Holzstege und vorbei an Viehweiden mit Pferden und Kühen führt. Unterwegs gibt es immer wieder Picknickplätze, inklusive einer Erfrischungspause am Fluss. Doch wie kommen Sie nun hin?

Von Montellà i Martinet fahren Sie auf der N-260 weiter in Richtung Puigcerdà. Nach etwa 13 Kilometern zweigt rechts zwischen den Ortschaften **All** und **Isòvol** ein ausgeschildertes Schotterstäßchen zur **Ermita Santa Maria de Quadres** ab. Nach 700 Metern erreichen Sie den Wanderparkplatz.

020 Ermita Santa Maria de Quadres

GPS: N 42°23'11" E 01°50'14", 1.045 m. **Max. WOMOs**: 2. **Öffnungszeit**: Ganzjährig. **Ausstattung**: Keine. **Beschreibung**: Einfacher Schotterparkplatz neben der Ermita und einem Restaurant/Hotel. Bitte achten Sie darauf, nicht auf den für Hotelgäste reservierten Plätzen zu parken. **Zufahrt**: An der N-260 zwischen den Ortschaften Isòvol und All rechts auf ein schmales Sträßchen abbiegen und der Beschilderung zur Ermita folgen.

Gemütliche Rundwanderung durch die ländliche Cerdanya

Wir starten unsere Wanderung zunächst mit einem Blick auf die romanische Kapelle **Ermita Santa Maria de Quadres** aus dem 12. Jahrhundert. Sie ist meist verschlossen, doch kann man im benachbarten Restaurant nach dem Schlüssel fragen. Dann folgen wir dem breiten Weg für etwa 300 Meter bis zum Ufer des Ríu Segre, der hier durch das breite Tal mäandert. Wir halten uns nun auf einem schmaleren Wanderpfad nach rechts, flussaufwärts. Schon bald gelangen wir auf Holzstegen in einen lichten Laubwald, dessen feuchter Boden im Frühling von Farnen bestanden ist.

Nach 400 Metern erreichen wir bereits einen ersten Picknickplatz, der den Blick frei gibt auf die noch schneebedeckten Gipfel der **Serra de Cadí**. Wir folgen dem Waldpfad weiter flussaufwärts bis zu einer eindrucksvollen Hängebrücke. Über die **Pont de la Palanca** wechseln wir die Flussseite, erreichen einen weiteren Picknickplatz am Ufer und halten uns zunächst ein kurzes Stück nach rechts. Dann biegen wir links ab und verlassen das Flussufer. Hier können wir bereits den Ort **Sanavestre** sehen. Dieser muss aber noch ein wenig auf uns warten, denn an der nächsten Weggabelung halten wir uns rechts. Die nun folgenden 800 Meter führen uns über eine kleine Brücke und vorbei an Weiden mit Kühen und kräftigen Pyrenäenpferden.

Dann macht unser Weg eine Biegung nach links, um nach knapp 200 Metern erneut nach links zu schwenken. Nun halten wir direkt auf den Ort Sanavestre zu. Bei unserem Besuch wirkt das kleine Dorf wie ausgestorben. Nur ein Hund hält Wache und begrüßt uns schwanzwedelnd an der **Plaça Major**. Dort biegen wir links in die Carrer de la Font ein, folgen dieser bis zu den letzten Häusern, halten uns dann links bergab und erreichen schon bald die Weggabelung, an der wir zuvor nach Westen gewandert sind. Am Flussufer überqueren wir wieder die Hängebrücke, halten uns danach aber rechts, um nach 90 Metern wieder links zu wandern. Nach dem Verlassen des Waldes gibt es rechts erneut einen Rast- und Picknickplatz mit Wandertafeln. Wir finden auch den Wegweiser zurück zu unserem Ausgangspunkt, der Ermita Santa Maria de Quadres. Die restlichen 1,2 Kilometer spazieren wir nun auf breitem Schotterweg und auf den Spuren der Jakobspilger. Hier verläuft der mit gelber Muschel gekennzeichnete ***Camí de Sant Jaume***, wie der Jakobsweg auf Katalanisch heißt.

Nach etwa **zwei Stunden** und knapp **sechs Kilometern** ohne wesentliche Höhenunterschiede sind wir wieder am Ausgangspunkt unserer Rundwanderung angekommen, die wir mit einer Einkehr im Restaurant ***Ermitatge de Quadres*** abrunden. *(Mi.–So. 13.30–16 Uhr, Fr.–Sa. auch ab 20.30 Uhr, www.ermitatge.com)*.

Durch das nun breite Tal des Ríu Segre rollen wir auf der N-260 der Hauptstadt der Cerdanya, Puigcerdà entgegen. Gesäumt wird die Strecke von teils sehr vornehm anmutenden Feriensiedlungen und Wochenendvillen. Angeblich sollen hier auch der Popstar Shakira sowie einige Profifußballer des FC Barcelona residieren.

Uns fällt bei **Bolvir** ein Hinweisschild zum *Espai Ceretània* rechts der Straße auf. Es handelt sich dabei um eine archäologische Ausgrabungsstätte und eine der wenigen Iberischen Siedlungen in der Pyrenäenregion. Die Iberer lebten im sechsten Jahrhundert v. Chr. in mehreren kleinen Stammesgemeinschaften überwiegend im Osten der Iberischen Halbinsel. Über die Bewohner der Siedlung bei Bolivir weiß man nur, dass sie dem Stamm der *Ceretanier* angehörten und überwiegend von

Ackerbau und Viehzucht lebten. Mit der Eroberung durch die Römer veränderte sich das Leben der *Ceretanier* grundlegend. Der karthagische Feldherr Hannibal hat mit seinen Elefanten den Ort durchquert, um im **Zweiten Punischen Krieg** gegen die Römer zu kämpfen. Viele Männer der *Ceretanier* sollen sich den Truppen Hannibals angeschlossen haben, um mit ihnen in den Kampf gegen Rom zu ziehen.

Die weitere Geschichte ist bekannt. Die Römer siegten im 2. Jahrhundert endgültig über Karthago, übernahmen die Herrschaft auf der Iberischen Halbinsel, brachten ihre Kultur und Sprache mit. Später folgten die Westgoten, dann die Mauren. Letztere hinterließen jedoch kaum Spuren in der Cerdanya. So gerieten sowohl die keltiberische Siedlung als auch das spätere, mittelalterliche Dorf in Vergessenheit und es wuchs sprichwörtlich Gras darüber. Entdeckt wurden die Siedlungsreste erst in den 1990er Jahren. Seither fördern die Archäologen Stück für Stück die lange Geschichte des Hügels bei Bolvir zutage *(Juli bis Mitte September täglich 11–14 Uhr und 16–19 Uhr, Mitte September bis Juni Sa. 11–14 Uhr und 16–19 Uhr, So. nur am Vormittag; 3 €, www.bolvir.cat).*

Mit der nahe der französischen Grenze gelegenen Stadt **Puigcerdà** (9.500 Einwohner) ist das wirtschaftliche Verwaltungszentrum der Cerdanya erreicht. Und so empfängt uns eine geschäftige Kleinstadt, die wir für einen Einkaufsstopp nutzen. Bis 1345 gehörte die Stadt auch zu den sieben wichtigsten Orten Kataloniens. Doch Erdbeben, Brände und Grenzkonflikte sorgten dafür, dass von der historischen Bausubstanz nur wenig erhalten geblieben ist. Trotzdem lohnt sich ein Besuch, denn der Ort entwickelte

Hauptstadt der Cerdanya – Puigcerdà und der Parc Schierbeck

sich nach dem Spanischen Bürgerkrieg zu einem touristischen Ziel sowohl für die Sommerfrische als auch den Wintersport. Reizvoll sind hauptsächlich die arkadengesäumte **Plaça Major** sowie einige alte Herrenhäuser und ein künstlicher See mitten in der Stadt, der im 13. Jahrhundert angelegt wurde.

Wer noch auf der Suche nach einem Übernachtungsplatz ist, kann in Puigcerdà einen Campingplatz ansteuern.

021 Puigcerdà – *Camping Stel*

GPS/Kontakt: N 42°26'30" E 01°56'28", 1.155 m, Ctra. de Llívia, Tel. +34 972 88 23 61, *www.stel.es*, *puigcerda@stel.es*. **Öffnungszeit**: Ganzjährig außer Oktober. **Ausstattung**: Campingplatzüblich mit Pool, Restaurant, Bar, Minimarkt, Spiel- und Sportplatz. **Beschreibung**: Terrassenförmig angelegter Campingplatz mit Stellflächen auf Wiesenuntergrund, die teilweise durch Hecken parzelliert sind. Es gibt schattenspendende Bäume. Außerdem besteht die Möglichkeit, für eine Nacht die befestigten *Camp & GO* Plätze zu nutzen. Der Campingplatz liegt an einer wenig befahrenen Straße etwa einen Kilometer nördlich des Zentrums. **Preise**: 32–48 €. *Camp & Go* von 18–10 Uhr 24–30 €. **Zufahrt**: Auf der Durchgangsstraße N-152 am Ort vorbeifahren und an zwei unmittelbar aufeinanderfolgenden Kreisverkehren am Ortsende den Hinweisschildern zum Campingplatz folgen.

Uns zieht es noch einmal hinauf in die Berge. Das **Skigebiet Masella** auf 1.600 Metern Höhe liegt direkt vor der Haustür von Puigcerdà. Wir schrauben uns Kurve um Kurve hinauf auf einen riesigen Parkplatz bei der Liftstation. Dort geht Anfang April die Skisaison allmählich ihrem Ende zu und ein einsamer Skiläufer wedelt auf den letzten Schneeresten zu Tal. Wir genießen die wärmende Abendsonne in einer noch geöffneten Après-Ski Bar und verbringen die Nacht auf einem für WOMOs ausgewiesenen Areal des Parkplatzes. Obwohl es noch weitere, große und leere Parkplätze in Masella gibt, herrscht dort ein Park- und Übernachtungsverbot, wie uns ein freundlicher Polizist erklärt.

022 Masella – Liftstation

GPS: N 42°20'52" E 01°53'55", 1.634 m. **Max. WOMOs**: 15. **Öffnungszeit**: Ganzjährig. **Ausstattung**: Keine. **Beschreibung**: Asphaltierter Großparkplatz an einer Liftstation mit einem ausgewiesenen Bereich für Wohnmobile. In unmittelbarer Umgebung gibt es, in der Nebensaison allerdings nur unzuverlässig geöffnete Restaurants, einen kleinen Supermarkt sowie öffentliche Toiletten. **Zufahrt**: Ab Puigcerdà ist die Anfahrt ins Skigebiet Masella an der N-260 ausgeschildert.

Von Masella führt eine kurvenreiche, steile und teilweise schmale Alternativroute zu weiteren Skigebieten bei **Super-Molina** und nach **Castellar de n'Hug**.

Wir möchten jedoch noch einem mittelalterlichen Städtchen einen Besuch abstatten und kehren über **Alp** zurück ins Tal. Dort folgen wir der C-162 und der C-16 durch den **gebührenpflichtigen** und fünf Kilometer langen **Túnel de Cadí** in Richtung Süden. Hinter dem Tunnel befinden wir uns bereits in der **Provinz Barcelona**. Auf der Schnellstraße sind es noch gut 130 Kilometer in die Hauptstadt. Doch ganz so eilig haben wir es nicht und wir verlassen die C-16 bei der Ausfahrt zum Städtchen **Bagà** (2.167 Einwohner). Dort gibt es einen Stellplatz, der sich auch gut für den Tagesbesuch eignet.

TOUR 3

023 Bagà

GPS: N 42°15'07" E 01°51'57", Carrer del Pintor de Soto, 790 m. **Max. WOMOs**: 10. **Öffnungszeit**: Ganzjährig. **Ausstattung**: Keine, allerdings befindet sich an der Ortsausfahrt in der Carrer de Raval bei N 42°14'59" E 01°51'57" eine Ver-/Entsorgungsstation, an der auch Frischwasser gezapft werden kann. **Beschreibung**: Asphaltierter Parkplatz am Stadtrand, rund 500 Meter von der mittelalterlichen Altstadt entfernt. Durch die angrenzende Sportanlage kann es tagsüber zu einer gewissen Geräuschkulisse kommen, nachts ist es jedoch ruhig. **Zufahrt**: Die C-16 bei Bagá verlassen und der Parkplatzbeschilderung folgen.

Die Kleinstadt am Rand des Naturparks Cadí-Moixeró hat uns mit ihrem mittelalterlichen Charme recht schnell in ihren Bann gezogen. Die Überreste der Verteidigungsmauern mit dem ***Torre de la Portella***, das ehemalige Patrizierhaus ***Casa Foix-Solanell*** aus dem 16. Jahrhundert sowie der rechteckige, arkadengesäumte Hauptplatz **Plaça Galceran de Pinós** sind nur einige der Sehenswürdigkeiten.

Gegründet wurde das Städtchen 1233 von den **Herren von Pinós**, die hier auch einen Palast errichten ließen. Der ***Palacio de los Pinós*** steht auf einer Anhöhe etwas außerhalb der Stadtmauer. Während der ***Guerra dels Segadors*** (1640–1659), dem sogenannten »Schnitterkrieg«, zerstörten französische Soldaten den Palast. Danach wurde er als Wohnhaus, Lagerraum und Scheune genutzt, bevor ihn die Stadt in den 1990er Jahren umfangreich restaurierte. Heute dient das Gebäude kulturellen Zwecken. Unter anderem erinnert das *Centre Medieval i dels Càtars* an die Geschichte der Katharer. Auch als »Albingenser«

Mittelalterlicher Charme in Bagà

bekannt war die christliche Glaubensgemeinschaft in Okzitanien, dem heutigen Süden Frankreichs verbreitet. Sie bekannte sich zu Armut, Askese und Bescheidenheit. Für die Kirche stellte die Glaubensgemeinschaft eine Bedrohung dar, weshalb sie vom Papst der Ketzerei und Häresie beschuldigt wurde. Er rief zu einem unerbittlichen Kreuzzug gegen die Katharer auf, die aufs Grausamste verfolgt wurden. In der Region von Bagà fanden die Männer und Frauen nach ihrer Flucht über die Pyrenäen auf dem ***Camí dels Bons Homes*** eine vorübergehende Heimat. Um das Jahr 1400 galten die Katharer schließlich als endgültig »ausgerottet«. Im Museum wird die tragische Geschichte der Katharer im Rahmen einer anderthalbstündigen Führung nacherzählt *(Die Führungen finden in katalanischer und spanischer Sprache jeweils Sa. und So. um 10 Uhr statt; 5 €, www.turismebaga.com)*.

Unterhalb der Altstadt überspannt eine Natursteinbrücke aus dem 17./18. Jahrhundert, die **Pont de la Vila**, den Ríu Bastareny. Dort kann man durch eine hübsche Grünanlage spazieren oder zu Wanderungen in die Region starten.

Wander-/Radfahrtipp: Die *Vía Verde del Nicolau*

Dieser Wander-/Radweg verläuft auf einer ehemaligen Bahntrasse zwischen dem ***Ecomuseu Sant Joan de l'Avellanet*** und dem ehemaligen Kloster ***Monestir de Sant Llorenç*** bei **Guardiola de Berguedà**. Die Strecke wurde zu Beginn des 20. Jahrhunderts für den Holztransport angelegt und nach der Schließung aus Rentabilitätsgründen 2009 als Rad- und Wanderweg wiederhergestellt. Ab Bagà können Sie den Ausflug entweder (leicht bergauf) in Richtung Sant Joan de l'Avellanet oder talwärts nach Guardiola de Berguedà unternehmen. Die Gesamtstrecke (Hin- und Rückweg) ist **12 Kilometer** lang und besteht aus Feld- und Asphaltwegen. Der besondere Reiz liegt jedoch in verschiedenen Tunneldurchfahrten und Viadukten. Unter anderem muss eine 35 Meter lange Hängebrücke überquert werden.

Die genauen Informationen der Strecke, die in Bagà gut ausgeschildert ist, sowie weitere Wandervorschläge erhalten Sie als pdf-Download unter *www.rutespirineus.cat*.

TOUR 3

Für die Weiterfahrt nehmen wir die C-16 in Richtung Süden, um nach nur vier Kilometern auf die B-402 in Richtung La Pobla de Lillet abzubiegen. Es geht nun weiter durch das waldreiche Tal des **Ríu Llobregat**. Hier hat der historische *Tren del Ciment* nach der Winterpause seinen Betrieb wieder aufgenommen und diese Ausflugsfahrt wollen wir uns natürlich nicht entgehen lassen. Ihr WOMO können Sie direkt am Bahnhof abstellen.

024 Bahnhof La Pobla de Lillet – N 42°14'31" E 01°58'06"

Im Ort **La Pobla de Lillet** gibt es zudem einen WOMO-Stellplatz, der jedoch eher kleineren Fahrzeugen zu empfehlen ist.

025 La Pobla de Lillet

GPS: N 42°14'36" E 01°58'25", Carrer Escorxador, 836 m. **Max. WOMOs**: 10. **Öffnungszeit**: Ganzjährig. **Ausstattung**: Ver-/Entsorgungsstation, Strom und Frischwasser (gebührenpflichtig, zahlbar mit Kreditkarte am Automaten), Mülleimer. **Beschreibung**: Ruhiger, am Ortsrand und am Fluss Llobregat gelegener Stellplatz auf geschottertem Untergrund. Die Stellflächen für WOMOs befinden sich auf einem öffentlichen Parkplatz, der häufig auch von PKWs belegt ist. Durch die enge Zufahrt eher für Kastenwagen und Vans geeignet. Das kleine Zentrum ist nur wenige Gehminuten entfernt. Im Ort gibt es neben Restaurants auch eine Haltestelle des *Tren del Ciment*. **Zufahrt**: In La Pobla de Lillet ist der Stellplatz ausgeschildert.

Eine kleine Reise – eine große Geschichte...

... so wirbt eine Tourismusbroschüre für den ***Tren del Ciment*** in La Pobla de Lillet (1.079 Einwohner). Das kleine Dorf am Oberlauf des Flusses Llobregat wäre an sich keine große Erwähnung wert, wären da nicht gleich mehrere Sehenswürdigkeiten, die einen Besuch in der waldreichen Mittelgebirgsregion lohnen.

Den Anfang macht besagter *Tren del Ciment*. Die Schmalspurbahn dürfte die Herzen von Eisenbahn-Romantikern höherschlagen lassen und Kinderaugen zum Leuchten bringen. Einst diente die Bahn mit einer Spurweite von 600 Millimetern dem Transport von Zement und verkehrte zwischen Castellar de n'Hug und Guardiola de Berguedà. Im Lauf der Jahre wurde der Materialtransport jedoch unrentabel, so dass die Bahnstrecke 1963 stillgelegt wurde. Inzwischen sind knapp vier Kilometer als Museumsbahn reaktiviert worden. Von ratternden Dieselloks gezogen macht die Bahn Halt an vier Stationen, so dass wir einen Sightseeing-Tag der gemütlichen Art verbringen können.

Um die Wartezeit auf den nächsten Zug zu verkürzen, ist am Bahnhof während der Saison ein Eisenbahn-Museum geöffnet. In der Ausstellung werden weitere Schmalspurbahnen, Bergbauzüge und Industriebahnen gezeigt, die einst im Tal des Llobregat unterwegs waren. Darunter ein vornehmer Salonwagen und eine Elektrolok aus dem Jahr 1929.

Gemütlich ruckelnd kann es losgehen. Die erste Haltestelle ist im **Zentrum von La Pobla de Lillet**. Unser Zügle rattert dabei mitten durch den Ort und teilt sich die Straße mit Fußgängern und Autos. Wer mag, kann hier bereits aussteigen und einen Bummel durch das nette Dorf unternehmen. Unter anderem überspannt die **Pont Vell** als älteste Bogenbrücke den Ríu Llobregat. Wir empfehlen Ihnen jedoch, bis zur Endstation durchzufahren. Rund 20 Minuten ist die Bahn unterwegs bis zur ehemaligen Zementfabrik und dem *Museu del Ciment*. Die Fabrik wurde zwischen 1901 und 1904 im Stil des katalanischen Jugendstils erbaut. Zu ihren Gründern gehörte

Eusebi Güell (1846–1918). Der Unternehmer und Politiker war in Barcelona einer der bedeutendsten Mäzene des katalanischen *Modernisme*. Mit dem Architekten **Antoni Gaudí** (1852–1926) – wir werden ihn später noch näher kennenlernen – verband ihn eine lebenslange Freundschaft.

Die Gebäude der Zementfabrik ziehen sich am Hang hinauf und beherbergen heute ein sehenswertes Museum über die Geschichte und Verarbeitung des Portland-Zements. Er dient bis heute als Bindemittel für Mörtel und Beton. Der für die Herstellung notwendige Kalkstein konnte an Ort und Stelle gebrochen werden, die Kohle kam aus den Minen der Umgebung. Zur Elektrizitätsgewinnung wurde die Wasserkraft des Llobregat genutzt. Die Fabrik war bis 1975 in Betrieb und galt bei ihrer Inbetriebnahme als modernste ihrer Zeit *(Das Museum ist während der Betriebszeiten der Museumsbahn geöffnet. Außerhalb gelten saisonal wechselnden Öffnungszeiten, die Sie bitte dem Internet unter www.museuciment.cat entnehmen; 6 €).*

Ehemalige Zementfabrik und Verladebahnhof am *Tren del Ciment*

Rund um den ehemaligen Verladebahnhof lädt heute ein ausgedehntes Picknickareal zu einer Pause ein. Dann geht es auch schon zur nächsten Haltestelle, den ***Jardins Artigas***. Die Gartenanlage mit Skulpturen, Brücken, verborgenen Grotten und lauschigen Pavillons wurde von Antoni Gaudí entworfen. Fernab allen touristischen Trubels lässt sich hier noch eines seiner unbekannteren Werke entdecken. Zu sehen sind einige der typischen Stilelemente, die später auch im berühmten **Parc Güell** in Barcelona Verwendung fanden. Der Landschafts-

Gaudí-Skulpturen in der Gartenanlage *Jardins Artigas*

garten wurde zum Dank an die Familie Artigas errichtet. Bei ihr wohnte Gaudí, als er mit den Planungen eines Wohnhauses für die Arbeiter und Ingenieure des Zementwerkes beschäftigt war. Das ***Xalet del Catllaràs*** liegt einige Kilometer südlich von La Pobla de Lillet und kann derzeit nicht besichtigt werden. Da wir Antoni Gaudí und seinen Werken auf unserer weiteren Reise durch Katalonien noch mehrfach begegnen werden, stellen wir Ihnen den genialen Architekten ein weniger näher vor.

Antoni Gaudí – Verrückt oder genial?

Antoni Gaudí i Cornet – so sein voller Name – prägte die katalanische Jugendstil-Architektur wie kaum ein anderer. Geboren wurde er am 25. Juni 1852 bei Reus (siehe Tour 11). Sein Vater war Kupferschmied und der junge Gaudí durfte ihm in der Werkstatt helfen. Daraus entwickelte sich sein Verständnis für geometrische Formen, Raum und Volumen sowie für die Bearbeitung von Materialien.

Gaudí war aber auch ein kränkliches Kind und litt unter Rheuma. Unter den anderen Kindern wurde er zum Außenseiter und verbrachte deshalb viel Zeit damit, seine ländliche Umgebung und die Natur zu beobachten. Deren Formen und Farben sollten seinen späteren Architekturstil maßgeblich beeinflussen. Sowohl während seiner Schulzeit als auch seinem späteren Architektur-Studium in Barcelona stach Gaudí nicht durch besondere Glanzleistungen hervor. Vielmehr hob er sich einzig durch sein zeichnerisches und kreatives Talent von seinen Kommilitonen ab. Der Direktor der Architekturschule zweifelte gar beim Abschluss im März 1878:

»Qui sap si hem donat el diploma a un boig o a un geni: el temps ens ho dirà«

»Wer weiß, ob wir das Diplom einem Verrückten oder einem Genie gegeben haben. Nur die Zeit wird es uns sagen«. [Quelle: Wikipedia].

Und die Zeit zeigte es tatsächlich. Noch im Jahr seines Studienabschlusses lernte Gaudí den Unternehmer Eusebi Güell kennen, der zu seinem wichtigsten Mäzen wurde. Mit dessen finanzieller Unterstützung schuf er den **Parc Güell**, die **Krypta Colònia Güell** den **Palau Güell** und weitere Werke.

Bekannt wurde Gaudí für seinen eigenwilligen Architekturstil. Typische Merkmale sind geschwungene Linien, unregelmäßige Grundrisse sowie schräge Säulen und Stützen. Von Schlichtheit kann keine Rede sein. Stattdessen gestaltete er seine Bauwerke mit verspielten, weichen Formen, floralen Motiven, Ornamenten, bunten Keramikfliesen und dekorativen Bruchsteinen. Auch die Schmiede- und Glaskunst setzte er in Vollendung ein. Ungewöhnlich war die statische Konstruktion seiner Bauwerke. Aufwändige mathematische Berechnungen waren nicht sein Ding. Stattdessen verwendete Gaudí das **Prinzip der Hängemodelle**. Kleine Sandsäckchen wurden an die zuvor erstellten Holzmodelle aufgehängt, um die Druckkräfte an den komplizierten Deckenkonstruktionen zu simulieren. Eindrucksvoll zu sehen ist dies im Gaudí-Museum in Reus (siehe Tour 11).

Gaudís Hängemodell im Museum von Reus (Tour 11)

Zu Gaudís Lebenswerk wurde schließlich die Kirche **Sagrada Família** in Barcelona. Bereits 1883 übernahm er die Leitung über den 1882 begonnenen Bau. Von 1914 bis zu seinem Tod 1926 widmete er seine Zeit vollständig dem Kirchenbau, der jedoch unvollendet bleiben sollte. Bis heute dominieren hier die Baukräne und das Wahrzeichen Barcelonas soll pünktlich zum 100. Todestag Gaudís im Jahr 2026 fertiggestellt sein. Der großartige Architekt verunglückte unter tragischen Umständen. Am 7. Juni 1926 wurde er auf dem Weg zur Baustelle der Sagrada Família von einer Straßenbahn erfasst und blieb bewusstlos liegen. Wegen fehlender Ausweispapiere und seinem verwahrlosten Äußeren wurde er zunächst für einen Bettler gehalten und nicht notfallmedizinisch versorgt. Erst mehrere Stunden später ließ ihn ein Polizist ins Hospital de la Santa Creu bringen, wo er nach drei Tagen von seinen engsten Mitarbeitern und Freunden entdeckt wurde. Sie ließen ihn noch auf ein Privatzimmer bringen, doch die Hilfe kam zu spät.

Die Trauer in Barcelona war groß und Tausende gaben Gaudí die letzte Ehre. In der Krypta der noch unvollendeten Sagrada Família fand er seine letzte Ruhestätte. Verheiratet war Gaudí übrigens nie und er hinterließ auch keine Nachfahren. Nachdem er von einer Angebeteten in seinem Werben einen Korb erhielt, entschied er sich für ein asketisches Leben, das er vollkommen seiner Arbeit widmete.

Heute sind sieben Bauten Gaudís in und um Barcelona auf der Liste des UNESCO-Welterbes eingetragen. Wir werden also noch einige davon besuchen und sie Ihnen in den jeweiligen Touren genauer vorstellen.

Zurück zu unserer Ausflugsfahrt mit dem *Tren del Ciment*. Auf dem Rückweg zum Ausgangspunkt können Sie jetzt noch einen Halt im Zentrum von La Pobla de Lillet einlegen. Vergessen Sie dabei aber nicht die Abfahrtszeit des letzten Zuges, ansonsten müssen Sie die restlichen 1,5 Kilometer zu Fuß gehen *(Der Tren del Ciment fährt von April bis 5. November. Den genauen Fahrplan finden Sie im Internet unter www.turistren.cat. Die Hin- und Rückfahrt kostet 10 €, Kinder von 4–13 Jahren 6 €. Das Kombiticket mit Zugfahrt und allen Eintritten ist für 16 €, Kinder 7,50 € erhältlich).*

Wichtig: Wer den Garten und/oder das Zementmuseum ohne Zugfahrt besuchen möchte, parkt sein WOMO in La Pobla de Lillet und geht zu Fuß. Es gibt an beiden Einrichtungen nur sehr eingeschränkte Besucherparkplätze. Zudem ist die Zufahrt zu den *Jardins Artigas* nur Vans zu empfehlen. Die schmale Straße verläuft auf gleicher Strecke wie die Gleise und in Betriebszeiten ist mit Gegenverkehr zu rechnen.

Von La Pobla de Lillet führt die BV-4031 kurvenreich hinauf in das Bergdorf **Castellar de n'Hug**. Dorthin zieht es viele Ausflügler und am Wochenende kann es schon mal zu Gedränge kommen. Neben einem romantischen Ortsbild mit gepflasterten Gassen und hübschen Steinhäusern entspringt hier der **Ríu Llobregat** sprudelnd aus dem Berg. Sprudelnd insbesondere dann, wenn es zuvor starke Niederschläge gab, was bei unserer Reise leider nicht der Fall war. Vom Zentrum führt ein 15minütiger, ausgeschildeter Spaziergang zu den **Fonts del Llobregat**. Am nördlichen Ortsrand hat man vom Aussichtspunkt **Mirador del Balços** einen schönen Blick über den Ort und die saftig grünen, mediterranen Wälder. Schön, dass die Gemeinde auch an Wohnmobilisten gedacht hat.

026 Castellar de n'Hug

GPS: N 42°16'48" E 02°01'25", Avenida Mataplana, 1.457 m. **Max. WOMOs**: 30. **Öffnungszeit**: Ganzjährig. **Ausstattung**: Keine. **Beschreibung**: Der ehemalige Fußballplatz am Ortsrand wurde zu einem improvisierten WOMO-Stellplatz in Aussichtslage. Es ist eine große Schotterfläche, schattenlos und am Rand von Viehweiden. Bei unserem Besuch hatte es den Anschein, dass eine V/E-Station in Vorbereitung war. Der Ort mit Restaurants, Bäckerei und einem Minimarkt ist etwa 800 m entfernt. **Zufahrt**: In Castellar de n'Hug auf der BV-4031 weiter in Richtung La Molina fahren und der Beschilderung zum *Camp de futbol* sowie den WOMO-Piktogrammen folgen.

Für die Weiterfahrt nach Ripoll kehren wir vom Berg zurück nach La Pobla de Lillet. Vor uns liegen nun 29 sehr kurvenreiche Kilometer auf der B-402, die mit Überqueren der Provinzgrenze zur GI-402 wird. Das Sträßchen windet und schlängelt sich in sanftem Auf und Ab durch eine waldreiche Region. Dabei überwinden wir den 1.090 Meter hohen **Coll de Merolla**, kommen durch kleine Dörfchen und eine Region mit terrassenförmig angelegten Feldern an den Hängen. Welch eine Mühe muss ihre Bewirtschaftung in früheren Zeiten gekostet haben. Heute liegen viele der Flächen brach. Entlang der Route finden sich auch mehrere Campingplätze. Wer Bedarf hat – dieser erscheint uns am empfehlenswertesten:

027 Campdevànol – *Camping Molí Serradell*

GPS/Kontakt: N 42°14'07" E 02°07'07", Carretera de Gombrèn, 805 m, Tel. +34 972 730 927, *www.campingmoliserradell.com*, *info@campingmoliserradell.com*. **Öffnungszeit**: Ganzjährig außer im Januar. **Ausstattung**: Campingplatzüblich mit Pool (nur im Sommer), Bar, Restaurant, Spielplatz. **Beschreibung**: Familiär geführter und ruhig gelegener Campingplatz mit Bauernhof-Charakter am Ausgangspunkt zu Wanderungen und Radtouren in die Region. Die Stellflächen sind auf einem Wiesenuntergrund und von Bäumen beschattet. Zum Platz gehört ein empfehlenswertes Restaurant mit katalanischen Spezialitäten und regionalen Erzeugnissen. Sonntags wird frisches Holzofenbrot gebacken. Die Stadt Ripoll ist rund 8 km entfernt. **Preise**: 34 €. **Zufahrt**: Der Campingplatz ist an der GI-402 ausgeschildert.

Die Stadt **Ripoll** (10.640 Einwohner) ist nach weiteren acht Kilometern erreicht. Dort haben Sie die Wahl zwischen zwei Stellplätzen, wobei ersterer gelegentlich auch für Messe-Veranstaltungen genutzt wird. Dann ist dort keine Übernachtung möglich.

028 Ripoll

GPS: N 42°11'36" E 02°11'44", Carrer de Concepció Ducloux, 676 m. **Max. WOMOs**: 20. **Öffnungszeit**: Ganzjährig. **Ausstattung**: Ver-/Entsorgungsstation, Mülleimer, Picknickbänke am Fluss. **Beschreibung**: Asphaltierte Stellfläche, die auch mit großen WOMOs gut zu erreichen ist. Über eine Fußgängerbrücke gelangt man zum Bahnhof und auf den Rad-/Wanderweg in die Altstadt, die nach rund 1,5 km erreicht ist. In unmittelbarer Nähe gibt es Supermärkte. **Zufahrt**: In Ripoll die Umgehungsstraße N-260 in Richtung Süden nehmen. Dort am Kreisverkehr vor Überqueren der Brücke in Richtung Zentrum und der Beschilderung zum *Mercadona-Supermarkt* folgen. Der Parkplatz liegt am Ende eines Kreisverkehrs und ist beschildert.

029 Ripoll – *Can Guetes*

GPS: N 42°12'09" E 02°11'37", N-260, 686 m. **Max. WOMOs**: 6. **Öffnungszeit**: Ganzjährig. **Ausstattung**: Ver-/Entsorgungsstation, Mülleimer, Restaurant mit kleinem Supermarkt und Toiletten während der Öffnungszeiten. **Beschreibung**: Asphaltierte, teilweise leicht schräge Parkfläche am Fluss und am Radweg *Vía Verde del Cami de Ferro*. Trotz der nahen Hauptstraße ist es nachts überraschend ruhig. Das Kloster von Ripoll ist in Sichtweite und der Fußweg in die Altstadt beträgt 500 m. Maximale Aufenthaltsdauer 24 Stunden. **Zufahrt**: Ripoll auf der N-260 östlich durchqueren. Der Parkplatz ist ausgeschildert und befindet sich links der Straße.

Zugegeben – die Anfahrt auf Ripoll ist eher weniger charmant. Die Vorortsiedlungen sind von Industriegebieten und Fabriken geprägt. Ripoll ist in erster Linie eine Industriestadt. Doch mit Ripoll haben wir die Stadt erreicht, die als »Geburtsstätte Kataloniens« gilt. Grund genug, hier ein wenig tiefer in die Geschichte einzutauchen.

Ripoll, das Kloster und der Stammvater Kataloniens

Es war im Jahr 879, als der **Graf von Barcelona Guifré el Pilós** – auch bekannt als **Wilfried der Haarige** – den Grundstein für das Kloster ***Monestir de Santa Maria*** legte. Er hatte an der Seite des Frankenkönigs Karl dem Kahlen die Region erfolgreich gegen die Sarazenen verteidigt, die weite Teile der Iberischen Halbinsel besetzt hielten, und einige Landstriche des heutigen Kataloniens zurückerobert. Als eine seiner bedeutendsten Taten gilt die Wiederbesiedelung der Vorpyrenäen-Region, die lange als Niemandsland zwischen den maurisch besetzten Gebieten im Süden und dem Frankenreich im Norden galt. Das Kloster von Ripoll spielte dabei eine zentrale Rolle und entwickelte sich rasch zu einem wirtschaftlichen, kulturellen und geistigen Zentrum. Guifré el Pilós wurde nach seinem Tod 897 in Ripoll beigesetzt. Sein schlichter Sarkophag ist noch heute in der Klosterkirche zu sehen.

Um den Tod des Grafen und das Wappen Kataloniens rankt sich eine Legende, deren Wahrheitsgehalt zwar umstritten ist, die in der Bevölkerung jedoch immer noch äußerst gerne erzählt wird. Demnach besuchte der französische König den im Kampf gegen die Mauren schwer verwundeten Guifré an seinem Sterbebett in Barcelona. Aus Dankbarkeit für seine Verdienste sollte dem Verwundeten ein Wappen verliehen werden. Der König berührte der Legende zufolge die tödliche Wunde Guifrés und zog mit dem Blut an seinen Fingern vier rote Streifen auf das noch wappenlose Schild des Grafen. Die *quatre barres* auf gelbem Grund waren die Geburtsstunde der katalanischen Fahne, der ***Senyera***.

Das Kloster von Ripoll fungierte auch in späteren Jahren als Grabstätte vieler Größen des katalanischen Adels, der selbst häufig leitende Positionen im Kloster innehatte. So etwa **Abt Oliba**, ein Urenkel von Wilfried dem Haarigen. Unter dessen Leitung erreichte das Kloster im 11. Jahrhundert seine Blütezeit. Berühmt war insbe-

Katalanische Flagge *La Senyera*

sondere das **Skriptorium**. In der Schreibstube versammelten sich die besten Illustratoren der Zeit und schufen herausragende Bibeln. So entstand im 11. Jahrhundert die **»Bibel von Ripoll«** mit zahlreichen mittelalterlichen Buchmalereien. In Ripoll ist nur ein Faksimile zu bewundern, das Original wird in der päpstlichen Bibliothek im Vatikan aufbewahrt. Die Bibel von Sant Pere de Rodes entstand ebenfalls unter Mitwirkung der Mönche von Ripoll. Sie befindet sich heute in der Französischen Nationalbibliothek in Paris. Ein mittelalterliches Geschichtsbuch aus dem 13. Jahrhundert mit wertvollen Illustrationen gilt als Beginn der katalanischen Geschichtsschreibung. Viele der Handschriften und Manuskripte gingen im Lauf der Zeit verloren oder wurden zerstört. Im Mittelalter befand sich hier jedoch eine der umfangreichsten Bibliotheken des Christentums.

Die »Steinerne Bibel« von Ripoll

Abt Oliba war es auch, der die romanische Architektur in Katalonien einführte. Bei einer Reise nach Rom wurde er zu baulichen Veränderungen an der Klosterkirche inspiriert. Er ließ ein Querschiff mit sieben Apsiden anbauen und ergänzte es mit einem Steinportal, das zu den schönsten Meisterwerken der spanischen Romanik zählt. Es ist noch heute im Originalzustand erhalten und zeigt biblische Szenen, wie den Auszug aus Ägypten, sowie florale Motive in feinster Steinmetzkunst. Nicht umsonst wird das Portal **»Steinerne Bibel«** genannt. Im Inneren beeindruckt der zweistöckige Kreuzgang, dessen Kapitelle mit fantastischen Wesen verziert sind.

So steil, wie der Aufstieg des Benediktinerklosters war, so tief war dann auch der Fall. Die Pest, Hungersnöte, Kriege und Erdbeben brachten immer wieder Zerstörungen mit sich. Zwar gab es auch Phasen des Wiederaufbaus, doch als die letzten Mönche im 19. Jahrhundert das Kloster verlassen hatten, war es zunächst dem Verfall preisgegeben. Allerdings erkannte man bald das kunsthistorische Erbe und begann noch im selben Jahrhundert mit Restaurierungsarbeiten. Heute erstrahlt Kloster Ripoll in vollem Glanz und lädt zu einer Zeitreise in die katalanische Vergangenheit ein. *(April bis September 10–14 Uhr und 16–19 Uhr, Oktober bis März 10–13.30 Uhr und 15.30–18 Uhr, Kassenschluss jeweils 30 Minuten früher; 7,50 €, www.visit.ripoll.cat).*

In Ripoll gibt es aber noch mehr zu entdecken. Im 16. Jahrhundert begann die Entwicklung zum Industriestandort. Wasserkraft aus dem **Ríu Ter** war reichlich vorhanden und machten Ripoll zu einem frühen Zentrum der katalanischen Metallverarbeitung. Hergestellt wurden zunächst Waffen – sie galten sogar als die besten in Europa – später entstanden mehrere Textilfabriken nach britischem Vorbild. Das Ethnologische Museum in der Església de Sant Pere gleich neben dem Kloster widmet sich dieser industriellen Geschichte. Mit der Eintrittskarte kann auch die ***Farga Palau*** besucht werden. Eine alte Schmiede mit historischen Werkzeugen *(Di.–Sa. 10–13.30 und 16–18 Uhr, Juli und August bis 19 Uhr, So. und feiertags 10–14 Uhr; 4€, freier Eintritt am letzten Sonntag des Monats).*

Ein Relikt der industriellen Vergangenheit ist die *Vía Verde del Ferro y del Carbó*. Dieser »Eisenweg« ist ein Rad- und Wanderweg, der auf 12 Kilometern von Sant Joan de les Abadesses nach Ripoll führt. Die ehemalige Bahnstrecke verband früher die Minen von Ogassa mit der Stadt Ripoll. Der Bahnverkehr wurde aus Rentabilitätsgründen 1985 eingestellt, heute sind hier Freizeitradler unterwegs.

Wer mag, kann die Strecke direkt vom Stellplatz Nr. 029 erkunden. Wir werden einen Teil der Route von unserem nächsten Standort in **Sant Joan de les Abadesses** (3.274 Einwohner) erobern. Das Städtchen ist nach einer Fahrt durch das Tal des Ríu Ter schnell erreicht. Auch hier hat Wilfried der Haarige seine Spuren hinterlassen und ein weiteres **Kloster** gegründet. Außerdem gibt es einen recht neuen Stellplatz mit Blick auf eine alte **Bogenbrücke** und den Ort.

030 Sant Joan de les Abadesses

GPS: N 42°14'08" E 02°17'03", Passeig de l'Estació, 772 m. **Max. WOMOs**: 10. **Öffnungszeit**: Ganzjährig. **Ausstattung**: Ver-/Entsorgungsstation, Frischwasser nur zwischen Mai und Oktober, Mülleimer. **Beschreibung**: Terrassierte Parkplätze auf Rasengittersteinen, je nach Tageszeit schattig und am Ausgangspunkt zum Radweg *Vía Verde del Ferro y del Carbó* gelegen. Das Kloster und der Altstadtbereich sind wenige Gehminuten entfernt. **Hinweis**: In besucherstarken Zeiten werden Wohnmobilisten gebeten, nicht quer über mehrere Parkplätze zu stehen. Für größere WOMOs gibt es dann eine Ausweichmöglichkeit bei N 42°14'22" E 02°17'12". Außerdem sollte kein campingartiges Verhalten an den Tag gelegt werden. **Zufahrt**: In San Joan de les Abadesses vor Überqueren der Brücke links auf ein schmales Sträßchen abbiegen und den WOMO-Piktogrammen folgen.

Gerade mal zehn Kilometer östlich von Ripoll ist das weibliche Pendant des Klosters Santa Maria zu finden. Wilfried der Haarige gründet im Jahre 885 auch in Sant Joan de les Abadesses eine Abtei und setzte dort seine gerade mal 15-jährige Tochter Emma als Äbtissin ein. Trotz ihres jungen Alters erwies sich Emma als äußerst moderne Frau und geschickte Verwalterin. Mit dem Bau von Kirchen und der damit einhergehenden Gründung mehrerer Dörfer machte sie das Kloster zu einem weiteren kulturellen und wirtschaftlichen Zentrum der Region. Dies rief allerdings auch Neider auf den Plan. Als Emma nach über 40 Amtsjahren starb, stritten sich mehrere katalanische Fürstentümer um die Nachfolge. Als schließlich ein Adliger das Gerücht in die Welt setzte, die Nonnen würden der Prostitution nachgehen erklärte der Vatikan das Kloster im Jahr 1017 für aufgelöst. Später zogen Augustinermönche dort ein.

Die 15-jährige Äbtissin Emma erwies sich als äußerst moderne Frau und geschickte Verwalterin des Klosters von Sant Joan de les Abadesses.

Ob der Vorwurf des unzüchtigen Lebenswandels tatsächlich zutraf, ist umstritten. Tatsächlich lieferte er aber den Stoff für zahlreiche Legenden. So soll der intrigante Graf Arnau, der die angeblich amourösen Beziehungen zu den Nonnen unterhielt, bis heute nachts auf einem schwarzen Pferd und von Flammen umhüllt aus der Hölle aufsteigen und an den Stätten seiner unmoralischen Taten umherirren.

Die spannende Geschichte der Äbtissin Emma und des Klosters wird den Besuchern in einer englischsprachigen, multimedialen Präsentation anschaulich erklärt. Die **romanische Kirche** stammt aus dem 12. Jahrhundert und wurde in Form eines lateinischen Kreuzes errichtet. Die **Skulpturengruppe *Santíssim Misterie*** aus dem 13. Jahrhundert gilt als Meisterwerk katalanischer Schnitzkunst. In der Stirn der Christusfigur wurde mehr als 700 Jahre lang eine geweihte Hostie aufbewahrt, die jedoch in den Wirren des Spanischen Bürgerkrieges abhandenkam. Ein hübscher Kreuzgang, das Marienbild mit der ***Verge Blanca*** aus Alabaster und ein Museum mit sakraler Kunst vervollständigen den Rundgang.

Kloster Sant Joan de les Abadesses

Wir fanden dieses Kloster fast noch beeindruckender als den Komplex in Ripoll und es schaffte es mühelos auf unsere persönliche Top-Ten-Liste *(September bis April täglich 10–13 Uhr, Mai bis August außer sonntags auch von 16–18 Uhr; 5 €, www.monestirsantjoanabadesses.cat).*

Neben dem Kloster liegt der Palast ***Palau de l'Abadia***, der als **Touristeninformation** und Ort für wechselnde Ausstellungen dient, *www.santjoandelesabadesses.cat*.

Wie bereits versprochen, möchten wir in Sant Joan de las Abadesses auch noch den Bahntrassen-Radweg *Vía Verde del Ferro y del Carbó* ein wenig erkunden.

Radtour auf der *Vía Verde del Ferro y del Carbó* nach Ogassa

Für unsere Fahrradtour hinauf in das ehemaligen **Bergbau-Dorf Ogassa** müssen Sie für den Hin- und Rückweg etwa **10 Kilometer** veranschlagen, auf denen bei zwei kräftigen Anstiegen ein **Höhenunterschied von 150 Metern** zu bewältigen ist. Zurecht werden Sie sich fragen, wie es bei einem Bahntrassen-Weg zu einer solchen »Herausforderung« kommen kann. Normalerweise verlaufen diese Wege mit nur sanften Steigungen. Die Antwort ist einfach: Wir bewegen uns auf diesem letzten Abschnitt des Radweges, den einst die Erz-Loren aus dem Bergwerk in Ogassa über eine schiefe Ebene bis zum ehemaligen Verladebahnhof zurücklegten. Mit der Eisenbahn war der steile Anstieg nicht zu schaffen. Etwas Muskelkraft ist also erforderlich, um nach Ogassa zu gelangen.

Aussichtsreicher Radweg

Der gut ausgeschilderte Radweg startet gleich hinter unserem Stellplatz Nr. 030 und führt uns hinauf zum ehemaligen Bahnhof von Sant Joan de les Abadesses. Das Gelände rundherum wurde hübsch mit Spielplätzen und Picknickbänken angelegt. Im Bahnhof gibt es auch eine Gaststätte, die wir uns für das Ende der Radtour merken. Dann radeln wir zunächst noch auf ebener, asphaltierter Strecke in Richtung der Berge. Um uns herum weiden Kühe und Pferde auf den saftig grünen Wiesen. Nach knapp 1,5 Kilometern ist die alte **Verlade-Station von Toralles** erreicht. Früher mündeten hier die verschiedene Minenbahnen aus der Umgebung, um die abgebaute Kohle für den Weitertransport zu verladen. Heute ist hier ein hübscher Picknickplatz mit Info-Tafeln entstanden.

Nun endet leidet auch der gemütliche Teil und wir radeln jetzt auf einer geschotterten Strecke weiter bergan. Nach einem ersten kräftigen Anstieg erreichen wir den **Pla Inclinado**. Eine Info-Tafel erläutert hier das Prinzip der Schiefen Ebene, über die die leeren Erz-Loren wieder hinauf zur Mine

Relikte des Bergbaus in Ogassa

gelangten. Dabei half das Gewicht der vollen, talwärts fahrenden Loren. Auf der Weiterfahrt passieren wir weitere, verlassene Bergbauanlagen sowie die Reste der alten Zementfabrik, die zumindest teilweise als Schotter- und Kieswerk noch in Betrieb zu sein scheint. Ein letzter Anstieg und ein kleiner Tunnel – dann ist unser Ziel Ogassa erreicht. Das Bergdorf auf 956 Metern Höhe präsentiert sich touristisch hübsch herausgeputzt. Es gibt Einkehrmöglichkeiten und die ehemalige ***Mina Dolça*** kann im Rahmen von Führungen durch einen 260 Meter langen Stollen besichtigt werden. Die Mine ist die älteste und ertragreichste Kohlegrube der Region und war bis 1967 in Betrieb.

Drahtesel-Parkplatz in Ogassa

Nach einer kurzen Erholungspause rollen wir nun auf gleicher Strecke wieder talwärts. Im Bahnhof Sant Joan de les Abadesses wartet dann die verdiente Einkehr auf uns. Auf der Terrasse der **Lokalbrauerei *La Minera*** beenden wir die Radtour bei einem Glas Craftbeer und genießen Burger-Spezialitäten.

Hier in Sant Joan de les Abadesses endet unsere dritte Tour. Auf der panoramareichen N-260 werden wir auf den folgenden Kilometern die **Vulkanregion Garrotxa** sowie weitere mehr oder weniger berühmte Künstler Kataloniens kennenlernen.

Tour 4

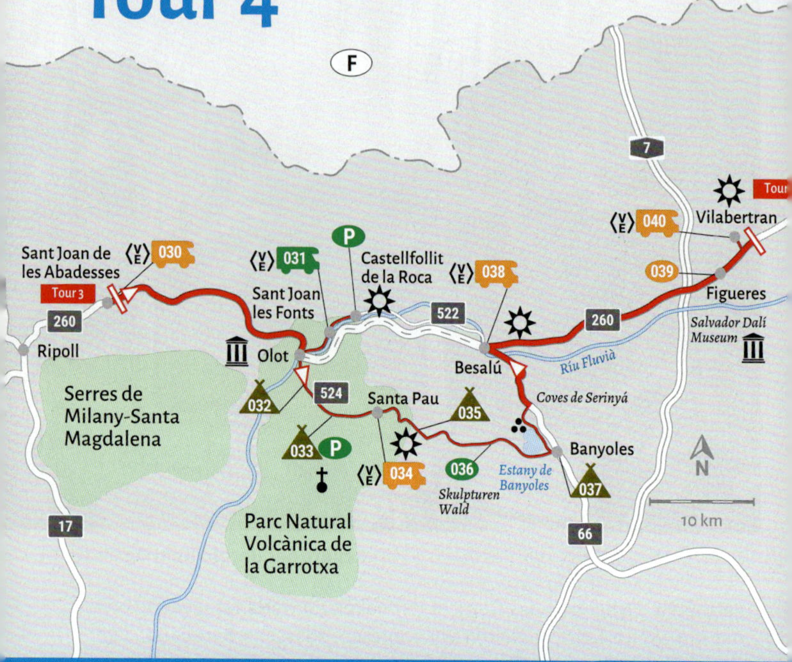

Tour 4

Vulkane und ein Surrealist
Durch die Garrotxa nach Figueres

118 km

Die Vulkane der Garrotxa speien schon lange kein Feuer mehr. Stattdessen locken die grün bewaldeten Kraterhügel zu ausgedehnten Wanderungen und Naturerlebnissen. Der Naturpark gilt als bestes Beispiel für den Vulkanismus auf der Iberischen Halbinsel. Wir nehmen Sie mit zu weiteren Höhepunkten dieser Tour:

- **Castellfollit de la Roca**
- **Espaí Cràter in Olot**
- **Wanderung durch die Welt der Krater**
- **Nicht ganz jugendfreier Skulpturenwald**
- **Surreale Kunst im Dalí-Museum**

Das Dorf auf dem Vulkanfelsen – Castellfollit de la Roca

Weiter geht es auf der N-260 in Richtung Olot. Sie erinnern sich? Die Nationalstraße war bereits unsere Begleiterin in den vorangegangenen Touren. Sie punktet durch ihre landschaftlichen Reize und viele, viele Kurven. Auf diesem Streckenabschnitt durchqueren wir eine grüne Landschaft und gelangen in eine der wohl spannendsten Regionen Kataloniens – den **Naturpark Parc Natural de la Zona Volcànica de la Garrotxa**. Vor rund 350.000 Jahren gab es hier die ersten vulkanischen Aktivitäten. Zum letzten Mal vor 11.500 Jahren. Vor feuerspeienden Bergen müssen Sie sich also nicht fürchten. Es könnte jedoch sein, dass die Erde unter Ihren Füßen leicht bebt. Da sich die Eurasische und die Afrikanische Kontinentalplatte bis heute immer noch annähern – etwa zwei Zentimeter pro Jahr – kommt es in der Garrotxa gelegentlich zu leichten Erschütterungen. Die meisten davon sind allerdings kaum spürbar.

Innerhalb des Naturparks verteilen sich rund 40 Vulkankegel. Fruchtbare Lavaböden und ein feuchtes Klima sorgen für eine üppige Vegetation. Die Hügel sind grün bewaldet, was der gesamten Region ein sanft-liebliches Aussehen verleiht. Den besten Blick auf die schlafenden Vulkane genießt man aus einem **Heißluftballon**. Einer der Anbieter ist *www.voldecoloms.cat*. Die Fahrt endet mit einer Ballonfahrer-Taufe, einem Gläschen *Cava* und einem deftigen Frühstück. Ab etwa 175 € pro Person können Sie mit dabei sein.

Für die Erkundung dieses zauberhaften Landstrichs lassen wir die Hauptstadt der Vulkanberge **Olot** am Kreisverkehr bei La Canya zunächst sprichwörtlich rechts liegen und unternehmen auf der GI-522 einen Abstecher nach **Castellfollit de la Roca** (926 Einwohner). Das Örtchen auf dem Lavafelsen soll nicht nur eines der schönsten Dörfer, sondern auch eine der kleinsten Städte Kataloniens sein. Davon wollen wir uns gerne überzeugen. Dazu fahren wir zunächst durch den Ort hindurch, überqueren den **Ríu Fluvià** und stellen das WOMO unmittelbar nach der Brücke beim *Hostal Mont-Rock* ab.

P Castellfollit de la Roca 1 – N 42°13'17" E 02°33'09"

Achten Sie jedoch darauf, nicht auf den Hotel-Parkplätzen zu stehen. Von hier wollen wir zu einer kleinen Wanderung aufbrechen, die uns zu den ersten geologischen Besonderheiten der längst erloschenen Vulkane bringt.

Wanderung auf den Basaltfelsen von Castellfollit de la Roca

Unser Parkplatz bietet den wohl besten Blick auf die spektakuläre Lage des Dorfes. Es thront hoch oben auf einem Basaltfelsen und die Häuser scheinen förmlich auf der steilen Abbruchkante zu balancieren. Ganz vorne, gleichsam wie ein Schiffsbug, sehen wir schon das Ziel unserer kleinen Wanderung: Die Kirche **Església Vella** mit dem **Aussichtspunkt Mirador Plaça Josep de Pla**.

Pont de Fluvià

Der Start unseres Spaziergangs befindet sich hinter dem Parkplatz, wo uns ein Wegzeichen zur **Pont de Fluvià** leitet. Zunächst noch oberhalb der Straße und vorbei an einigen Wohnhäusern. Schon nach wenigen Metern fällt unser Pfad zur Straße ab, die wir jetzt überqueren und danach dem Fußweg durch das *Barrí de Fluvià* folgen. Ein scheinbar ehemaliges Fabrikareal mit Wohngebäuden. So gelangen wir zu einer **wellenförmigen Holzbrücke**, die uns ans andere Ufer bringt. Dort können wir die eindrucksvolle Basaltmauer aus zwei übereinanderliegenden Lavaströmen von unten bestaunen. Wie Orgelpfeifen reihen sich die dunklen, steinernen Säulen aneinander. Es ist faszinierend, welche geometrischen Formen die Natur hier geschaffen hat.

Der weitere Weg führt uns nun durch einen dichten Dschungel aus Oliven- und Feigenbäumen, Oleandersträuchern und Kakteen. Die Vegetation ist in dieser Vorpyrenäen-Region deutlich mediterraner geworden. Wir überqueren nochmals ein Brücklein, dann steigen wir auf einem gepflasterten Weg hinauf zum Aussichtspunkt. Dort legen wir eine Verschnaufpause ein und genießen den Blick über das Dorf, den Fluss und die grün bewaldete Hügellandschaft. Der mittelalterliche Ortskern mit seinen Steinhäusern kommt sehr pittoresk daher. Immer wieder gibt es Aussichtspunkte, an denen wir einen Blick in die Tiefe riskieren. Teilweise geht es bis zu 50 Meter senkrecht hinunter an den Fluss.

Dann lockt uns ein verführerischer Duft noch weiter ins Zentrum. Die **Keksfabrik *Cal Enric*** in der Carretera de Girona ist die Ursache dafür, dass uns das Wasser im Munde zusammenläuft. Die frisch gebackenen Kekse sind eine Spezialität des Ortes und werden hier in langer Tradition hergestellt. Im kleinen Laden greifen wir gerne nach dem leckeren Gebäck. Frisch gestärkt bummeln wir nun wieder hinunter zu unserem WOMO wie wir gekommen sind.

Wer die kleine Wanderung nicht mit uns unternehmen möchte, kann auch direkt in Castellfollit de la Roca halten. Einen Parkplatz finden Sie am Ende einer Sackgasse.

P Castellfollit de la Roca 2 – N 42°13'14" E 02°32'45"

Von der Stadt auf dem Vulkanfelsen kehren wir auf gleicher Straße sieben Kilometer zurück nach **Sant Joan les Fonts** (3.054 Einwohner). Dort steuern wir einen noch recht neuen, ruhigen Stellplatz an.

031 Sant Joan les Fonts

GPS: N 42°12'41" E 02°30'21", Carrer Sant Pere, 335m. **Max. WOMOs**: 20. **Öffnungszeit**: Ganzjährig. **Ausstattung**: Entsorgung Grauwasser, Mülleimer, überdachter Picknickplatz. **Beschreibung**: Asphaltierte, schattenlose Parkfläche am Rand eines ruhigen Wohngebietes und neben einer kleinen Grünanlage. Die romanische Kirche mit einem Tourismusbüro sowie eine mittelalterliche Bogenbrücke sind 500 m entfernt. Ausgangspunkt zu mehreren Wanderwegen. Maximale Aufenthaltsdauer 48 h. **Zufahrt**: Den Kreisverkehr der GI-522 am westlichen Ortsrand verlassen und den WOMO-Piktogrammen folgen.

Sant Joan les Fonts gehört ebenfalls zur Vulkanlandschaft des Naturparks. Auch hier hat die vulkanische Aktivität ihre Spuren

Mittelalterliche Bogenbrücke aus Vulkangestein

Wasser und Vulkangestein bestimmen die Garrotxa

hinterlassen, die wir bei einer Wanderung erkunden möchten. Die Strecke beschreibt eine liegende Acht und kann entweder als kleiner Abendspaziergang unternommen oder zur etwas abenteuerlicheren Wanderung ausgebaut werden. Letztere eignet sich besonders gut für Familien mit Kindern, die eine Portion Entdeckergeist mitbringen. Haben wir Sie neugierig gemacht?

Wanderung auf der *Ruta de les Tres Colades de Lava*

Vom Stellplatz starten wir in Richtung der großen und weithin sichtbaren Kirche. Dort befindet sich auch eine mittelalterliche Bogenbrücke aus Vulkangestein über den Fluvià. Angeblich sollen hier die Truppen von Karl dem Großen auf einer alten Römerstraße vorbeigekommen sein. Gleich daneben finden Sie ein **Tourismusbüro**, *www.turismesantjoanlesfonts.com*, und Informationstafeln zu unserer Wanderung. Dahinter können wir bereits zur ersten Lavaschicht neben dem **Wasserfall *Salt d'aigua Molí Fondo*** bei der ehemaligen **Papiermühle** hinuntersteigen. Dort hat der Lavastrom einen Tunnel gebildet, von dem noch Fragmente zu erkennen sind. Darüber hinaus sind Blasen an der Tunneldecke entstanden, die sich heute als kleine, grün bewachsene Hügel oberhalb des Flussufers zeigen.

Basaltsäulen am *Cantera del Boscarró*

Dann halten wir uns in Richtung Osten, immer der Beschilderung folgend. Vom Aussichtspunkt **Mirador Boscarró** haben wir einen schönen Blick auf den Wasserfall und die Mühle. Unser Pfad führt entlang der Hangkante und über eine Wiese, auf der noch die Reste einer alten, iberischen Siedlung zu erkennen sind. Im Frühling sind die Bäume unbelaubt, so dass wir unten am Fluss das romanische Kloster **Monestir de Sant Joan** erkennen. Je nach Sonnenstand leuchtet es rosafarben zu uns herauf. Vom ehemaligen Benediktinerkloster ist heute noch die Kirche aus dem 12. Jahrhundert erhalten geblieben.

Wir halten uns auf einem kleinen Pfad nach links bergab und wandern nun auf der Nordseite des Hangs zurück in Richtung des Dorfes. Wir können jetzt sehr schön einen weiteren, erkalteten Lavastrom erkennen. Der ***Cantera del Boscarró*** entstand vor rund 130.000 Jahren. Zu sehen sind sowohl senkrechte Basaltsäulen als auch waagrechte Steinplatten. Sie bildeten sich in Abhängigkeit davon, ob der Lavastrom beim Erkalten noch in Bewegung war oder nicht.

Senkrechte Basaltsäulen und waagrechte Steinplatten bildeten sich beim Erkalten des Lavastromes.

Zurück am Ortsrand können Sie entscheiden, ob Sie es beim etwa **einstündigen** kurzen Abendspaziergang belassen, oder ob Sie die Wanderung noch ein wenig ausdehnen möchten. Für die Verlängerung spazieren wir zunächst weiter auf der nördlichen Seite der Dorfkirche bis wir auf ein Asphaltsträßchen stoßen. Diesem folgen wir nach rechts etwa 60 Meter bergauf, um an der nächsten Wegmarkierung rechts abzubiegen und auf dem Pfad durch den Wald hinunter an einen Bachlauf zu gelangen.

Basaltformation *Cingles de Frontfreda*

Der Weg führt uns durch eine schattige Auenlandschaft. Begleitet werden wir vom Gluckern und Rauschen des Baches, den wir gleich mehrmals auf moosbewachsenen, glitschigen Steinen überqueren müssen. Ein Spaß für Kinder – die Autorin dürfte dabei jedoch nicht immer eine gute Figur abgegeben haben.

Nach knapp einem Kilometer ist die dritte vulkanische Formation erreicht. Über uns türmen sich die **Basaltsäulen *Cingles de Frontfreda*** bis zu drei Meter hoch auf. Vor Steinschlag wird gewarnt und Sie sollten die Begrenzungen durchaus ernst nehmen.

Nach einer weiteren Bachquerung erreichen wir ein Anwesen, in dem Anhänger der »*Love, Peace and Harmony*« Bewegung zu leben scheinen, worauf die bunt bemalte Schilder mit Friedenssprüchen hindeuten. Unser Sträßchen steigt links hinter dem Anwesen vorbei bergauf und wir erreichen dort die Carretera del Camí Vell, eine kleine Landstraße, die uns nach links wieder zurück in Richtung Sant Joan des Fonts führt. Es geht vorbei an

mehreren landwirtschaftlichen Gehöften. Nach etwa 650 Metern biegen wir rechts auf den Camí de les Mollers ab und folgen nach weiteren 300 Metern auf einem Wiesenpfad dem Wegweiser zur **Fonts de Frontfreda**. Der Weg zurück nach Sant Joan les Fonts verläuft nun durch eine grüne, mediterrane Wiesenlandschaft mit Viehweiden, Palmen und einer Quelle, die einst ein beliebtes Ausflugsziel der einheimischen Bevölkerung war, wie uns eine Infotafel verrät. Nach gut **zwei Stunden** und **7,5 Kilometern** sind wir wieder an unserem WOMO angekommen.

Es ist nun an der Zeit, die Hauptstadt der Vulkanberge **Olot** (36.716 Einwohner) anzusteuern. Neben Einkaufsmöglichkeiten in großen Supermärkten am Stadtrand lockt uns hier das interaktiv aufbereitete und moderne Vulkanmuseum *Espai Cráter*. Leider erweist sich die Parkplatzsuche für WOMOs als schwierig und auch vom Tourismusbüro ernten wir auf Nachfrage nur ein bedauerndes Schulterzucken. Sich mit dem WOMO in das verwirrende Einbahnstraßen-System Olots zu wagen, ist wenig ratsam. Somit bleibt uns nur, Ihnen einen Tagesparkplatz an der Carrer de França im Industriegebiet bei einem Sportzentrum anzubieten:

P Olot – N 42°11'25" E 02°28'53"

Ein Schild an der Einfahrt weist ihn sowohl als privaten als auch öffentlichen Parkplatz aus. Von hier ist das *Espai Cráter* etwa einen Kilometer oder 15 Gehminuten entfernt.

Nun aber zur Erkundung Olots: Die Stadt ist umgeben von Vulkanen. Einer davon, der **Volcá de Montsacopa**, liegt sogar mitten im Stadtgebiet. So verwundert es nicht, dass im Jahr 2022 das moderne Vulkanmuseum *Espai Cráter* in einem futuristischen Neubau eröffnet wurde. Das Gebäude befindet sich unterirdisch im Inneren eines längst erloschenen Vulkanes. Auf dem darüber liegenden Gelände wurde ein Park angelegt, der einmal ein natürlicher Buchenwald werden soll. Den Besuch in der interaktiven Ausstellung können wir Familien mit Kindern empfehlen. Mit modernster Technik, wie *Augmented Reality* und immersiven, audiovisuellen Erlebnissen lässt sich die Welt der Vulkane spielerisch entdecken. Das neu erworbene Wissen kann anschließend an mehrsprachigen Touchscreens getestet werden (*Oktober bis*

Futuristisches Vulkanmuseum in Olot

Olot – Die Hauptstadt der Vulkanberge

Mai täglich 10–14 Uhr und 15–18 Uhr, Sa. bis 19 Uhr, So. nur vormittags. Juni bis September täglich 10–14 Uhr und 16–20 Uhr; 7,50 €, Kinder 5,50 €, www.espaicrater.com).

Nach dem unterirdischen, virtuellen Museumsbesuch entdeckt man die Vulkane am besten in natura. Vom Eingang führt ein ausgeschilderter Spazierweg hinauf zum Volcá de Montsacoba. Ein Rundweg verläuft entlang des kreisrunden Kraters mit zwei alten Wachtürmen und der **Kirche Sant Francesc**. Von hier oben bietet sich ein schöner Rundblick auf die Stadt Olot und die grüne Landschaft mit den vielen Vulkanen im Naturpark.

Zurück am Vulkanmuseum gehen wir nun vorbei an der Stierkampfarena in Richtung der **Altstadt *Nuclí antic***. Entlang dem langgezogenen **Passeig de Miquel Blay** reihen sich einige hübsche, modernistische Stadtvillen. Wir merken uns den Platz mit seinen schattenspendenden Bäumen, der bei den Einheimischen nur ***El Firal*** genannt wird, für den Abschluss unseres Stadtbummels. Hier laden gleich mehrere Bars und Cafés zur Einkehr ein.

Da der mittelalterliche Stadtkern im Jahr 1447 nahezu vollständig bei einem Erdbeben zerstört wurde, ist das älteste Gebäude die südlich gelegene **Kirche Sant Esteve** aus dem 17. Jahrhundert. Am besten versorgen Sie sich nun im **Tourismusbüro**, *www.turismeolot.cat*, in der Carrer Dr. Fàbregas mit einen Stadtplan und lassen sich durch die Gassen treiben.

Kulinarisch lohnt sich ein Bummel durch die gleich daneben liegende **Markthalle**. Mehr als nur eine Sünde wert sind die herrlichen Törtchen-Kreationen der Konditoreien. Wenn Ihr Besuch auf einen Montag fällt, herrscht in den Altstadt-Gassen zudem buntes Markttreiben. Von regionalen Produkten des Umlandes bis hin zu Taschenmessern und Kittelschürzen ist hier alles zu haben.

Eine Besonderheit sind schließlich noch die beiden Riesenfiguren *Els Gegants d'Olot*. Sie tanzen Anfang September beim Stadtfest zu Ehren der Stadtpatronin *Mare de Déu del Tura* durch die Straßen von Olot.

Von Olot fahren wir nun sprichwörtlich ins »Epizentrum« der Vulkanregion. Wir sind jetzt in der Kernzone des Naturparks **Parc Natural la Zona Volcànica de la Garrotxa**, *www.turismegarrotxa.com*. Dort gelten zum Schutz von Flora und Fauna strenge Regeln hinsichtlich des Parkens und Übernachtens im Wohnmobil. Wir zeigen Ihnen nachfolgend einige der Plätze, auf denen Sie auch für einen längeren Aufenthalt legal stehen können.

Für die Anfahrt geht es südlich von Olot auf die GI-524 in Richtung Santa Pau. Etwa drei Kilometer nach Olot gibt es den ersten Campingplatz, vier Kilometer später den zweiten:

032 Olot – *Camping La Fageda*

GPS/Kontakt: N 42°09'27" E 02°31'00", GI-524, 560 m, Tel. +34 972 271 239, *www.campinglafageda.com*, *info@campinglafageda.com*. **Öffnungszeit**: Ganzjährig. **Ausstattung**: Campingplatzüblich mit Pool (nur im Sommer) Bar, Restaurant, Minimarkt, Spiel- und Sportplätzen, Grillzone. **Beschreibung**: Im Grünen gelegener Platz mit vielen Bäumen und parzellierten Wiesen-Stellplätzen. Am Platz starten mehrere Rad- und Wanderwege zu den Vulkanen. An der Hauptstraße gibt es eine Bushaltestelle für den Besuch von Olot. **Preise**: 26–29 €. **Zufahrt**: Der Campingplatz ist an der GI-524 ausgeschildert.

033 Santa Pau – *Camping Lava Ecològic*

GPS/Kontakt: N 42°09'08" E 02°32'48", GI-524, 600 m, Tel. +34 972 680 358, *www.campinglava.com*, *reserves@campinglava.com*. **Öffnungszeit**: April bis November. **Ausstattung**: Campingplatzüblich mit Pool (nur im Sommer), Bar, Restaurant, Spiel- und Sportplätzen, Grillzone. **Beschreibung**: Familienfreundlicher und auf Nachhaltigkeit ausgerichteter Campingplatz mit vielen Angeboten für Kinder (Streichelzoo, Reiten, Kids-Park mit Naturlehrpfad und mehr). Die Wiesen-Stellplätze befinden sich im Grünen mit schattigen Bäumen. Am Platz starten mehrere Wander- und Radwege, Santa Pau ist rund drei Kilometer entfernt. In der unmittelbaren Umgebung finden sich weitere Restaurants. **Hinweis**: Es gibt keine Mobilfunk-Abdeckung und für die Bezahlung wird Bargeld empfohlen. **Preise**: 39–47 €. **Zufahrt**: Der Campingplatz ist an der GI-524 beim Parkplatz *Santa Margarida* ausgeschildert.

Die Vulkanregion will erwandert werden. Sofern Sie nicht auf einem der beiden Campingplätze Quartier bezogen haben, bieten sich für Tageswanderungen zwei saisonal gebührenpflichtige Parkplätze an. Von Olot kommend, befindet sich links der Straße der erste große Parkplatz:

P *Can Serre* – N 42°09'16" E 02°30'59"

Unterwegs mit einer Pferdestärke

Hier gibt es öffentliche Toiletten, eine Picknickzone mit einem Spielplatz und Grillplätzen sowie ein **Informationszentrum**, bei dem sich auch der Kassenautomat für die Bezahlung der Parkgebühren befindet. Außerdem werden während der Saison Kutschfahrten mit Pferd und Planwagen angeboten. Von diesem Parkplatz können Sie einen schönen Spaziergang durch den schattigen Buchenwald ***La Fageda*** unternehmen.

TOUR 4

Spaziergang durch den Buchenwald *La Fageda*

Der rund fünf Quadratkilometer große Buchenwald erstreckt sich auf einem erkalteten Lavastrom des **Vulkans Croscat**. Ein knapp 45minütiger Spaziergang führt uns durch diesen fast ein wenig mystisch anmutenden Wald. Die Lavabrocken liegen wie von Riesenhand verteiltes Spielzeug zwischen den Bäumen und sind mit fluoreszierenden Flechten bewachsen. Kein Wunder, dass der katalanische Dichter **Joan Maragall** (1860–1911) dem Wald das Gedicht ***La fageda d'en Jordà*** widmete. Maragall gehört zu den bedeutendsten literarischen Vertretern des katalanischen *Modernisme* und in fast jedem Ort wurde eine Straße, ein Platz, ein Park oder eine Schule nach ihm benannt.

Erinnerung an den Literaten J. Maragall

Der Wald ist zu jeder Jahreszeit eine Attraktion. Im Frühling sind hier nur wenige Menschen unterwegs, im Sommer spenden die Bäume Schatten, im Winter öffnet sich der Blick durch die unbelaubten Buchen auf die Vulkanlandschaft. Besonders farbenprächtig ist der Herbst. Es gibt mehrere Wanderrouten durch den Wald. Die blau markierte *Ruta* 2 ist ideal, um sich ein wenig die Beine zu vertreten. Sie können von hier auch zur **großen Rundwanderung** starten, die sowohl den Buchenwald als auch die beiden weiter unten beschriebenen Einzelstrecken miteinander verbindet. Für die rot markierte *Ruta* 1 müssen Sie mit einer Distanz von knapp **elf Kilometern** und einer Gehzeit von **3,5 Stunden** rechnen.

Für eine etwas ausgiebigere Wanderung stellen wir das WOMO drei Kilometer weiter auf einem ebenfalls saisonal gebührenpflichtigen Parkplatz ab.

P *Santa Margarida* – N 42°08'54" E 02°32'37"

Dort finden Sie neben öffentlichen Toiletten auch mehrere Restaurants zur Einkehr nach dem Wanderausflug sowie die Zufahrt zum Campingplatz Nr. 033.

Wanderung zum Vulkankrater Santa Margarida

Am Parkplatz startet die etwas anspruchsvollere Wanderung zum Vulkankrater mit der kleinen **Kapelle Santa Margarida** in seinem Inneren. Anspruchsvoll deshalb, weil es zunächst einmal kräftig bergauf geht. So ein Vulkan will schließlich erklommen werden. Unterwegs passieren wir ein landwirtschaftliches Anwesen, das von einer Künstlerfamilie bewohnt wird. Überall verteilt finden sich bunte, teilweise recht skurrile Skulpturen aus Holz. Kinder werden am Suchspiel ihre Freude daran haben. Zwischen Bäumen und Sträuchern verstecken sich Marterpfähle, die *Minions*, ein Osterhase oder ein Krokodil. Es also gibt jede Menge zu entdecken. Im Sommer werden an einem Imbissstand kühle Getränke und Eis an die müden Wandersleute verkauft.

Doch die Erfrischung muss bis zu unserer Rückkehr warten. Jetzt geht es nochmals ordentlich bergauf, dann ist der Kraterrand erreicht. Oben halten wir uns zunächst nach links, dort führt der Wanderweg – zu Beginn noch mit Treppenstufen – wieder hinab in den Krater. Schon bald erkennen wir mittendrin die **Ermita Santa Margarida**, wo wir auf der großen Wiese eine verdiente Rast einlegen. Die Kapelle war leider bei unserem Besuch nicht zugänglich, so dass wir nur den schönen Blick von außen genießen konnten.

Für den Rückweg geht es auf der gegenüberliegenden Kraterseite wieder hinauf, diesmal allerdings nicht ganz so steil. Ein Ferienanwesen dient uns als Orientierung. Daran vorbei führt uns der Weg nun wieder zurück, wie wir gekommen sind. Mit Pause und Fotostopps waren wir für die **drei Kilometer** lange Strecke rund **zwei Stunden** unterwegs.

Wanderung zum Volcà de Croscat

Ein etwas bequemerer, auch kinderwagentauglicher Spaziergang führt uns auf der gegenüberliegenden Straßenseite des Parkplatzes zum **Volcà de Croscat.** Auch dieser Weg ist gut ausgeschildert und man erreicht den markanten Vulkankegel in rund **25 Minuten** auf weitgehend ebener, asphaltierter Strecke.

Was da so aussieht wie ein aufgeschnittener Käselaib – so zumindest wurde es uns von der netten Dame im Tourismusbüro beschrieben – ist menschengemacht. Von den 1970er bis in die 1990er Jahre hinein wurde hier Vulkangestein für die Verwendung im Straßenbau abgebaut. Heute sieht man hier in eindrucksvoller Weise die verschiedenfarbigen Gesteinsschichten vor sich. Links oben sind auch noch einige markante Basaltsäulen zu erkennen. Dieser Spaziergang ist ein interessanter Ausflug mitten hinein in die Erdgeschichte.

Nach dem ausgiebigen Wandertag zieht es uns wenige Kilometer weiter nach **Santa Pau** (1.600 Einwohner). Dort zeigt man Herz für Wohnmobilisten und die Gemeinde hat einen bisher noch etwas provisorischen Stellplatz für die Übernachtung bereitgestellt.

034 Santa Pau

GPS: N 42°08'46" E 02°34'07", Avinguda dels Volcans, 500 m. **Max. WOMOs**: 25. **Öffnungszeit**: Ganzjährig. **Ausstattung**: Mülleimer, Picknickbänke, Toiletten während der Öffnungszeiten im Tourismusbüro. **Beschreibung**: Unbefestigte und teilweise leicht schräge Stellflächen ohne Schatten am Ortsrand von Santa Pau. Die mittelalterliche Altstadt befindet sich in 600 m Entfernung. Die Koordinaten beschreiben die Einfahrt zu den Parkplätzen. Im vorderen Bereich darf nur tagsüber

TOUR 4

geparkt werden, für eine Übernachtung fahren Sie den WOMO-Piktogrammen folgend bis ganz nach hinten durch. Etwas gewöhnungsbedürftig ist die Nutzung der Müllcontainer, die nur auf Katalanisch erklärt ist. Man muss auf den Button am Container drücken, langsam auf Drei zählen und dann öffnet sich wie von Geisterhand der Deckel des Containers. **Hinweis**: Die Übernachtung muss vorab online unter *www.visitsantapau.com*, mittels ausgeschildertem QR-Code oder persönlich zwischen 10 und 14 Uhr im Tourismusbüro angemeldet werden. Die maximale Aufenthaltsdauer beträgt 48 h. **Zufahrt**: Am Ortseingang von Santa Pau bei der Touristeninformation links abbiegen. Die (Übernachtungs-)Parkplätze sind ausgeschildert.

Santa Pau – Eines der schönsten Dörfer Kataloniens

Santa Pau ist sicherlich eines der charmantesten Dörfer in der Garrotxa. Mittelalterflair, wohin man auch schaut. Enge, kopfsteingepflasterte Gassen, blumengeschmückte Steinhäuser, eine arkadengesäumte Plaça Major, Kunsthandwerker-Läden und eine Burg aus dem 13. Jahrhundert. Santa Pau hat von allem etwas. Die Idylle sorgt an schönen Wochenenden aber auch dafür, dass die Ausflügler in Scharen kommen. Wer kann, sollte den Besuch also auf einen Wochentag legen. Dann ist die Atmosphäre noch sehr authentisch und geruhsam.

Am schönsten ist es, sich durch die Gassen treiben zu lassen. Überall gibt es etwas zu entdecken. Herrliche Ausblicke von einer verborgenen Terrasse, liebevoll gehäkelte Gardinen in den Fenstern, die urige Töpferei von Esther Guillén und Ramon Romeu in der Carrer Major, in der wir noch eine handgeschriebene Visitenkarte überreicht bekommen. In Santa Pau scheint die Zeit tatsächlich stehengeblieben zu sein.

Einst regierten hier die **Barone von Santa Pau**, die auch das **Castell** errichten ließen. Heute kann man nur über die Mauern spazieren, eine Besichtigung ist nicht möglich. Wir empfehlen Ihnen aber einen Blick in die **Kirche Santa María** zu werfen. Möglichst auch noch mit einem Euro Münzgeld in der Hand. Etwas verborgen in einer Seitenkapelle befindet sich dort eine Weihnachtskrippe. In mühevoller Handarbeit hergestellt von einem Einwohner Santa Paus. Wenn Sie den Euro einwerfen, setzt sich die Szenerie in Bewegung, Musik erklingt, Lichter leuchten auf – ein besinnlicher Moment, selbst wenn Weihnachten noch fern ist.

Töpferei in Santa Pau

Zum Abschluss Ihres Besuches in Santa Pau empfehlen wir die Einkehr in einem der Restaurants. Eine Spezialität des Ortes sind die *Fesols de Santa Pau*. In der fruchtbaren Vulkanerde der Umgebung werden weiße Bohnen angebaut, die je nach Jahreszeit mit Pilzen (*Setas*) oder Bratwurst (*Butifarra*) serviert werden. An der Plaça dels Valls genießen wir das Bohnengericht im **Restaurant *Cal Sastre***, wo man an Tischen unter den Bogengängen mit Blick auf das Castell sitzt (*Di. Ruhetag; Mo, Mi.–So. 13–15.30 Uhr, Mi.–Sa. auch 20.30–22.30 Uhr, www.calsastre.com*).

Von Santa Pau geht es weiter auf der kurvenreichen und schmalen Straße GI-524 in Richtung Banyoles und dem dortigen größten, natürlichen See Kataloniens. Auf der Fahrt entdecken wir kurz hinter Santa Pau einen weiteren Campingplatz. Er wurde von uns nicht besucht und scheint eher für kleinere Fahrzeug geeignet zu sein.

035 ***Camping Masia Can Patxet* – N 42°09'01" E 02°35'07"**

Einen ersten Stopp legen wir nach rund 15 Kilometern bei einem ungewöhnlichen **Skulpturenwald** ein. Vorausschicken möchten wir, dass er nicht ganz jugendfrei ist. Von der GI-524 zweigt noch vor dem Ort **Porqueres** rechts ein schmales Sträßchen zum *Bosc de Can Ginebreda* ab. Steil bergauf erreichen Sie nach rund 500 Metern einen geräumigen Parkplatz.

036 Bosc de Can Ginebreda

GPS: N 42°07'19" E 02°42'31", 320 m. **Max. WOMOs**: 2–3. **Öffnungszeit**: Ganzjährig. **Ausstattung**: Picknickbänke mit Grillstellen, Restaurant (Öffnungszeiten unklar). **Beschreibung**: Unbefestigte und teilweise leicht schräge sowie schattige Stellflächen außerorts am Eingang zum Skulpturenwald. Ausgangspunkt zu weiteren Wanderungen in die Region. Nachts vermutlich recht einsam. **Zufahrt**: An der GI-524 ist die Einfahrt zum Skulpturenwald ausgeschildert.

Ein Wald voller Kunst – Skurril, schräg, frivol und anarchisch

Der katalanische Künstler **Xicu Cabanyes** (*1946) hat sich mit diesem Wald einen Traum erfüllt. Im grünen Dickicht verteilen sich mehr als 2.000 Skulpturen. Große und kleine, neue und alte, mal überdeckt von Moos und verwittert zwischen kleinen Schluchten, dann wieder von trauriger Aktualität. Mit etwas Glück trifft man sogar den Künstler selbst bei der Arbeit in seinem Wald an. Die Anlage ist sehr weitläufig und die Kunstwerke wollen sprichwörtlich entdeckt werden. Eine Beschilderung oder Erklärung gibt es nicht – die Besucher sind sich bei der Interpretation und Betrachtung selbst überlassen.

Es geht um die Themen Freiheit, Krieg und Frieden, Gewalt und Liebe. Vor allem geht es aber auch um runde Körperformen. Inspiriert von steinzeitlichen Fruchtbarkeitsgöttinnen finden sich pralle weibliche Brüste neben männlichen Penissen, nackte Popos neben üppigen Hüften. Dazwischen Liebespaare in inniger Umarmung. Xicu Cabanyes provoziert gerne und trifft mit seinen Kunstwerken kritische politische und soziale Aussagen. So etwa mit dem ***»Großen Baldachin«***, der aus mehr als 50 Köpfen berühmter Persönlichkeiten besteht. Ein Rätselraten um das Who-is-Who. Elvis Presley hängt neben Adolf Hitler, Charly Chaplin neben Lenin, Mutter Teresa neben Mahatma Gandhi. Allen gemeinsam ist, dass sie die Weltgeschichte beeinflusst haben. Im Positiven wie im Negativen. Die alten Schuhe daneben sollen den Lauf der Zeit symbolisieren.

Der Rundgang durch den Wald ist ein spannendes Erlebnis. Wir tauchen ab in eine völlig andere Welt inmitten der Natur. Sie lässt uns Raum und Zeit vergessen. Und so sind wir völlig überrascht, als wir nach mehr als **zwei Stunden** wieder in der Realität auftauchen. Bringen Sie also etwas Zeit mit und genießen Sie zudem die grandiose Aussicht auf die Pyrenäenkette vom höchsten Punkt des Waldes *(Der Eintritt zum Skulpturenwald erfolgt tagsüber bis zum Einbruch der Dunkelheit durch ein Drehkreuz. Hunde können hier nicht mitgeführt werden. Eintritt 4 € mit Münzgeld, ein Wechselautomat steht zur Verfügung, www.canginebreda.cat).*

Unser nächstes Ziel ist die Stadt **Banyoles** (20.187 Einwohner). Der dortige See **Estany de Banyoles** ist mit rund einem Quadratkilometer Fläche der größte, natürliche See Kataloniens und wird von unterirdischen Karstquellen gespeist. Der Ort ist ein beliebtes Naherholungsziel und an seinen Ufern erstrecken sich teilweise mondäne Feriensiedlungen. Während der Olympiade 1992 in Barcelona wurden hier die Ruderwettbewerbe ausgetragen. Wassersport wird auch heute noch großgeschrieben. Es gibt Paddelboote, einen Ausflugsdampfer, Radwege und Promenaden mit hübschen Badehäusern aus dem 19. Jahrhundert. Leider jedoch wenig Parkplätze. Wer hier länger verweilen möchte, sollte deshalb den Campingplatz ansteuern.

037 Banyoles – *Camping El Lac*

GPS/Kontakt: N 42°07'15" E 02°44'51", 175 m, Tel. +34 972 570 305, *www.campingllac.com*, *info@campingllac.com*. **Öffnungszeit**: Mitte Januar bis Mitte Dezember. **Ausstattung**: Campingplatzüblich mit Pool (Jun.–Sept.), Bar, Restaurant (außerhalb der Saison nur am Wochenende geöffnet), Hundewiese, Sport- und Spielplätzen. **Beschreibung**: Der familienfreundliche Campingplatz liegt am südwestlichen Ufer des Sees von Banyoles und hat parzellierte Stellflächen, wahlweise mit und ohne Schatten, Wiese oder festen Boden. Im Sommer gibt es ein Animationsprogramm und man hat hier einen guten Ausgangspunkt für Fahrradtouren und Wanderungen rund um den See. **Preise**: 19–24 € zzgl. Strom, der mit 7–10 € recht teuer ist. **Zufahrt**: Der Campingplatz ist an der GI-524 und in Porqueras ausgeschildert.

Der See von Banyoles war Schauplatz der Olympiade von 1992

Man sieht es dem modernen Ferienort Banyoles nicht mehr an, doch die Stadt kann auf eine lange Geschichte zurückblicken. Der See spielte dabei eine wichtige Rolle. Bereits in der Jungsteinzeit war die Region besiedelt, wie archäologische Funde belegen. In Banyoles wird die Frühzeit im **archäologischen Museum** sowie im Freigelände, dem *Parc Neolític de la Draga*, anschaulich vermittelt, *www.museusdebanyoles.cat* . Eines der Prunkstücke ist der mehr als 80.000 Jahre alte Kieferknochen eines Neandertalers.

Im neunten Jahrhundert waren es die Mönche des **Klosters Sant Estve**, die in der sumpfigen Ebene Kanäle bauten, Felder und Wiesen anlegten und eine blühende Landwirtschaft aufbauten. In der Folgezeit ließen sich Tuchmacher nieder, es entstanden Getreide- und Papiermühlen. Heute spielt die Industrie nur noch eine untergeordnete Rolle in Banyoles. Längst überwiegt der Tourismus, aber trotzdem geht es hier noch beschaulich zu. Lebendiges Zentrum ist die von Bogengängen gesäumte Plaça Major, auf der seit dem 13. Jahrhundert mittwochs ein bunter **Wochenmarkt** abgehalten wird.

Das feuerspeiende *Monstre de Banoyles* soll in den Tiefen des Sees sein Unwesen treiben und wird in einem Kinderlied besungen.

Wenn Sie nun noch einen Spaziergang entlang der Seepromenade unternehmen, halten Sie doch Ausschau nach ungewöhnlichen Phänomenen auf dem Wasser. Einer Legende zufolge soll in den Tiefen des Estany de Banyoles ein **Seeungeheuer** sein Unwesen treiben. Das feuerspeiende ***Monstre de Banyoles*** scheint mit dem Ungeheuer von Loch Ness verwandt zu sein und wird in einem katalanischen Kinderlied besungen.

Auf der Weiterfahrt nach Besalú entdecken wir nördlich von Banyoles eine weitere Ausgrabungsstätte. Die **Coves de Serinyà** sind eine prähistorische Anlage mit mehreren Höhlenwohnungen aus der Altsteinzeit. Leider war sie während unseres Besuches wegen Erweiterungs- und Renovierungsarbeiten geschlossen. Hier soll ein modernes Besucherzentrum mit Ausstellungen und Führungen entstehen. Somit steuern wir direkt das mittelalterliche Städtchen **Besalú** an. Unmittelbar am Ortseingang befinden sich zwei große Parkplätze, auf denen auch Wohnmobile Platz finden.

038 Besalú

GPS: N 42°11'56" E 02°42'13", C-66z, 145 m. **Max. WOMOs**: 10. **Öffnungszeit**: Ganzjährig. **Ausstattung**: Ver- und Entsorgungsstation, Mülleimer, Picknickplatz. **Beschreibung**: Asphaltierte Parkplätze am Stadtrand von Besalú. Das mittelalterliche Zentrum ist nur wenige Gehminuten entfernt. Tagsüber reger Besucherverkehr, nachts jedoch ruhig. Auf der gegenüberliegenden Seite befindet sich ein weiterer großer Parkplatz auf einem Untergrund aus Schotter und Wiese. Vorsicht im hinteren Bereich! Dort besteht bei nasser Witterung die Gefahr des Festfahrens. Auch hier ist tagsüber mit einem regen Besucherverkehr zu rechnen. **Zufahrt**: Den Kreisverkehr am Ortseingang von Besalú gleich an der ersten Ausfahrt verlassen. Dort ist der Asphaltplatz mit V/E. An der dritten Ausfahrt erreicht man den Wiesenplatz. Die Parkplätze sind ausgeschildert.

Besalú (2.480 Einwohner) ist ganz sicher kein Geheimtipp mehr. Vielmehr zieht das mittelalterliche, pittoreske Städtchen viele Tagesbesucher von der nahen Costa Brava oder Ausflügler aus Frankreich an. In den Hochsommermonaten und an schönen Wochenenden kann es – vornehm ausgedrückt – hoffnungslos überlaufen sein. Sehenswert ist Besalú trotz des touristischen Andrangs aber allemal. Eine der Hauptattraktionen ist die geschwungene mittelalterliche Brücke **Pont Vell** mit ihren beiden

Beliebter Treffpunkt in Besalú – Die Plaça Llibertat

wehrhaften Türmen. Sie überspannt den Ríu Fluvià mit insgesamt sieben Bögen und ist das Fotomotiv schlechthin. Die Brücke ist uralt und wurde schon 1075 erstmals erwähnt. Wenn Steine sprechen könnten, würden sie über Zeiten des Ruhms, der Kriege, der Zerstörung und des Wiederaufbaus berichten. Zuletzt im Jahr 1939, nachdem die Brücke im Spanischen Bürgerkrieg zerbombt wurde.

Hinter der Brücke beginnt das Labyrinth der gepflasterten Altstadtgassen. Die hübschen, blumengeschmückten Steinhäuser ziehen sich malerisch an einen Hügel empor. Hier begegnen wir auch wieder **Wilfried dem Haarigen**. Wir lernten den Grafen als Stammvater Kataloniens ja bereits in Ripoll (Tour 3) kennen. *Guifré el Pinos*, so der katalanische Name, hatte im 9. Jahrhundert seinen Sitz in Besalú. Der Ort war die Hauptstadt der gleichnamigen, unabhängigen Grafschaft, die sich bis in die Cerdanya ausbreitete. Im Jahr 1111 geriet sie jedoch unter die Vorherrschaft Barcelonas und verlor ihre Unabhängigkeit.

Pittoreskes Mittelalter-Juwel Besalú

Bis ins Jahr 1436 lebte zudem eine blühende jüdische Gemeinde in Besalú. Jüdische Gelehrte unterrichteten an Schulen, Handel und Handwerk florierten. Diese Zeit endete im 15. Jahrhundert, als Menschen jüdischen Glaubens aus Besalú und ganz Spanien vertrieben wurden. Sie hinterließen am Flussufer eine ***Miqvé***, ein Bad für die rituellen Waschungen. Sie stammt aus dem 12. Jahrhundert und ist die einzige ihrer Art in Spanien. Bei Ausgrabungen im Jahr 2005 wurden zudem die Überreste einer **Synagoge** aus dem 13. Jahrhundert entdeckt. Während die jüdischen Ruinen von außen frei besichtigt werden können, ist die *Miqvé* nur im Rahmen von Stadtführungen zugänglich, *www.besalu.cat*.

Der Bummel durch die schönen Altstadtgassen macht hungrig. Einkehrmöglichkeiten finden Sie in Besalú zuhauf, wie etwa rund um die **Plaça Llibertat**. Überraschend gut haben wir mit Blick auf die Brücke im **Restaurant *Pont Vell*** gegessen. Trotz der prominenten Lage keine Touristen-Abfütterungsstation, sondern etwas gehobenere, aber typisch katalanische Küche mit regionalen Zutaten, *www.restaurantpontvell.com*.

Weiter geht es nun 30 Kilometer zur letzten Etappe dieser Tour nach **Figueres**. Leider punktet die Stadt nicht mit Wohnmobil-Freundlichkeit und am Anfang steht die Suche nach einem geeigneten Parkplatz. Der gesamte Stadtbereich ist für LKWs über 5,5 Tonnen gesperrt. Pech für Schwergewichte wie uns. Obwohl – eigentlich sind wir ja ein Wohnmobil. Doch wir möchten uns nicht unnötigen Diskussionen mit der Obrigkeit aussetzen, weshalb wir in ein Industriegebiet an der **Ronda Sud** ausweichen. Dort können WOMOs entlang der Straße oder in einer Seitenstraße parken. Das Zentrum ist von hier etwa einen Kilometer entfernt.

P Figueres Industriegebiet – N 42°16'11" E 02°58'28"

Kleinere und vor allem leichtere Fahrzeuge können ihr Glück auf den Parkplätzen entlang der N-260 versuchen oder gleich hinauf zum **Castell de Sant Ferran** fahren. Dort wäre dann auch eine Übernachtung möglich.

039 Figueres – *Castell de Sant Ferran*

GPS: N 42°16'19" E 02°57'04". **Max. WOMOs**: 10. **Öffnungszeit**: Ganzjährig. **Ausstattung**: Picknickplätze, Wasserstelle. **Beschreibung**: Ruhig und am Stadtrand gelegene, große Schotterfläche unterhalb der Festung. Das Zentrum ist etwa 900 m entfernt. **Hinweis**: Vom Tourismusbüro wurden wir darauf hingewiesen, dass der Parkplatz am Castell nicht sicher wäre und es mehrmals zu Fahrraddiebstählen und Fahrzeugeinbrüchen kam. Achten Sie daher darauf, Ihre Wertsachen zu sichern und nicht offen im WOMO liegen zu lassen. **Zufahrt**: Von der Umgehungsstraße Ronda Sur auf der Avenue Salvador Dalí (N-IIa) in Richtung Zentrum fahren. Gegenüber der Zufahrt zum Dalí-Museum zweigt links die zur Festung führende Straße *Pujada Castell* ab. Der Parkplatz ist ausgeschildert.

Das Castell de Sant Ferran – Eines der größten Militärbauwerke Europas

Das **Castell de Sant Ferran** beeindruckt durch seine stattlichen Ausmaße. Die Festung wurde im 18. Jahrhundert zum Schutz vor Angriffen französischer Truppen erbaut und galt zu ihrer Entstehungszeit als größtes Militärbauwerk in Europa. Auf 320.000 Quadratmetern fanden 6000 Soldaten Unterkunft, mehr als 500 Pferde konnten gehalten werden. Die mächtigen Mauern des Bollwerks haben einen Umfang von gut drei Kilometern, in den vier Zisternen konnten 10 Millionen Liter Wasser gespeichert werden. Im Laufe seiner Geschichte diente die Festung Verteidigungszwecken, war Munitionslager, Gefängnis und Militärschule. Während des Spanischen Bürgerkrieges richteten die Internationalen Brigaden ein Depot für Kunstwerke in den Festungsmauern ein, um sie vor möglichen Zerstörungen zu bewahren. Darunter auch viele Kunstschätze aus dem Madrider *Prado*. 1939 fand hier die letzte Sitzung des republikanischen Parlaments statt, bevor Franco endgültig die Macht ergreifen konnte. 1997 wurde das Castell de Sant Ferran umfassend renoviert und ist heute in Teilen zu besichtigen. Unter anderem werden unterirdische Bootsfahrten durch die Zisternen angeboten *(Oktober bis März täglich außer Mo. 10.30–15 Uhr, im Sommer bis 20 Uhr, Juli und August auch Mo., letzter Eintritt eine Stunde vor Kassenschluss; 4 €, www.castellsantferran.com).*

Das Castell de Sant Ferran diente im Spanischen Bürgerkrieg als Depot für Kunstschätze des Madrider Prado-Museums

TOUR 4

Wer nach Figueres kommt, tut dies aber hauptsächlich wegen einem: Dem großen Surrealisten **Salvador Dalí**. Der Mann mit dem markanten und extravaganten Schnauzbart ist in Figueres wahrlich omnipräsent. Straßen sind nach dem Sohn der Stadt benannt, es gibt Dalí-Menüs in den Restaurants, Gala-Törtchen in den Konditoreien und er ziert den Brunnen auf der Rambla. Die touristische Vermarktungs-Maschinerie ist enorm. Und trotzdem: Egal, ob Sie nun ein Fan des exzentrischen Malers und Bildhauers sind oder nicht – das Dalí-Museum in Figueres gehört zum Pflichtprogramm einer Katalonienreise.

Figueres ist der Ausgangspunkt zum sogenannten **»Dalí-Dreieck«**, welches wir uns in den nachfolgenden Touren genauer anschauen möchten. In einem Umkreis von rund 30 Kilometern rund um Figueres sind mehrere Wirkungsstätten des Künstlers zu besichtigen, dessen Schaffen stark von der Landschaft seiner Heimat, der ***Alt Empordà*** beeinflusst wurde.

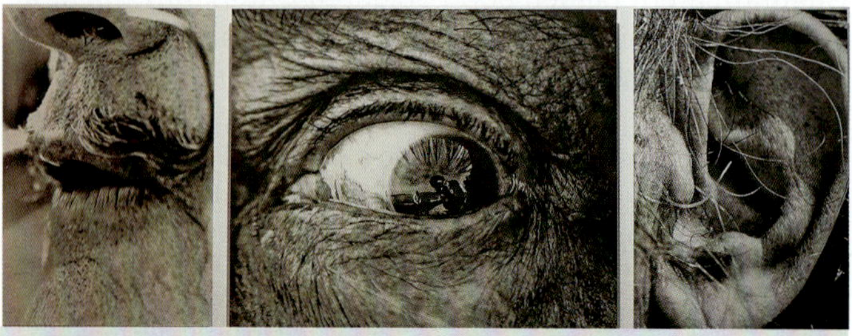

Sind wir nicht alle ein bisschen Dalí? – Das »Dalí-Dreieck« rund um Figueres

Salvador Dalí – sein voller Name lautet *Salvador Felipe Jacinto Dalí i Domènech* – wurde am 11. Mai 1904 als Sohn einer wohlsituierten Notarsfamilie in Figueres geboren. Er bekam den Namen seines zuvor verstorbenen Bruders, worunter er in seiner Kindheit angeblich sehr gelitten haben soll. In ihm wurde dadurch der Wille geweckt, aller Welt zu zeigen, dass er einmalig und ein Original ist. Selbstverliebtheit und Exzentrik wurden später zu seinem Markenzeichen.

In der Grundschule galt der kleine Salvador als Träumer und Phantast, er fiel durch Konzentrationsmangel, Wutausbrüche und Lügen auf. Eigenheiten, die von seiner Mutter großzügig toleriert wurden. Sie stellte den Gegenpol zur eher strengen Erziehung des Vaters dar und wurde von Dalí abgöttisch geliebt.

Schon früh interessierte er sich für Malerei. Im elterlichen Sommerhaus bei **Cadaqués** soll er viel Zeit im Atelier eines benachbarten Hobbymalers verbracht haben. Dieses künstlerische Interesse wurde von der Familie gefördert, Dalí bekam Malunterricht und studierte von 1921-1926 an der **Kunstakademie in Madrid**. Dort wurde er jedoch wegen »ungebührlichen Verhaltens« von der Schule verwiesen. Angeblich zweifelte er an der Kompetenz seiner Professoren und weigerte sich, am Examen teilzunehmen.

Um sich als Künstler darzustellen, kleidete sich Dalí betont exzentrisch. Der schwarze Filzhut, ein bodenlanger Umhang, schulterlange Haare und ein Stock mit goldenem Knauf wurden zu seinem Markenzeichen. Anfangs waren seine Werke noch vom Impressionismus beeinflusst. Bald entwickelte er aber einen zunehmend abstrakteren Stil, ließ Elemente des französischen Kubismus und des italienischen Futurismus einfließen. Ebenso orientierte er sich an der holländischen Malerei aus dem

17. Jahrhundert. Darüber hinaus beschäftigte sich Salvador Dalí intensiv mit den psychoanalytischen Werken Sigmund Freuds.

1927 entstand das Werk ***»Honig ist süßer als Blut«***, welches Dalís Entwicklung zum Surrealisten ankündigte. Bei seinem ersten Besuch in Paris 1928 wurde er von seinem Landsmann und ebenfalls bedeutenden Künstler **Joan Miró** in den Zirkel der Surrealisten eingeführt. Ein Jahr später zog Dalí ganz nach Paris und etablierte sich dort als wichtigstes Mitglied der Künstlergruppe. In Frankreich soll Dalí auch seinen endgültigen, persönlichen Stil gefunden haben, der ihn weltberühmt machte. Bilder aus der Welt des Unterbewusstseins, die während der Träume zurückgeholt werden. Brennende Giraffen, schmelzende Uhren – wer kennt sie nicht.

Bei den Surrealisten lernte Salvador Dalí die einige Jahre ältere Russin Elena Diakonova, besser bekannt als **Gala**, kennen. Gala wurde die langjährige Lebensgefährtin, Muse, Inspiration und zugleich Obsession des exzentrischen Künstlers. Fortan bestimmte Gala das Leben und Schaffen Dalís. 1935 heiraten die beiden standesamtlich, 1958 kirchlich. Gala wurde zu seiner Kraftquelle, sie regelte seine Geschäfte, und sie lehrte Dalí, *»wie man sich anzieht und sein Geld nicht dauernd verliert«*. Galas kaufmännischem Geschick war es zu verdanken, dass das Paar bald in Wohlstand und Luxus leben konnte. Der Meister dankte es auf seine Art: In seinen Gemälden tragen fast alle Frauenfiguren, Madonnen und sogar Jesus Christus die Gesichtszüge von Gala.

1934 wurde Dalí wegen »faschistischer Tendenzen« aus der Künstlergruppe der Surrealisten ausgeschlossen. Das Paar siedelte in die **Vereinigten Staaten** über, wo es während des Zweiten Weltkrieges lebte. Es gab eine Reihe spektakulärer Ausstellungen, unter anderem im *Museum of Modern Art* in New York. Dalí wurde zum Liebling der amerikanischen High Society und mehrere Berühmtheiten ließen sich von ihm portraitieren. Neben der Malerei entwarf er Mode für Coco Chanel und filmte mit Alfred Hitchcock.

1948 kehrten die Dalís zurück nach Spanien und in ihr Haus in **Port Lligat**, das heutige ***Casa Dalí***. Der Maler und ehemalige Atheist wandte er sich nun vorwiegend religiösen und mythologischen Bildthemen zu und bekannte sich zum Katholizismus. Nach Galas Tod im Jahr 1982 zog Dalí in das **Schloss** nach **Púbol** welches er eigentlich für seine Frau erworben und eingerichtet hatte. Er war bereits von der Parkinson-Krankheit gezeichnet, die sich mit

dem Tod Galas noch verstärkte. Nach einem Brand seines Schlafzimmers musste der schwer verletzte Dalí das Schloss verlassen. Seine letzten Monate verbrachte er in dem für ihn umgebauten Turm *Galatea* neben dem Museum in Figueres. Dort starb er am 23. Januar 1989.

Das *Teatre-Museu* in Figueres

Um sein Werk repräsentativ darzustellen, wollte Dalí sich einen eigenen Tempel errichten. Die Wahl fiel auf das im Spanischen Bürgerkrieg zerstörte **Stadttheater** in Figueres. Dort hatte er im Jahr 1918 als gerade einmal 14jähriger seine ersten Bilder ausgestellt. Mit Unterstützung der Stadt und dem spanischen Staat ließ er 1970 das Theater nach seinen Vorstellungen umbauen und mit den monumentalen Eiern auf dem Dach ausstatten. Er schuf damit nicht nur ein persönliches Denkmal, sondern eines der meistbesuchten Museen Europas sowie die touristische Hauptattraktion seiner Heimatstadt.

Hingucker im Dalí-Museum

Im *Teatre-Museu* erwartet die Besucher viel mehr als nur eine Kunstausstellung. Dalí konzipierte den Bau als surrealistisches Gesamtkunstwerk, seine Werke sind im ganzen Gebäude verteilt. Pompöse Decken- und Wandgemälde, Fotografien, Kruzifixe – Kitsch und Kunst sind hier in Eintracht verbunden und stammen aus allen Schaffensphasen des Künstlers. Darüber hinaus sind auch Werke von seinen Freunden und Weggefährten zu sehen. Er selbst ist in einer Krypta des Museums beigesetzt.

»Ich möchte, dass mein Museum ein großes, surrealistisches Objekt wird, in dem die Leute das Gefühl haben, einen theatralischen Traum gehabt zu haben« (Salvador Dalí)

Damit der Traum nicht zum Alptraum und Ihnen der Museumsbesuch durch lange Warteschlangen verleitet wird, empfehlen wir Ihnen die Online-Reservierung Ihrer Tickets. In der Nebensaison ist das auch noch kurzfristig möglich, doch in der Hauptreisezeit muss teilweise mehrere Wochen im Voraus reserviert werden *(Januar bis Juni und September bis Dezember täglich außer Mo. 10.30–18 Uhr, Juli und August täglich 9–20 Uhr; 17 €, im Juli und August 21 €, Ticketreservierung unter www.salvador-dali.org. Unter dieser Internetadresse sind auch Tickets für die Casá Dalí und das Schloss Púbol vorab buchbar).*

Das Dalí-Museum ist nicht die einzige Sehenswürdigkeit von Figueres. Weitere **Museen**, wie das Spielzeugmuseum, das Heimatmuseum und ein modernes Technikmuseum können besucht werden. Am Abend füllt sich der schöne zentrale Platz **Rambla** mit Einheimischen und die Bars laden zu einer Einkehr ein. Weitere Informationen finden Sie im **Tourismusbüro** an der Plaça del Escorxador oder unter *www.visitfigueres.cat*.

Für eine ruhige und entspannte Übernachtung lohnt es sich, nach dem Besuch in Figueres noch knapp fünf Kilometer weiter in das Örtchen **Vilabertran** zu fahren. Das hübsch herausgeputzte Dorf wartet nicht nur mit einem Kloster, charmanten Gassen und einem modernistischem Rathaus auf, es hat auch ein großzügiges Stellplatz-Angebot.

040 Vilabertran – *Pàrquing Caboques*

GPS: N 42°16'47" E 02°58'53". **Max. WOMOs**: 7. **Öffnungszeit**: Ganzjährig. **Ausstattung**: Entsorgungsstation, Wasserstelle, Picknickbänke, Spielplatz. **Beschreibung**: Asphaltierte und großzügig bemessene Parkfläche am Ortsrand neben einer Grünanlage mit Spazierwegen. Die Stellflächen sind eben, nachts ist der Platz beleuchtet. Das Zentrum von Vilabertran ist nur wenige Gehminuten entfernt. Der Platz liegt auch günstig, um auf dem Fahrradweg nach Figueres zu gelangen. **Hinweis**: Als Ausweichmöglichkeit gibt es gleich am Ortseingang einen großen, schattenlosen Schotterparkplatz, auf dem Sie ebenfalls übernachten können. **Zufahrt**: Die N-260 am Kreisverkehr verlassen und der Parkplatzbeschilderung zum *Pàrquing Caboques* folgen.

Vilabertran (990 Einwohner) ist ein typisch katalanisches Dörfchen. Es entstand einst rund um das romanische Kloster Santa Maria de Vilabertran, einer wichtigen Abtei des Augustinerordens, die bis ins Jahr 1835 bestand. Heute wird es für kulturelle Veranstaltungen, wie etwa das Franz-Schubert-Musikfestival *Schubertíada Vilabertran* genutzt. Für die Öffentlichkeit ist es nur an wenigen, ausgewählten Tagen zugänglich.

Unser Tipp für einen katalanischen Abend: Besonders schön ist es, am Abend noch auf ein Getränk im ***Café de Syndicat*** in der Ortsmitte einzukehren. Hier befindet man sich inmitten der einheimischen Bevölkerung, Kinder spielen auf dem Platz und mit etwas Glück findet in der dazugehörigen Gemeindehalle ein Tanzabend mit Live-Musik statt. Mehr Spanien geht nicht. Und das nur knapp 20 Autominuten von der touristischen **Costa Brava** entfernt. Sie ist das Ziel unserer nachfolgenden Tour 5.

Tour 5

Tour 5

Wilde Buchten, lange Strände
Die nördliche Costa Brava

149 km

Die nördliche Costa Brava gehört zweifellos zu den schönsten Abschnitten der spanischen Mittelmeerküste. Wild und zerklüftet stürzen sich hier die Pyrenäen ins Meer, türkisblaues Wasser schimmert tief unten in einsamen Buchten. Die Straßen sind kurvenreich und wir laden Sie ein, uns auf weiteren Etappenstopps zu begleiten:

- Mittelalterflair in Peralada
- Kloster Sant Pere de Rodes
- Küstenwanderweg Camí de Ronda
- Charmantes Fischerdorf Roses
- Naturparadies Aiguamolls de l'Empordà

Im Schloss von Peralada ist heute ein Spielcasino beheimatet

Nach den kulturellen Highlights der letzten Tour zieht es uns jetzt ans Meer. Nur wenige Kilometer trennen die Stadt Salvador Dalís von der wildromantischen Mittelmeerküste – der **Costa Brava**. Übersetzt bedeutet dies **»wilde Küste«**. Wir befinden uns hier in der ***Alt Empordà*** – der nördlichsten Region der Costa Brava. Die Pyrenäenausläufer haben eine eindrucksvolle Landschaft entstehen lassen. Ausgedehnte Wanderungen, Wassersport, ein mächtiges Kloster und charmante Weingüter bieten uns eine abwechslungsreiche Tour.

Auf unserem Weg an die Küste liegt das mittelalterliche Städtchen **Peralada**. Wenn Sie Ihr Quartier in Vilabertran aufgeschlagen haben, führt auch ein schöner Fahrradweg in den nur vier Kilometer entfernten Ort. Aus Figueres kommend nehmen Sie die N-260 in Richtung Llançà/Portbou und dort auf Höhe des Grillrestaurants *L'Estació* die Ausfahrt nach Peralada. Dort angekommen, können Sie Ihr WOMO hier parken:

041 Peralada

GPS: N 42°18'21" E 03°00'32", Plaça Sant Domenec. **Max. WOMOs**: 6. **Öffnungszeit**: Ganzjährig. **Ausstattung**: Ver-/Entsorgungsstation, Trinkwasser (gebührenpflichtig), öffentliche Toiletten, Mülleimer. **Beschreibung**: Schotterparkplatz am Ortsrand neben dem öffentlichen PKW-Parkplatz (Höhenbarriere). Teilweise Schatten und nur wenige Gehminuten vom mittelalterlichen Ortskern entfernt. Dort gibt es Restaurants und Einkaufsmöglichkeiten. Der Stellplatz ist stark frequentiert und die Gemeinde stellt häufig weitere Flächen für WOMOs zur Verfügung, so dass etwa 15 Fahrzeuge Platz finden. Maximale Aufenthaltsdauer 48 h. **Zufahrt**: Beim Kreisverkehr am Ortseingang ist der Stellplatz ausgeschildert.

Peralada (1.974 Einwohner) im Herzen der *Alt Empordà* und inmitten von Weinbergen gelegen, war bereits früh die Hauptstadt der gleichnamigen Grafschaft. Die Adelsfamilie der Rocabertí ließ im 14. Jahrhundert das **Castell de Peralada** errichten. Mit seinen Zinnen bewehrten, runden Türmen inmitten eines schönen Landschaftsparks gelegen, erinnert es uns an ein Schlösschen im englischen Tudor-Stil. Innenbesichtigungen sind leider nur möglich, wenn Sie eine gut gefüllte Reisekasse besitzen. Das Castell ist in Privatbesitz und beherbergt heute ein Spielcasino sowie ein Hotel. Der Besuch mehrerer musealer Räume im angrenzenden **Karmeliterkloster *Claustre del Carme*** aus dem 14. Jahrhundert, wie ein Glasmuseum und eine Bibliothek, sind nur im Rahmen von Führungen möglich; *www.castellperalada.com*. Aber einen Spaziergang durch den hübschen **Schlosspark** mit einem großen Teich können Sie unentgeltlich unternehmen. Dort wurden im Rahmen eines Naturschutzprojektes erfolgreich **Weißstörche** wieder angesiedelt. Das Klappern rundherum ist unüberhörbar.

Ein Ort zum Verweilen

Im mittelalterlichen Ortskern lohnt sich ein Besuch im ehemaligen **Augustinerkloster *Claustre Sant Domènec***. Dort ist zum einen das **Tourismusbüro** untergebracht, in dem Sie neben einem Stadtplan auch Informationen zu Unternehmungen in der Region erhalten. Zum anderen ist im hübschen Innenhof ein **romanischer Kreuzgang** rekonstruiert worden. Das Kloster dient heute kulturellen Veranstaltungen, im Obergeschoss ist ein Heimatmuseum untergebracht *(Täglich außer Mo. 10–14 Uhr und von 15–18 Uhr, So. nur vormittags; 4 €, www.visitperalada.com)*.

Am schönsten ist es aber, sich auch in diesem Mittelalterstädtchen einfach durch die Gassen treiben zu lassen und die Atmosphäre zu genießen.

Nicht versäumen dürfen Sie dabei eine Stopp in der kleinen Bäckerei ***Forn el Llonguet*** an der Plaça del Carme. Das luftige, süße Baiser-Gebäck, auch *Spanischer Wind* genannt, ist ein Gedicht.

Unser Tipp für Familien: Nur wenige Kilometer weiter erwartet uns in **Garriguella** (922 Einwohner) eine Sehenswürdigkeit der besonderen Art. Dort werden im *Centre de Reproducció de Tortugues de l'Albera* mediterrane Schildkröten, reproduziert und aufgezogen. Für die Anfahrt folgen Sie mit dem WOMO besser nicht dem Navigationsgerät, das gerne durch den etwas engen Ort Garriguella führt. Fahren Sie vielmehr auf der GI-603 nach Norden in Richtung Delfía und biegen nach rechts in Richtung Vilamanicle ab, bis es rechts erneut nach Garriguella geht. Dort ist das Schildkrötenzentrum ausgeschildert.

042 Garriguella – Schildkrötenzentrum

GPS: N 42°21'06" E 03°04'01". **Max. WOMOs**: 2. **Öffnungszeit**: Ganzjährig. **Ausstattung**: Picknickplätze. **Beschreibung**: Besucherparkplatz für das Schildkrötenzentrum auf einem Untergrund aus Erde/Schotter. Außerorts gelegen, teilweise Schatten. Unmittelbar daneben gibt es ein einfaches Grillrestaurant. **Hinweis**: Für größere WOMOs steht etwas unterhalb ein geräumiger Busparkplatz zur Verfügung. **Zufahrt**: Wie im Text beschrieben und den Hinweisschildern zum Schildkrötenzentrum folgen.

Um uns die Wartezeit bis zur Öffnung des Schildkrötenzentrums ein wenig zu vertreiben, schauen wir uns zunächst die **Ermita Mare de Déu del Camp** an. Um sie rankt sich – wie so oft – eine Legende. Demnach soll kein Geringerer als Karl der Große im 8. Jahrhundert an dieser Stelle eine schwere Schlacht gegen die Mauren gewonnen haben. Zum Dank ließ er diese kleine Kapelle errichten. Reste von Fresken und eine Inschrift über dem Portal erinnern an dieses Ereignis im Jahr 779.

Fresken aus der Zeit Karls des Großen

Dann geht es hinein in das **Schildkrötenzentrum**. Hier wimmelt es in den verschiedenen Gehegen nur so von Panzertieren. Die *Testudo hermanni* – wie die mediterrane Schildkröte im Fachjargon heißt – wird in dieser Anlage sowohl zur Stärkung der natürlichen Population als auch zu Forschungszwecken

gehalten.Beim Spaziergang durch das Gelände, das gleichzeitig auch ein botanischer Lehrpfad ist, können wir riesige, mittelgroße und vor allem ganz kleine Exemplare entdecken. Die Schildkrötenbabys sind hier geschlüpft und wachsen in der Obhut der Wissenschaftler drei Jahre lang auf. Dann haben sie die Phase der höchsten Sterblichkeit überstanden und können in die freie Wildbahn entlassen werden. So ist zu hoffen, dass die mediterrane Schildkröte, die vom Aussterben bedroht war, wieder häufiger in der Bergkette der L'Albera anzutreffen ist *(Mitte März bis Juni und von September bis Oktober täglich außer Mo. 10–13 Uhr, Juli und August täglich von 10–15 Uhr, letzter Eintritt 30 Minuten vor Kassenschluss; 7 €, Kinder 5 €, www.tortugues.cat).*

Nach dem Besuch bei den Schildkröten kehren wir zurück nach Garriguella. Der Ort ist geprägt vom Weinanbau und gleich mehrere Kooperativen bieten den Rebensaft unter der garantierten Herkunftsbezeichnung *Empordà Costa Brava* an. Für einen Einkaufs- und auch Einkehrstopp empfehlen wir Ihnen die ***Cooperativa Agricola de Garriguella***. Sie liegt unübersehbar an der Hauptstraße C-252. Wir haben dort zwar nur einen spritzigen Roséwein erstanden. Nach den langen Warteschlangen vor dem zugehörigen Restaurant zu schließen, scheint dort aber auch das Essen sehr empfehlenswert zu sein, *www.cooperativagarriguella.com*.

Einen schönen Campingplatz für einen längeren Aufenthalt in der Region finden Sie am Ortsrand:

043 Garriguella – *Camping Vell Empordà*

GPS/Kontakt: N 42°20'21" E 03°04'04", C-252, Tel. +34 972 530 200, *www.vellemporda.com*, *vellemporda@vellemporda.com*. **Öffnungszeit**: April bis Mitte Oktober. **Ausstattung**: Campingplatzüblich mit Pool und Kinderbecken (Mai-September), Restaurant, Minimarkt, Spiel- und Sportplätzen. **Beschreibung**: Ruhig gelegener und familiengeführter Campingplatz mit terrassenförmig angelegten Stellflächen auf Wiesenboden und wahlweise mit Schatten. Für einen Kurzaufenthalt stehen *Camp & Go* Plätze zur Verfügung. Das Zentrum ist 800 m, die Küste mit Stränden 10 km entfernt. **Preise**: 22–50 €. **Zufahrt**: An der C-252 ist der Campingplatz ausgeschildert.

Von Garriguella fahren wir zur N-260, der wir bis nach Llançà folgen. Rechts der Straße liegt eine eindrucksvolle Burgruine. Das **Castell de Quermançó** ist ein beliebtes Revier für Freizeitkletterer. Wer die Burg erobern möchte, biegt rechts auf eine kleine

Willkommen an der »Wilden Küste« – Costa Brava

Schotterpiste ab. Wir fahren allerdings weiter bis nach **Llançà** (4.900 Einwohner). Das ehemalige Fischerdorf mit einem kleinen Freizeithafen hat sich zu einem beliebten Ferienort entwickelt. Die Atmosphäre ist jedoch, zumindest in der Nebensaison, immer noch recht geruhsam. Rund um den Hafen befindet sich das touristische Zentrum mit einer Badebucht. Unter anderem werden dort Kajaktouren in die versteckten Buchten rund um Llançà angeboten. Entweder als geführte Tour oder mit dem Mietkajak, *www.kayakcostabrava.com*. Parken und übernachten können Sie hier:

044 Llançà

GPS: N 42°22'01" E 03°09'18", Avinguda d'Europa. **Max. WOMOs**: 10. **Öffnungszeit**: Ganzjährig. **Ausstattung**: Keine. **Beschreibung**: Schotterparkplatz nahe der Straße Richtung Hafen. Auch die Bahnlinie ist in Hörweite. Teilweise schattig und im hinteren Bereich scheint es auch ruhig zu sein. Hafen und Strand sind etwa 600 m entfernt. Maximale Aufenthaltsdauer 72 h. **Zufahrt**: In Llançà auf der GI-612 in Richtung Cadaqués fahren. Die Einfahrt zum Parkplatz befindet sich auf der linken Seite und ist leicht zu übersehen.

Uns zieht es in Llançà zunächst noch ein Stück in Richtung Norden. 20 Kilometer sind es bis nach **Portbou** und bis zur französischen Grenze. Dort begrüßen wir auch die Leserinnen und Leser, die für die Anreise die Mittelmeerroute gewählt haben.

Die N-260 bleibt also weiterhin unsere Begleiterin und ab Llançà wird sie ihrem Ruf als Panoramaroute erneut mehr als gerecht. Die Straße windet sich kurvenreich mit wunderschönen Ausblicken auf die felsigen Buchten entlang der Küste. Mit Parkmöglichkeiten für WOMOs ist dieser Streckenabschnitt jedoch leider nicht gesegnet. Fast überall finden wir Höhenbarrieren und Verbotsschilder vor. Lediglich für Vans oder Fahrzeuge mit Dachzelt besteht die Chance, hin und wieder eine Lücke zu ergattern. Übernachten im Fahrzeug ist allerdings auch für diese Camper unter Androhung hoher Bußgelder verboten.

Somit genießen wir den Reiz der Landschaft im Vorbeifahren. In der Grenzstadt **Portbou** (1.080 Einwohner) wird es mit dem Parken noch schwieriger. Die Stadt liegt eingepfercht in eine Bucht, umgeben von hohen Bergen, einem riesigen Bahnhof und engen Einbahnstraßen. In Portbou können wir Ihnen nur anbieten, entlang des Hafenkais zu fahren und dort Ihr WOMO auf dem gebührenpflichtigen Parkplatz abzustellen.

P Portbou – N 42°25'32" E 03°09'53"

Warum wir Sie trotz der WOMO-feindlichen Situation hierher lotsen, hat natürlich einen besonderen Grund. Mit Portbou sind viele, meist tragische Grenzgeschichten verbunden. Während der Grenzübertritt von und nach Frankreich über den 165 Meter hohen Pass **Coll dels Belitres** heute kaum mehr wahrnehmbar ist, war er für die Menschen in den 1930er und 1940er Jahren eine nahezu unüberwindbare Barriere. Schutzsuchende aus dem Nazi-Deutschland und dem besetzten Frankreich versuchten hier unter Lebensgefahr nach Spanien zu gelangen, um über Portugal und den Atlantik weiter nach Amerika zu fliehen.

Nach dem Sieg Francos über das republikanische Katalonien im Jahr 1936 waren es wiederum Katalanen und Flüchtlinge aus anderen Teilen Spaniens, die auf Schleichwegen die Grenze ins sichere Nachbarland überwinden wollten. Zu einem Symbol für die Zeit der Flucht wurde in tragischer Weise der deutsche Philosoph und Literaturkritiker **Walter Benjamin** (1892–1940). Der Jude war auf der Flucht vor den Nazis. Er hatte bereits spanischen Boden erreicht, doch wurde sein Transitvisum nicht von den spanischen Behörden anerkannt. Aus Angst, wieder zurückgeschickt zu werden, nahm sich Benjamin im September 1940 mit einer Überdosis Morphium selbst das Leben.

Mit Portbou sind viele, meist tragische Grenzgeschichten verbunden. An das Schicksal der Flüchtlinge erinnert ein Denkmal.

An ihn und das Schicksal weiterer Flüchtlinge erinnert das eigenwillige Denkmal **»*Passagen*«** des israelischen Künstlers

Walter-Benjamin-Gedenkstätte

Dani Karavan (1930–2021). Es besteht aus einem Korridor aus rostigem Stahl, an dessen Ende man auf das Meer blickt. Die Gedenkstätte wurde 1994 eingeweiht und befindet sich am Friedhof von Portbou. Dort finden Sie auch das Grab Walter Benjamins. Bitte versuchen Sie NICHT mit dem WOMO hier heraufzufahren. Sie werden in dem schmalen, meist zugeparkten Sträßchen mit Sicherheit stecken bleiben!

Die rund 15 Kilometer lange Fluchtroute der Exilanten ist zu einem grenzüberschreitenden historischen Wanderweg ausgeschildert worden. Der *Chemin/Camí Walter Benjamin* führt von Banyuls in Frankreich nach Portbou. Genaueres können Sie im WOMO-Reiseführer Band 22 – Languedoc-Roussillon nachlesen.

Nun werden Sie sich vielleicht noch fragen, was es mit dem überdimensionalen **Bahnhofsgelände** in Portbou auf sich hat. Wir verraten es Ihnen. Vor dem Bau der Autobahn und der neuen Schnellzugverbindung zwischen Perpignan und Figueres war Portbou der wichtigste Bahnhof zwischen Spanien und Frankreich. Das für den internationalen Reiseverkehr konzipierte Bahnhofsgebäude wurde bereits 1878 eingeweiht. Weil Spanien über eine größere Spurweite als der Rest Europas verfügte, musste 1929 eine Erweiterung her, damit sowohl Personen als auch Waren aufwändig in die spanischen Züge wechseln konnten. Heute hat der Bahnhof nur noch Provinzcharakter und es verkehren hauptsächlich Nahverkehrszüge. Eisenbahnromantiker sollten einen Besuch in den altehrwürdigen Bahnhofshallen nicht versäumen.

Grenzstadt Portbou

Charmantes Fischerdorf El Port de la Selva

Für die Rückfahrt nach diesem Abstecher wählen wir diesmal die alte Passstraße. Nehmen Sie dazu noch vor dem ersten Tunnel hinter Portbou die Abfahrt links auf die **N-260a**. Die kurven- und aussichtsreiche Straße windet sich hinauf auf den 202 Meter hohen **Pass Coll del Frare**. Ein Eldorado für Motorrad- und Rennradfahrer und auch wir genießen hier oben an einer kleinen Haltebucht den unvergleichlichen Ausblick.

Kurvenreich geht es auf der alten Passstraße wieder talwärts bis nach Llançà. Dort verlassen wir die N-260 und nehmen die Nebenstraße GI-612 nach **El Port de la Selva** (1.015 Einwohner). Im hübschen Fischerort gibt es für WOMOs gleich mehrere Möglichkeiten, legal in der Region zu verweilen. Zwar ist das Parken mit Campern ausnahmslos verboten, aber immerhin haben Sie die Auswahl zwischen zwei Campingplätzen mit Strandzugang sowie einem Stellplatz am Ortsrand.

045 El Port de la Selva – *Camping Port de la Vall*

GPS/Kontakt: N 42°20'31" E 03°10'59", GI-612, Tel. +34 972 387 186, *www.campingportdelavall.com*, *info@campingportdelavall.com*. **Öffnungszeit**: Mitte März bis Mitte Oktober. **Ausstattung**: Campingplatzüblich mit Bar, Restaurant (nur in der Hauptsaison geöffnet), Gasflaschenservice, Minimarkt, Grillplätzen. **Beschreibung**: Terrassenförmig angelegter Campingplatz für kleine bis mittelgroße Wohnmobile mit direktem Zugang zum Kiesstrand. Die Stellflächen auf Erde/Wiese und mit schattenspendenden Bäumen sind zum Teil recht uneben. Es gibt sowohl Plätze am Hang als auch in Strandlage. Letztere sind jedoch überwiegend von Saisoncampern belegt. Die Sanitäranlagen sind etwas veraltet, aber weitgehend sauber. Das Zentrum des Fischerdorfes mit zahlreichen Restaurants ist 2,5 km entfernt und gut über den Küstenwanderweg *Camí de Ronda* zu erreichen. **Preise**: 27–32 €. **Zufahrt**: An der GI-612 ist der Campingplatz ausgeschildert.

046 El Port de la Selva – *Camping l'Arola*

GPS/Kontakt: N 42°20'05" E 03°11'50", GI-612, Tel. +34 972 387 005, *www.elportdelaselva.cat*, *amich62@hotmail.com*. **Öffnungszeit**: Anfang Mai bis Ende September. **Ausstattung**: Campingplatzüblich mit Restaurant, einem Ausguss für Chemietoiletten und einfachen, aber sauberen Sanitäranlagen. **Beschreibung**: Einer der ersten und ältesten Campingplätze an der Costa Brava. Er ist Gasthof, Hostel und Campingplatz zugleich. Allerdings steht man sehr dicht und der Platz ist eher für kleine bis mittelgroße WOMOs geeignet. Er grenzt direkt an die sandige Badebucht des Ortes, das Zentrum mit Restaurants und Einkaufsmöglichkeiten ist nur 500 m entfernt. **Preise**: 25 €. **Zufahrt**: An der GI-612 befindet sich der Campingplatz am nördlichen Ortseingang.

047 El Port de la Selva

GPS: N 42°19'52" E 03°11'57", Carr. Selva de Mar. **Max. WOMOs**: 5. **Öffnungszeit**: Ganzjährig. **Ausstattung**: Brunnen, Mülleimer. **Beschreibung**: Ruhiger Parkplatz am Ortsrand neben dem örtlichen Bauhof und einer Gemeindehalle. Offiziell sind 5 Stellplätze auf Asphalt ausgewiesen, am Osterwochenende haben wir hier jedoch mehr als 20 Fahrzeuge gezählt. Die Übernachtung wird geduldet, nicht jedoch campingartiges Verhalten. Das Zentrum und der Badestrand sind rund 800 Meter entfernt. **Zufahrt**: Am nördlichen Ortsrand auf Höhe des CP L'Arola zunächst nach rechts in Richtung Sant Pere de Rodes abbiegen, dann aber noch rund 500 Meter geradeaus auf der GIV-6121 weiterfahren. Der Stellplatz befindet sich auf der rechten Seite.

Das Fischerstädtchen El Port de la Selva besticht durch seine reizvolle Lage zwischen dem Meer und den Bergen der **Serra de Rodes**. Die weißgetünchten Häuser umrahmen die Bucht und werden überragt von der **Barockkirche Mare de Déu de les Neus**. Noch heute bildet der Fischfang eine wichtige Einnahmequelle. Verkauft wird der Fang in der Fischauktionshalle und entlang der Hafenmole reihen sich die Fischrestaurants. Lauten Partytourismus sucht man hier vergeblich. Vielmehr lassen sich in El Port de la Selva ein paar entspannte Urlaubstage verbringen. Wir möchten Ihnen hier eines unserer persönlichen Highlights an der Costa Brava vorstellen: Den aussichtsreichen Küstenwanderweg ***Camí de Ronda***.

Auf dem Küstenwanderweg von Bucht zu Bucht

TOUR 5

Aussichtsreicher Küstenwanderweg

Wandern mit Meerblick – Der *Camí de Ronda*

Einst verbanden die rund 1.000 Jahre alten Pfade die kleinen Fischerdörfer entlang der Küste miteinander. Sie wurden von Fischern und Hirten genutzt, um Buchten und Nachbarorte auf dem Landweg zu erreichen. Später gingen Schmuggler hier ihrer Arbeit nach, was wiederum die spanische Obrigkeit auf den Plan rief. Sie patrouillierte auf den Küstenpfaden, um die illegalen Aktivitäten zu unterbinden. Mitte des 20. Jahrhunderts verloren die Wege an Bedeutung und verwilderten teilweise. Erst mit dem einsetzenden Tourismus an der Costa Brava erlebte der *Camí de Ronda* neuen Aufschwung. Heute können auf diesen bestens markierten Wegen einsame Buchten und reizvolle Orte erwandert werden. Die Badesachen gehören also in den Wanderrucksack.

Der *Camí de Ronda* beginnt in Portbou an der französischen Grenze, führt durch den Naturpark Cap de Creus bis nach Roses und geht weiter über Begur und Palamós bis nach Blanes. Über weite Teile entspricht er auch dem europäischen Fernwanderweg GR 92. Ein Großteil der Wege besteht aus engen Pfaden, die nur zu Fuß zu bewältigen sind. Unebenheiten, Anstiege und in den Fels gehauene Treppenstufen erfordern teilweise etwas Geschick und Trittsicherheit.

Andere Teilstrecken sind hingegen völlig flach und auch mit Kindern leicht zu erwandern. Für die Erkundung des Küstenwanderweges gibt es mehrere Möglichkeiten. Ab Girona startet eine **140 Kilometer lange Rundtour**, die sowohl Orte im Hinterland als auch die Küste erschließt. Die spektakulärsten

43 Küstenkilometer erstrecken sich von Sant Feliu de Guíxols bis nach Begur. Wir werden auf unserer Reise dem *Camí de Ronda* also noch mehrmals begegnen, und Ihnen an passender Stelle Teiletappen vorstellen. Für weitergehende Informationen empfehlen wir Ihnen die Internetseite *www.camideronda.com* oder den Wanderführer Costa Blanca aus dem Bergverlag Rother (siehe auch unsere Literturtipps am Ende dieses Buches).

Der *Far de s'Arnella* diente Seefahrern zur Orientierung

El Port de la Selva und der *Camí de Ronda*

Von El Port de la Selva führt der Küstenwanderweg auf gut markierter Route in Richtung Norden zum **Leuchtturm *Far de s'Arnella***. Der Weg startet hinter dem Campingplatz *l'Arola* Nr. 046 und ist gut ausgebaut, so dass er auch mit dem Rad zu befahren ist. Entlang der Küste und vorbei an mehreren Sand-/Kiesstränden können wir immer wieder die wunderschönen Ausblicke auf die Bucht von El Port de la Selva genießen. Picknickbänke und Aussichtspunkte laden zur Rast ein. Auf dem türkisblauen Wasser dümpeln Segelboote vor sich hin. Nach rund 2,5 Kilometern erreichen wir den Leuchtturm. Hier an der Küste herrschen oft heftige Winde. Der kräftige *Tramontana* bläst häufig mit Sturmstärke von den Pyrenäen herab. Dieser alte Leuchtturm war für die Seeleute die einzige Orientierung und deshalb lebensrettend. Bei unserem Besuch herrschte allerdings Flaute und wir spazieren auf gleichem Weg wieder zurück nach El Port de la Selva.

Wenn Sie die Hafenbucht in die andere Richtung umrunden, erreichen Sie auf dem Camí de Ronda das ausgedehnte Wandergebiet des **Naturparks Cap de Creus** mit seinen bizarren Felsformationen. Nur wenige Kilometer außerhalb des Ortes finden sich die ersten, ruhigen Badebuchten. Etwa zwei Kilometer oder 30 Gehminuten ab dem Hafen erreichen Sie die **Platja Tamariua.** Die Sand-/Kiesbucht hat ihren Namen von den hier wachsenden Tamarindensträuchern. Noch einmal zwei Kilometer weiter müssen Sie bis zur **Platja Fornells** gehen. Dafür ist es hier dann auch wunderbar ruhig, denn den meisten ist der Weg hierher zu weit.

TOUR 5

Kurvenreiche Panoramaroute zum Kloster Sant Pere de Rodes

Von El Port de la Selva machen wir nun einen Abstecher zum **Kloster Monestir de Sant Pere de Rodes**. Für uns ist dieses »Wolkenkloster« hoch über der Küste eines der eindrucksvollsten Bauwerke an der Costa Brava. Hier oben fühlen wir uns tatsächlich dem Himmel ein ganzes Stück näher. Die Zufahrt über die acht Kilometer lange, kurven- und aussichtsreiche GIP-6041 ist in El Port de la Selva ausgeschildert. Für die Klosterbesichtigung stehen in luftigen 512 Metern Höhe Besucherparkplätze zur Verfügung. Wir empfehlen Ihnen den zweiten, weiter oben gelegenen Parkplatz anzusteuern.

P Besucherparkplatz *La Pallera* – N 42°19'44" E 03°09'27"

Er ist etwas geräumiger und bietet auch Wendemöglichkeiten. Bis zum Klostereingang ist es noch gut einen Kilometer Fußweg. Übernachten können Sie hier in dieser grandiosen Aussichtslage leider nicht. Wir befinden uns bereits im Naturpark Cap de Creus mit strengen Regeln.

Bereits der kleine Fußmarsch zum Kloster ist ein beeindruckendes Erlebnis. In den späten Nachmittagsstunden tauchen die Sonnenstrahlen das eindrucksvolle Klostergebäude in wechselnde Rosa- und Rottöne. Tief unten leuchtet tiefblau das Meer. In dieser unvergleichlichen Lage suchten die Mönche nicht nur einen spirituellen Rückzugsort. Vielmehr war das Kloster ein Machtzentrum und die Äbte Feudalherren mit Besitzungen bis in die Region Barcelona sowie in die Vorpyrenäen bei Lleida.

Gemäß einer Legende wurde das Kloster im 6. Jahrhundert von Mönchen gegründet, die angesichts der Bedrohung durch die Germanen auf der Flucht aus Rom waren. Sie landeten an der Küste Kataloniens, im Gepäck hatten sie wertvolle Reliquien. Darunter angeblich die sterblichen Überreste des Apostels Petrus. Ihren Schatz versteckten die Mönche in einer Höhle und errichteten in der Nähe eine kleine Kapelle.

Die Relique gab dem Kloster seinen Namen und seit dem Jahr 945 ist belegt, dass hier ein Abt des Benediktinerordens residierte. Die Abtei war Rom direkt unterstellt und hatte eine große Unabhängigkeit gegenüber den örtlichen Herrschern. Zahlreiche Schenkungen und ein beachtlicher Landbesitz führten zur Blütezeit von Sant Pere de Rodes im 11./12. Jahrhundert. Aus dieser Zeit stammt auch die heutige Kirche. Das Kloster war nicht nur eine wichtige Pilgerstation auf dem Weg nach Santiago de Compostela, sondern wurde selbst zum Wallfahrtsziel.

Route der Jakobspilger

TOUR 5

Im 14. Jahrhundert begann der Niedergang. Die Pest, Plünderungen und Überfälle durch muslimische Piraten sowie die späteren Kriege gegen Frankreich trugen dazu bei, dass die Benediktiner das Kloster im Jahr 1798 verließen. Das endgültige Aus kam 1835 mit der Enteignung und der Versteigerung der Güter. Das Kloster verfiel, ebenso wie die unweit gelegene **Kirche Santa Helena de Rodes**.

Seit dem Jahr 1989 fanden umfangreiche Restaurierungsarbeiten statt. Heute beherbergt das Kloster eine Pilgerherberge sowie ein Restaurant. Beim Rundgang erschließen sich die unterschiedlichen Architekturstile der langen Klostergeschichte. Herausragender Mittelpunkt ist die romanische Klosterkirche aus dem 10. Jahrhundert. Die dreischiffige Basilika mit Tonnengewölbe beeindruckt durch ihre beachtlichen Ausmaße und die Rundsäulen, die von filigranen Kapitellen geziert werden *(Oktober bis Mai täglich außer Mo. 10–17.30 Uhr, Juni bis September 10–20 Uhr, letzter Einlass 30 Minuten vor Kassenschluss; 6 €, dienstags freier Eintritt)*.

Bei guter Sicht lohnt sich die etwa halbstündige Wanderung hinauf zum **Castell de Sant Salvador de Verdera**, das ab dem 13. Jahrhundert zum Schutz des Klosters errichtet wurde. Wer die knapp 200 Meter Höhenunterschied hinter sich gebracht hat, wird mit einem herrlichen Rundblick auf die Berge, die Küste und das vorgelagerte Cap de Creus belohnt.

Vom Berg kehren wir zurück an die Küste und fahren auf der GI-613 in Richtung **Cadaqués**. Wir wollen gerne noch ein wenig auf den Spuren **Salvador Dalís** wandeln, möchten Sie aber auch nicht ohne eine gewisse Vorwarnung hierherschicken. Zumal, wenn Sie ein Wohnmobil besitzen, das die übliche Kastenwagen-Größe überschreitet.

Der Name des berühmten Künstlers lockt die Touristen in Scharen in die malerische Bucht von Cadaqués. Entsprechend überlaufen ist es an schönen Wochenenden und in der Hochsaison. Die Gemeinde lässt sich den prominenten Namen auch ordentlich bezahlen. Parkplätze sind Mangelware und entsprechend teuer, das Sträßchen hinaus zum Sommerhaus Dalís nach **Port Lligat** ist eng und der Zugang zum Naturschutzgebiet **Cap de Creus** für Fahrzeuge aller Art tagsüber reglementiert. Wohnmobile sind dort gänzlich verboten. Sagen Sie also nicht, wir hätten Sie nicht gewarnt. Wenn Sie den Abstecher trotzdem auf sich nehmen möchten, hier einige Hintergrundinformationen.

Touristen-Mekka und ehemaliges Fischerdorf Cadaqués

»*Kronjuwel an der Costa Brava, Bilderbuchdorf, Schönstes Dorf Kataloniens*« – Mit diesen und ähnlichen Attributen wird das ehemalige Fischerstädtchen **Cadaqués** (2.890 Einwohner) beworben. Hat man die lange und kurvenreiche Anfahrt geschafft, bietet der Ort von oben betrachtet tatsächlich einen überaus malerischen Anblick. Die weißgetünchten Häuser werden überragt von der **gotische Kirche Santa María** und die Kulisse hebt sich romantisch vom tiefblauen Meer ab. Die abgeschiedene Lage des Fischerortes war der Grund dafür, dass sich Anfang des 20. Jahrhunderts die gehobene Bürgerschicht noble Sommerresidenzen in Cadaqués bauen ließ. Auch zahlreiche internationale Künstler, wie Pablo Picasso, García Lorca oder Walt Disney zog es in die malerische Bucht mit dem besonderen Licht. Das regionale Zugpferd ist natürlich Salvador Dalí, der hier bereits seine Kindheit in der elterlichen Sommervilla verbrachte.

Der Künstler Salvador Dalí verbrachte seine Kindheit in der elterlichen Sommervilla in Cadaqués.

Der elitäre Charakter ist bis heute geblieben. Große Hotelburgen sucht man vergeblich, stattdessen residieren die Berühmtheiten heutiger Tage in schicken Boutique-Hotels. Dass in Cadaqués alles ein wenig teurer ist, versteht sich von selbst.

Nach dem Rundgang durch den historischen Ortskern zieht es die meisten Besucher hinaus nach **Port Lligat** mit dem Wohnhaus Salvador Dalís, der ***Casa Dalí***. Auch diese Attraktion wird touristisch kräftig vermarktet und wer sich nicht

Surreales Wohnhaus Salvador Dalís in Portlligat

rechtzeitig um eine Eintrittskarte bemüht, hat das Nachsehen. Die täglichen Besucherzahlen sind auf sehr kleine Gruppen beschränkt. Kurzentschlossene haben jedoch eine gewisse Chance, zumindest in den **Olivengarten** des Anwesens zu gelangen. Mit schönen Ausblicken auf die Bucht, einigen Installationen des Künstlers und Videopräsentationen können wir gut nachvollziehen, dass diese raue und doch so faszinierende Landschaft eine Quelle der Inspiration war. *(Januar bis Mitte Juni und Mitte September bis Dezember täglich außer Mo. 10.30–17 Uhr, im Sommer täglich von 9.30–20 Uhr; 15 € inkl. Garten, 8 € nur Gartenbesuch;* Online-Tickets *unbedingt vorab unter* www.salvador-dali.org *buchen).*

Zurecht werden Sie sich nun auch nach Park- und Übernachtungsmöglichkeiten erkundigen. Da können wir Ihnen leider nur wenig Erquickliches bieten. Den einzigen offiziellen für die Übernachtung erlaubten Parkplatz in Portlligat lässt man sich hier mit Gold aufwiegen.

048 Portlligat

GPS: N 42°17'43" E 03°17'13", Carrer Riera de Portlligat. **Max. WOMOs**: 30. **Öffnungszeit**: Ganzjährig. **Ausstattung**: Mülltonne. **Beschreibung**: Offiziell für Wohnmobile freigegebener Stellplatz bei einem Restaurant/Imbiss in unmittelbarer Nähe zum Strand und nur wenige Gehminuten von der *Casa Dalí* entfernt. Die teilweise schrägen Stellflächen auf Erde/Kies sind schattenlos. **Preise**: 50 € , im Winter eventuell weniger. **Zufahrt**: In Portlligat der Parkplatz-Beschilderung folgen.

In Portlligat sind noch weitere Parkplätze ausgewiesen, die Sie aber tunlichst nur als Tagesparkplatz nutzen sollten. Die Gemeinde kassiert saftige Strafgebühren (bis 100 €) bei Übernachtungen im Wohnmobil. Von uns bekommt Cadaqués eindeutig den Preis der »*Sauren Zitrone*« für die WOMO-unfreundlichste Gemeinde Kataloniens.

Gerne hätten wir an dieser Stelle auch noch den **Naturpark Cap de Creus** mit seiner bizarren Felslandschaft für Sie erwandert. An der Spitze des Caps soll ein Leuchtturm thronen und es gibt wohl einige wenige Parkmöglichkeiten. Leider scheiterten wir auch hier an Zufahrtsbeschränkungen. Die Straße zum Cap ist zwischen 9.30 und 21.30 Uhr für Fahrzeuge aller Art gesperrt, Wohnmobile sind dort gänzlich verboten.

Wenden wir uns also erfreulicheren Dingen zu, und die finden wir rund 20 Kilometer weiter südlich in **Roses** (19.900 Einwohner), *www.visit.roses.cat*. Das ehemalige Fischerdorf hat sich zum größten Urlaubsort an der nördlichen Costa Brava entwickelt. Es gibt Freizeit- und Tierparks, zahlreiche Wassersportangebote und eine sehr gute, touristische Infrastruktur. Dazu zählt auch ein recht ordentliches Angebot an Stell- und Campingplätzen. Hier lässt es sich durchaus ein wenig länger verweilen.

049 Roses – *Autocaravaning Park Roses*

GPS/Kontakt: N 42°16'07" E 03°09'22", Carrer del Port Reig, Tel. +34 669 338 953 (von 9-21 Uhr), *www.autocaravaningparkroses.com*, *info@autocaravaningparkroses.com*. **Max. WOMOs**: 70. **Öffnungszeit**: Ganzjährig.

Ausstattung: Ver-/Entsorgungsstation, Strom, Toiletten, Dusche, Mülleimer, WLAN, Quickstopp zur V/E (gebührenpflichtig). **Beschreibung**: Großer Stellplatz mit Stellflächen auf Naturboden, wenig Schatten und auch für große WOMOs geeignet. Der Platz ist über eine Schrankenzufahrt gesichert und videoüberwacht. Tagsüber sind hilfsbereite Mitarbeiter anwesend. Der Strand befindet sich in 600 Metern, das Zentrum von Roses in 2 km Entfernung. Es gibt eine Bushaltestelle vor dem Tor, von dort fahren Busse nach Cadaqués und Figueres. Durch die vorbeiführende Hauptstraße ist mit einer gewissen Geräuschkulisse zu rechnen. **Preise**: 15–17 €. Bezahlung am Kassenautomaten mit Kreditkarte. **Zufahrt**: Am westlichen Ortsrand von Roses ist der Platz an der C-260 ausgeschildert.

In unmittelbarer Umgebung befinden sich mehrere Campingplätze in Strandnähe und mit allen üblichen Ausstattungsmerkmalen. Während man auf dem zentrumsnahen Platz *La Jonca Mar* recht dicht und eng zwischen Bäumen und nahe der lauten Straße steht, erschienen uns die nachfolgenden beiden Plätze sehr komfortabel und hochwertig.

050 Roses – *Camping La Joncar Mar* N 42°15'59" E 03°09'48"

051 Roses – *Camping Salatà*

GPS/Kontakt: N 42°15'58" E 03°09'22", Carrer del Port de Reig, Tel. +34 972 256 086, *www.campingsalata.com*, *info@campingsalata.com*. **Öffnungszeit**: Ganzjährig. **Ausstattung**: Campingplatzüblich mit mehreren Pools, Restaurant, Bar, Minimarkt, SPA-Bereich, Fahrradvermietung, Spiel- und Sportplätzen. **Beschreibung**: Großer, gepflegter und angenehmer Platz mit unterschiedlich großen, parzellierten Stellflächen auf Gras/Erde. Wahlweise mit Schatten und je nach Größe mit Frisch- und Abwassersäulen ausgestattet. Der Strand ist rund 400 m, das Stadtzentrum 2,5 km entfernt. Supermärkte in der Nähe. Der Platz ist in den Wintermonaten auch bei Langzeit-Urlaubern beliebt. Es gibt eine Bushaltestelle vor dem Tor, von dort fahren Busse nach Cadaqués und Figueres. **Preise**: 31–91 €. **Zufahrt**: Am westlichen Ortsrand von Roses ist der Platz an der C-260 ausgeschildert.

052 Roses – *Camping Rodas*

GPS/Kontakt: N 42°16'07" E 03°09'08", Punta Falconera, Tel. +34 972 257 617, *www.campingrodas.com*, *info@campingrodas.com*. **Öffnungszeit**: Mitte April bis Mitte Oktober. **Ausstattung**: Campingplatzüblich mit Pool, Restaurant, Bar, Minimarkt, Fahrradvermietung, Spiel- und Sportplätzen. **Beschreibung**: Ruhiger und sehr gepflegter Campingplatz mit parzellierten Stellflächen auf Gras-/Erdboden, wahlweise mit Schatten und je nach Stellplatzgröße mit Grauwasser-Abfluss. Im Sommer mit Animationsangeboten für Kinder und Live-Musik an der Bar. Der Strand ist rund 600 Meter, das Stadtzentrum 2,5 km entfernt. Supermärkte in der Nähe. Es gibt eine Bushaltestelle vor dem Tor, von dort fahren Busse nach Cadaqués und Figueres. **Preise**: 30–70 €. **Zufahrt**: Am westlichen Ortsrand von Roses ist der Platz an der C-260 ausgeschildert.

Maritimes Flair herrscht in Roses

Frische Meeresfrüchte aus Roses

Trotz der sehr touristischen Prägung hat sich Roses auch noch eine gute Portion Ursprünglichkeit bewahren können. Nach wie vor spielt der **Fischereihafen** eine wichtige wirtschaftliche Rolle und ein Besuch in der Fischauktionshalle ist ein lohnendes Erlebnis. Täglich fangfrisch kommt das Meeresgetier in den umliegenden Restaurants auf den Teller. Einkehrtipp: Das **Restaurant *Sodemar Port Roses*** liegt direkt am Hafen und bietet mediterrane Küche mit ausgezeichneten Fischgerichten, *www.sodemar.net*, Ruhetag ist Mittwoch.

Wer lieber selbst im WOMO kocht, darf einen Bummel durch die Markthalle nicht versäumen. Zudem findet im Zentrum ein großer Sonntagsmarkt statt, auf dem die regionalen Erzeuger ihre Waren anbieten.

Eines von mehreren Wahrzeichen von Roses – Das Castillo de la Trinitat

Beim Bummel durch die Stadt stößt man immer wieder auf das historische Erbe von Roses. So wurden in der Umgebung der Stadt Dolmen und Menhire entdeckt, die aus der Jungsteinzeit stammen. Ein Wanderweg erschließt den *Parc Megalític de Roses* und führt zu mehreren prähistorischen Grabstätten.

Später lockte die geschützte Lage am **Golf de Roses** Iberer, Römer und Griechen an. Im 16. Jahrhundert war es der deutsche Kaiser und spanische König Karl V., der in Roses eine **Zitadelle** zum Schutz gegen Piratenüberfälle errichten ließ.

Die **Festungsanlage *Ciutadella*** befindet sich mitten im Stadtgebiet und ist umschlossen von mächtigen Mauern. Im Inneren versteckt sich eine **archäologische Ausgrabungsstätte**, die einen Einblick in die mehr als 2000jährige Stadtgeschichte gibt. Die Funde belegen, dass an diesem Standort bereits die Griechen eine Siedlung namens *Rhode* zu Deutsch: *Rose* unterhalten hatten. Aus römischer Zeit sind die Reste einer Salzfischfabrik zu sehen, in der die Fischsauce *Garum* hergestellt wurde. Aus dem Mittelalter stammen die Reste einer Klosterkirche, als hier rund 300 Familien lebten. Das Aus bereiteten schließlich Napoleons Truppen, die Anfang des 19. Jahrhunderts die Festung stürmten und viele der Mauern und Gebäude sprengten *(Oktober bis März Di.–Sa. 10–17 Uhr, April und Mai bis 20 Uhr, So. 10–14 Uhr. Im Juni und September täglich 10–20 Uhr, im Juli und August bis 21 Uhr; 4 €).*

Roses und die Umgebung erkundet man am besten zu Fuß oder mit dem Fahrrad. Die Wege sind sehr gut ausgebaut und markiert, auch der *Camí de Ronda* führt an Roses vorbei. Tipp: Ein besonderes Erlebnis ist der Ausflug zu Wasser. Mehrere Agenturen bieten Touren zum Cap de Creus an. Die Boote fahren von verschiedenen Anlegestellen zu den wilden Buchten, so dass man das Naturparadies aus der Wasserperspektive genießen kann. Einer Legende zufolge soll Orpheus auf einem Felsen des Caps Schiffbruch erlitten haben. Als er auf einer Leier die Schönheit der Umgebung besang, kamen die Berge näher, um seiner Musik zu lauschen. So konnte er sich von seinem Felsen an Land retten. Die Passagiere der Neuzeit kommen bei der Bootstour den Felsen ebenfalls ganz nah. Kleinere Boote fahren sogar bis in die Höhlen, die Wind und Wellen geschaffen haben. Bei der Agentur *www.elsblausderoses.com* sind Glasbodenschiffe im Einsatz. Die Passagiere genießen einen Blick auf die Unterwasserwelt, ohne dabei nass zu werden. Je nach Tour müssen Sie für den Ausflug mit etwa 23 Euro rechnen.

Von Roses machen wir auf der C-260 einen acht Kilometer langen Schwenk ins Landesinnere. Ein weiteres mittelalterliches Städtchen wartet auf unsere Erkundung. **Castelló d'Empúries** (11.600 Einwohner) ist das Ziel, denn dort soll es die angeblich schönste, gotische Kirche Kataloniens geben. Einen Parkplatz für den Stadtbummel finden Sie in der Carrer de Pau Casals.

P Castelló d'Empúries – N 42°15'21" E 03°04'22"

Das Städtchen macht es uns leicht, es auf eigene Faust zu erkunden. Ein historischer Rundgang ist ausgeschildert und an allen wichtigen Gebäuden finden wir Erklärungstafeln auch in deutscher Sprache. Wirklich vorbildlich! So gelangen wir zum Wahrzeichen des Ortes, der **gotischen Basilika Santa María**. Das Gotteshaus sollte eigentlich eine Kathedrale werden. Warum daraus nichts wurde? Ein Blick in die Geschichtsbücher hilft weiter.

Einladendes Flair in Castelló d'Empúries

Es war der Frankenkönig Karl der Große, der zur Sicherung der südlichen Pyrenäengebiete vor der drohenden maurischen Invasion einen Gürtel von Grafschaften schuf, welche die *Spanische Mark* bildeten. Eine dieser Grafschaften war ***Empúries***, die sich zeitweise bis ins heutige, französische Roussillon erstreckte. Im Jahr 1064 wurde die Hauptstadt der Grafschaft nach Castelló d'Empúries verlegt. Dies brachte einen erheblichen Aufschwung mit sich. Paläste und Klöster entstanden, Handel und Landwirtschaft blühten. Vor allem die Textilbranche sorgte für Wohlstand. Was noch fehlte, war ein Bischofssitz mit einer Kathedrale. Angeblich soll der Papst auch schon seinen Segen dafür gegeben haben.

Die Basilika Santa María zählt neben der Kathedrale von Girona zu den bedeutendsten gotischen Kirchen Kataloniens.

Also begannen im 13. Jahrhundert die Bauarbeiten für ein prächtiges Gotteshaus an Stelle einer romanischen Vorgängerkirche. Es sollte die erste Kathedrale im neu aufkommenden Stil der Gotik werden. Die Arbeiten zogen sich über zwei Jahrhunderte hin, dann konnte die *Basílica Santa María* eingeweiht werden. Sie stand allerdings in Konkurrenz zur Kathedrale von Girona, einer ebenfalls gotischen Kirche. So kam es, dass zwar beide Gotteshäuser zu den bedeutendsten Beispielen katalanischer Gotik

zählen, es aber nur eine »echte« Kathedrale in Girona gibt. Was die Bevölkerung von Castelló d'Empúries jedoch nicht davon abhält, ihre Kirche als ***Catedral de l'Empordà*** zu bezeichnen.

Sehenswert ist vor allem das Hauptportal mit den 12 Aposteln. Feinste Steinmetzarbeit aus Pyrenäenmarmor, ebenso wie der Hochaltar mit einer Marienstatue aus Alabaster. Im angrenzenden Museum *Museu Parroquial* ist eine Sammlung sakraler Goldschmiedearbeiten zu sehen, was ihm die Bezeichnung *El Tesoro* eingetragen hat *(Täglich von 10–14 Uhr und von 16–18 Uhr, Juli und August durchgehend von 9–21 Uhr; 2,50 €, www.basilica-santamaria.com)*.

Unser Tipp für Familien: Am ehemaligen Mühlbach wurde in einer alten Getreidemühle das ***Ecomuseu Farinera*** eingerichtet. Auf anschauliche Weise wird der Weg vom Getreide zum fertigen Mehl gezeigt. Zu sehen sind historische Maschinen, es gibt Mitmachaktionen und im kleinen Mühlenladen können regionale Produkte gekauft werden *(Oktober bis März täglich außer Mo. 10–14 Uhr und 16–18 Uhr, So. nur am Vormittag, April bis Juni und September bis 19 Uhr, Juli und August täglich 10–14 Uhr und 17–20 Uhr; 3,70 €, Kinder von 7-14 Jahren 2,65 €, Familien 10 €, www.ecomuseu-farinera.org)*.

Die Weiterfahrt führt uns wieder zurück in Richtung Küste. Die Costa Brava wird nun auch für Wohnmobilisten ein wenig entspannter. Die Landschaft verändert sich, die Berge treten in den Hintergrund und vor uns erstreckt sich eine weite Sumpf- und Lagunenebene. Der **Naturpark Parc Natural Aíguamolls de l'Empordà** will erkundet werden. Dazu steuern wir den gebührepflichtigen Parkplatz beim **Informationszentrum *Cortalet*** an.

P Infocenter *Cortalet* – N 42°13'27" E 03°05'31"

Von dort führen mehrere Rad- und Wanderwege in die Feuchtgebiete und zu den Beobachtungsstationen, es gibt Rast- und Picknickzonen und im Informationszentrum können wir uns mit Kartenmaterial versorgen. Wer kein Fernglas mit dabei hat, auch damit helfen die freundlichen Mitarbeitenden gerne aus.

Wandern im Parc Natural Aíguamolls de l'Empordà

Der Naturpark ist eine wohltuende Oase inmitten des touristischen Küstentrubels. Fast wäre auch sie dem Bauboom zum Opfer gefallen, als gleich nebenan in den 1960er Jahren die moderne Ferienanlage **Empuriabrava** aus dem Boden gestampft wurde. Ursprünglich war in der Lagunenlandschaft eine Yachthafensiedlung für bis zu 60.000 Menschen vorgesehen. Das hätte jedoch die weitgehende Trockenlegung der ausgedehnten Sumpf- und Brackwassergebiete zur Folge habt. Doch zum Glück regte sich Widerstand in der Bevölkerung und die Bebauungspläne wurden Anfang der 1980er Jahre endgültig gekippt. Seitdem stehen die verbliebenen Flächen im Mündungsgebiet der Flüsse **Muga** und **Fluvià** unter Naturschutz.

Heute ist der rund 5.000 Hektar Fläche umfassende Naturpark das zweitgrößte Feuchtgebiet Kataloniens und besteht aus unterschiedlichen Lebensbereichen. Es gibt Küstengebiete mit Strand, kleine Teiche und Sümpfe sowie bewaldete Wiesen und Weiden. Machen wir uns also auf den Weg. Ein rund **zwei Kilometer** langer, gemütlicher Spazierweg, der auch kinderwagentauglich ist, führt zur **Mas Matà**, einem weiteren Naturpark-Infocenter. Immer wieder zweigen vom Hauptweg kleine Pfade zu Tier- und Vogelbeobachtungsstationen ab. Je nach Jahreszeit können dort der in Europa selten gewordene Bienenfresser, Kuhreiher, Regenpfeifer, schwarze Ibisse oder Seeschwalben gesichtet werden. Richtig heimisch sind die Weißstörche, die zahlreich um uns herum klappern. Für sie wurden spezielle Nistbäume angelegt, die alle voll belegt sind.

Vorbei an blühenden Schwertlilien, schwarzen Kühen und weißen Pferden erreichen wir den Endpunkt unseres kleinen Spaziergangs. Dort wurde auf dem höchsten von drei ehemaligen Reissilos ein Beobachtungsturm eingerichtet. Von oben bietet sich ein wunderschöner Weitblick auf die Bucht von Roses und die Lagunenlandschaft. Mit etwas Glück sind dort Naturpark-Ranger mit ihren Fernrohren anwesend und erklären die Flora und Fauna des Parks. Zurück geht es auf gleicher Strecke.

Bei **Sant Pere Pescador** (2.080 Einwohner) ist eine weitere Ferien-Hochburg erreicht. Hier dominiert das Strandleben. Vor allem Wassersportler, Wind- und Kitesurfer kommen an dem kilometerlangen Sandstrand auf ihre Kosten. Die Strandparkplätze sind allesamt mit Höhenbarrieren ausgestattet, so dass für eine längere Verweildauer nur einer der zahlreichen Campingplätze in Frage kommt. In der Regel sind sie mit allem ausgestattet, was die Feriengäste so brauchen. Das touristische Angebot reicht von Surfkursen bis zur Diskothek. Wenn Sie also ein paar Tage unbeschwerten und geselligen Strandurlaub verbringen möchten – hier sind Sie richtig. Exemplarisch sei der beliebte **Campingplatz *Aquarius*** genannt.

053 Sant Pere Pescador – *Camping Aquarius*

GPS/Kontakt: N 42°10'37" E 03°06'31", Cami Platja, Tel. +34 972 520 003, *www.campingaquarius.com*, *info@campingaquarius.com*. **Öffnungszeit**: Mitte März bis Ende Oktober. **Ausstattung**: Campingplatzüblich mit mehreren Pools, Wasserpark für Kinder, Restaurant, Strandbar, Minimarkt, Spiel- und Sportplätzen. **Beschreibung**: Großer Campingplatz mit Strandzugang und unterschiedlich großen Stellflächen auf Grasboden. Wahlweise mit oder ohne Schatten, teilweise durch Bäume und Hecken parzelliert. Im Sommer Animationsprogramm mit angeschlossener Surf-/Kiteschule und Fahrradverleih. Das Zentrum von Sant Pere Pescador ist 3 km entfernt. **Preise**: 19–70 €. **Zufahrt**: Die Zufahrt zu den Campingplätzen ist in Sant Pere Pescador ausgeschildert.

Der Ort Sant Pere Pescador liegt etwas im Hinterland am Ríu Fluvià. Der Ort selbst ist nicht besonders aufregend, bietet aber mit Geschäften und Restaurants eine ausreichende Infrastruktur für die Feriengäste. Die meisten Restaurants befinden sich rund um die **Plaça Major**. Dort wird am Mittwochvormittag auch der **Wochenmarkt** abgehalten.

Das Hinterland ist nun geprägt von ausgedehnten Obstbaum-Plantagen. Im April fahren wir hier durch ein weißes Meer blühender Apfelbäume. Hinzu kommen gelbe Rapsfelder, rote Klatschmohnwiesen und ein blauer Himmel. Die Natur präsentiert eine Farbpalette par Excellence.

Strand von Sant Pere Pescador – Ein Eldorado für Kite-Surfer

So gelangen wir nach **L'Escala** (10.520 Einwohner), einem weiteren Ferienort am südlichen Ende der Bucht von Roses. Hier ist es nicht der Strand, der uns lockt, sondern vielmehr die historischen Spuren, die Iberer, Griechen und Römer hinterlassen haben. Die riesige Ausgrabungsstätte *Museu d'Arqueologia L'Empúries* ist unser Ziel. Leider hat man dort kein Herz für Wohnmobilisten, denn die Besucherparkplätze sind allesamt mit Höhenbarrieren ausgestattet. Die Dame an der Museumskasse verweist da auf die kostenlosen Parkplätze an der **Ronda del Pedró**. Von dort marschieren Sie etwa 700 Meter zum Eingang der Ausgrabungsstätte.

P **L'Escala – Ausgrabungsstätte *L'Empúries***
N 42°07'32" E 03°07'28"

Zwischen dem Badeort Sant Martí d'Empùries und L'Escala erstreckt sich auf einem Hügel über dem Meer diese weitläufige Ausgrabungsstätte, in der man gut und gerne einen halben Tag verbringen kann. Ein deutschsprachiger Audioguide leitet mit vielen interessanten Hintergrundinformationen durch das Gelände und erläutert uns die einstigen Funktionen von Zisternen, Tempeln und Mauern. Die Archäologen stießen hier sowohl auf Reste aus griechischer als auch römischer Zeit. Es waren zunächst die Griechen, die an dieser Stelle im 6. Jahrhundert v. Chr. eine Siedlung namens *Emporion* gründeten. Sie betrieben Handel und

Handwerk mit den Iberern im Landesinneren, tauschten Metall- und Tonwaren gegen Erze und landwirtschaftliche Produkte. Ein paar Jahrhunderte später kamen die Römer und gründeten kaum 100 Meter entfernt eine eigene Stadt. Sie bauten Wasserleitungen und Wohnhäuser mit schönen Mosaikfußböden, die noch heute zu bestaunen sind. Mit der Zeit wuchsen die beiden Siedlungen zu einer Metropole zusammen.

Im 2. Jahrhundert n. Chr. begann der allmähliche Niedergang *Emporions*, während in gleichem Maß die Bedeutung **Tarragonas** wuchs (siehe Tour 10). Ein Jahrhundert später wurde *Emporion* aufgegeben und verfiel, bis Wissenschaftler die antike Stadt 1908 wiederentdeckten (*16. Februar bis Mai und Oktober bis 15. November täglich 10–18 Uhr, Juli bis September bis 20 Uhr, 16. November bis 15. Februar täglich außer Mo. von 10–17 Uhr; 7 €, www.macempuries.cat*).

Da wir in L'Escala leider keine empfehlenswerten Übernachtungsmöglichkeiten gefunden haben, fahren wir acht Kilometer ins Hinterland nach **Bellcaire d'Empordà**. Dort erwartet uns ein hübscher, ruhiger Stellplatz, wie wir ihn mögen. Lassen Sie sich bitte bei der Anfahrt nicht von der Kulisse eines Schrottplatzes abschrecken. Dieser wird Sie auf dem Stellplatz nicht stören – versprochen!

054 Bellcaire d'Empordà – *Camper Park Massis del Montgrí*

GPS/Kontakt: N 42°04'30" E 03°05'53", Camí Vell d'Ullà, Tel. +34 633 436 314, *info@massisdelmontgri.cat*, *www.massisdelmontgri.cat*. **Max. WOMOs**: 31. **Öffnungszeit**: Ganzjährig. **Ausstattung**: Ver-/Entsorgungsstation, Strom, Toiletten, Dusche, Waschsalon, Müllcontainer, hübscher Picknickbereich mit Grill, Gasflaschenservice, Barbetrieb und kleiner Pool (nur im Sommer), WLAN. **Beschreibung**: Familiär und freundlich geführter Platz mit Stellflächen auf Kies/Wiese, die mit Hecken und Bäumen parzelliert und auch für größere WOMOs geeignet sind. In der Rezeption (besetzt von 9–13 Uhr und 16–19 Uhr) kleiner Shop mit regionalen Erzeugnissen und vielen Informationen zu Unternehmungen in der Region. Das Zentrum von Bellcaire mit einem kleinen Tante-Emma-Laden ist 500 m entfernt. **Preise**: 14–20 €. **Zufahrt**: In Bellcaire d'Empordá den WOMO-Piktogrammen folgen.

Der Stellplatz ist ein guter Ausgangspunkt, um den **Naturpark El Montgrí, les Illes Medes y el Baix Ter** und die nahe Küstenregion bei **L'Estartit** zu erkunden. Dazu packen wir die Fahrräder aus dem WOMO und schwingen uns in den Sattel. Mehrere Routen sind rund um Bellcaire d'Empordà ausgewiesen und an der Rezeption ist man gerne mit einer Karte behilflich.

Vamos a la Playa – Fahrradtour an die Mündung des Ríu Ter

TOUR 5

Der im Jahr 2010 ins Leben gerufene Naturpark *El Montgrí, les Illes Medes y el Baix Ter* umfasst ein etwa 2.300 Hektar großes Gebiet mit dem **Bergmassiv Montgrí**, die markanten **Medes-Inseln** sowie die Feuchtgebiete des **Ríu Ter** an seiner Mündung ins Mittelmeer. Dieses Sehenswürdigkeiten stellen wir Ihnen auf unserer **24 Kilometer** langen, gemütlichen Fahrradtour vor. Höhenunterschiede haben Sie kaum zu bewältigen und die Strecke führt überwiegend auf verkehrsarmen Nebenstraßen sowie Radwegen. Ganz wichtig: Badesachen mitnehmen – am Ziel erwartet uns ein feiner Sandstrand!

Los geht es am Eingang des Stellplatzes nach links in Richtung **Ullà**. Das kleine Örtchen ist nach drei Kilometern erreicht und empfängt uns mit einem hübschen, historischen Ortskern. Wir bleiben auf dem kleinen Sträßchen, das Zentrum von Ullà lassen wir rechts von uns. Schon bald können mir hoch oben das gewaltige **Castell del Montgrí** erkennen. Die Festung mit quadratischem Grundriss und Rundtürmen an jeder Ecke erhebt sich drohend auf dem kahlen Kalksteinmassiv. Mit dem Bau wurde im Jahr 1294 auf Geheiß von König Jaume II. begonnen, doch vollendet wurde das Castell nie. Der Weg hinauf dürfte auch den Piraten zu beschwerlich gewesen sein. Rund eine Stunde Fußmarsch müssen Sie einplanen, wenn Sie die Festung erobern möchten. Belohnt werden Sie mit einer hervorragenden Rundumsicht.

Unvollendetes Castell del Montgrí

Das Castell del Montgrí ist auch das Wahrzeichen von **Torroella de Montgrí** (12.060 Einwohner), welches wir als nächstes auf unserer Fahrradtour erreichen. Man mag es kaum glauben, aber im 14. Jahrhundert war das mittelalterliche Städtchen noch eine Hafenstadt und von einer mächtigen Stadtmauer umschlossen. Doch der Hafen versandete, die Festung wurde überflüssig und der neue Hafen entstand sechs Kilometer weiter in **L'Estartit**. In Torroella de Montgrí lohnt sich ein Bummel durch den mittelalterliche Ortskern mit engen Gassen. Von der ehemaligen Stadtbefestigung sind noch der Turm ***Torre de las Bruxes*** sowie das **Stadttor *Santa Caterina*** vorhanden. Die von Arkaden gesäumte Plaça de la Vila lädt zu einer Kaffeepause ein. Die Radweg-Beschilderungen sind in der Stadt leider recht lückenhaft und schwer zu finden. Halten Sie Ausschau nach den Hinweisen zum ***L'Espai de Ter*** südlich der Altstadt. Beim dortigen Messe- und Kongresszentrum stehen übrigens auch große Parkplätze zur Verfügung, wenn Sie die Stadt mit dem WOMO erkunden möchten.

Wir erreichen hier den **Ríu Ter**, dem wir nun nach links auf dem Radweg entlang folgen. Es geht vorbei an Gärten und Obstplantagen, rechts von uns versteckt sich der Fluss hinter einem dichten Schilfgürtel. Immer wieder tun sich aber Lücken auf und geben den Blick an Aussichtspunkten frei, so dass wir Wasserschildkröten und Kormorane beobachten können. Dann künden die kreischenden Möwen das Meer an. Nach knapp sieben Kilometern erreichen wir den Sandstrand **La Gola del Ter**. Dort mündet der Fluss ins Mittelmeer und wer mag, darf nun ein Sonnenbad am Strand einlegen. Spielt das Wetter nicht mit, laden Sitzbänke zur Rast ein.

In der Ferne können wir die scharf gezackten Felsen der Medes-Inseln erkennen. Dieses vorgelagerte Archipel mit sieben unbewohnten Inseln ist die Verlängerung des Montgrí-Massivs und ein Eldorado für Taucher. Es ist das einzige Meeresreservat Kataloniens und auf dem Meeresgrund sind Korallen, Krebse, Seesterne und zahlreiche Fischarten zu beobachten. Vom Hafen in L'Estartit starten Glasbodenschiffe und Tauchausflüge zu der Inselgruppe.

Für den Rückweg halten wir uns an der nächsten Weggabelung rechts und radeln nun parallel zur Küstenlinie in Richtung **L'Estartit** (3.230 Einwohner). Das frühere Fischerdorf ist heute das touristische Zentrum der Region mit einer entsprechenden Infrastruktur. So findet man hier einige Campingplätze und im Freizeithafen dümpeln schicke Yachten vor sich hin. Wer mag, kann bis in den Ferienort radeln. Wir halten uns allerdings auf Höhe des Campingplatzes *El Molino* nach links und fahren auf einem stillen Landsträßchen zurück in Richtung Toroella de Montgrí. Dabei durchqueren wir ausgedehnte Apfelbaum-Plantagen, die im Frühling die Region in ein weiß-rosa Blütenmeer verwandeln. Hier entsteht der ***Cidre,*** der gerne in speziellen ***Siderias*** ausgeschenkt wird. Während der Erntezeit bieten Landwirte ihre Erzeugnisse direkt ab Hof an.

Ab Toroella de Montgrí radeln wir auf bekannter Strecke wieder zurück zu unserem Ausgangspunkt in Bellcaire d'Empordà.

Die Medes-Inseln sind ein Meeresreservat und Tauchrevier

Tour 6

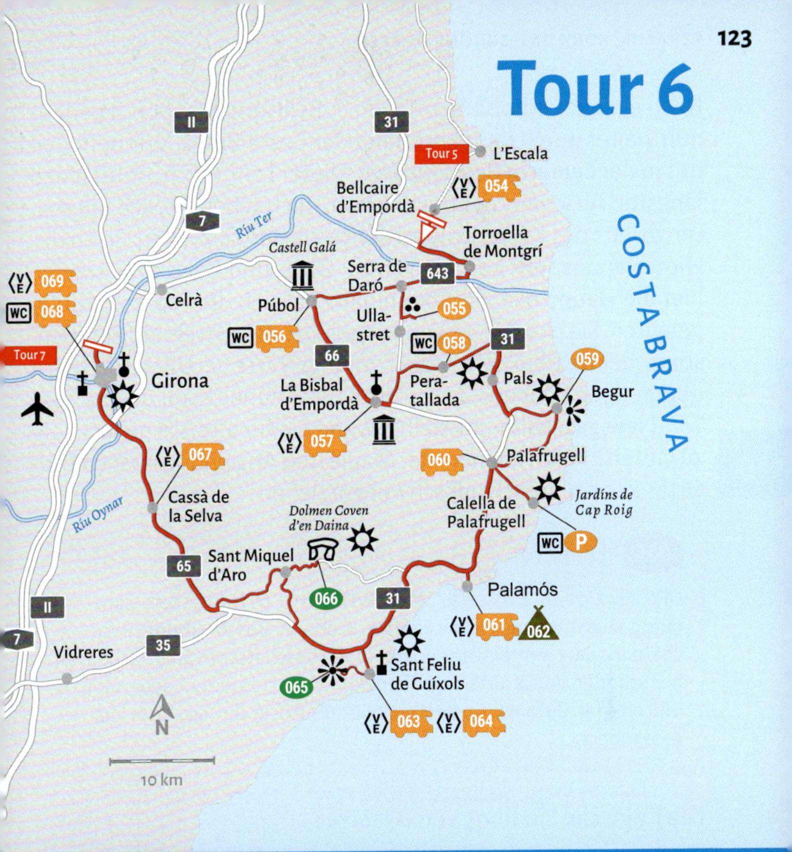

Tour 6

Keramik, Kork und schöne Dörfer
Das Hinterland der Costa Brava bis Girona

162 km

Keltiberer, Salvador Dalí, Reis und ein Botanischer Garten – dies sind die Schlagworte für unsere sechste Tour entlang der südlichen Costa Brava. Überwiegend wird sie uns durch das Hinterland führen, doch wir unternehmen nochmals einen Abstecher ans Mittelmeer. Außerdem erwarten Sie in dieser Tour:

- Ausgrabungsstätte Ullastret
- Salvador Dalí abseits der Touristenmassen
- Hauptstadt der Keramik La Bisbal d'Emporada
- Botanischer Garten Cap Roig
- Girona – Überraschende Stadt mit Flair

Nach ein paar erholsamen Tagen in Bellcaire d'Empordà geht es nun weiter durch das Hinterland der Costa Brava. Wir befinden uns in der ***Comarca Baix Empordà***. Dieser Landstrich umfasst den längsten Abschnitt der Costa Brava, doch schon wenige Kilometer abseits des Küstentrubels geht es in den reizvollen Orten des Hinterlandes sehr beschaulich zu. Obst- und Reisanbau spielen hier die Hauptrolle, darüber hinaus hat sich die Töpfertradition gehalten. Sie ist uralt, wovon wir uns an unserem ersten Etappenstopp, der Keltiberischen Ausgrabungsstätte bei **Ullastret**, selbst überzeugen können. Dieser Ort hat es mühelos auf unsere Top-Ten-Liste geschafft hat. Selbst wenn Sie für alte Steine nicht allzu viel erübrigen können, der Magie und Anziehungskraft dieses Ortes kann man sich nur schwer entziehen.

055 Ullastret

GPS: N 42°00'26" E 03°04'36". **Max. WOMOs**: 2. **Öffnungszeit**: Ganzjährig. **Ausstattung**: Picknickbänke, Brunnen. **Beschreibung**: Besucherparkplatz mit teilweise von Bäumen beschatteten Stellflächen auf Naturboden. Außerorts, tagsüber lebhaft, nachts jedoch sehr ruhig und einsam. **Zufahrt**: An der GI-644 ist die Ausgrabungsstätte ausgeschildert.

Die Iberische Siedlung von Ullastret

Der Begriff »Siedlung« trifft es nicht wirklich. Die Ruinen von Ullastret waren einst eine blühende Stadt, oder besser noch Großstadt der Iberer. Mehr als 6.000 Menschen sollen in vorantiker Zeit hier gelebt haben. Welche Dimensionen die Anlage hatte, wird bereits am Eingang deutlich. Um vom Parkplatz auf das Ausgrabungsgelände zu gelangen, gehen wir zunächst entlang einer gewaltigen Mauer. Sie besteht aus unterschiedlich behauenen Steinquadern und mehreren Rundtürmen. Einst schützte sie die Siedlung auf dem **Puig de Sant Andreu** vor feindlichen Angriffen. Gut ein Kilometer der ehemaligen Stadtbefestigung ist inzwischen freigelegt worden.

Unterirdische Silos für die Lagerung von Getreide

In der Ebene bei Ullastret gab es zur Zeit der Iberer einen See

Lange bevor die Römer auf die Iberische Halbinsel kamen, lebten an der Küste mehrere iberische Stämme. Diese unterhielten weitreichende Handelsbeziehungen mit den Griechen, Etruskern und Phöniziern. Von ihnen erlernten die Iberer ab dem 8. Jahrhundert vor unserer Zeitrechnung die Eisenverarbeitung und Keramikherstellung. Sie bauten feste Behausungen und legten steinerne Zisternen an. Auch das Straßensystem orientierte sich an griechischem Vorbild. Auf dem gesamten Hügel verteilt finden sich seltsame Löcher. Aufklärung leistet der hervorragende, deutschsprachige **Audioguide**. Im Stil eines Interviews beantwortet ein digitaler Ausgrabungsleiter Fragen einer Journalistin. Dabei erfahren wir, dass es sich bei den Löchern um Getreidesilos handelt. Über 200 unterirdische Silos wurden angelegt. Mit einem Lehmdeckel hermetisch verschlossen hielt sich das Getreide darin über mehrere Jahre. Für Kinder gibt es übrigens eine eigene Hörfassung. Es lohnt sich, auch da hineinzuhören. Mit spannenden Geschichten wird der Rundgang über das Gelände zu einem kurzweiligen Erlebnis.

Der Höhepunkt ist schließlich das zugehörige **Museum**. Darin ist eine Vielzahl von Fundstücken zu sehen. Darunter auch die eingangs erwähnten Keramiken. Für eine Gänsehaut sorgen allerdings die Totenschädel, denen ein Eisennagel durch die Stirn getrieben wurde. Ein makabrer Kult der Iberer, ihre Widersacher als Trophäen an die Eingangstür ihrer Häuser zu hängen. Ob daher wohl das geflügelte Wort »Jemanden an die Wand nageln« stammt?

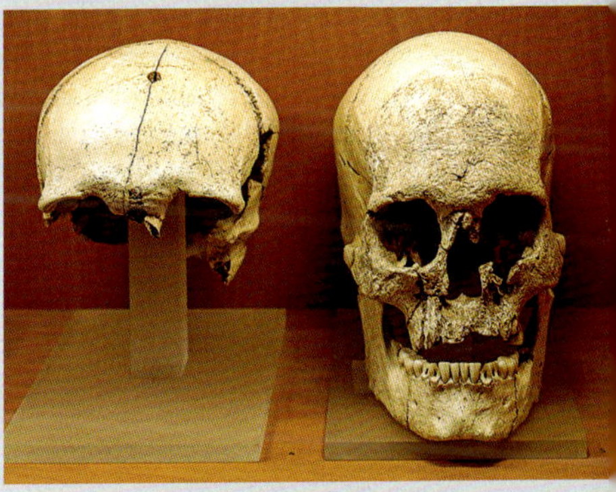

Makabrer Totenkult der Iberer

Ganz zum Schluss bittet uns eine freundliche Mitarbeiterin noch in einen kleinen Raum. Die Tür schließt sich, es wird dunkel. Dann erleben wir in einem **3D-Film** die Wiederauferstehung der Iberischen Stadt. Wir tauchen förmlich mitten hinein in das Leben der Ureinwohner. Teile der Stadt befanden sich damals auf einer Insel in einem See, von dem heute allerdings nichts mehr zu sehen ist. Er verschwand im 19. Jahrhundert, als man ihn zur Gewinnung von Ackerflächen trockenlegte. Das multimediale Erlebnis ist ein krönender Abschluss dieses eindrucksvollen Besuches in der am besten erhaltenen Ruinenstadt Kataloniens, für den Sie sich **mindestens zwei Stunden Zeit** nehmen sollten.

Von der Terrasse des Museumsgebäudes schweift unser Blick noch einmal über die gelb blühenden Rapsfelder in der Ebene mit den kleinen Dörfern und Hügeln. In der Ferne glitzert das Meer und fast meinen wir, den Geist der Iberer zu spüren, der über allem zu schweben scheint *(Oktober bis Mai täglich außer Mo. 10–18 Uhr, Juni bis September bis 20 Uhr; 7 €, frei am ersten So. im Monat; www.macullastret.cat).*

TOUR 6

Knapp 14 Kilometer sind es bis zu unserem nächsten Ziel. Das kleine Dorf **Púbol** ist nach Figueres und Portlligat die dritte Ecke des **Dalí-Dreiecks**. Der Meister hat hier ein Schlösschen für seine Ehefrau und Muse Gala erworben. Da Púbol ein wenig abseits der üblichen Touristenrouten liegt, haben Sie hier die Chance, in aller Ruhe Einblicke in das Leben des Surrealisten zu gewinnen.

Für die Anfahrt kehren wir von Ullastret zurück nach Serra de Daró und nehmen hier die GI-643 in Richtung Westen. Über Parlavà und Rupià sind Púbol und das **Castell Gala-Dalí** ausgeschildert. Das Navigationsgerät lockt gerne auf abenteuerliche Abkürzungen – folgen Sie deshalb besser der offiziellen Beschilderung.

056 Púbol

GPS: N 42°00'52" E 02°58'52", Carrer Placeta. **Max. WOMOs**: 3. **Öffnungszeit**: Ganzjährig. **Ausstattung**: Öffentliche Toiletten, Spielplatz, Brunnen, Mülleimer. **Beschreibung**: Asphaltierter Besucherparkplatz am Ortsrand von Púbol. Es sind maximal drei WOMOs für die Dauer von 24 h erlaubt. Im Ort gibt es Restaurants, die jedoch nur unregelmäßig, wahrscheinlich überwiegend am Wochenende oder während der Hochsaison geöffnet sind. Tagsüber herrscht lebhafter Besucherverkehr, danach ist es jedoch mit schönem Blick auf die Felder der Umgebung ruhig und erholsam. **Hinweis**: Sollten die Parkplätze belegt sein, hält der Nachbarort **La Pera** drei weitere Plätze für WOMOs bereit. Auch dort darf man 24 h parken; N 42°01'12" E 02°58'22". **Zufahrt**: In den Orten sind die Parkplätze ausgeschildert.

Púbol ist ein hübsches kleines Dorf mit mittelalterlichem Flair. Ein wenig scheint die Zeit stehengeblieben zu sein. Die Uhren ticken langsamer und der Ort macht selbst im Hochsommer einen etwas verschlafenen Eindruck. Normalerweise würde bestimmt niemand den Weg hierher auf sich nehmen, wäre da nicht das prominente **Dalí-Schlösschen**. Die Palastburg wurde bereits im Jahr 1017 urkundlich erwähnt. Im Laufe ihrer Geschichte erlebte sie zahlreiche Umgestaltungen mit Stilelementen von der Gotik bis zur Renaissance. Im Jahr 1968 erwarb schließlich Salvador Dalí die Burg und veränderte ihr Aussehen komplett. Als Geschenk für seine Frau Gala stattete er das Innere mit antiken Objekten und Möbeln aus, den Garten dekorierte er mit Elefanten auf spindeldürren Beinen und den Fischteich zieren Büsten von Richard Wagner.

Beim Gang durch die Räumlichkeiten erlebt man im Gegensatz zu den Publikumsmagneten in Figueres und Portlligat eine sehr viel intimere Welt des extrovertierten Künstlers. Alltagsgegenstände, Zeichnungen und in einer Schachtel aufbewahrte Briefe geben eine sehr private Seite des glamourösen Paares wieder. Púbol war der persönliche Rückzugsort von Gala. Dalí musste seine Frau schriftlich um Erlaubnis bitten, wenn er sie dort besuchen wollte. Nach ihrem Tod 1982 wurde Gala hier begraben. Dalí selbst lebte danach noch einige Jahre in Púbol, bevor er nach einem Brand schwer verletzt und bereits von seiner Parkinson-Krankheit gezeichnet zurück nach Figueres kehrte *(15. März bis Juni und 12. September bis November täglich außer Mo. 10.30–17.15 Uhr, im Dezember bis 16.15 Uhr, Juli bis 11. September täglich 10–18.15 Uhr; 10 €. Auch hier empfiehlt sich die Vorab-Buchung der Tickets unter www.salvador-dali.org).*

La Bisbal d'Empordà heißt das nächste Ziel. Zu erreichen nach 14 Kilometern, die wir rasch auf der C-66 zurücklegen. »Töpferhauptstadt Kataloniens« wird La Bisbal d'Empordà gerne genannt. Tatsächlich reihen sich bereits bei der Anfahrt die Keramikwerkstätten wie Perlen aneinander. Um diese zu erkunden, gibt es einen Stellplatz, der sich auch sehr gut für den Tagesbesuch eignet.

057 La Bisbal d'Empordà

GPS: N 41°57'49" E 03°02'15", Passeig de Marimon Asprer. **Max. WOMOs**: 4. **Öffnungszeit**: Ganzjährig. **Ausstattung**: Ver-/Entsorgungsstation, öffentliche Toiletten. Für den Bezug von Frischwasser sind im 400 Meter entfernten Tourismusbüro kostenlose Jetons erhältlich. **Beschreibung**: Großer, zentrumsnaher Asphaltparkplatz, auf dem ein Bereich für WOMOs reserviert ist. Wenig Schatten und durch die vorbeiführende Straße wahrscheinlich auch nicht ganz ruhig. Als Übernachtungsplatz aus unserer Sicht eher eine Notlösung, für den Tagesbesuch aber sehr empfehlenswert. Die Keramik-Einkaufsstraße Carrer de l'Aigueta befindet sich in 400 Metern Entfernung, die historische Altstadt erreicht man entlang dem (ausgetrockneten) Flussbett nach 700 m. Maximale Aufenthaltsdauer 48 h. **Zufahrt**: Beim Kreisverkehr am Stadteingang von der C-66 in Richtung Zentrum abbiegen. Nach 600 m links und den WOMO-Piktogrammen folgen.

Markttag in La Bisbal d'Empordá

La Bisbal d'Empordà (11.160 Einwohner) empfängt uns geschäftig. Freitags ist Markttag. In den Gassen der Altstadt werden rund um die Pfarrkirche Santa María aus dem 17. Jahrhundert und der **Plaça del Castell** sowohl frische Produkte der Region als auch Kleidung, Taschen und Krimskrams aller Art angeboten. Halten Sie Ausschau nach einem Stand mit Schinken- und Wurstspezialitäten. Der spanische Schinken wird hier noch von Hand aus der Keule geschnitten. Erstmals haben wir dies auch mit gekochtem Schinken gesehen. Unbedingt probieren – er ist äußerst aromatisch und mit dem gemeinen Hinterschinken aus der Folienverpackung nicht zu vergleichen.

So ganz nebenbei können wir auch noch den restaurierten **Bischofspalast Castell Palau** aus dem 11./12. Jahrhundert bewundern. Er wurde im Stil einer Palastburg errichtet und gilt als schönes Beispiel ziviler, romanischer Architektur. Einst waren es die Bischöfe von Girona, die in der Stadt das Sagen hatten. Heute ist eine Außenstelle des **Tourismusbüros** hier untergebracht, *www.visitbisbal.cat*.

Doch wir sind ja wegen der Keramik hier, die seit dem 18. Jahrhundert der wichtigste Wirtschaftszweig der Stadt ist. Erstmals urkundlich erwähnt wurde das Töpferhandwerk aber bereits im Jahr 1502. Neben der industriellen Produktion von Fliesen, Dachziegeln und Gebrauchskeramik haben sich viele Kunsthandwerker hier niedergelassen. In ihren Ateliers entstehen kreative Designobjekte oder dekorative Accessoires. Die Haupteinkaufsmeile ist die Carrer de l'Aigueta. Hier reihen sich die Keramikläden wie Perlen auf einer Kette aneinander. Vielen Handwerkern kann man noch bei der Arbeit über die Schulter blicken. Vorsicht ist allerdings angebracht. So manches Souvenir stammt aus Fernost. Ein prüfender Blick lohnt sich also.

Wer mehr über die Herstellung der farbenfrohen Keramiken erfahren möchte, kann einen Blick ins sehenswerte Keramikmuseum *Terracotta Museu de Ceràmica* werfen. Es befindet sich am südlichen Stadtrand an der C-66 in einer ehemaligen Keramikfabrik *(September bis Juni Di.–Fr. 10–13 Uhr und 16–19 Uhr, Sa. 10–14 Uhr und 16.30–19.30 Uhr, So. und feiertags nur vormittags. Im Juli und August täglich 10–14 Uhr und 16.30–20 Uhr, So. und feiertags nur vormittags; 5 €, www.terracottamuseu.cat).*

Kennen Sie schon die schönsten Dörfer Kataloniens? Nein? Dann wird es höchste Zeit, dass wir Ihnen einige davon vorstellen. Sie liegen nah beieinander und lassen sich gut an einem Tag erkunden. Den Auftakt zu unserem kleinen »Dörfer-Hopping« macht **Peratallada**, welches wir auf der GI-644 nach nur sechs Kilometern erreichen. Uns erwartet ein überaus pittoreskes Dörfchen mit gepflasterten Gassen, mittelalterlichen Wehrtürmen und Steinhäusern. Die Anzahl und Größe der Parkplätze lässt auf ein reges Besucheraufkommen schließen. In der Nebensaison ist jedoch ein entspannter Bummel möglich. Dass wir hier auch einen Übernachtungsplatz finden, erfreut uns umso mehr.

058 Peratallada

GPS: N 41°58'38" E 03°05'33", Carrer de la Riera. **Max. WOMOs**: 20. **Öffnungszeit**: Ganzjährig. **Ausstattung**: Öffentliche Toiletten, Mülleimer, Brunnen, Spielplatz. **Beschreibung**: Besucherparkplatz im Ort mit Stellflächen auf Naturboden und mit schattenspendenden Bäumen. Während der Nebensaison ist das Parken kostenlos. Es war zum Recherche-Zeitpunkt nicht ersichtlich, in welcher Höhe Gebühren erhoben werden. Die Übernachtung wird geduldet. Die historische Altstadt mit Restaurants und Bars ist 300 m entfernt. **Preise**: In der Hochsaison tagsüber gebührenpflichtig. **Zufahrt**: Dem Parkleitsystem im Ort folgen.

Peratallada – Der Name des Ortes ist Programm. Er leitet sich vom katalanischen Wort *pedra tallada* ab, was übersetzt bedeutet *geschnittener Stein*. Tatsächlich ist hier alles aus Stein. Die gepflasterten Gassen, die mit Efeu bewachsenen Häuser, die Bogengänge und Stadttore. Beim Bummel durch das Vorzeigedorf sollte man sich den Aufstieg auf einen der Wehrtürme nicht entgehen lassen. Von oben betrachtet bietet sich ein schöner Ausblick auf das verwinkelte Dörfchen und die Umgebung der *Empordà*. Bei unserem Besuch an einem Wochentag in der Nebensaison wirkte das Ganze trotz der Idylle etwas steril. Die meisten Restaurants und Bars sowie die Läden der Kunsthandwerker waren geschlossen und wir hatten den Eindruck eines Freilichtmuseums, das nicht mehr bewohnt wird.

Das Dorf aus Stein – Peratallada

Pals – Eines der schönsten Dörfer Kataloniens

Es geht gleich weiter mit den pittoresken Museumsdörfern. **Pals** (2.550 Einwohner), *www.visitpals.com*, ist nur acht Kilometer entfernt. Leider meint man es nicht allzu gut mit Wohnmobilisten. Im gesamten Ort ist das Parken und natürlich auch Übernachten mit Wohnmobil verboten. Insofern können wir Ihnen nur folgende Tagesparkplätze für die Ortserkundung anbieten:

P N 41°58'23" E 03°09'03" oder N 41°58'03" E 03°08'54"

Auch Pals gleicht einem mittelalterlichen Freilichtmuseum und alles wirkt ein wenig überrestauriert. Das soll Sie jedoch nicht von einem Besuch abhalten. Insbesondere in der Nebensaison zeigt sich das Bilderbuchdorf mit Postkartenidylle noch sehr entspannt. Malerisch erhebt sich der Ort bereits weithin sichtbar auf einem Hügel. Umgeben von dicken Stadtmauern wird er überragt von der Kirche **Església Sant Pere** sowie dem **Uhrenturm *Torre de les Hores***. Die engen Gassen durch das historische Viertel *Barri Vell* sind gesäumt von blumengeschmückten Häusern aus gelbem Sandstein.

Die fruchtbare Ebene bei Pals ist ein Zentrum des Reisanbaus geworden. Das regionale Produkt ist Zutat für den *Palser Reistopf*.

Der Aufstieg in den Ort endet an der kleinen Plaça Major. Dort ist der Weg zum **Mirador d'en Josep Pla** ausgeschildert. Der Blick vom Aussichtspunkt reicht weit bis an die Küste, am Horizont sind sogar die Medes-Inseln zu entdecken. Die Strand-Dependance **Platja de Pals** ist gerade einmal fünf Kilometer entfernt und Pals besaß im Mittelalter sogar einen eigenen Hafen. Dieser ist inzwischen längst verlandet, die fruchtbare Ebene zu einem Zentrum des **Reisanbaus** geworden. Das regionale Produkt ist die ideale Zutat für die Slow-Food-Bewegung, der man sich in Pals verpflichtet fühlt. In den Restaurants finden Sie den typischen *Palser Reistopf*, ein Gericht aus Meeresfrüchten, Bratwürsten,

Hühnchen- und Kaninchenfleisch sowie viel Gemüse. Dienstags können Sie den Palser *Arros* auch auf dem Wochenmarkt kaufen.

Das dritte charmante Örtchen im Bunde ist schließlich **Begur** (4.200 Einwohner), *www.visitbegur.cat*. Auch dieses Städtchen erreichen wir nach nur sieben Kilometern. Dort konnten wir einen ruhigen Parkplatz ausfindig machen, der sogar übernachtungstauglich wäre.

059 Begur – *Parkplatz P2*

GPS: N 41°57'18" E 03°12'13", Carrer de Carles de Vilademany. **Max. WOMOs**: 2. **Öffnungszeit**: Ganzjährig. **Ausstattung**: Keine. **Beschreibung**: Asphaltierte, zum Teil etwas schräge Parkplätze am Rand von Wohnhäusern und am Fußweg in die Altstadt. Es gibt zahlreiche, schattenspendende Bäume und wenig Verkehr. Der Weg hinauf in die Altstadt ist steil, aber nur rund 500 Meter entfernt. **Zufahrt**: Am Ortseingang den Kreisverkehr bei einer Grünanlage verlassen und steil bergab der Parkplatzbeschilderung zum P2 folgen.

Begur liegt etwas abseits der Küste auf einem Hügel. Hoch über der Mittelmeerküste konnten sich die früheren Bewohner sicher fühlen. Ein mächtiges **Castillo** aus dem 11. Jahrhundert sowie bis zu zwölf Meter hohe **Wehrtürme** boten ausreichenden Schutz vor den gefürchteten Piratenangriffen. Napoleons Truppen bereiteten der Burg im Jahr 1801 den Garaus und heute sind nur noch Ruinen von der einstigen Befestigungsanlage übrig. Dennoch lohnt sich der, zugegeben schweißtreibende, Anstieg von unserem Parkplatz hinauf auf den Burgberg. Der Blick über die Mittelmeerküste und die vorgelagerten Medes-Inseln ist einfach atemberaubend. An klaren Tagen soll man sogar bis zu den Balearen sehen können.

Begur ist zudem ein Ort mit einer besonderen Geschichte: Im 19. Jahrhundert wanderten viele der Einwohner nach Kuba aus, um dort ihr Glück zu suchen. Reich geworden, kehrten sie von der Karibikinsel zurück in die Heimat und ließen sich hier prunkvolle Herrenhäuser errichten. Die sogenannten ***Casas Indianos*** im karibischen Kolonialstil sind noch gut erhalten und prägen neben

Ausblick vom Castillo in Begur auf die Medes-Inseln

den Dorfhäusern bis heute das Ortsbild. In einigen von ihnen befinden sich schicke Boutique-Hotels oder Restaurants. Die **Plaça de la Vila** bildet das historische und lebendige Zentrum mit zahlreichen Tapas-Bars und Cafés. »Sehen-und-gesehen-werden« lautet hier das Motto und auch wir lassen uns dort gerne zu einer verdienten Pause nieder.

Karibisches Kuba-Feeling in Begur

Besitzer kleinerer WOMOs können von Begur aus zu den kleinen, vorgelagerten Stränden und Buchten in den *Urbanisaziónes* fahren. Für unser Dickschiff wird es schwierig, und da eine Übernachtung ohnehin kaum möglich ist, überlassen wir dies Ihrem eigenen Entdeckergeist.

Wir steuern stattdessen **Palafrugell** an. Dafür folgen wir am Kreisverkehr in Begur nicht der offiziellen Beschilderung, sondern halten uns steil bergauf in Richtung **Aiguablava/Fornells**. Über die **Muntanyes de Begur** und durch einen duftenden Pinienwald erreichen wir auf der GIP-6531 nach acht Kilometern Palafrugell. Die Stadt und das dortige Korkmuseum müssen allerdings noch warten, denn wir fahren zunächst noch sechs Kilometer weiter zu einem weiteren Highlight an der Costa Brava bei **Calella de Palafrugell**. Einen Besuch im dortigen Botanischen Garten am **Cap Roig** dürfen Sie auf keinen Fall versäumen.

P Jardíns de Cap Roig – N 41°52'36" E 03°10'30".

TOUR 6

Eine große Liebe, ein Schloss und ein Botanischer Garten

Man schreibt das Jahr 1917, als in Russland die Oktoberrevolution ausbricht. Der schöne Oberst Nikolai Wojewodski ist ein Verwandter der Zarenfamilie und muss fliehen. Mit seiner Frau und den beiden Kindern landet er in London. Während sich seine Frau gleich auf die Weiterreise nach Amerika macht, bleibt er in England zurück. Dort verliebt er sich in die für damalige Verhältnisse moderne und unabhängige Dorothy Webster. Die Dame aus der Londoner Gesellschaft ist ebenfalls verheiratet, doch sowohl ihr Mann als auch sie sind außerehelichen Affären gegenüber nicht abgeneigt.

Dorothy und Nikolai trennen sich von ihren Partnern und reisen 1927 zum ersten Mal an die Costa Brava. Dort verlieben sich die beiden sofort in dieses wilde, ursprüngliche Fleckchen Natur an der Küste. Am Cap Roig kaufen sie Grundstücke, Nikolai kümmert sich um die Planungen und den Bau eines Schlösschens, Dorothy um das Anlegen eines botanischen Gartens. Die weltgewandte Dame brachte von ihren Reisen zahlreiche Pflanzen mit, die sie hier hegt und pflegt.

Die Bauarbeiten ziehen sich hin. Kurz nachdem das Traumschloss fertiggestellt ist, stirbt Nikolai im Jahr 1979. Die beiden haben das Gebäude nie bewohnt. Stattdessen zieht Dorothy in eine kleine *Hacienda* im andalusischen Stil, die eigentlich für die Gärtner des Anwesens gedacht war. Dort verbringt sie die letzten Jahre ihres Lebens, bevor sie 1984 ebenfalls stirbt. Das Paar ist auf einer Spitze des Cap Roig begraben, der Weg dorthin ist für Besucher gesperrt.

Es gibt aber noch genügend andere Wege, um diese wunderbar gepflegte Anlage zu besichtigen. Rund **zwei Stunden** sollten Sie sich Zeit dafür nehmen, denn es gibt viel zu entdecken. Mehr als 1.000 Pflanzenarten aus aller Welt, mediterrane Kakteen, ein Skulpturenpark, Palmenoasen und einen gemütlichen Lesegarten, in dem es sogar einen Bücherschrank gibt. Die bequemen Sessel laden beim Plätschern von Brunnen zum Schmökern ein. Immer wieder eröffnet sich der Blick auf die verschwiegenen Buchten, in denen sich tief unten die Wellen des Mittelmeeres brechen. Eine davon wird von den Einheimischen *La banyera de la russa* genannt, die *Badewanne* *der Russin.* Dorothy pflegte hier frühmorgens eine Runde zu schwimmen. Eines der Aushängeschilder ist die Burg aus dem eisenhaltigen Gestein der Region. Der Vorplatz sowie der Garten sind auch Schauplatz eines jährlichen **Cap Roig Festivals**, das viele international bekannte Musiker anzieht. Dann kann es zu Einschränkungen beim Besuch des Gartens kommen. Das Programm finden Sie unter *www.caproigfestival.com (April bis September täglich 10–20 Uhr, Oktober bis März bis 18 Uhr, im Januar und Februar Sa., So. und feiertags 10–18 Uhr. Letzter Einlass eine Stunde früher; 10 €, www.fundacionlacaixa.org).*

Der Botanische Garten am Cap Roig lädt zum Genießen und Flanieren ein

Da wir in dieser wunderbaren Landschaft leider nicht übernachten dürfen, geht es zurück nach **Palafrugell** (23.400 Einwohner), wo wir Quartier an einem zweckmäßigen, aber nur wenig charmanten Parkplatz beziehen.

060 Palafrugell

GPS: N 41°54'42" E 03°10'13", Av. de Josep Vergés i Mata, **Max. WOMOs**: 30. **Öffnungszeit**: Ganzjährig. **Ausstattung**: Keine. **Beschreibung**: Große Parkfläche am Stadtrand in der Nähe von Supermärkten und rund 900 m vom Zentrum entfernt. Die Stellflächen sind für WOMOs ausgewiesen, man steht auf einem Naturboden/Wiese ohne Schatten und trotz der Lage an Hauptverkehrsstraßen ist es nachts überraschend ruhig. Die benachbarte Diskothek ist vermutlich nur am Wochenende und/oder im Sommer eine gewisse Geräuschkulisse. **Zufahrt**: Der Parkplatz befindet sich am südlichen Stadtrand von Palafrugell an der Umgehungsstraße.

Palafrugell liegt etwas abseits der Küste und ist in erster Linie das Versorgungszentrum der nahen Badeorte. Auch wir versorgen uns hier mit frischen Lebensmitteln, der oben genannte Stellplatz liegt dafür sehr günstig. Doch Palafrugell hat noch mehr zu bieten als die gängigen Supermarktketten.

Da wäre zunächst – um beim Thema Versorgung zu bleiben – der riesige Sonntagsmarkt, der uns von der Dame im **Tourismusbüro**, *www.visitpalafrugell.cat* so eindringlich ans Herz gelegt wurde. Der Markt erstreckt sich über die gesamte **Plaça Nova** sowie einige Seitenstraßen. Neben Obst und Gemüse – Mitte April ist Erdbeer- und Artischocken-Zeit – werden auch Kleidung und anderer Krimskrams angeboten. In der kleinen **Markthalle** finden wir frischen Fisch und rote Garnelen aus Palamós. In einem separaten Bereich sind Molkereiprodukte und Fleisch erhältlich. Auch die meisten Geschäfte in der Stadt sind sonntags geöffnet. Im Gegenzug herrscht montags fast überall Ruhetag.

Frische-Einkauf in der Markthalle von Palafrugell

Ein weiterer Grund für unseren Besuch in Palafrugell ist das Korkmuseum *Museu del Suro de Catalunya*. Es ist in einer ehemaligen Korkfabrik untergebracht, die im Stil des *Modernisme* erbaut wurde. Jahrzehntelang spielte die Korkindustrie eine wichtige Rolle im Wirtschaftsleben der Stadt. Der Rohstoff wurde aus den Korkeichenwäldern der Umgebung gewonnen. Korken für Wein- und Cavaflaschen werden bis heute in alle Welt geliefert. Das Museum zeigt zudem anschaulich weitere Verwendungszwecke des nachwachsenden Naturmaterials, wie beispielsweise als Bau- und Dämmstoff oder im Modedesign *(September bis Juni Di.–Fr. 10–13 Uhr und 16–19 Uhr, Sa. 10–14 Uhr und 17–20 Uhr, So. und feiertags 10–14 Uhr. Im Juli und August täglich 10–14 Uhr und 17–20.30 Uhr; freier Eintritt am letzten Samstag im Monat, www.museudelsuro.cat).*

Im Außenbereich ist der ehemalige **Wasserturm *Can Mario*** das heutige Wahrzeichen der Stadt. Mit etwas Glück ist er geöffnet und sie können einen Blick von oben genießen.

Wir wenden uns nun wieder der Küste zu und steuern über einen Höhenzug des **Massís de les Gavarres** auf der C-31 das Fischerstädtchen **Palamós** an. Auch dieser Ort hat sich wegen seiner Strände zu einem beliebten Ferien- und Badeort an der Costa

Brava entwickelt. Die Einwohnerzahl schwankt je nach Saison zwischen 14.000 und 90.000, die touristische Infrastruktur ist dementsprechend sehr gut. Es gibt mehrere Campingplätze und Vergnügungen aller Art. Wenn Sie hier verweilen möchten, bietet sich ein angenehmer, aber meist voller Terrassen-Stellplatz an. Von den oberen Stellplätzen können Sie sogar das Meer sehen.

061 Palamós – *Área autocaravaning Palamós*

GPS/Kontakt: N 41°51'22" E 03°08'09", Ronda de l'Estrata, Tel. +34 669 482 073 oder +34 972 312 614, *www.autocaravaningpalamos.com*, *info@autocaravaningpalamos.com*. **Max. WOMOs**: 65. **Öffnungszeit**: Ganzjährig. **Ausstattung**: Ver-/Entsorgungsstation, nur Ausguss von Chemietoiletten möglich, Mülleimer, Duschen, Toiletten, Waschsalon, WLAN, gebührenpflichtiger Quickstopp zur V/E. **Beschreibung**: Professionell geführter, moderner Platz mit terrassierten Stellflächen auf Kies, wenig bis kein Schatten, videoüberwacht und mit einer Schrankenzufahrt versehen. Auch für große und schwere WOMOs geeignet. Die Rezeption ist von 9–12 und 17–19 Uhr besetzt. Der nächstgelegene Strand *La Fosca* ist 750 m entfernt, in der näheren Umgebung gibt es Restaurants und Einkaufsmöglichkeiten. Am Eingang hält der Touristenzug *Petit Tren* und es gibt eine Bushaltestelle. **Preise**: 15–22 €. **Zufahrt**: Von der C-31 die Ausfahrt Palamós-La Fosca nehmen und der Umfahrung Ronda de l'Est folgen. Hier sind der Stellplatz und weitere Campingplätze mit Piktogrammen ausgeschildert.

Wenn Sie lieber auf einem Campingplatz stehen möchten, befindet sich gleich in Sichtweite auf der anderen Seite des Kreisverkehrs dieser Platz:

062 Palamós – *Camping Internacional Palamós*

GPS/Kontakt: N 41°51'26" E 03°08'17", Camí Cap de Planes, Tel. +34 972 314 736, *www.internacionalpalamos.com*, *info@internacionalpalamos.com*. **Öffnungszeit**: April bis Mitte November. **Ausstattung**: Campingplatzüblich mit Pools, Restaurant, Bar, Minimarkt, Spielplatz, Animationsprogramm im Sommer. **Beschreibung**: Familienfreundlicher, großer Campingplatz mit parzellierten Stellflächen und viel Grün durch schattenspendende Bäume. Die Stellplätze sind unterschiedlich groß und für größere WOMOs geeignet. Der nächstgelegene Strand *La Fosca* ist 750 m entfernt, in der Umgebung sind Restaurants und Einkaufsmöglichkeiten fußläufig entfernt. Am Eingang hält der Touristenzug *Petit Tren* und es gibt eine Bushaltestelle. **Preise**: 23–45 €. **Zufahrt**: Von der C-31 die Ausfahrt Palamós-La Fosca nehmen und der Umfahrung Ronda de l'Est folgen. Die Campingplätze sind ausgeschildert.

Rund um Palamós finden Sie zahlreiche weitere Campingplätze, unter denen Sie – je nach persönlichem Gusto – die Qual der Wahl haben.

Nach dem Tourismus spielt die Fischerei in Palamós nach wie vor eine prägende Rolle. Nach Roses befindet sich hier der zweitgrößte Fischereihafen Kataloniens. Mehr als 3.000 Menschen leben direkt oder indirekt vom Fischfang. Den Hafen ließ bereits König Peter III., genannt *Pere el Grande*, im Jahr 1279 errichten. Unter dem Namen ***Port Reial de Palamós*** – Königlicher Hafen von Palamós – gewann die Stadt als befestigter Ankerplatz rasch an Bedeutung.

Von den historischen Bauwerken – Palamós besaß einmal die bedeutendste Festung an der katalanischen Küste – ist außer ein paar Ruinen nicht mehr viel übrig. Erst waren es die Mauren, später die Franzosen und zuletzt der Spanische Bürgerkrieg, der für große Zerstörungen sorgte. In der zweiten Hälfte des 18. Jahrhunderts begann ein wirtschaftlicher Aufstieg, als Palamós zu einem Zentrum der Korkindustrie wurde.

Rote Garnelen aus Palamós

Die südlich gelegenen Nachbarorte **Sant Antoni de Calonge** und **Platja d'Aro** sind die touristischen Zentren der Region und längst durch Appartementsiedlungen und Hochhäuser mit Palamós zusammengewachsen. Hier reihen sich Vergnügungsparks mit Riesen-Wasserrutschen aneinander, hier steppt der sprichwörtliche touristische Bär. Nehmen Sie es uns bitte nicht übel – aber solche verbauten Destinationen mit Retorten-Feriensiedlungen umfahren wir gerne weiträumig auf der Schnellstraße. In diesem Fall ist es die C-31, die wir erst wieder beim Ort **Sant Feliu de Guíxols** (22.150 Einwohner) verlassen. Hier finden wir ein Städtchen nach unserem Geschmack. Es ist ein alter, gewachsener Ort, der durch die Korkindustrie und Fischerei zu Wohlstand gekommen ist. Und wir haben gleich zwei Stellplätze zur Auswahl.

063 Sant Feliu de Guíxols – Korkfabrik

GPS: N 41°46'55" E 03°01'13", Ronda de Ponent. **Max. WOMOs**: 10. **Öffnungszeit**: Ganzjährig. **Ausstattung**: Ver-/Entsorgungsstation, Mülleimer. **Beschreibung**: Großer öffentlicher Parkplatz mit einem abgetrennten Bereich für WOMOs. Der Stellplatz befindet sich hinter einer ehemaligen Korkfabrik mit »Lost-Place-Ambiente«. Die leicht unebene Stellflächen auf Naturboden sind teilweise schattig und auch mit größeren WOMOs anzufahren. Der Weg ins rund einen Kilometer entfernte Zentrum und zum Strand ist ausgeschildert. Maximale Aufenthaltsdauer 48 h. **Hinweis**: Bei unserem Besuch war die V/E-Station außer Betrieb und die Übernachtung kostenlos. Normalerweise muss im Tourismusbüro an der Rambla ein Parkticket gelöst werden. **Preise**: 5–12 €. **Zufahrt**: Auf der C-65/Ronda de Ponent den Ort westlich umfahren. Den letzten Kreisverkehr auf Höhe des Friedhofs *Cementiri* umrunden, wenige Meter zurückfahren und der Parkplatzbeschilderung folgen.

TOUR 6

064 Sant Feliu de Guíxols – *Área de autocaravanas*

GPS: N 41°46'48" E 03°01'22", Ronda Narcís Massanas. **Max. WOMOs**: 18. **Öffnungszeit**: Ganzjährig. **Ausstattung**: Ver-/Entsorgungsstation, Mülleimer. **Beschreibung**: Für WOMOs reservierter Bereich in der Nähe des Busbahnhofes. Die Stellflächen befinden sich auf zwei Terrassen mit Naturboden/Kies und teilweise schattig. Auch dieser Platz ist gut mit größeren WOMOs erreichbar, der Weg ins Zentrum und zum Strand rund 800 m. Maximale Aufenthaltsdauer 48 h. **Preise**: 5–12 €, zahlbar im Tourismusbüro im Zentrum an der Rambla. **Zufahrt**: Wie oben, dann am letzten Kreisverkehr in Richtung Zentrum/Strand abbiegen. Dort dem Parkleitsystem mit den WOMO-Piktogrammen folgen.

Sant Feliu de Guíxols befand sich bei unserem Besuch im Bau- und Renovierungsfieber. Mehrere Straßen im Zentrum sowie das ehemalige **Benediktinerkloster** waren im Umbau begriffen. Somit können wir Ihnen den ganzen Stolz der Stadt nicht en Detail vorstellen. Nur so viel: Das Kloster wurde im 10. Jahrhundert gegründet und übte bis zur Auflösung der Klöster in Spanien im Jahr 1835 die Feudalherrschaft über die Region aus. Heute noch sichtbare Zeugnisse an der **Plaça del Monestir** sind die Reste der Kirche, die barocke ***Porta Ferrada*** sowie die beiden zur Stadtbefestigung gehörenden, mittelalterlichen Türme ***Torre del Fum*** und ***Torre del Corn***.

Das Kloster beherbergt neben einem **Tourismusbüro** auch die Kunstausstellung Carmen Thyssen. Dort werden hochkarätige Wechselausstellungen der schwerreichen Kunstsammlerin gezeigt. Die ehemalige »Miss Spanien« betreibt weitere berühmte Museen in Madrid und Málaga und lebt nur wenige Kilometer entfernt auf einem Villenanwesen bei Tossa de Mar *(Informationen zu Öffnungszeiten und dem aktuellen Stand der Bauarbeiten* *entnehmen Sie bitte dem Internet unter www.museu.guixols.cat und www.espaicarmenthyssen.com).*

Im Mittelalter entwickelte sich um das Kloster herum eine immer stärker wachsende Stadt, der Hafen mit Werften wurde gebaut und die Bevölkerung lebte von der Fischerei. Im 14. Jahrhundert bekam Sant Feliu de Guíxols die Privilegien einer Stadt. Die Fischereitradition wurde im 18./19. Jahrhundert von der Korkindustrie abgelöst. Sant Feliu de Guíxols wuchs zu einem internationalen Ausfuhrhafen für das Rohmaterial, das in den nahen Korkeichen-Wäldern gewonnen wurde. Aus dieser Zeit stammen einige der **Fabrikanten-Villen**, die sich entlang der Strandpromenade ziehen. Darunter sticht besonders das 1889 erbaute **Casino** hervor, in dem man noch heute in herrlich nostalgischem Ambiente einen Kaffee genießen kann.

Kaffeehaus mit Flair im alten Casino

TOUR 6

Hier am südlichen Punkt der ***Baix Empordà*** möchten wir Ihnen eine weitere Etappe des ***Camí de Ronda*** vorstellen. Begleiten Sie uns zu einer Küstenwanderung, die auch eine Portion Adrenalin beinhaltet.

Der *Camí de Ronda* bei Sant Feliu de Guíxols

Für diese etwa **zehn Kilometer** lange Wanderung mit einer Gehzeit von etwa **3,5 Stunden** (Hin- und Rückweg) empfehlen wir Ihnen festes Schuhwerk und gegebenenfalls die Mitnahme von Wanderstöcken. Da es auch zu Stränden und Buchten geht, dürfen die Badesachen mit ins Gepäck. Außerdem erfordern die zahlreichen Treppenstufen eine gewisse Grundkondition. Sind Sie bereit?

Der **Einstieg auf den Camí de Ronda** befindet sich am Parkplatz des Hafens von Sant Feliu de Guíxols. Dort weist uns die Markierung auf den Weg hinter dem *Club Nautic*, wo wir bereits die ersten Treppenstufen erklimmen. Oben angekommen halten wir uns nach rechts und wandern zwischen Privatanwesen und den Steilklippen zu einem ersten Aussichtspunkt – dem **Mirador de Peixaderes**. Hier genießen wir den Ausblick über die Stadt und den Hafen. Den nächsten Aussichtspunkt

Aussichtsreich wandern auf dem Küstenweg Camí de Ronda

erreichen wir an der Carrer de Sicilia. Am dortigen Pavillon **Mirador de les Triadores** führen uns Treppenstufen hinab zum Eingang des **Klettersteigs *Vía ferrada Cala del Molí***. Über dünne, schwankende Seilbrücken hoch über den Meereswellen und nur mit dünnen Drahtseilen gesichert überwindet der Klettersteig die Steilklippen. Adrenalin pur! Uns wird schon vom Zuschauen schwindelig und wir überlassen den Klettersteig lieber den Profis. Wer es ihnen nachtun möchte, kann sich unter *www.parcaventurasantfeliu.com* einer geführten Tour anschließen und bekommt auch die passende Ausrüstung.

Treppauf – Treppab am Camí de Ronda

Auch unser weiterer Weg wird jetzt ein wenig abenteuerlich. Er ist nicht mehr ganz so gut ausgebaut, teilweise sehr ausgewaschen und mit Wurzeln durchsetzt. Es geht treppauf und treppab, aber die Route ist traumhaft schön. Unter uns schimmert das kristallklare Wasser türkisfarben, die Ausblicke auf die felsigen Kiesbuchten sind atemberaubend.

Nach rund zwei Kilometern ist die ausgedehnte Bucht **Platja de Sant Pol** erreicht. Dort locken mehrere Strandlokale zu einer ersten Pause. Wer mag, kann sich hier auch in die Fluten stürzen. Entlang der Bucht finden sich einige der hübschen Villen in palmenbestandenen Gärten, deren Erbauer durch das Korkgeschäft zu Reichtum kamen. Am Ende der Bucht führt uns der ausgeschilderte Weg rund um die **Punta d'en Pau**. Wir befinden uns nun auch auf einem geologischen Lehrpfad, der über die Besonderheiten dieses Küstenabschnitts informiert. Dann geht es um die **Punta de Cala Pedrosa**. Mehrere zerklüftete Felsplateaus erstrecken sich in Richtung Meer und wir lassen uns dort gerne zu einem Sonnenbad nieder. Noch ein kurzes Stück weiter, dann ist die hübsche kleine Bucht **Platja sa Conca** erreicht. Spätestens jetzt ist ein erfrischendes Bad im Meer fällig. Zurück geht es auf gleicher Strecke und wir genießen das Panorama nun aus einer anderen Perspektive.

Von Sant Feliu de Guíxols haben Sie für die Weiterfahrt zwei Optionen. Sie können der Küstenstraße GI-682 kurven- und panoramareich weiter in Richtung Süden folgen. Bis nach **Tossa de Mar** sind 23 Kilometer zu bewältigen, danach folgt die Partystadt **Lloret de Mar**. Der Streckenabschnitt gilt gemeinhin als einer der schönsten entlang der Costa Brava. Immer wieder gibt es Aussichtspunkte mit Haltebuchten. An schönen Wochenenden müssen Sie allerdings mit einem regen Verkehrsaufkommen durch Motorräder, Fahrräder und langsame Ausflügler rechnen. Leider kommt es auch immer wieder zu schweren Unfällen, denn die Landschaft hat zu viel Ablenkungspotenzial. Wir sehen uns dann hoffentlich unbeschadet in Girona wieder.

Für uns ist an dieser Stelle der südlichste Punkt der Costa Brava erreicht und wir wenden uns dem Landesinneren zu. Der Hinweis auf einen »Wackelfelsen« nordwestlich von **Sant Feliu de Guíxols** hat uns neugierig gemacht. Wir verlassen die Stadt auf der C-65 und folgen am Stadtrand links der Beschilderung nach **Pedralta**. Zunächst noch gut ausgebaut und vorbei an einigen Industriegebieten wird die Straße rasch steiler. Sie windet sich kurvenreich hinein in die Korkeichen-Wälder der Berge, wird eng und enger, und ist zum Schluss nur noch einspurig.

Wer sich das nicht zumuten möchte, stellt sein Fahrzeug etwas unterhalb auf Höhe des Privatanwesens *Mas Santa Escolastica* bei N 41°47'29" E 02°59'28" ab. Dort gibt es auch noch eine Möglichkeit zum Wenden und wir gehen die restlichen 900 Meter zu Fuß. Oben steht zwar ein kleiner Parkplatz zur Verfügung. Der ist jedoch wegen engstehender Bäume nur für Vans, allenfalls Kastenwagen geeignet.

065 Ermita de Pedralta

GPS: N 41°47'29" E 02°58'57", 283 m. **Max. WOMOs**: 2. **Öffnungszeit**: Ganzjährig. **Ausstattung**: Keine. **Beschreibung**: Unebene, schattige

und durch engstehende Bäume nur für kleine WOMOs geeignete Parkfläche auf Naturboden bei einer Ermita und dem Wackelfelsen Pedralta. Außerorts und einsam gelegen. Tagsüber ist mit Besucheraufkommen zu rechnen, nachts sehr ruhig. **Zufahrt**: Am Ortsausgang von Sant Feliu de Guíxols den Hinweisen zum Naturpark und der *Ermita de Pedralta* folgen.

Unser Wackelstein ist schon von weitem zu sehen. Scheinbar schwerelos balanciert der Granitbrocken auf einem Sockel. Doch der Schein trügt. Bis 1996 war das Monstrum tatsächlich beweglich und galt als zweitgrößter Wackelstein Europas. Dann passierte das Unfassbare – der Koloss stürzte in die Tiefe. Ob ein Gewitter, Vandalismus oder schlichtweg die fortgeschrittenen Erosionskräfte die Ursache waren, ist ungeklärt.

Klar war aber schnell, dass der Stein nicht in der Tiefe liegen bleiben sollte. Man verfrachtete ihn mit einem Kran wieder zurück an seinen Ursprungsort und half mit einer ordentlichen Portion Zement nach. Jetzt sitzt der einstige Wackelfels unverrückbar an seiner Position. Eindrucksvoll ist das Monument aus Stein neben einer kleinen Ermita allemal.

Ein Stein, der nicht mehr wackelt

Hier ist auch ein kurzer Spaziergang zum **Mirador de Pedralta** ausgeschildert. In fast 300 Metern Höhe bietet sich dort ein fantastischer Ausblick. Die Sicht reicht von der nahen Küste bis zu den Pyrenäen, die sich noch in morgendlichen Dunst hüllen. Um uns herum ein Wald aus Korkeichen, am Wegesrand stehen Zistrosen und Schopflavendel in voller Blüte, Insekten summen und wir genießen diesen wunderbaren Ort.

Unser nächster Stopp ist nicht minder in Stein gemeißelt. Das »Stonehenge Kataloniens« ist unser Ziel. Genauer gesagt die Dolmen und Menhire bei **Romanyà de la Selva**. Dafür kehren wir zurück zur C-65 und folgen der Schnellstraße bis zur Ausfahrt 5. Dort geht es weiter auf der GIV-6613 in Richtung **Sant Miquel d'Aro**. Als Ausgangspunkt zu einer Rundwanderung durch die Landschaft der Dolmen können Sie das WOMO hier parken:

066 Dolmen Cova d'en Daina

GPS: N 41°51'24" E 02°59'28", GIV-6612, 318 m. **Max. WOMOs**: 2. **Öffnungszeit**: Ganzjährig. **Ausstattung**: Keine. **Beschreibung**: Parkplatz am Rand der Straße, abgetrennt durch Hecken und Bäume auf einem Naturboden. Außerorts und teilweise schattig. Die Straße ist nachts nur wenig befahren, daher durchaus ruhig. **Zufahrt**: An der GIV-6612 ausgeschildert.

Die prähistorischen Monumente von Romanyà de la Selva

TOUR 6

Dels Gegants del Bosc nennt sich eine rund **3,5 Kilometer** lange Rundwanderung zu den »Giganten des Waldes«. Damit gemeint sind die Dolmen und Menhire, die sich im Korkeichenwald rund um Romanyà de la Selva verstecken. Doch sie sind nicht die einzigen Sehenswürdigkeiten am Wegesrand. Vom Wanderparkplatz ist die **Cova d'en Daina** schnell erreicht. Bereits vor 4.000 Jahren wurde diese enorme Grabstätte errichtet. In einem Kreis aus aufrechtstehenden Steinplatten von zehn Metern Durchmesser führt ein Gang zur eigentlichen Grabkammer. Sie wird von drei mächtigen Monolithen abgedeckt. Ursprünglich sollen es sogar vier gewesen sein.

Giganten aus prähistorischer Zeit

Der Rundweg führt uns weiter zum **Friedhof von Romanyà de la Selva**. Dort begraben liegt die Schriftstellerin **Mercè Rodoreda** (1908–1983). Sie gilt als eine der bedeutendsten katalanischen Autorinnen des 20. Jahrhunderts und ihr Roman »Auf der Plaça del Diamant« wurde in mehr als 20 Sprachen übersetzt. Auf dem Friedhof erinnert eine Büste und ein modernistisches Kreuz an die Autorin.

Wenig später erreichen wir auf schattigen Wegen und vorbei an Pferdekoppeln den **Menhir de la Murtra**. Phallusgleich steht der etwa 2,5 Meter hohe Steinmonolith mitten im Wald. Vermutlich stammt er aus dem Jahr 3.000 bis 2.500 v. Chr. Nach weiteren 800 Metern sind wir auch schon im hübschen Örtchen Romanyà de la Selva angekommen. Dort ist die **romanische Kirche Sant Martí** aus dem 10. Jahrhundert der Höhepunkt des kurzen Rundgangs. Leider blieb uns ein Blick hinein verwehrt.

Einkehrtipp: Direkt hinter der Kirche befindet sich das Restaurant ***Can Roquet***. Serviert wird gehobene, mediterrane Küche. Zur Mittagszeit gibt es preiswertere, nicht minder kulinarische Tagesmenüs. Ruhetage Mo. und Di., *www.canroquet.com*.

Wir verlassen den Ort nach einem opulenten Menü in Richtung Süden und stoßen schon wenig später auf die Wegmarkierung, die uns nach links auf einem schmalen Pfad und vorbei an knorrigen Korkeichen wieder zurück zum Ausgangspunkt führt.

Auf der GIV-6612 fahren wir zurück in Richtung Sant Miquel d'Aro und dort geradeaus weiter durch eine ländliche Region talwärts zur C-65. Auf der Schnellstraße sind wir dann auch rasch in **Cassà de la Selva** (10.680 Einwohner). Das Städtchen selbst ist wenig spektakulär. Es gibt eine gotische Kirche aus dem 16. Jahrhundert sowie mehrere Einkaufsmöglichkeiten. Vor allem aber gibt es dort einen recht neuen und angenehmen Stellplatz, der sich auch gut als Ausgangsbasis für einen Besuch im zwölf Kilometer entfernten Girona eignet. Wir nutzen den Platz zwar nur als kurzen Halt für eine Mittagspause, sind aber recht angetan von dem Plätzchen.

067 Cassà de la Selva

GPS: N 41°52'55" E 02°52'40", Carrer Piscina, 130 m. **Max. WOMOs**: 8. **Öffnungszeit**: Ganzjährig. **Ausstattung**: Ver-/Entsorgungsstation, Mülleimer. **Beschreibung**: Recht neuer Stellplatz neben den städtischen Schwimmbädern (Hallen- und Freibad) auf einem Untergrund aus Kies, noch wenig Schatten und am Ortsrand gelegen. Daneben befindet sich eine Halfpipe für Skater, so dass eventuell mit einer gewissen Geräuschkulisse zu rechnen ist. Das Zentrum mit Restaurants und Einkaufsmöglichkeiten ist 800 m entfernt. Am Platz vorbei führt der Radweg nach Girona (13 km), es fahren auch Busse. Im benachbarten Schwimmbad gibt es kostenlose Jetons für Frischwasser. **Zufahrt**: Im den WOMO-Piktogrammen und der Beschilderung zum Schwimmbad folgen.

Die letzte Station dieser Tour ist schließlich die Provinzhauptstadt **Girona** (102.660 Einwohner). Für uns persönlich eine der überraschendsten und auch unterschätztesten Städte Kataloniens. Wir brachten sie bislang nur mit dem Flughafen für Billig-Fluglinien in Zusammenhang, die ihre Fracht mit City-Reisenden nach Barcelona und Partytouristen der Ballermann-Küste rund um Lloret de Mar ausspucken. Doch weit gefehlt – Girona hat uns auf ganzer Linie begeistert. Zwei WOMO-Stellplätze gibt es obendrein. Wenn Sie ein kompaktes Wohnmobil besitzen und gerne sicher bewacht stehen, bietet sich dieser zentrumsnahe Stellplatz an:

068 Girona – *Parking Vayreda Autocaravanas*

GPS/Kontakt: N 41°59'03" E 02°48'49", Passatge Massaguer, *www.empark.com, clientes@empark.com*. **Max. WOMOs**: 37. **Öffnungszeit**: Ganzjährig. **Ausstattung**: Ver-/Entsorgungsstation, Strom, Toiletten, Mülleimer, WLAN. **Beschreibung**: Zentrumsnah gelegener, abgeschlossener und videoüberwachter Parkplatz für WOMOs. Die Flächen sind asphaltiert und bieten nur wenig Schatten. Bei voller Belegung stehen die Fahrzeuge sehr eng. Das Tor ist auch tagsüber geschlossen, öffnet sich jedoch bei Ankunft automatisch. Das Zentrum ist etwa 1,4 km entfernt. **Preise**: 19 €. **Zufahrt**: Den Kreisverkehr am Kongresszentrum *Auditori Palau de Congressos* in Richtung *Parc de la Devesa / Fira* verlassen. Am nächsten Kreisel geradeaus auf der Carrer Joaquim Vayreda, nächstmögliche Straße rechts, dann erneut zwei Mal rechts um den Häuserblock bis zum Eingangstor in der *Passatge Massaguer* (Einbahnstraße).

Am nordwestlichen Stadtrand finden Sie einen weiteren Stellplatz, der auch sehr gut für große WOMOs zugänglich ist.

069 Girona – Stadtrand

GPS: N 41°59'25" E 02°48'06", Carrer Bullidors. **Max. WOMOs**: 50. **Öffnungszeit**: Ganzjährig. **Ausstattung**: Ver-/Entsorgungsstation, Mülleimer. **Beschreibung**: Großer, schattenloser und gut zugänglicher Schotterparkplatz in Straßennähe. Dadurch ist mit einer gewissen Geräuschkulisse zu rechnen. Das Zentrum von Girona ist bequem zu Fuß oder mit dem Fahrrad durch den *Parque de la Devesa* nach 2,4 km zu erreichen. Campingartiges Verhalten ist nicht erwünscht. **Hinweise, dass es hier vermehrt zu Autoaufbrüchen kam, können wir nicht bestätigen**. Dennoch ist die übliche Vorsicht angebracht und man sollte Wertsachen nicht offen im Fahrzeug liegen lassen. Zudem fährt die Polizei hier auch Streife. **Zufahrt**: Der Stellplatz befindet sich im nordwestlichen Vorort Domeny in Richtung der AP-7. Er ist an der GI-531 ausgeschildert.

Girona – Stadt der Geschichten und Legenden

Fans der Serie »Game of Thrones« dürfte die Kulisse der Altstadt von Girona sicherlich bekannt vorkommen. Die mittelalterlichen Mauern, Treppen und Gassen waren gleich mehrfach Schauplatz der Fantasy-Filme. Für die Verfilmung des Bestsellers »Das Parfum« nach Patrick Süskind bot die Stadt ebenfalls den passenden Hintergrund. Doch auch Nicht-Cineasten geraten beim Anblick dieses historischen Juwels ins Schwärmen. Die Stadt im Hinterland der Costa Brava steht zwar immer noch im Schatten Barcelonas, doch bei uns hat sie es auf Anhieb auf unsere persönliche Top-Ten-Liste geschafft.

Girona wird durch die beiden Flüsse **Ríu Onyar** und **Ríu Ter** geprägt. Letzterem sind wir bereits an seiner Mündung ins Mittelmeer bei L'Estartit begegnet. Der Ríu Onyar trennt die Altstadt *Barri Vell* von der Neustadt *Mercadal*. Die wichtigsten Sehenswürdigkeiten liegen in der von der **Kathedrale** überragten Altstadt. Den schönsten Blick darauf genießen wir von der Fußgängerbrücke **Pont de Sant Felíu**, an der wir unseren Stadtspaziergang starten.

Girona kann auf eine lange Geschichte zurückblicken. Die ersten Bewohner in der Region waren wohl auch hier die Iberer, doch erst die Römer hinterließen ihre sichtbaren Spuren. Sie errichteten im 1. Jahrhundert eine mächtige Festung an der ***Vía Augusta***, die von Cádiz bis zu den Pyrenäen verlief, und nannten die Stadt *Gerunda*. Auf die Römer folgten die Westgoten, dann die Mauren, von denen Karl der Große Girona im Jahr 785 zurückeroberte. Er war es auch, der die Stadt zu einer der mächtigsten Grafschaften Kataloniens erhob.

In der Zeit der Eroberungen und Rückeroberungen wechselten die Herrschaftsverhältnisse mehrmals. Mal hatten die Mauren, dann wieder die Christen das Sagen, mal die Grafschaft Barcelona, dann das Königreich Aragon. Entsprechend hart umkämpft war die Stadt und sie erlebte im Lauf der Jahrhunderte immer wieder Zeiten der Belagerungen.

Im Krieg gegen Frankreich befahl Napoleon im Jahr 1808 die Einnahme. Doch erst im dritten Anlauf und nach siebenmonatiger Belagerung fiel die Stadt 1809 in die Hände der Franzosen. Die Stadtmauern wurden geschleift, was wiederum Raum für die Stadterweiterung im 19. Jahrhundert gab. Damals entstanden modernistische Stadtvillen und hübsche Plätze, die bis heute in der Neustadt zu sehen sind. Darunter die **Plaça de la Independència**, auf der wir unseren Tag in Girona beenden.

90 Stufen führen zur Kathedrale

Der romanische Kreuzgang erzählt biblische Geschichten

Ein Spaziergang durch Girona gleicht heute also einer Zeitreise durch die Jahrhunderte. Den Auftakt macht der Besuch im Wahrzeichen Gironas, der **Kathedrale Santa María**. 90 Stufen führen vom Vorplatz hinauf zum barocken Eingangsportal. Mit ihrem Bau wurde im 11. Jahrhundert begonnen, doch erst im Jahr 1764 wurde mit dem Glockenturm der letzte, wesentliche Bauabschnitt abgeschlossen. Sie ist also wesentlich älter, als die barocke Fassade vermuten lässt. Errichtet wurde sie auf den Fundamenten eines antiken, römischen Tempels, die teilweise noch aus dem 5. Jahrhundert stammen. Überwältigend ist der Innenraum der Kathedrale, der aus einem einzigen Kirchenschiff besteht. Mit 23 Metern Breite stehen wir hier sogar unter dem weltweit größten, gotischen Kreuzrippengewölbe. Eines der Glanzstücke ist der romanische Kreuzgang aus dem 12. Jahrhundert. Werfen Sie dort einen Blick auf die detailreichen Kapitelle der Säulen. Sie finden nicht nur dekorative Blumen und Ornamente. Vielmehr erzählen sie ganze Geschichten aus der Bibel, wie etwa die Vertreibung von Adam und Eva aus dem Paradies.

Die Kathedrale von Girona wurde auf den Resten eines römischen Tempels erbaut und vereint mehrere Architekturstile.

Das **Museum** der Kathedrale birgt zahlreiche sakrale Kunstschätze, wie den **Wandteppich *Tapiz de la Creación*** aus dem 12. Jahrhundert, der Jesus als Weltenherrscher sowie die Schöpfungsgeschichte darstellt *(November bis 14. März Mo.–Sa. 10–17 Uhr, So. 12–17 Uhr, 15. März bis 14. Juni und 16. September bis Oktober Mo.–Fr. 10–18 Uhr, Sa. bis 19 Uhr, So. 12–18 Uhr, 15. Juni bis 15. September Mo.–Fr. 10–19 Uhr, Sa. bis 20 Uhr, So. 12.–19 Uhr; Kombiticket mit Basilika Sant Feliu 7,50 €, www.catedraldegirona.cat).*

Das Eintrittsticket der Kathedrale beinhaltet auch einen Besuch in der benachbarten **Basilika Sant Feliu**. Sie ist die älteste Kirche der Stadt und verbindet ebenfalls Stile der Romanik, der Gotik und des Barockzeitalters. Unter der Kirche mit dem schlanken Glockenturm wurde bei Ausgrabungen ein Friedhof mit acht römischen Sarkophagen entdeckt. Die beiden ältesten Grabstätten stammen wohl aus dem 2. Jahrhundert. *(Öffnungszeiten wie Kathedrale).*

Im Viertel rund um Basilika befinden wir uns übrigens auf dem Boden der römischen Vorgängerstadt *Gerunda*. Hier sind auch die ***Banys Àrabs*** angesiedelt. Anders als der Name »Arabische Bäder« vermuten lässt, stammen die Relikte der Anlage nicht aus maurischer Zeit. Vielmehr waren auch spätere Herrscher dem Wohlbefinden in warmen Thermen nicht abgeneigt und ließen sich die Wellness-Bäder im 12. Jahrhundert nach römischem und maurischem Vorbild errichten. Zu sehen sind ein Umkleideraum mit einem achteckigen Becken, das von schlanken Säulen getragen wird. Außerdem gibt es ein *Frigidarium* und *Tepidarium* (Warm- und Kaltbad) sowie ein unterirdisch beheiztes *Caldarium* (Schwitzbad); *(Mo.–Sa. 10–18 Uhr, So. 10–14 Uhr; 3 €, www.banyasarabs.cat).*

TOUR 6

Hinter der Kathedrale führt ein Weg auf die alten Stadtmauern, deren Fundamente ebenfalls auf die Zeit der Römer zurückgeht. Auf dem **Passeig de la Muralla** kann die Altstadt auf der östlichen Seite in etwa einer halben Stunde umlaufen werden. Von den Wehrtürmen bieten sich immer wieder fantastische Aussichten auf die Stadt und die Berge in der Umgebung. Auf der Carrer de l'Albereda gehen wir in nördlicher Richtung zurück in die Altstadt. Die Carrer de la Força markiert dabei die Grenze zum ehemaligen **jüdischen Viertel *El Call***. Im 12. Jahrhundert existierte in Girona eine große jüdische Gemeinde. Unter anderem war dort der Sitz einer der wichtigsten kabbalistischen Schulen Europas. Lange Zeit lebten Juden und Christen in friedlicher Nachbarschaft. Die endete im Jahr 1492, als die Katholischen Könige mit dem Alhambra-Edikt alle Juden aus Spanien vertrieben. Das jüdische Viertel Gironas ist eines

Mittelalterliche Stadtmauer

der besterhaltenen in ganz Europa. Inmitten dieser labyrinthartigen Gassen befindet sich das sehenswerte *Museu d'Història dels Jueus*. Neben der Geschichte des jüdischen Lebens in Girona werden auch weniger erfreuliche Aspekte wie Inquisition, Verfolgung und Zwangskonvertierung thematisiert. Zu sehen sind zudem eine jüdische *miqvé* sowie ein Wohnhaus aus dem 13. Jahrhundert *(September bis Juni Di.–Sa. 10–18 Uhr, So.,Mo. 10–14 Uhr, im Juli und August Mo.–Sa. 10–20 Uhr, So. 10–14 Uhr; 4€).*

Wir lassen uns noch ein wenig durch die Gassen treiben und schlendern dann zurück zum Ríu Onyar. Parallel zum rechten Flussufer verläuft die **Rambla de la Llibertat**, die gesäumt wird von zahlreichen Bars und Cafés. Besonders gegen Abend sind sie gut besucht. Eine besondere Spezialität dort ist ***Xuixo*** – gesprochen »tschuischu«. Es handelt sich dabei um mit Vanillepudding gefüllte und in Olivenöl frittierte Teigtaschen, die noch dick mit Zucker bestreut werden. Über die Kalorienfrage müssen wir nicht nachdenken, doch um die süßen Teilchen rankt sich noch eine schöne Legende. Angeblich soll das Gebäck von einem jungen Akrobaten erfunden worden sein. Er war in die Tochter eines Bäckers verliebt. Als er die Angebetete heimlich besuchte, musste er sich hinter einem Sack Mehl vor dem Vater verstecken. Durch ein verräterisches Niesen wurde er vom Bäcker entdeckt. In seiner Not versprach der junge Akrobat, das Mädchen vom Fleck weg zu heiraten und das Rezept eines besonderen Gebäcks zu verraten. Dessen Name *Xuixo* – benannt nach dem Niesen, das den jungen Mann entlarvt hatte. Besonders gemundet haben uns die *Xuixos* im kleinen **Altstadtcafé *La Xuerreria de la Cort Reial***.

An der Rambla finden Sie auch das **Tourismusbüro** der Stadt Girona, www.girona.cat. Dort gibt es für alle Kulturbeflissenen den **Museumspass** für die sechs wichtigsten Museen der Stadt. Der Besuch des ersten Museums kostet den vollen Preis, für alle anderen erhält man einen Rabatt von 50 Prozent. Alle beteiligten Einrichtungen finden Sie unter www.museus.girona.cat .

Von der Rambla führen gleich mehrere Fußgängerbrücken hinüber in die neueren Stadtviertel. Von den Brücken **Pont de Pedra** und **Pont de les Peixateries Velles** blicken wir schließlich auch auf die bunten Häuser entlang des Ríu Onyar. Das Postkartenmotiv zählt zu den charakteristischen Stadtansichten Gironas. Besonders schön leuchten die Farben im Licht der Abendsonne. Drüben in der Neustadt runden wir unseren Girona-Besuch auf der **Plaça de la Independència** ab. Auch hier laden zahlreiche Bars und Restaurants zu einer Einkehr ein.

Zurück zum WOMO geht es wieder durch den größten Park Gironas, den Parque de la Devesa. Auf dem Passeig de la Devesa findet jeden Dienstag und Sonntag ein großer Markt statt.

Von Girona nehmen wir in der folgenden Tour 7 mit einem Schwenk durch das gebirgige Hinterland Kurs auf die Hauptstadt Kataloniens – **Barcelona**.

Tour 7

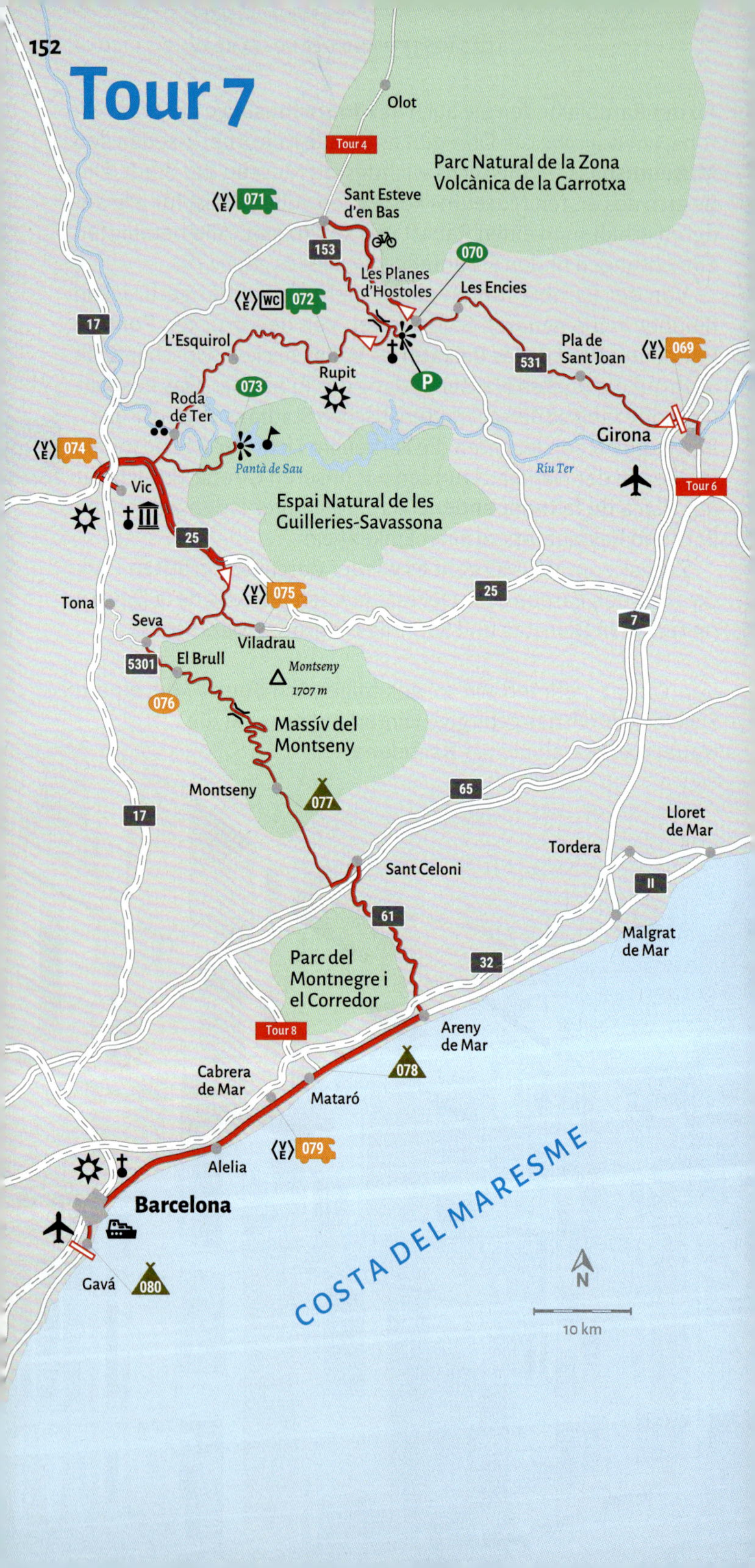

Olot
Tour 4
Parc Natural de la Zona Volcànica de la Garrotxa
071
Sant Esteve d'en Bas
153
070
Les Planes d'Hostoles
Les Encies
WC 072
17
L'Esquirol
Rupit
P
531
Pla de Sant Joan
069
073
Roda de Ter
074
Pantà de Sau
Girona
Ríu Ter
Tour 6
Vic
Espai Natural de les Guilleries-Savassona
25
075
25
Tona
Seva
7
Viladrau
5301
El Brull
Montseny 1707 m
076
Massív del Montseny
Montseny
077
65
17
Lloret de Mar
Tordera
Sant Celoni
II
61
Malgrat de Mar
32
Parc del Montnegre i el Corredor
Areny de Mar
Tour 8
078
Cabrera de Mar
Mataró
079
Alelia
Barcelona
Gavá
080
COSTA DEL MARESME
N
10 km

Mittelalterromantik und Großstadtflair
Von Girona nach Barcelona

199 km

Im Hinterland der Costa Brava liegen mittelalterliche Schätze sowie unberührte Naturschutzgebiete versteckt. Eine wilde Landschaft, wie geschaffen für Sagen, und Legenden. Rupit ist nicht nur eines der schönsten Dörfer Spaniens, von dort erkunden wir zudem den höchsten Wasserfall Kataloniens.
Unser Tipps für diese Tour:
- **Aussichtspunkte in der Collsacabra**
- **Croissants essen in Rupit**
- **Katalanische Wurstspezialitäten aus Vic**
- **Sagenhaftes Dorf Viladrau**
- **Naturpark Montseny**
- **Barcelona**

Girona verlassen wir auf der GI-531 in Richtung **Sant Gregori**. Ein netter, geschäftiger Vorort, von dem aus es kurvenreich ins **Vall de Llémena** geht. Die Strecke durch das waldreiche Tal mit dem gleichnamigen Fluss ist gesäumt von Kork- und Steineichen, Pinien und Johannisbrotbäumen. Hinter dem Ort **Pla de Sant Joan** weitet sich das Tal und ist nun landwirtschaftlich geprägt. Rechts und links ragen die Berge mit schroffen Felswänden empor.

Bis nach Les Planes d'Hostoles windet sich unsere Straße noch einmal sehr kurvenreich über einen Höhenzug der **Serra de les Medes** (884 m). Wir befinden uns nun auch wieder in der Region **La Garrotxa**. Sie erinnern sich? In Tour 4 lernten wir die Vulkanberge des Naturparks genauer kennen. Einen schattigen Rastplatz mit der Möglichkeit, Wasser an einem Brunnen aufzufüllen, finden Sie bei **Les Encies** an einer kleinen Ermita N 42°04'00" E 02°34'34".

In **Les Planes d'Hostoles** treffen wir auf die C-63, der wir in Richtung Olot folgen. Halten Sie jetzt ein wenig die Augen offen. An der Durchgangsstraße befindet sich rechts die örtliche Schule. In verspielter Modernisme-Architektur ist sie ein hübscher Hingucker. Außerdem begegnen wir wieder einem Bahntrassen-Radweg. Der hier vorbeiführende Abschnitt gehört zur 56 Kilometer langen Strecke *Vía Verde del Carrilet* von Olot nach Girona. Für eine Erkundung des Radweges oder eine Wanderung zu den Wasserfällen **Els Gorgs de les Planes d'Hostoles** steht ein Wanderparkplatz am nördlichen Ortsrand zur Verfügung.

070 Les Planes d'Hostoles – *Aparcament Gorgs les Planes*

GPS: N 42°03'39" E 02°32'09", C-63, 362 m. **Max. WOMOs**: 20. **Öffnungszeit**: Ganzjährig. **Ausstattung**: Mülleimer, Picknickzone, Wanderschilder. **Beschreibung**: Am Ortsrand gelegener, teilweise etwas unebener und schattenloser Wiesenparkplatz. Von hier starten Wanderwege zu den Wasserfällen *Gorgs les Planes* mit Bademöglichkeit. Außerdem lässt sich der Bahntrassen-Radweg *Vía Verde del Carrilet* erkunden. Infos zu den Wanderwegen unter *www.lesplanes.cat*. **Zufahrt**: Rechts der Straße C-63 am Abzweig nach Cogolls ausgeschildert.

TOUR 7

Diesmal bleiben die Wanderstiefel und Fahrräder allerdings im WOMO, uns zieht es noch ein Stück weiter. Bei **Sant Esteve d'en Bas** biegen wir erst ab auf die C-152, dann die C-153 in Richtung **Rupit**. Nach Olot und in die Hauptstadt der Vulkanberge sind es von hier nur noch 12 Kilometer und Sie können dort Ihre Reise mit unserer Tour 4 fortsetzen.

Am Ortsrand von Sant Esteve d'en Bas entdeckten wir einen recht neuen und gepflegten Stellplatz hinter einer ebenfalls neu wirkenden Jugendherberge. Auch dieser Platz bietet sich an, um den Fahrradweg *Vía Verde del Carrilet* zu erkunden.

071 Sant Esteve d'en Bas

GPS: N 42°07'14" E 02°27'02", C-153, 474 m. **Max. WOMOs**: 6. **Öffnungszeit**: Ganzjährig. **Ausstattung**: Ver-/Entsorgungsstation, Strom und Wasser gebührenpflichtig, Mülleimer. **Beschreibung**: Am Ortsrand gelegener, schattenloser Platz mit asphaltierten Stellflächen und schönem Blick auf die Felder. Durch die vorbeiführende Straße eventuell nicht ganz ruhig. Am Platz führen Wanderwege ins Vall d'en Bas sowie der Bahntrassen-Radweg *Vía Verde del Carrilet* vorbei. **Zufahrt**: Rechts der Straße C-153 hinter einer Jugendherberge ausgeschildert.

Unsere Straße windet sich auf den nun folgenden 13 Kilometern in etlichen Kurven bergauf bis zur Passhöhe **Coll de Condreu** (1.010 Meter). Hier oben lohnt sich der Halt gleich in mehrfacher Hinsicht. Zum einen gibt es eine schön angelegte Picknickzone mit Spielplätzen. Zum anderen werden im Ausflugsrestaurant *Coll de Condreu* Tagesmenüs mit deftigen katalanischen Gerichten angeboten. Im zugehörigen Laden sind zudem regionale Produkte erhältlich. Eine der Spezialitäten ist der Kräuterlikör *Ratafia*, bei dem wir nach dem üppigen Menü gerne zugreifen, *www.collde-condreu.com*, Ruhetag ist Montag.

Ratafia – Das katalanische Allheilmittel

Dunkelbraun schimmert er im Glas, er duftet nach Kräutern und sorgt für Wohlbefinden im Magen. Der Ratafia ist ein wahres Wundermittel aus den katalanischen Mittelgebirgen. Wie uns versichert wird, schmeckt er mit einem Eiswürfel und einer Zitronenscheibe sowohl als Aperitif, als auch pur nach einem guten Essen. Traditionell wird der wohlschmeckende Kräuterlikör zuhause hergestellt und fast jede Familie hat ihr eigenes Geheimrezept.

Die Grundzutat des Ratafias sind **grüne Walnüsse**, die im Juni als sogenannte *Johanninüsse* unreif geerntet werden. Die zweite Grundzutat sind Kräuter. Welche dafür verwendet werden, hängt von der Region und der Sammelleidenschaft ab. Je nach Verfügbarkeit sind dies Lavendel, Fenchel, Kamille, Zitronenverbene, Rosmarin, wilde Minze, Thymian, Johanniskraut und, und, und. Manche Rezepturen sollen mehr als 50 Zutaten haben. Viele schwören zudem darauf, dass die Kräuter in der Nacht der Sommersonnwende geerntet werden müssen. Gewürze sorgen für weitere Aromastoffe. Je nach Geschmack können Zimt, Pfeffer, Nelken oder Anis zugefügt werden.

Das Ganze wird mit einem klaren, hochprozentigen Destillat in einem Glasballon angesetzt. Meist ist dies ein Anisschnaps. Das genaue Mischungsverhältnis bleibt ein Familiengeheimnis. Nun heißt es Geduld haben. 40 Tage muss der Sud in der Wärme, aber ohne pralle Sonne reifen. Gelegentlich wird die Mischung geschüttelt, dann kann sie gefiltert werden. Das Gebräu ist nun dunkelbraun geworden und fertig zum Genuss.

Ratafia ist nach wie vor eine Hausmarke. Große Hersteller sucht man vergeblich. Vielmehr gibt es neben den Hobby-Erzeugern regionale Kleinbetriebe, die nach eigenen Rezepturen Ratafia herstellen. Als Souvenir für zuhause erhalten Sie den aromatischen Kräuterlikör zwar auch in Supermärkten, aber viel besser ist er frisch abgefüllt aus dem Fass in den Hofläden, den sogenannten ***Agrobotigas***. Dort darf man auch probieren. Inzwischen gibt es sogar eine ganze Reihe von Orten, die jährliche Ratafia-Prämierungen abhalten. Eine der Hochburgen ist Santa Coloma de Farners südlich von Girona. Dort kürt eine Jury Anfang November den besten Ratafia im Rahmen eines großen Festes zu Ehren des Kräuterlikörs.

Neben dem Restaurant zweigt ein kleines Asphaltsträßchen zur vier Kilometer entfernten **Ermita Mare de Déu del Far** ab. Auf ausgeschilderten Wanderwegen können Sie die Strecke auch als Verdauungsspaziergang unternehmen. Wir bevorzugen das WOMO und erreichen nicht nur eine kleine Wallfahrtskapelle, sondern einen »Fünf-Sterne-Aussichtspunkt«. Bei klarer Sicht reicht der Blick über die Kegel der Vulkanberge hinweg zu den Pyrenäen und zum **Stausee Pantà de Susqueda**, zu dem der Ríu

Gewitterstimmung am Mirador Mare de Déu del Far

Ter aufgestaut wurde. Die Größe des Parkplatzes lässt es erahnen, dass dieser Ort an schönen Wochenenden ein beliebtes Ausflugsziel ist. Pilger finden hier oben auch eine Herberge, mit dem WOMO dürfen wir aber leider nicht übernachten.

P Ermita Mare de Déu del Far

GPS: N 42°01'17" E 02°32'10", 1.121 m. **Max. WOMOs**: 5. **Öffnungszeit**: Ganzjährig. **Ausstattung**: Picknickbänke, Spielplatz, Grillplätze, Restaurant. **Beschreibung**: Gaststätten- und Wanderparkplatz, außerorts, ohne Übernachtungsmöglichkeit. **Zufahrt**: Auf der Passhöhe an der C-153 ist die Zufahrt zur Ermita ausgeschildert.

Wir kehren zurück zur Hauptstraße und fahren die restlichen neun Kilometer talwärts bis nach **Rupit** (280 Einwohner). Direkt am Eingang zum Dörfchen steht ein großer, gebührenpflichtiger Parkplatz zur Verfügung. Kommen Sie bitte nicht auf die Idee, mit dem WOMO weiterzufahren. Die Zufahrt in den Ort ist den Bewohnern vorbehalten und auch die Wendemöglichkeiten sind rar.

072 Rupit

GPS: N 42°01'37" E 02°27'49", 842 m. **Max. WOMOs**: 4. **Öffnungszeit**: Ganzjährig. **Ausstattung**: Ver-/Entsorgungsstation, Wasser zum Zeitpunkt der Recherche außer Betrieb, Strom gebührenpflichtig, öffentliche Toiletten, Picknickplätze.**Beschreibung**: Großer, öffentlicher Parkplatz auf Asphalt am Ortsrand, auf dem vier Stellplätze mit Strom für WOMOs ausgewiesen sind. Man kann aber auch die anderen Parkplätze nutzen. Guter Ausgangspunkt für Wanderungen in die Region. **Preise**: Tagessatz 7 €, bei einer Übernachtung werden 14 € fällig. Zahlbar am Kassenautomaten in bar oder mit Kreditkarte. Für Strom Münzgeld bereithalten. Vorsicht bei höheren Fahrzeugen: An der Schranke gibt es einen Höhenscanner und man wird eventuell als

Bus klassifiziert. Dies ist leider nirgends ersichtlich und offenbart sich erst beim Bezahlen. In diesem Fall müssen Sie die Hilfe-Nummer am Automaten kontaktieren, die Sie mit dem Rathaus verbindet. **Zufahrt**: Am Ortseingang von Rupit nicht zu übersehen.

Das charmante mittelalterliche Dorf Rupit gehört mit seinen blumengeschmückten Steinhäusern und den engen Gassen zu den schönsten Dörfern Kataloniens. Bereits der Zugang in den malerischen Ort ist spektakulär. Besucher gelangen über eine schwankende, hölzerne **Hängebrücke**, die ***Pont Penjat*** ins historische Zentrum. Seinen Namen erhielt Rupit von dem Felsen, *rupes*, der in der Mitte des Dorfes über der alten Burg aufragt. Um ihn herum siedelten sich im Mittelalter die ersten Häuser an. Heute laden die verwinkelten Gassen zum Schlendern und Fotografieren ein. Wir machen uns auf den Weg zu einer kleinen Wanderung, die uns zum höchsten Wasserfall Kataloniens führen soll.

Von Rupit zum Wasserfall *Salt de Sallent*

Start unserer Wanderung ist im Dorfzentrum links nach der kleinen Kirche **Església de Sant Miquel**. Von dort gelangt man den Wegweisern folgend zum kleinen Fluss *Riera de Rupit*, der hier parallel zu der natürlichen, felsigen Stadtmauer des Dorfes fließt. Von dort hat man einen schönen Ausblick auf die Burg und den Felsen.

Dem Fluss folgend, gelangen wir in etwa **40 bis 45 Minuten** auf schattigen Wegen zum ***Salt de Sallent***, den man hier aus einer Höhe von 115 Metern senkrecht in die Tiefe stürzen sieht. Den besten Blick haben Sie, wenn Sie noch ein paar Meter hinauf zum **Mirador de Salt de Sallent** steigen. Dort eröffnet sich ein beeindruckender Panorama-Ausblick auf den Wasserfall sowie die umliegenden Bergrücken und Täler der ***Collsacabra***.

Normalerweise wäre der Frühling die beste Jahreszeit, um den Wasserfall in seiner ganzen Pracht zu sehen. Wir waren Ende April hier. Doch was wir zu Gesicht bekamen, war ein spärlich dahintröpfelndes Rinnsal. Erschreckende Folgen der langen Dürreperioden in Spanien.

Stausee Pantà de Sau mit dem freiliegenden Glockenturm in der Ferne

kompletten Glockenturm erkennen, sondern auch die Reste der Kirche, zu der er gehört. Auch hier zeigt sich der enorme Wassermangel und an Wassersport im Stausee ist im Frühjahr 2023 nicht zu denken. Sie möchten jetzt noch ein wenig die Wanderstiefel schnüren und haben Lust zu einem Klosterbesuch? Da hätten wir einen Tipp für Sie.

Wanderung zum Kloster Sant Pere de Casserres

Vom Parkplatz führt eine etwa **4,5 Kilometer** lange und ausgeschilderte Wanderung zum ehemaligen Benediktinerkloster **Monestir Sant Pere de Casserres**. Es stammt aus dem 11. Jahrhundert und liegt besonders malerisch auf einer Flussschleife des Ríu Ter. Das Kloster gilt als eines der Meisterwerke katalanischer Romanik. Zwar wurden Teile der Anlage bei einem Erdbeben im Jahr 1428 zerstört, doch sind neben dem wuchtigen Glockenturm noch weitere Gebäude des ursprünglichen Klosterkomplexes erhalten geblieben, wie etwa der Kreuzgang sowie die romanische Kirche mit drei Apsiden *(Juni bis September 10–19.30 Uhr, Oktober bis Mai 10–17.30 Uhr, letzer Einlass 30 Min. vor Kassenschluss; 5 €, www.santperedecasserres.com)*.

Nun wenden wir uns aber endgültig der Stadt **Vic** zu. Um den dortigen Stellplatz zu erreichen, umfahren wir die Stadt auf westlicher Seite und steuern am Rand eines Sport- und Freizeitgeländes den ausgeschilderten WOMO-Stellplatz an.

074 Vic

GPS: N 41°56'04" E 02°14'24", Calle de la Fura, 508 m. **Max. WOMOs**: 20. **Öffnungszeit**: Ganzjährig. **Ausstattung**: Ver-/Entsorgungsstation, Strom und Wasser (gebührenpflichtig), Duschen, Toiletten, Mülleimer, Picknickzone. **Beschreibung**: Geräumiger Stellplatz am Rand einer Sport- und Freizeitanlage mit Spazierwegen und schattenspendenden Bäumen auf einem Untergrund aus Wiese/Naturboden. Schöne

Aussichtslage auf die umliegenden Berge. In der Nähe gibt es einen Spielplatz und Einkaufsmöglichkeiten (Bäcker), die Altstadt von Vic ist 1,5 km entfernt. **Preise**: 5 €, bezahlbar über einen QR-Code. Dann bekommt man einen Zugangscode zum Sanitärgebäude. Zum Recherche-Zeitpunkt funktionierte das Zahlsystem nicht. In diesem Fall wird man gebeten, die Gebühr im Tourismusbüro zu begleichen. Münzgeld für Strom und Wasser bereithalten. **Zufahrt**: In Vic an der westlichen Umfahrung N-152z der Beschilderung zur *Zona esportiva* sowie den WOMO-Piktogrammen folgen.

Das modernistische Casino in Vic ist ein echter Hingucker

Vic (47.550 Einwohner), *www.victurisme.cat*, ist die lebendige Hauptstadt der ***Comarca Osona*** und eine altehrwürdige Bischofsstadt. Wer sich Vic nähert, wird von den Randbezirken eher weniger begeistert sein. Dort dominieren Wohnsilos, Einkaufszentren und Industriegebiete. Die wahren Schätze liegen in der kompakten Altstadt. Sie lässt sich bequem an einem Tag erkunden und hält einige Überraschungen bereit. Den Auftakt macht dabei die **Plaça Major**, die umrahmt wird von hübschen mittelalterlichen Stadthäusern und Arkadengängen. Der Platz ist nicht nur der größte Kataloniens, sondern auch der Einzige, der nicht gepflastert ist. Stattdessen ist er mit Sand bedeckt, was wohl besser für das Vieh war, das hier an den Markttagen verkauft wurde. Bis heute wird dienstags und samstags an den Vormittagen ein bunter **Wochenmarkt** mit regionalen Produkten abgehalten.

Eines dieser Produkte ist eine typische Spezialität aus Vic – die *Llonganissa de Vic*. Die luftgetrocknete Hartwurst aus Schweine-

Wurst aus Vic

fleisch sowie die ***Butifarras de Vic*** mit Honig und Frischkäse werden in etlichen Metzgereien der Stadt angeboten. Sie reihen sich in der Carrer dels Argenters aneinander, die an der nordöstlichen Ecke der Plaça Major abzweigt.

Rund um die Plaça Major verteilt sich ein bunter Mix aus verschiedenen Architekturstilen. Das modernistische **Kulturzentrum *Casino de Vic*** ist ein echter Hingucker. Auch die mächtige **Kathedrale Sant Pere** vereint mehrere Architekturepochen sowie eine traurige Geschichte. Ursprünglich wurde sie im 11. Jahrhundert im romanischen Stil erbaut, doch in den Wirren des Spanischen Bürgerkrieges nahezu vollständig zerstört. Nur der siebenstöckige Glockenturm sowie die Krypta sind Überbleibsel aus romanischer Zeit. In ihrem Inneren wirkt die Kathedrale seltsam bedrückend und düster. Im Jahr 1900 hatte der katalanische Maler **Josep Maria Sert** (1874–1945) den Auftrag zur Innengestaltung erhalten. 1927 konnten die Gemälde installiert werden, doch auch sie fielen dem Bürgerkrieg zum Opfer. Nach Kriegsende begann Sert erneut mit den Arbeiten, doch diesmal mit anderen Entwürfen. Sie stellen mit teils gewagten Fresken den Kreuzweg Jesu dar. Der Künstler starb nur sechs Wochen nach Vollendung seines Lebenswerkes und ist in der Kathedrale beigesetzt *(Oktober bis März täglich von 10–13 und von 16–19 Uhr, April bis September 10–13 Uhr und 17–20 Uhr; Eintritt frei)*.

Gleich neben der Kathedrale befindet sich in einem modernen Neubau das Museum für mittelalterliche Kunst *Museu d'Art Medieval*. Die Dauerausstellung zählt zu den bedeutendsten Europas und zeigt sakrale Werke romanischer und gotischer Kunst. Darunter befinden sich zahlreiche Holzskulpturen und Wandgemälde, die aus romanischen Kirchen und Kapellen in den Pyrenäen hierhergebracht und so vor dem Verfall gerettet werden konnten *(April bis September Di.–Fr. von 10–19 Uhr, Oktober bis März 10–13 Uhr und 15–18 Uhr, Sa. 10–19 Uhr, So. 10–14 Uhr; 8 €, www.museuartmedieval.cat)*.

Die Plaça Major in Vic ist von einem bunten Architektur-Mix geprägt

Bei unserem Bummel durch die Altstadtgassen entdecken wir an der Plaça de la Pietat noch einen **Römischen Tempel**, den ***Temple Romà*** aus dem 1. Jahrhundert. Lange Zeit wusste kaum jemand von seiner Existenz, denn er lag versteckt im Innenhof einer Burg aus dem 11. Jahrhundert. Erst beim Abriss des Gebäudes im Jahr 1882 kam der Tempel zum Vorschein *(Di.–Sa. 10–13 Uhr und 16–20 Uhr, So. nur nachmittags, Eintritt frei).*

Vielleicht geht es Ihnen ja wie uns. Vic hat uns mit seiner bunten Mischung aus historischer Architektur und dem jungen Flair einer Studentenstadt sehr gut gefallen.

Unsere nächste Station ist der rund 25 Kilometer südöstlich von Vic gelegene Ort **Viladrau** (1.100 Einwohner). Wir erreichen das Dorf auf kurvigen und teilweise steilen, engen Straßen über die C-25 und die GIP-5251. Viladrau gehört bereits zum Montseny-Mittelgebirge. Der rund 50.000 Hektar große Naturpark wurde 1978 von der UNESCO zum Biosphärenreservat erklärt. Er ist Teil mehrerer Schutzgebiete, die einen Grüngürtel rund um die Hauptstadt Barcelona bilden. Das Montseny-Massiv, dessen höchste Erhebungen bis zu 1.700 Meter sind, zeichnet sich durch dichte, mediterrane Wälder und zahlreiche Wanderwege aus. Um ein wenig davon zu erkunden, bietet sich ein schöner Stellplatz in Viladrau an.

075 Viladrau

GPS: N 41°50'43" E 02°23'16", Avinguda Montseny, 776 m. **Max. WOMOs**: 20. **Öffnungszeit**: Ganzjährig. **Ausstattung**: Ver-/Entsorgungsstation, Strom für 12 Plätze, Müllcontainer, Picknickzone, WLAN. **Beschreibung**: Schöne, ebene Stellflächen auf Naturboden, teilweise mit Schatten, am Ortsrand und mit Aussicht auf ein Bachtal. Hier starten Wanderwege zu Wasserfällen und ehemaligen Mühlen. Die Plaça Major mit Restaurants und Bars oberhalb des Stellplatzes ist rund 500 m entfernt. **Preise**: 4 € an Wochentagen, 7 € am Wochenende sowie von Mitte Juni bis Mitte September, bezahlbar über einen QR-Code. **Zufahrt**: Der Stellplatz ist in Viladrau ausgeschildert. Vorsicht bei Fahrzeugen mit großem Hecküberhang, denn die Einfahrt zum Platz ist recht steil!

Viladrau ist ein charmantes, kleines Städtchen, in dem die Zeit stehengeblieben zu sein scheint. Herausragende Sehenswürdigkeiten gibt es zwar nicht, doch dafür wirkt der Ort abseits der Touristenströme noch sehr authentisch. Die Region ist geprägt von Kastanienwäldern und Legenden, die von Hexen und Räubern erzählen. Laut den Informationen des **Tourismusbüros**, *www.viladrau.cat*, sollen im Mittelalter hier sehr viele, als Hexen angeprangerte Frauen hingerichtet worden sein. Ursache dafür war eine angebliche Hexenversammlung, die 1617 in der Nacht zu Allerheiligen im nahegelegenen **Kloster Sant Segimon** stattgefunden haben soll. Seit dem Jahr 1997 erinnert man sich in Viladrau dieser dunklen Geschichte. Die Plaça Major wird alljährlich am 31. Oktober beim ***Ball de les Bruixes*** Schauplatz eines theatralischen Spektakels mit Musik, Licht und Feuer.

Im Mittelalter sind in Viladrau sehr viele als Hexen angeprangerte Frauen auf dem Scheiterhaufen hingerichtet worden.

Rund um den Ort gibt es zahlreiche Wander- und Spaziermöglichkeiten. Unter anderem führt ein botanischer Lehrpfad hinauf ins Dorf. Neben den Erklärungstafeln zu Flora und Fauna erzählen andere Schilder die Geschichte der regionalen Hexen- und Räuberlegenden.

Viladrau ist geprägt von Kastanienwäldern und wilder Natur

Von Viladrau kehren wir zurück zur GI-520, die mit Überschreiten der Provinzgrenze zur BV-5303 wird. Ab der Stadt **Seva** geht es auf der BV-5301 weiter durch den **Montseny-Naturpark**. Bis nach Barcelona liegen nun 70 Kilometer Berg- und Talfahrt vor uns. Die Strecke ist gut zu befahren, teilweise mit Engstellen und sehr

El Brull an der »Straße der Iberer«

kurvenreich. Wir empfehlen Ihnen, die Route an schönen Wochenenden zu meiden, da sie auch sehr beliebt bei Motorrad- und Radrennfahrern ist. Wer lieber abkürzen möchte, kann ab **Seva** weiter in Richtung **Tona** fahren und dort auf der Schnellstraße C-17 nach Barcelona rauschen.

Wir bleiben auf der BV-5301 und erreichen in **El Brull** einen ersten Stopp. Wie uns die Info-Tafeln verraten, sind wir nun auf der touristischen »Straße der Iberer«. Die kleine Siedlung besteht hauptsächlich aus einer romanischen Kirche aus rotem Sandstein sowie der Ruine einer ehemaligen Burg. Zudem lädt ein riesiges Picknickareal mit Spielplatz zu einer Rast ein.

076 El Brull

GPS: N 41°48'59" E 02°18'16", BV-5301, 842 m. **Max. WOMOs**: 2. **Öffnungszeit**: Ganzjährig. **Ausstattung**: Keine. **Beschreibung**: Parkplätze vor einer romanischen Kirche sowie beim Informations-Center zum Montseny-Naturpark (nur am Wochenende geöffnet). Dort gibt es auch Karten zu den Wandermöglichkeiten. Ganz in der Nähe befindet sich das Restaurant ***El Castell del Brull***, www.elcastelldelbrull.com. Ruhetage Di. und Mi., geöffnet bis 17.00 Uhr. **Zufahrt**: An der BV-5301 liegt der Parkplatz auf der rechten Seite.

Ab jetzt teilen wir uns die Strecke mit Rad- und Motorradfahrern. Durch eine waldreiche Landschaft mit Kastanien- und Maulbeerbäumen schlängeln wir uns hinauf zum Pass **Coll Formic** auf 1.145 Metern Höhe. Hier oben gibt es einen kleinen Wanderparkplatz sowie ein einfaches Ausflugsrestaurant, in dem wir uns eine Kaffeepause genehmigen. Übernachtungen sind im Naturpark allerdings verboten.

Gedenkkreuz am Pass

Nach der Passhöhe geht es erneut kurvenreich hinab in Richtung Mittelmeer. Der Ort **Montseny** ist der touristische Hauptort des Naturparks mit entsprechenden Unterkünften und Restaurants. Leider sieht es mit Parkmöglichkeiten im Bergdorf sehr dürftig aus. Es gibt aber auch einen ausgewiesenen Campingplatz. Wir haben ihn nicht getestet, doch falls Sie Bedarf an einem längeren Aufenthalt in der Region haben, hier wäre er zu finden:

077 Montseny – *Camping Masia Can Cervera*

GPS/Kontakt: N 41°46'13" E 02°23'28", 714 m, Tel. +34 938 473 066, *www.cancervera.com*, *info@cancervera.com*. **Öffnungszeit**: 15. Februar bis 15. Dezember, nur am Wochenende und in den Schulferien geöffnet. **Preise**: 29 €. **Zufahrt**: An der BV-5301 in Montseny ausgeschildert.

Je weiter wir talwärts rollen, desto breiter und geschäftiger wird das Tal. Zunächst dominieren noch die landwirtschaftlichen Betriebe, dann kommen Industriegebiete dazu. Die Nähe zur Großstadt Barcelona wird nun spürbar und auch der Verkehr nimmt deutlich zu. Bei **Sant Celoni** wechseln wir auf die C-35 und wenig später auf die C-61.

TOUR 7

Dort führt die Strecke noch einmal durch einen bergigen Naturpark. Hier ist es der **Parc del Montnegre i el Corredor**, der uns noch vom Mittelmeer trennt. Dieses erblicken wir schließlich bei **Areny de Mar**. Nun müssen wir uns nur noch rechts halten und steuern entlang der Küste auf der N-II in Richtung Barcelona. Was wir hier vorfinden, ist eine Ansammlung von Tankstellen, Supermärkten und ein kleiner Yachthafen bei El Balis. Verlockende Strände können wir allerdings nicht entdecken, denn zwischen der mehrspurigen Straße und dem Meer verläuft die Bahnlinie.

Doch wir haben auch keinen Badeurlaub im Sinn, denn vor uns liegt die Erkundung der Millionenmetropole **Barcelona**. Hauptstadt Kataloniens und eine der meistbesuchten Städte Europas. Dieser Besuch bedarf einer gewissen Vorbereitung und die beginnt mit der Suche nach einem geeigneten und vor allem sicheren Stellplatz. Wir können Ihnen drei Standorte empfehlen, von denen aus Sie Barcelona bequem erkunden können. Die genannten Übernachtungsplätze befinden sich ausnahmslos außerhalb des Zentrums, so dass mit Anfahrtswegen in den öffentlichen Verkehrsmitteln von rund 45 bis 60 Minuten pro Richtung geplant werden muss. Zudem liegen die Plätze auch außerhalb der **Umweltzone** Barcelonas, in die man wochentags nur mit besonderer Genehmigung einfahren darf.

078 Mataró – *Camping Barcelona*

GPS/Kontakt: N 41°33'02" E 02°29'00", N-II, Tel.+34 937 904 720, *www.campingbarcelona.com*, *info@campingbarcelona.com*. **Öffnungszeit**: 1. März bis 1. November. **Ausstattung**: Campingplatzüblich mit Pool, Restaurant, Bar, Minimarkt, Spielplätzen. **Beschreibung**: Großer, gepflegter Campingplatz mit gehobener Ausstattung und geräumigen, terrassierten Stellflächen auf Naturboden, auch für große Wohnmobile geeignet. Viele Stellflächen bieten einen Blick aufs Meer, es gibt schattenspendende Bäume und Hecken. Es werden Ausflüge sowie ein Animationsprogramm für Kinder und Erwachsene angeboten. Die Rezeption ist mit mehrsprachigem Personal besetzt, das bei der Planung des Barcelona-Aufenthaltes behilflich ist. Online-Tickets sowie der Bustransfer in die Stadt können bequem über die Homepage des Platzes gebucht und bezahlt werden. Zudem werden mehrmals täglich ein kostenloser Shuttleservice nach Mataró (Strand, Restaurants, Supermärkte) sowie ein gebührenpflichtigen Bustransfer (7,80 € für die Hin- und Rückfahrt) an die Plaça Catalunya im Zentrum Barcelonas angeboten. Eine vorherige Reservierung, insbesondere während der Hauptreisezeiten, ist empfohlen. **Preise**: 35–72 €. Ermäßigung bei längeren Aufenthalten. **Zufahrt**: An der N-II ist der Campingplatz ausgeschildert.

079 Cabrera de Mar – *Área Camper Barcelona Beach*

GPS/Kontakt: N 41°30'46" E 02°24'02", Carrer de Montseny, Tel. +34 686 975 655, *www.areacamperbarcelonabeach.com*, *info@areacamper-barcelonabeach.com*. **Max. WOMOs**: 40. **Öffnungszeit**: Ganzjährig. **Ausstattung**: Ver-/Entsorgungsstation, Strom, Duschen, Toiletten, Waschsalon, Picknickbereich, Spülbecken, Müllcontainer, WLAN. **Beschreibung**: Sauberer und noch recht neuer Stellplatz mit Stellflächen auf Kies. Der Platz ist bewacht, nachts verschlossen und die Rezeption ist täglich von 10–12 Uhr und von 16–18 Uhr besetzt. Reservierungen sind nicht möglich. Der schöne Sandstrand ist etwa 500 m entfernt, den Bahnhof mit der Zugverbindung nach Barcelona erreicht man nach einem Kilometer. Am Stellplatz gibt es alle wichtigen Informationen zum Stadtbesuch. **Preise**: 15–25 €, Bezahlung am Kassenautomaten nur in bar möglich. **Zufahrt**: An der N-II ist der Stellplatz in Cabrera de Mar ausgeschildert.

Der dritte empfehlenswerte Standort befindet sich südlich von Barcelona direkt am Strand im **Ortsteil Gavà**. Aber auch in der Nähe des Flughafens. Deshalb ist dort auch mit entsprechendem Fluglärm zu rechnen.

080 Barcelona-Gavà – *Camping 3 Estrellas*

GPS/Kontakt: N 41°16'20" E 02°02'33", C-31, Tel.+34 936 330 637, *www.tresestrellascampings.com*. **Öffnungszeit**: Ganzjährig. **Ausstattung**: Campingplatzüblich mit Pool, Restaurant, Bar, Minimarkt, Spielplätzen. **Beschreibung**: Gut gelegener Campingplatz in Strandnähe, um die Stadt Barcelona zu besuchen. Durch die Nähe zu Flughafen und Autobahn zwar gut erreichbar, aber auch mit einer gewissen Geräuschkulisse verbunden. Es gibt unterschiedlich große Stellflächen, wahlweise mit Schatten oder Meerblick. Vor dem Platz fährt der Bus in knapp einer Stunde ins Zentrum von Barcelona (4,80 € für die Hin- und Rückfahrt). Eine vorherige Reservierung, insbesondere während der Hauptreisezeiten, ist empfohlen. **Preise**: 30–75 €. **Zufahrt**: Die Umgehungsstraße von Barcelona *Ronda del Dalt* in Richtung Fluhafen/Castelldefels fahren. Ausfahrt *Gavà Mar* auf die C-31. Dort ist der Campingplatz ausgeschildert.

Barcelona – 1,6 Millionen Einwohner, Hauptstadt Kataloniens, zweitgrößte Stadt Spaniens, 27 Millionen Touristen pro Jahr – wo fangen wir an, wo hören wir auf? Diese kosmopolitische Metropole am Mittelmeer ist berühmt für ihre Architektur und ihre kulturellen Highlights. Sie in all ihrer Vielfalt zu beschreiben, würde den Rahmen dieses Reiseführers sprengen. Zudem reichen ein oder zwei Besuchstage bei Weitem nicht aus, um dieser spannenden Stadt auch nur ansatzweise gerecht zu werden. Wir möchten Ihnen deshalb an dieser Stelle einige Tipps zur Planung Ihrer individuellen Stadtbesichtigung geben und ein Sightseeing-Programm für drei Tage mit unseren persönlichen Barcelona-Highlights vorstellen. Möchten Sie länger in der Stadt verweilen, empfehlen wir Ihnen als ergänzende Lektüre unsere Literaturtipps im letzten Kapitel dieses Buches.

Eintrittsgelder – Nahverkehr – Stadtführungen

Sagrada Família, Parc Güell, Picasso-Museum – Zahlreiche der weltberühmten Attraktionen sind Publikumsmagnete und die Eintrittsgelder sind nicht gerade ein Schnäppchen. Vom **Tourismusbüro** werden verschiedene Pakete für die Besichtigungen inklusive des Transports im öffentlichen Nahverkehr angeboten. Genaue Informationen dazu erhalten Sie unter *www.barcelonaturisme.com* oder *www.barcelona.de*. Die **Barcelona-Card**, die neben der Nutzung des Nahverkehrs auch Eintritte in Museen und sonstige Vergünstigungen beinhaltet, gibt es ab 53 Euro für 72, 96 oder 120 Stunden. Bei einem entsprechenden kulturellen Interesse kann sie sich durchaus lohnen.

Eine – eventuell auch günstigere Alternative kann es sein, sich vorab die persönlichen Barcelona-Highlights auszusuchen und die Tickets dafür einzeln und online auf den jeweiligen offiziellen Websites zu besorgen. Das erspart auf jeden Fall lange Warteschlangen. Vorsicht jedoch bei den Websites der Ticket-Agenturen. Sie verlangen teilweise noch einen Aufschlag zu den regulären, ohnehin schon teuren Eintrittspreisen.

Für die Nutzung der **öffentlichen Verkehrsmittel** lohnt sich der ***Hola Barcelona* Pass**. Er ist an den Metrostationen im Zentrum erhältlich und es gibt ihn ab 16,40 Euro für einen Zeitraum von 24 bis 72 Stunden. Wenn Sie auf den Stellplätzen Nr. 079 und 080 stehen, können Sie damit auch Bahn und Bus nutzen.

Alternativ dazu gibt es für die **Metro** ein 10er Ticket (11,75 €), das Sie ebenfalls an den Metrostationen im Zentrum bekommen. In Kombination mit dem Shuttlebus (Camping Barcelona Nr. 078) sind wir damit sehr gut durch Barcelona gefahren.

Wenn es schnell gehen muss und Sie einen umfassenden Überblick bekommen möchten, dann bieten sich die **Hop-on-Hop-off-Busse** an. Tickets dafür können Sie ebenfalls bequem an den Campingplätzen buchen. Die Busse verkehren auf zwei Linien (blau und rot). Sie kommen damit zu den wichtigsten Sehenswürdigkeiten, bekommen unterwegs deutschsprachige Erklärungen,

können aussteigen und nach der Besichtigung die Fahrt später wieder fortsetzen. Es gibt 24- oder 48-Stunden-Tickets, die je nach Anbieter ab 33 € pro Person erhältlich sind.

Wer sich einer **Stadtführung** anschließen möchte, hat die Auswahl zwischen mehreren Anbietern. Neben den offiziellen Führungen des Tourismusbüros sind die **Free-Walking-Touren** sehr beliebt, *www.freewalkingtoursbarcelona.com*. Sie werden auf unterschiedlichen Routen und in mehreren Sprachen angeboten. Man bezahlt eine Buchungsgebühr von drei Euro und am Ende der Tour gibt man dem Guide einen Obolus, den man für angemessen hält. Ganz **individuelle Touren** auch über Barcelona hinaus bietet die Stadtführerin Romina von *www.barcelonaentdecken.com* an. Sie spricht perfekt Deutsch und man kann mit ihr maßgeschneiderte Touren nach persönlichen Wünschen vereinbaren.

Barcelona – Ein Mekka der Taschendiebe

Leider ein aktuelles Thema, das Sie jedoch nicht von einem Besuch in Barcelona abhalten sollte. Wir möchten Ihnen ein paar Empfehlungen mit auf den Weg geben. Wenn Sie diese beherzigen, sollte einem unbeschwerten Ausflug in die City eigentlich nichts im Wege stehen. Mit dem Abstellen Ihres WOMOs auf einem bewachten Stell- oder Campingplatz ist bereits ein erster Schritt getan. Hier sollten Sie vor unliebsamen Autoaufbrüchen sicher sein.

Die Rambla – Beliebtes Revier für Langfinger

Für den Ausflug in die Stadt lassen Sie bitte alle entbehrlichen Wertsachen im Tresor des WOMOs. Wir hatten nur unsere Personalausweise, eine Kreditkarte, ein Smartphone sowie einen zweistelligen Bargeldbetrag mit dabei.

Achten Sie im Straßencafé darauf, Rucksack oder Tasche nicht einfach neben sich auf dem Stuhl abzulegen, sondern behalten Sie immer Kontakt zu Ihrem Gepäckstück. In der Metro oder im Menschengedränge tragen Sie den Rucksack am besten vor dem Bauch. Besonders beliebte Reviere der Langfinger sind die touristischen Hotspots, wie beispielsweise die Rambla, der Park Güell, die Metro oder die Markthalle *Mercat de la Boqueria*. Seien Sie dort einfach besonders wachsam.

Barcelona – Stadtviertel – Geschichte

Bevor wir uns in die Großstadt stürzen, hier noch ein wenig Basiswissen zu Barcelona. Die Stadt ist aufgeteilt in 73 Stadtviertel, den sogenannten *barrios*. Doch keine Angst, die wesentlichen Sehenswürdigkeiten konzentrieren sich auf einige wenige Viertel, die wir Ihnen näher vorstellen möchten. Sie sind in ihrer Art sehr unterschiedlich und haben alle ihre Besonderheiten.

Wo auch immer Sie ihr Quartier in Barcelona aufgeschlagen haben, Ihre Stadtbesichtigung wird am zentralen Verkehrsknotenpunkt **Plaça Catalunya** beginnen. Dort treffen die Verkehrslinien aufeinander, dort ist das zentrale **Tourismusbüro**, dort starten die Touristikbusse und dort zweigen die großen Straßen in die Stadtviertel ab. Nach Süden hin führt die **Flaniermeile *Rambla*** zu den Altstadtvierteln und zum **Alten Hafen** mit der **Kolumbussäule**.

Barcelona – Ausblick über die Dächer der Altstadt und die Kathedrale

El Gòtico

Wie der Name bereits vermuten lässt, ist das »gotische Viertel« das älteste Barcelonas. Hier tauchen wir ein in die Vergangenheit der Stadt. Das Viertel erhebt sich über dem einstigen Heerlager *Barcino*, das die Römer im Jahr 133 v. Chr. an dieser Stelle unterhielten. Über die eigentliche Stadtgründung gibt es verschiedene Legenden. Eine davon besagt, dass es der karthagische General Hamilkar Barkas, der Vater des legendären Hannibals gewesen sein soll, der die Stadt um 230 v. Chr. unter dem Namen *Barcelino* gegründet haben soll. Einige Spuren der römischen Vergangenheit lassen sich noch erkennen, wie etwa die Reste der ehemaligen Stadtbefestigung.

Das Zentrum des Viertels ist die **Plaça de Sant Jaume**. Dort schlägt in zwei gotischen Gebäuden bis heute das politische Herz Barcelonas. Auge in Auge genau gegenüber haben darin sowohl die Stadtverwaltung *Ajuntament* als auch die Autonome Regierung Kataloniens ihren Sitz. Bereits in der Antike war hier das *Forum Romanum* angesiedelt. Im gotischen Viertel befinden sich noch weitere architektonische Zeugnisse der mittelalterlichen Königs- und Handelsstadt, wie die gotische **Kathedrale Santa Creu i Santa Eulàlia**, das **Stadtmuseum *Museu d'Història de Barcelona* MUHBA** oder der **Königsplatz *Plaça del Rei***.

Im gotischen Viertel liegt auch das ehemalige **jüdische Viertel *El Call***. Dort lebte die ab dem 4. Jahrhundert zugewanderte jüdische Gemeinde, die seinerzeit hohe Ämter in der Stadt bekleidete und sogar den Bürgermeister stellte. Über das Schicksal der ab 1492 vertriebenen Juden erzählt eine eigene Abteilung des Stadtmuseums.

El Born

Östlich der lebhaften ***Vía Laietana*** schließt sich das Viertel El Born i la Ribera an, wie es mit seinem vollen Namen heißt. Früher lebten in den herrschaftlichen Häusern einflussreiche Kaufleute und Händler, denn El Born liegt nahe am Hafen. Später kamen Künstler und Literaten hinzu, die hier ihre Ateliers und Werkstätten hatten. Dies hat dem Viertel auch den Namen »Montmartre Barcelonas« eingetragen. So wundert es nicht, dass hier einige bedeutende Kunstmuseen, wie das **Picasso-Museum**, das **Banksy-Museum** oder das **Museum für moderne Kunst MOCO** angesiedelt sind. Weitere

Sehenswürdigkeiten im Viertel sind der modernistische **Konzertsaal *Palau de la Música Catalana*** und die gotische **Basílica Santa Maria del Mar**. Letztere wurde durch den historischen Bestseller-Roman »Die Kathedrale des Meeres« von Ildefonso Falcones berühmt, dessen Geschichte sich um den Bau der Kirche rankt.
In den letzten Jahren hat es sich zu einem hippen Ausgehviertel entwickelt und präsentiert sich heute mit einer charmanten Mischung aus klassisch und modern. In den Gassen finden sich etliche kleine Boutiquen, Ateliers, Bars und Restaurants.
Das Viertel El Born wird begrenzt vom größten, innerstädtischen Park Barcelonas, dem ***Parc de la Ciutadella***, in dem sich auch der **Zoo** befindet. Nicht weit davon steht der **Arc de Triomf**, der 1888 als symbolisches Eingangstor zur damaligen Weltausstellung erbaut wurde.

El Raval
Das dritte Altstadtviertel schließt sich südwestlich der Rambla an das Gòtico an. El Raval stand lange Zeit nicht auf der Sonnenseite des Lebens. Berühmt berüchtigt war es für sein Rotlichtmilieu und als Arbeiterviertel mit multikulturellen Einwohnern. Diese Zeiten sind vorbei und der einst verruchte Stadtteil mit hoher Kriminalitätsrate ist heute ein angesagtes Szeneviertel, in dem Studierende und Künstler aus aller Welt zuhause sind. Daneben gibt es noch zwei kulturelle Schwergewichte zu bestaunen, wie den **Palau Güell** sowie das **Museum für zeitgenössische Kunst MACBA**.

La Barceloneta
Das ehemalige Fischerviertel nördlich des Hafens zählt ebenfalls noch zum Altstadtbereich Barcelonas. Auch hier lebte im Zuge der Industrialisierung eher die Unterschicht der Bevölkerung. Im Rahmen der Olympischen Spiele 1992 und der damit verbundenen Umgestaltung verwandelte sich das einstige Schmuddelkind zu einer Touristenattraktion. Heute ist dies die Meerseite Barcelonas. Mehrere Strandabschnitte, ein Abstecher zum **Olympiahafen** oder zum **Alten Hafen *Port Vell*** sowie die Promenade **Passeig Marítim** laden zum Flanieren und Entspannen ein.

Vom ehemaligen Fischerviertel zur heutigen Meerseite Barcelonas

Außerdem startet hier die 1,3 Kilometer lange **Seilbahn *Telèferic del Port*** auf den Hausberg **Montjuïc**. Sie wurde 1929 zur zweiten Weltausstellung Barcelonas geplant, aber erst zwei Jahre später in Betrieb genommen. Heute gehört die sechsminütige Gondelfahrt mit eindrucksvollem Panorama sicherlich zu einem der besonderen Barcelona-Erlebnisse.

L'Eixample

Dieses Viertel liegt nördlich der Plaça Catalunya. Von oben betrachtet gleicht dieses Stadtviertel einem Schachbrett. Symmetrisch angeordnete Straßenzüge und eine einheitliche Bebauung mit Häuserblocks kennzeichnen das Viertel. Dazu mondäne Boulevards mit Nobelboutiquen. L'Eixample entstand im 19. Jahrhundert, als Barcelona aufgrund des Bevölkerungswachstums und der Industrialisierung aus allen Nähten zu platzen drohte. Außerhalb der eigentlichen Stadtmauern wurde deshalb eine strukturierte »Erweiterung« geplant, wie L'Eixample übersetzt heißt. Heute ist dies der größte Stadtteil Barcelonas, der zugleich die herausragenden, **modernistischen Gebäude** enthält. Antoni Gaudís Meisterwerke ***Casa Battló***, ***Casa Milà*** und das Wahrzeichen Barcelonas, die **Sagrada Família,** sind hier zu finden.

Besuchermagnete *Casa Milà* und Park Güell

Gràcia

Ursprünglich lag der Ort Gràcia als eigenständige Gemeinde außerhalb Barcelonas. Erst durch das Stadtviertel L'Eixample wurde Gràcia an die Stadt angebunden und 1898 zu Barcelona eingemeindet. Ein wenig von diesem charmanten, dörflichen Charakter hat sich bis heute gehalten. Hier geht es ein wenig beschaulicher und familiärer zu, es gibt hübsche Plätze und kleine Straßenzüge mit Cafés und netten Läden. Junge Familien, Künstler und Studenten sorgen für ein ganz besonderes Flair. Gràcia ist bei weitem noch nicht so touristisch überlaufen, wie die anderen Stadtviertel. Dabei gibt es auch hier herausragende Sehenswürdigkeiten, wie die ***Casa Vicens*** oder das ehemalige Hospital ***Recinte Modernista de Sant Pau***. Im Norden wird das Stadtviertel vom **Park Güell** begrenzt.

Der Hausberg Montjuïc

Der 173 Meter hohe Montjuïc ist zusammen mit dem nördlich gelegenen **Tibidabo** einer der beiden Hausberge Barcelonas. Auf ihm wurden sowohl die Weltausstellung des Jahres 1929 als auch die Olympischen Sommerspiele 1992 ausgetragen. Aufgrund seiner schönen Parks und weiterer Sehenswürdigkeiten ein touristischer Anziehungspunkt. Unter anderem finden Sie hier das **Nationalmuseum *Museu Nacional d'Art de Catalunya***, den **Botanischen Garten *Jardí Botànic***, das **Miró-Museum** sowie das **Castell** aus dem Jahr 1751, von dem man einen guten Blick auf die Stadt sowie auf den Hafen hat.

Unsere Tipps für drei Tage in Barcelona

Selbstverständlich hat jede und jeder ganz eigene Interessen bei einer Städtetour. Während sich die einen für die kulturellen Highlights begeistern, suchen andere das Shopping-Erlebnis oder ein geselliges Abend- und Nachtleben. Allem können und wollen wir gar nicht gerecht werden. Deshalb stellen wir Ihnen nun unsere persönlichen Highlights in Barcelona vor, die sich durchaus auch mal abseits der Touristenströme befinden. Um einen kommt man bei einem Barcelona-Besuch allerdings nicht herum. Und das ist der Architekt **Antoni Gaudí**, der hier seine eindrucksvollen, sichtbaren Spuren hinterlassen hat. Deshalb starten wir mit dem sogenannten »Pflichtprogramm« für Barcelona.

Tag 1: Zu Antoni Gaudí und den Highlights des katalanischen Modernisme

Relativ kompakt verteilt finden Sie die Stationen unseres Pflichtprogramms in den Stadtvierteln L'Eixample und Gràcia. Dort steuern wir als erstes das Wahrzeichen Barcelonas an – die **Sagrada Família**. Antoni Gaudí widmete diesem Meisterwerk der Architekturgeschichte seine letzten elf Lebensjahre. Baubeginn war 1882, aber fertig ist das gewaltige Gotteshaus immer noch nicht. Bei unserem Besuch dominierten die Baukräne, denn man arbeitet mit Hochdruck an der Fertigstellung im Jahr 2026, dem 100. Todesjahr Antoni Gaudís. Mehr zu diesem Architekten finden Sie in Tour 3.

Im Innenraum sind die Bauarbeiten abgeschlossen. Das riesige Kirchenschiff fasziniert mit Ästhetik, organischen Formen, überraschenden Lichteinfällen und prächtigen Säulen, deren Bauweise den Baumstämmen eines Waldes sowie der Gotik entlehnt sind. Wir empfehlen Ihnen den hervorragenden, deutschsprachigen Audio-Guide sowie zwei Stunden Zeit, um sowohl die

Das Wahrzeichen Barcelonas sieht seiner Fertigstellung entgegen

einzigartige Architektur als auch das Museum im Kellergeschoss zu erkunden. Ob Sie auch die Auffahrt zu einem der 18 Türme buchen, ist Geschmackssache. Wir befinden, man hat von vielen anderen Aussichtspunkten ebenfalls gute Ausblicke auf die Stadt, inklusive der Kulisse auf die Sagrada Família *(Tickets ab 26 €, buchbar unter www.sagradafamilia.org).*

Jugendstil in Vollendung

Über die schnurgerade und von schattigen Bäumen gesäumte Allee **Avinguda de Gaudí** gelangen wir in knapp 15 Minuten zu einem unserer Top-Ten-Ziele in Barcelona – dem *Hospital de la Santa Creu i Santa Pau*. Trotz der Attraktivität herrscht hier selten Besuchergedränge. Im Gegenteil – die wunderbare Gartenanlage, in der sich früher die Patienten erholen sollten, ist fast schon eine Rückzugsoase im Trubel der Großstadt. Dieser umfangreichste Komplex des katalanischen Modernisme umfasst ganze 27 Gebäude und ist ein Werk des Architekten **Lluís Domènech i Montaner** (1850–1923). Ursprünglich plante er sogar 48 voneinander unabhängige Pavillons, die den verschiedenen, medizinischen Abteilungen gewidmet waren. Alles eingebettet in einer weitläufigen Gartenanlage sowie mit unterirdischen

Versorgungsgängen miteinander verbunden. Da auch dieser Architekt sein Werk nicht vollenden konnte, führte sein Sohn **Pere Domènech** die Arbeiten fort und ergänzte weitere Gebäude, die bereits neogotische Elemente aufweisen. Das Krankenhaus wurde 1930 von König Alfonso XIII. seiner Bestimmung übergeben.

Seit 1997 steht dieses einzigartige Jugendstil-Ensemble auf der Liste des UNESCO-Weltkulturerbes. In dem Gebäudekomplex findet heute kein Klinikbetrieb mehr statt, doch steht er immer noch im Dienste der Gesundheit und der Forschung. Die Weltgesundheitsorganisation WHO unterhält hier ein europäisches Regionalbüro, es finden medizinische Kongresse statt und wir können in den Ausstellungs-Pavillons in die Medizingeschichte eintauchen. Dazwischen genießen wir den Duft der Orangenblüten in der weitläufigen Gartenanlage. Besonders eindrucksvoll sind allerdings die gekachelten, unterirdischen Gänge. Einst konnten dort sogar Pferdekutschen fahren. Auch hier lohnt sich der deutschsprachige Audio-Guide *(Täglich geöffnet von April bis Oktober 10–18.30 Uhr, im Winter bis 17 Uhr, letzter Einlass 30 Minuten früher; 16 €, Audioguide 4 €, www.santapaubarcelona.org).*

TOUR 7

Rund 30 Minuten Fußmarsch sind es hinauf zum **Park Güell**, einer der Hauptsehenswürdigkeiten Barcelonas. Doch auch dort sind noch stille Ecken zu finden, sobald man sich ein wenig vom Eingangsbereich und den mit Selfie-Sticks bewaffneten Touristenmassen entfernt. Die Parkanlage wurde von 1900 bis 1914 von Antoni Gaudí im Auftrag des Industriellen **Eusebi Güell** angelegt. Dieser war von der englischen Gartenstadtidee fasziniert und wollte etwas Ähnliches in Barcelona haben. Gaudí plante ein Städtebauprojekt mit rund 60 Villen, wobei er seiner Zeit ein gutes Stück voraus war. So achtete er auf kostengünstiges und umweltgerechtes Bauen, verzichtete auf große Erdbewegungen und passte die Mauern und Terrassen mit natürlichen Materialien dem hügeligen Terrain an. Für die Finanzierung war ein frühes »Crowd-Funding-System« vorgesehen. Dennoch war das zukunftsweisende Projekt aufgrund fehlender Geldmittel zum Scheitern verurteilt. Stattdessen beschloss die Stadt nach dem Baustopp 1914 die Umwandlung in einen öffentlichen Park. Bis vor wenigen Jahren war er kostenlos zugänglich, doch dann wurde er von den Besuchermassen förmlich überrannt. Um einen Kollaps zu vermeiden,

ist der Eintritt nun kostenpflichtig und die Besucherzahlen begrenzt (*Täglich von 9.30–19.30 Uhr, 10 €. Die Tickets sind zeitgebunden und nur bis 30 Minuten nach der angegebenen Eintrittszeit gültig, www.parkguellonline.cat*).

Zurück im Zentrum wenden wir uns dem **Passeig de Gràcia** zu. Der Prachtboulevard verbindet die Stadtviertel Gràcia mit dem L'Eixample und gleicht einem Schaulaufen der modernistischen Hausfassaden. Die Architekten der damaligen Zeit schienen sich gegenseitig mit verschnörkelten und verspielten Gestaltungselementen übertreffen zu wollen. Nicht alle Gebäude sind für Besucher zugänglich, denn vielfach befinden sich darin noch Wohnungen oder Hotels. Ob und welches Sie sich anschauen möchten, überlassen wir Ihnen. Manchmal tut es angesichts horrender Eintrittspreise auch eine Außenbesichtigung.

Die ***Casa Batlló*** dürfte Gaudís exzentrischstes Werk sein. Gerade Linien sucht man vergeblich und der Meister ließ sich beim Bau von der Sant Jordi Legende inspirieren. Können Sie den Drachen erkennen? Der hervorragende Audio-Guide erklärt anschaulich die Details des Gebäudes (*www.casabatllo.es ab 29 €*).

Die ***Casa Milà***, auch ***La Pedrera*** genannt, diente bereits mehrfach als Filmkulisse. Hier hat Gaudí auch das Interieur, wie Türen, Treppen und Möbel entworfen. Eine Besonderheit sind die Sommerkonzerte bei einem Gläschen *Cava* auf der Dachterrasse (*www.lapedrera.com ab 25 €*).

Die ***Casa Vicens*** befindet sich noch im Stadtteil Gràcia und war eines der ersten Gebäude Antoni Gaudís. Der Geschäftsmann **Manuel Vicens i Montaner** (1836–1895) hatte ihn mit der Planung einer Sommerresidenz beauftragt. Besonders gut haben uns dort die arabischen und maurischen Einflüsse gefallen (*www.casavicens.org ab 18 €*).

Tag 2: Museumstag in der Altstadt *Ciutat Vella*

Barcelona hat eine Vielzahl interessanter Museen zu bieten. Naturwissenschaftsmuseum, Meeresmuseum, moderne oder alte Kunst, Stadtgeschichte oder ein Schokoladenmuseum. Da fällt die Auswahl tatsächlich schwer. Unsere persönlichen Highlights waren im Bereich der Altstadt das **Picasso-Museum**, das **Banksy-Museum** sowie das **MOCO-Museum**.

Pablo Picasso (1881–1973) zog als 14jähriger mit seinen Eltern von Südspanien nach Barcelona. Dort begann er sein Studium an der Kunstakademie ***La Llotja***, die nur wenige Schritte vom heutigen Picasso-Museum entfernt liegt und an der sein Vater eine Professur hatte. Später verlagerte er seinen Wirkungskreis nach Paris, wo ihm auch der internationale Durchbruch als Künstler gelang.

Das Museum in Barcelona erstreckt sich über insgesamt fünf gotische Stadtpaläste und zeigt vor allem Arbeiten aus der Jugend Picassos, aber auch etliche Werke aus den späteren Schaffensphasen. Ein echtes Highlight ist die Gemäldeserie »Las Meninas«. Es handelt sich dabei um Picassos moderne Interpretation der klassischen Vorlage von Diego Velázquez aus dem Jahr 1646, die heute im Madrider Prado zu sehen ist *(Di.–So. 9–20 Uhr; 15 €, www.museupicassobcn.cat).*

Nur zwei Häuser weiter befindet sich das Museum für moderne und zeitgenössische Kunst **MOCO**. Nach Amsterdam ist dies die zweite Niederlassung. Gegründet wurde es mit der Mission, moderne Kunst einem breiteren und vor allem jüngeren Publikum zugänglich zu machen. Streetart, Popart, immersive Kunsterlebnisse, alles ein wenig schriller und bunter. Häufig auch mit kritischen Botschaften versehen. Andy Warhol, Salvador Dalí, Damien Hirst, Keith Haring, KAWS, Yayoi Kusama, um nur einige der bekannten Vertreter zu nennen *(Täglich 10–21 Uhr, Di.–Do. nur bis 20 Uhr; 17,95 €, www.mocomuseum.com).*

Das dritte spannende Museum widmet sich ebenfalls moderner Streetart-Kunst. Banksy ist weltweit bekannt, doch niemand kennt ihn tatsächlich. Bis heute ist es ihm gelungen, seine Anonymität zu bewahren. Im **Banksy-Museum** sind rund 130 Werke im Rahmen einer immersiven Ausstellung zu sehen. Prädikat: Hingehen! *(Täglich 10–20 Uhr; 12 €, www.museobanksy.com).*

Tag 3: Kür-Programm samt Einkehrtipps
Eine kulinarische Stadtführung, ein Tag am Strand, ein Besuch im legendären Fußballstadion des FC-Barcelona, eine Fahrt mit der Seilbahn auf den Monjuïc oder doch lieber ein wenig Shopping? Sie haben die Wahl!

Eines möchten wir Ihnen aber noch mit auf den Weg geben. Das sind unsere Einkehrtipps für Barcelona.

Ein zweites Frühstück oder einen Kaffee zur Stärkung zwischendurch gibt es hier:

Bohème Bakery in der Carrer de la Princessa im Stadtviertel Born. Die Croissants zergehen auf der Zunge. Hier gehen auch die Einheimischen frühstücken.

Patisseria Ideal in der Carrer Gran de Gràcia im gleichnamigen Stadtviertel in der Nähe der *Casa Vicens*. Probieren sie die köstlichen *Maccarons* oder die *Pa cremat*, mit Vanillepudding gefüllte Gebäckteilchen, *www.patisseriaideal.com*.

In Barcelona dürfen Sie einen Bummel durch eine der Markthallen nicht versäumen. Es muss nicht der touristisch überlaufene ***Mercat de la Boqueria*** sein. Fast jedes Stadtviertel hat einen eigenen *Mercat*. Und dort ist es meist ruhiger und authentischer mit nicht minder guten Angeboten. Überall werden Sie **Tapas-Bars**

Großartige Ausblicke an der Plaça d'Espanya

finden, in denen die Einheimischen nach dem Einkauf noch einen Kaffee oder ein Glas Wein trinken. Unser Favorit ist der ***Mercat de Barceloneta*** im gleichnamigen Stadtviertel. Untergebracht in einem Gebäude aus dem 19. Jahrhundert hat uns dort die Auswahl an Fisch- und Meeresfrüchten begeistert (*Täglich außer So. 7.30–14 Uhr, www.mercatsbcn.cat*).

Für eine ausgedehnte Mittagspause empfehlen wir Ihnen folgende Restaurants:

Bodega Vasconia in der Carrer d'en Gignàs im Altstadtviertel Gòtico. In dem kleinen Restaurant bekommt man in urgemütlichem Ambiente köstliche Tapas-Gerichte und eine große Auswahl hervorragender Weine. Ruhetage Mo. und Di.

Saluka im Obergeschoss des Shoppingtempels ***Arenas de Barcelona*** an der Plaça d'Espanya. Anders als die Location vermuten lässt, kann man hier in aussichtsreicher Lage mit Blick auf den Montjuïc köstliche Fischgerichte genießen. Positiv aufgefallen ist uns zudem das aufmerksame und freundliche Servicepersonal, *www.salukabcn.com*.

Auch wenn Sie hier nicht essen möchten, die Fahrt hinauf auf die **Aussichtsplattform der ehemaligen Stierkampfarena** lohnt sich. Von oben genießen Sie schöne Ausblicke auf die Stadt und den Hafen. Nun viel Spaß bei der eigenen Erkundung Barcelonas. Wir sehen uns wieder in Tour 8.

Tour 8

Tour 8

Gaudí, Mönche und ein Salzberg
Von Barcelona nach Cordona

217 km

Wie ein Fels in der Brandung erhebt sich im Hinterland Barcelonas das Montserrat-Massiv. Mitten in dieser bizarren Welt aus Felsen versteckt sich das Kloster Montserrat in unvergleichlicher Aussichtslage. Auf dieser Tour gibt es aber noch mehr zu entdecken:

- **Unvollendete Krypta Antoni Gaudís**
- **Dorf der Köhler Mura**
- **Kloster Sant Benet de Bages**
- **Unterirdische Kristalle im Salzberg von Cardona**

Nach den ereignisreichen Tagen in der Großstadt Barcelona ist uns nun wieder nach ruhigeren Gefilden zumute. Von der Küste geht es erneut in Richtung Hinterland. Zunächst bewegen wir uns dabei noch im Dunstkreis der Großstadt Barcelona und auch Antoni Gaudí bleibt unser Begleiter. Vor den Toren der Stadt besuchen wir in **Santa Coloma de Cervelló** mit der **Colònia Güell** ein weiteres, unvollendetes Meisterwerk des Architekten. Der Ort befindet sich im Westen Barcelonas. Da wir Ihren genauen Standort für die Barcelona-Besichtigung nicht kennen, bemühen Sie bitte Ihr Navigationsgerät für die Anfahrt.

081 Santa Coloma de Cervelló – *La Colònia Güell*

GPS: N 41°21'55" E 02°01'33". **Max. WOMOs**: 8. **Öffnungszeit**: Ganzjährig. **Ausstattung**: Ausguss Chemietoiletten, Wasser, Mülleimer. **Beschreibung**: Großer, asphaltierter Parkplatz am Rand eines Fußballstadions, auf dem acht Plätze für WOMOs reserviert sind. Der unbewachte Stellplatz befindet sich in der Nähe des Bahnhofs, an dem Züge in rund 20 Minuten zur Plaça de Espanya nach Barcelona fahren. Maximale Aufenthaltsdauer 48 h. **Hinweis**: Da das Parken mit WOMOs außerhalb der reservierten Flächen verboten ist, bietet sich für den Tagesbesuch auch ein kostenloser Parkplatz bei N 41°21'55" E 02°01'41" an. **Preise**: 7,38 €, bezahlbar über einen QR-Code. **Zufahrt**: In Santa Coloma de Cervelló dem Parkleitsystem und der Beschilderung zur Colònia Güell folgen.

TOUR 8

Fernab vom Hexenkessel der sozialen Unruhen, in den sich Barcelona im ausgehenden 19. Jahrhundert verwandelt hatte, ließ der Unternehmer und Kunstmäzen Eusebi Güell im Jahr 1890 neben seiner Textilfabrik die Arbeitersiedlung **Colònia Güell** erbauen. Die neue Siedlung vereinte nicht nur Wohn- und Arbeitsplatz an einem Ort, sie bot den Arbeitern und ihren Familien auch Kultur- und Bildungseinrichtungen. Güell verfolgte dabei ein fortschrittliches Konzept, mit dem er soziale Verbesserungen für seine Arbeiter einführte. Die Familien lebten in komfortablen Einfamilienhäusern mit eigenen Gärten zur Selbstversorgung, sie hatten Zugang zu Schulen und auch die ärztliche Versorgung war sichergestellt. Mehrere Architekten arbeiteten an dem Projekt und errichteten die Gebäude im schlichten, funktionalen Stil des Modernisme.

Die Krypta ist UNESCO-Welterbe

Das bekannteste Bauwerk in der Siedlung ist die Gaudí-Kirche, die im Jahr 2005 von der UNESCO zum Weltkulturerbe anerkannt

Ehemalige Fabrikanten-Villa der Arbeitersiedlung Colònia Güell

wurde. Güell beauftragte Gaudí im Jahr 1898 mit dem Bau, der an dieser Stelle ein prächtiges Gotteshaus plante. Das ehrgeizige Projekt gilt für viele als Vorläufer der Sagrada Família, da hier einige der gestalterischen Elemente vorweggenommen wurden. Doch die Arbeiten gingen nur langsam voran und das Projekt verschlang hohe Summen. Als Güell schwer erkrankte, kam es zum Streit zwischen den Söhnen des Gönners und dem Architekten. Schließlich verließ Gaudí verärgert die Baustelle, seine Kirche blieb unvollendet. Lediglich das untere Kirchenschiff sowie der Portikus wurden fertiggestellt. Seitdem wird das Gebäude »Krypta« genannt.

Im ehemaligen Genossenschaftsgebäude ist heute ein **Besucherzentrum** mit einer Ausstellung zur Geschichte der Arbeitersiedlung untergebracht. Dort bekommt man sowohl die Eintrittskarten für die Krypta als auch einen Plan mit deutschsprachigem Audioguide für den anschließenden Rundgang durch das Dorf. Beim Bummel durch die Gassen verbreitet sich etwas morbider Charme. Nach dem Spanischen Bürgerkrieg wurde die Anlage verstaatlicht und drohte später zu verfallen. Inzwischen sind die Wohnhäuser ins Visier von Immobilien-Spekulanten geraten, die hier gerne ein schickes Wohnquartier errichten würden. Wie Protestplakate erkennen lassen, wehren sich die Bewohner derzeit gegen diese Vereinnahmung ihres Wohnraumes (*Mo.–Fr. 10–17 Uhr, Sa., So. und feiertags bis 15 Uhr; 10 €, www.gaudicoloniaguell.org*).

Auf der Schnellstraße/Autobahn A2 geht es nun zügig in Richtung Norden bis nach **Collbató**. Dort entdecken wir den Hinweis zu einer Tropfsteinhöhle, die in der Nebensaison jedoch nur am Wochenende geöffnet ist. Vielleicht haben Sie Glück und können der Höhle einen Besuch abstatten.

P Collbató – *Cuevas del Salnitre*

GPS: N 41°34'23" E 01°49'46". **Max. WOMOs**: 10. **Öffnungszeit**: Ganzjähriger Tagesparkplatz. **Ausstattung**: Picknickzone, Brunnen, Mülleimer. **Beschreibung**: Großer, schattiger Besucherparkplatz auf Kies, außerorts und am Ausgangspunkt zu Wanderwegen in das Montserrat-Massiv. **Zufahrt**: In Collbató den Hinweisschildern zur Höhle *Las Cuevas del Salnitre* folgen.

Die 530 Meter lange Tropfsteinhöhle **Cuevas del Salnitre** liegt am Fuß des **Felsmassivs von Montserrat**. Sie ist bereits seit dem 16. Jahrhundert bekannt, wurde aber erst Ende des 18. Jahrhunderts erkundet. Von der faszinierenden, unterirdischen Welt aus Stalagmiten und Stalaktiten soll sich Antoni Gaudí zu seinen Bauwerken inspiriert haben lassen. Nach dem Spanischen Bürgerkrieg war die Höhle lange verlassen, bis sie 1985 wieder für Besucher zugänglich gemacht wurde. Im Inneren herrschen ganzjährig 14 Grad und es sind mehrere, steile Treppen zu bewältigen *(Geführte Touren in den Monaten Januar bis März und Oktober bis Dezember Sa., So. und feiertags um 10, 11.30, 13 und 16.30 Uhr. April bis Juni und September zusätzlich um 18 Uhr, Juli und August Di.–So. um 10, 11.30, 13, 16.30 und 18 Uhr; 7 €, www.pedratour.com)*.

Über **El Bruc** gelangen wir nun hinein in den **Parc Natural de la Muntanya de Montserrat**. Die markant gezackte Silhouette des Bergmassivs ist bereits von Weitem zu sehen und gleicht dem sprichwörtlichen Fels in der Brandung. Mit einer Länge von neun Kilometern und einer Höhe von gut 1.200 Metern erhebt sich das Massiv wie eine Fata Morgana über der Ebene des Ríu Llobregat. Die Straße B-111, später BP-1101 führt uns kurven- und aussichtsreich in diese bizarre Welt aus Fels und Stein. Irgendwie erinnern uns die massigen Formationen an dicke Wurstfinger, die gen Himmel ragen.

Auch wenn das Bergmassiv wie ein Solitärfels erscheint, gehört es geologisch gesehen doch zur Kette des Küstengebirges. Im Laufe der Jahrmillionen erodierte das weichere Gestein zu diesen eigenwilligen Gebilden mit ihren gerundeten Felsnadeln. Bei den Katalanen ist dieser »Heilige Berg« fest verankert und genießt den Status eines nationalen Symbols.

Zahlreiche Mythen und Legenden ranken sich um ihn und Christoph Kolumbus hat eine Insel in den Kleinen Antillen nach dem Berg Montserrat benannt. Machen wir uns also auf den Weg zur Erkundung dieses besonderen Berges. Den ersten Parkplatz mit einem Infocenter zum Naturpark erreichen wir am **Coll Can Maçana** (716 Meter).

082 Coll Can Maçana

GPS: N 41°36'35" E 01°46'02", BP-1101, 716 m. **Max. WOMOs**: 5. **Öffnungszeit**: Ganzjährig. **Ausstattung**: Mülleimer, Infocenter mit öffentlichen Toiletten während der Öffnungszeiten, Picknickplätze. **Beschreibung**: Außerorts gelegener Wanderparkplatz auf Kies, teilweise Schatten durch Bäume. Ab hier führen Wanderwege in verschiedene Bereiche des Bergmassives. Wanderkarten sind im Infocenter erhältlich. **Preise**: Tagsüber 6 €, ab 18 Uhr frei. **Zufahrt**: Vor der Passhöhe ist der Parkplatz auf der rechten Seite ausgeschildert.

Auf der Passhöhe zweigt rechts die BP-1103 ab, der wir nun in Richtung **Montserrat** folgen. Mehrmals gibt es die Möglichkeit, entlang der Straße auf aussichtsreichen Plätzen zu parken. Etwa beim **Mirrador de Montserrat** oder bei der **Ermita Santa Cecilia**. Wir fahren jedoch noch einige Meter weiter und steuern den großen Besucherparkplatz beim **Monestir de Montserrat** an.

Unser Tipp: Kommen Sie erst in den Abendstunden. Dann können Sie bis ganz nach oben zum Kreisverkehr fahren und sich unterwegs bereits einen passenden Parkplatz aussuchen.

083 Monestir de Montserrat

GPS: N 41°35'45" E 01°50'20", 720 m. **Max. WOMOs**: 20. **Öffnungszeit**: Ganzjährig. **Ausstattung**: Keine. Im Bereich des Klosters öffentliche Toiletten und Restaurants während der Öffnungszeiten. **Beschreibung**: Großer Besucherparkplatz beim Kloster Montserrat. Die Stellflächen sind teilweise recht schräg, können aber mit Unterlegkeilen ausgeglichen werden. Man steht in grandioser Aussichtslage, was aber bei starkem Wind unter Umständen auch ungemütlich sein könnte. **Hinweis**: In besucherstarken Zeiten kann die Zufahrt zu den Klosterparkplätzen bereits im Tal reglementiert werden. Dann gibt es Ausweichplätze im Ort **Monistrol de Montserrat**. Von dort ist das Kloster über eine Seilbahn oder die Zahnradbahn zu erreichen. **Preise**: 20 € für 24 h, jeder weitere Tag wird mit 2,50 € berechnet. **WICHTIG: Bezahlen Sie die Parkgebühr erst bei der Abreise unten an der Schranke beim Wachpersonal und NICHT an einem der Kassenautomaten. Sonst wird das WOMO als Reisebus eingestuft.** **Zufahrt**: Die Zufahrt zum Kloster Montserrat ist weiträumig ausgeschildert.

Die **Benediktinerabtei Santa María de Montserrat** ist sicherlich kein Geheimtipp. Vielmehr pilgern ganze Heerscharen auf den Heiligen Berg und das Kloster steht auf dem Besichtigungsprogramm einer jeden Katalonien-Reise. Die Abtei ist zudem die Heimat von ***La Moreneta***. Die schwarze Madonnenfigur aus dem 12. Jahrhundert ist die Schutzheilige Kataloniens und zählt zu den meistverehrten Ikonen ganz Spaniens. Ruhe dürfen Sie also nicht erwarten. Wir verraten Ihnen aber einige Tipps, mit denen Sie diesen besonderen Ort zumindest ein klein wenig abseits der Massen genießen können.

Man schrieb das Jahr 1025, als der Abt Oliba de Besalú mehrere Klöster gründete, darunter die Abtei von Montserrat. An dieser Stelle berichteten Schäfer von einer Marienerscheinung, die von himmlischem Licht und Engelschören begleitet gewesen sein soll. Im Laufe seiner Geschichte war das Kloster nie richtig eigenständig, sondern immer wieder von anderen Einrichtungen fremdbestimmt. Zunächst durch das Kloster von Ripoll, später durch Mönche aus Valladolid. In den Jahren 1809 und 1811 waren es Napoleons Truppen, die die Abtei von Montserrat zerstörten.

Die schwarze Madonnenfigur *La Moreneta* aus dem 12. Jahrhundert ist die Schutzheilige Kataloniens.

Ab 1844 kehrte das klösterliche Leben jedoch zurück und die alten Gemäuer wurden in den Folgejahren wiederaufgebaut. Papst Leo XIII. erhob die heutige Klosterkirche schließlich im Jahr 1881 zur päpstlichen *Basilica minor*. Im 20. Jahrhundert war die Abtei auch ein Ort des Widerstandes gegen das Franco-Regime und wurde dadurch zu einem Symbol des katalanischen Nationalstolzes.

Heute lebt noch eine Gemeinschaft von rund 80 Mönchen auf dem Berg. Zudem hat der älteste Knabenchor Europas, die ***Escolania de Montserrat*** hier seinen Sitz. Er existiert bereits seit dem 14. Jahrhundert und um hier mitsingen zu dürfen, müssen die Jungen ein zweijähriges Auswahlverfahren absolvieren. Außer während der Ferien sind sie regelmäßig bei Chorproben in der Klosterkirche zu hören.

Ein Ort der Einkehr – Kloster Montserrat

Der Komplex gliedert sich in mehrere Abschnitte. Neben der **Basilika** und der **Cambril de la Mare de Déu** mit der Madonnenfigur gibt es noch ein **Kunstmuseum** zu besichtigen. Es spannt einen Bogen von der altägyptischen Mumie bis hin zu Picasso und den Impressionisten. Außerdem zeigt es eine beeindruckende Sammlung mit orthodoxen Ikonen (*Basilika täglich 7–20 Uhr, La Moreneta 7–10.30 Uhr und 12–18.15 Uhr, Museum 10–17.45 Uhr; Kombiticket für alle Einrichtungen 18 €, www.montserratvisita.com*).

Unser Tipp: Gegen Abend oder am frühen Morgen sind der Eintritt in die Kirche und zur Madonna manchmal kostenlos und man kann an einem Gottesdienst mit einem Auftritt des Knabenchores teilnehmen.

Wanderung rund um das Kloster Montserrat

Ruhe und Abgeschiedenheit abseits des Touristenrummels findet man am ehesten bei einer Wanderung in die Berge der Umgebung. Das **Tourismusbüro** hält Informationen und Wanderkarten bereit. Auch wir wollen ein wenig die Wanderstiefel schnüren und machen uns am nächsten Morgen frisch ausgeruht auf den Weg.

Da wir zunächst ein wenig »gehfaul« sind, nehmen wir für die erste Etappe die **Funiculaire Sant Joan**. Die erste Bahn startet um 10 Uhr (*10,40 € einfache Fahrt, 16 € Berg- und Talfahrt*) und bringt uns bequem in sechs Minuten hinauf zu einer ersten, spektakulären Aussichtsplattform. Der zugehörige Ausstellungsraum informiert über Flora und Fauna der Region.

An der Bergstation haben wir nun die Qual der Wahl. Mehrere gut markierte Wanderwege starten in verschiedene Richtungen. Ambitionierte Wanderer nehmen gerne den 7,5 Kilometer langen Aufstieg zum Gipfel **Sant Jeroni** in Angriff. Mit 1.236 Metern ist er die höchste Erhebung des Montserrat-Massives.

Klosterblick vom Aussichtspunkt Creu de Sant Miquel

Fünf Stunden Gehzeit für den Hin- und Rückweg sollten Sie dafür einplanen. Wir entscheiden uns für einen kürzeren, ebenfalls gut markierten Weg. Er führt uns in gut 20 Minuten hinauf zur **Ermita de Sant Joan**. Von dort genießen wir einen herrlichen Ausblick auf die Region westlich des Bergmassivs.

Zurück schlendern wir wieder bis zur Bergstation der Funiculaire, machen uns nun aber auf den Fußweg zurück in Richtung Kloster. Kaum lassen wir den Trubel der Bergstation hinter uns, wird es schnell ruhig. Wir können auch hier großartige Ausblicke genießen. Von unten dringt das Glockengeläut des Klosters zu uns herauf, ansonsten herrscht wohltuende Stille. Vorbei an mehreren Aussichtspunkten und der **Ermita de Sant Miquel** geht es stetig talwärts. Je näher wir dabei dem Kloster kommen, desto mehr nimmt nun auch wieder der Menschenandrang zu. Viele Tagestouristen gehen nur ein paar Meter hinauf bis zum **Aussichtspunkt Creu de Sant Miquel**. Von dort genießen wir tatsächlich einen postkartenreifen Ausblick auf die majestätische Klosteranlage inmitten der bizarren Felsenlandschaft.

Nach gut **3,5 Stunden** sind wir zurück am WOMO und haben dabei knapp **fünf Kilometer** Wegstrecke zurückgelegt.

Nachdem wir uns an den Verkaufsständen vor dem Kloster noch mit dem berühmten Honig von Montserrat versorgt haben, der zusammen mit dem Frischkäse *mató* die kulinarische Spezialität des Klosters ist, geht unsere Fahrt weiter.

Die kurvenreiche Straße führt uns talwärts hinunter nach Monistrol de Montserrat. Dort nehmen wir die C-58 in Richtung **Terrassa** (224.100 Einwohner). Die moderne Industriestadt stand eigentlich auf unserer Besichtigungsliste. Gehörte sie doch zu einem Zentrum der industriellen Revolution und hat noch einige modernistische Fabrikgebäude dieser Zeit vorzuweisen. Leider tut man sich in Terrassa aber sehr schwer mit Wohnmobilisten. Der offizielle Stellplatz neben einer Sportanlage bei N 41°34'37" E 02°00'38" war hoffnungslos mit PKWs zugeparkt und auch unter normalen Bedingungen ist er nur für kleine WOMOs geeignet. Vielleicht haben Sie mehr Glück oder Sie lassen Terrassa, wie wir es schließlich getan haben, einfach rechts liegen.

Stattdessen steuern wir unser nächstes Ziel an, den **Naturpark Parc Natural de Sant Llorenç del Munt i l'Obac**. Ab Terrassa geht es zunächst noch moderat auf der BV-1221 hinein in eine waldreiche Region. Bis zum Vorort Matadepera begleiten uns repräsentative Villen und schmucke Wohngebiete. Dann dominiert die Natur und wir finden uns inmitten einer roten Felsenlandschaft wieder. Der Naturpark gilt als »kleine Schwester« des Montserrat-Massives und die Felsformationen ähneln sich tatsächlich sehr.

Am **Coll d'Estenalles** auf 870 Metern Höhe gibt es links große Wanderparkplätze sowie ein **Informationsbüro zum Naturpark**.

P Coll d'Estenalles – N 41°40'03" E 01°59'36"

Das Übernachten ist hier leider verboten, doch für eine kleine Pause oder um sich ein wenig die Beine zu vertreten, ist der Platz im Grünen sehr schön. Unter anderem soll es eine Fledermaushöhle geben, die aus Naturschutzgründen Ende April für Besucher nicht zugänglich war.

Malerisches Bergdorf Mura

Kurvenreich geht es zehn Kilometer weiter bis nach **Mura** (230 Einwohner). In dem malerischen Bergdorf war einst das Köhlerhandwerk zuhause. Beim Streifzug durch die steilen, kopfsteingepflasterten Gassen lässt sich davon noch so manches entdecken.

Die Gemeinde hat zudem einen historischen Rundweg mit mehrsprachigen Erklärungstafeln eingerichtet. Heute sind viele der schön renovierten Steinhäuser Ferienunterkünfte oder Wochenend-Domizile. In der Nebensaison macht der Ort deshalb fast schon einen verschlafenen Eindruck. Dass dies an schönen Wochenenden anders sein kann, zeigt ein eigenes Parkleitsystem, dem Sie auch für das Abstellen Ihres WOMOs folgen sollten.

Das nächste pittoreske Örtchen **Talamanca** (220 Einwohner) folgt kaum zehn Kilometer später. Es thront auf einem Bergrücken und hat ein hübsches **Castell** vorzuweisen. Das macht uns neugierig und einen Parkplatz finden wir gleich links der Hauptstraße ebenfalls.

P Talamanca – N 41°44'07" E 01°58'37"

Das Castell von Talamanca stammt aus dem 10. Jahrhundert

Forscher vermuten, dass die Burg bereits im 10. Jahrhundert existierte, doch im 18. Jahrhundert auf Befehl des spanischen Königs Felipe V. zerstört wurde. Nach Zeiten des Verfalls fanden nach der Jahrtausendwende Ausgrabungs- und Restaurierungsarbeiten statt. Heute dient die Burg kulturellen Zwecken und beherbergt ein kleines **Heimatmuseum**, das jedoch nur nach vorheriger Anmeldung besucht werden kann.

Im August 1714 fand in der Umgebung des so friedlich scheinenden Ortes die **Schlacht von Talamanca** statt – eine militärische Auseinandersetzung zwischen bourbonischen und habsburgischen Truppen in der Endphase des **Spanischen Erbfolgekriegs**. Daran erinnert heute ein Mahnmal sowie die Informationstafeln zur ***Ruta 1714***.

Entlang eines Höhenzuges geht es nun kurvenreich 13 Kilometer weiter nach **Navarcles** (6.070 Einwohner). Der Ort erfreut uns gleich in doppelter Hinsicht. Zum einen bietet er gleich zwei Übernachtungsplätze, zum anderen ist der Besuch des Klosters **Monestir de Sant Benet de Bages** sowohl ein kulturelles als auch ein kulinarisches Highlight. Neugierig geworden? Wer einen offiziellen Stellplatz benötigt, kann direkt im Ort zentrumsnah hier übernachten:

084 Navarcles

GPS: N 41°45'24" E 01°54'30", Carrer Font de Santa Margarida, 245 m. **Max. WOMOs**: 6. **Öffnungszeit**: Ganzjährig. **Ausstattung**: Ver-/Entsorgungsstation, Strom (gebührenpflichtig), Mülleimer. **Beschreibung**: Asphaltierter Stellplatz am Ortsrand mit schattenspendenden Bäumen. Für den Bezug von Strom muss die vor Ort angegebene Telefonnummer angerufen werden. Eher für kleinere WOMOs bis

7 m Länge geeignet. Ganz in der Nähe gibt es eine Grünanlage am Fluss mit Spazierwegen und einem Spielplatz. Das Zentrum von Navarcles mit Restaurants und Einkaufsmöglichkeiten ist rund 700 m entfernt, das Kloster 2 km. **Zufahrt**: In Navarcles ist der Stellplatz mit WOMO-Piktogrammen ausgeschildert.

Navarcles am Ríu Llobregat ist eine ländlich geprägte Kleinstadt mit einem hübschen Altstadtbereich. Freitags findet dort ein großer **Wochenmarkt** statt. Früher dominierte in der gesamten Region der Weinbau. Mit der Reblaus-Plage im 19. Jahrhundert kam dieser jedoch zum Erliegen, was außerdem zu einem starken Bevölkerungsrückgang führte. Die ehemaligen Winzer verließen das Land und mussten sich als Fabrikarbeiter neue Existenzen aufbauen. So ist auch in Navarcles der Weinbau fast vollständig verschwunden. Für einen zarten, touristischen Aufschwung sorgte in den vergangenen Jahren das **Kloster Monestir de Sant Benet de Bages** und die Lage des Städtchens am berühmten **Jakobsweg *Camí de Sant Jaume***.

Für den Besuch des Klosters steuern wir den großen und ebenfalls übernachtungstauglichen Besucherparkplatz an.

085 Monestir de Sant Benet de Bages

GPS: N 41°44'39" E 01°54'04", Sant Fruitós de Bages, 235 m. **Max. WOMOs**: 5. **Öffnungszeit**: Ganzjährig. **Ausstattung**: Keine. **Beschreibung**: Geräumiger Besucherparkplatz auf Naturboden/Kies am Flussufer mit schattenspendenden Bäumen. Tagsüber lebhafter Besucherverkehr, nachts jedoch ruhig. Am Ufer gibt es schöne Spaziermöglichkeiten. **Zufahrt**: Die Zufahrt zum Kloster ist ausgeschildert. Vorsicht: In Navarcles nicht dem Navigationsgerät folgen, das gerne über fünf Ecken und enge Straßen lotst. Besser ist es, das Kloster über die N-141c anzufahren.

Ein Kloster, ein Maler und eine Liebesgeschichte

Abseits der Touristenmassen und fast noch im Dornröschenschlaf liegt das **Monestir de Sant Benet de Bages**. Damit verbunden ist eine – wie wir finden – wunderbare Geschichte. Nur einer der Gründe, weshalb es die Anlage auf unsere Top-Ten-Liste geschafft hat. Doch lesen Sie selbst.

Gegründet wurde das Kloster im frühen Mittelalter als Bollwerk an den Außengrenzen des christlichen Europas. Das maurische Kalifat war nicht weit und es kam immer wieder zu Überfällen und Angriffen. Doch die Benediktinermönche trotzten den Zerstörungen genauso wie der Pest und bauten ihr Kloster immer wieder neu auf. Unterstützung erhielten sie vom nahe gelegenen Kloster Montserrat. Von dort kamen zunächst Novizen, später die alten Mönche nach Sant Benet de Bages.

Weil dem spanischen Königshaus die finanziellen Mittel für seine Kriege und Schlachten fehlten, wurden mit dem Enteignungsgesetz von 1835, dem sogenannten

Romanische Säulenkapitelle am Portal der Klosterkirche

»*Desamortisationsdekret*«, die reichen Klöster und Kirchen aufgelöst, um Gelder in die Staatskasse zu spülen. So mussten auch die Mönche Sant Benet de Bages verlassen, verfolgt von einem aufgewühlten Mob, der die Abtei plünderte und brandschatzte. Viele wertvolle Kunstschätze und Dokumente gingen unwiederbringlich verloren, viele Mönchen kamen bei der Flucht ums Leben und über das Kloster wuchs sprichwörtlich Gras.

Das änderte sich im Zuge der Wende zum 20. Jahrhundert. Wohlhabende Katalanen erinnerten sich ihres kulturellen Erbes und an die glanzvollen Zeiten des Mittelalters. So auch die Familie des Malers **Ramon Casas** (1866–1932), einem Zeitgenossen von Gaudí und Domènech i Montaner. Bekannt wurde er als Portraitmaler der intellektuellen und politischen Szene aus Barcelona, Paris und Madrid. Mehr als 100 Gemälde, Zeichnungen und Portraits widmete er jedoch **Júlia Peraire i Ricarte** (1888–1941). Der Künstler hatte sich in die Blumen- und Losverkäuferin aus Barcelona verliebt, was in den Augen seiner Familie aber auch seines Freundeskreises als Mesalliance galt. Lange Zeit hielt sich das Paar deshalb von der Gesellschaft fern und heiratete erst 1922.

Modell, Muse und Ehefrau Júlia Peraire i Ricarte

Der Vater des Malers hatte sein Vermögen in Kuba gemacht und investierte es in eine Textilfabrik am Rand der Klosterruine. Dabei entdeckte die Familie ihre Liebe zu dem alten Gemäuer, kaufte es im Jahr 1907 und ließ es zu einer Sommerresidenz umbauen. Nach dem Tod seiner Mutter im Jahr 1912 erbte Ramon Casas das Gebäude und beauftragte den befreundeten Architekten **Puig i Cadafalch** mit den weiteren Restaurierungsarbeiten. Denkmalschutz war damals noch ein Fremdwort und vieles wurde nach persönlichem Gusto verändert. Dennoch ist es der Familie zu verdanken, dass das Kloster in seinen Grundzügen erhalten blieb und als Stiftung heute den Besuchern zugänglich ist.

In die ganze Geschichte tauchen wir bei zwei abwechslungsreichen und überaus interessant gestalteten Führungen hautnah ein. Die »Mittelalter-Tour« umfasst die reine Klostergeschichte. Von den Anfängen bis zum Auszug der letzten Mönche. Beim Gang durch die Kirche, den Kreuzgang, die Weinkeller und die Zellen der Mönche entsteht dank moderner Technologie ein lebendiger Eindruck vom mittelalterlichen Leben in Sant Benet de

Bages. Im Rahmen der Tour werden Stimmen laut, Personen aus der Vergangenheit nehmen Gestalt an, Klänge und Gerüche des Mittelalters umgeben uns.

Die »Modernisme-Tour« ist dem Leben und der Zeit des Malers Ramon Casas gewidmet. Wir lassen beim Rundgang durch die möblierten Räume das Lebensgefühl dieser Epoche auf uns wirken. Auch hier treten Personen aus den Bilderrahmen hervor, werden die Geschichten des damaligen Zeitalters in die Gegenwart geholt.

Beide Touren dauern **jeweils 1,5 Stunden** und können auch einzeln besucht werden. Nehmen Sie sich aber Zeit für das Gesamtpaket. Ausgestattet mit einem englischsprachigen Audioguide und begleitet von Videosequenzen, Musik und Projektionen ist dies ein ausgesprochen kurzweiliges und überaus eindrucksvolles Erlebnis *(Die Touren finden Di.–So. um 11, 12.30 und 16 Uhr statt, im Juli und August auch Mo.; Mittelalter-Tour 14 €, Modernisme-Tour 11 €, Kombiticket 20 €. Eine Vorab-Reservierung wird unter www.monsantbenet.com empfohlen).*

TOUR 8

Wir hatten Ihnen eingangs auch ein kulinarisches Highlight versprochen. Dazu kommen wir jetzt: Rund um die Stiftung, der das Kloster heute gehört, ist das Zentrum für regionale und nachhaltige Ernährung *Fundació Alícia* angesiedelt. Dort finden regelmäßig Workshops und Veranstaltungen für Schulklassen und Gruppen statt, aber auch Forschungsarbeiten für die Gastronomie. Und dass hier selbstverständlich gut gegessen wird, versteht sich

von selbst. Als Privatpersonen haben wir die Auswahl unter drei verschiedenen Restaurants. Das Restaurant ***La Fonda*** serviert traditionelle, katalanische Küche neu interpretiert (Tagesmenü ab 23,50 €), das Restaurant ***Món*** setzt mit Á-la-carte-Gerichten ganz auf lokale Produkte der Region und wenn es die gehobenere Küche mit Michelin-Stern sein darf, sind Sie im Restaurant ***L'Ó*** richtig (Menü ab 95 €). Weitere Informationen und Tischreservierungen unter *www.monsantbenet.com* .

Die nächstgrößere Stadt **Manresa** (77.450 Einwohner) umfahren wir weiträumig auf der C-55. Sie erweist sich für WOMOs als wenig erquicklich und die Parkplatzsuche gestaltet sich schwierig. Falls Sie dennoch einen Stopp einplanen möchten, hier ein historischer Fakt: Von 1522 bis 1523 hielt sich **Ignatius von Loyola** (1491–1556), der Gründer des Jesuitenordens, in der Stadt auf. Die Höhle **Cova de Sant Ignasi**, in der er einige Monate gelebt haben soll, ist heute zu einem spirituellen Gebäudekomplex mit einer barocken Kirche und einem Exerzitienhaus erweitert worden.

Wir steuern auf der C-55 die 30 Kilometer nördlich gelegene Stadt Cardona an. Die Strecke ist wohl sehr unfallträchtig.

Nirgendwo sonst hatten wir auf unserer Reise so viele Unfall-Markierungen auf der Straße und Kreuze am Wegesrand wie hier. Fahren Sie also vorsichtig!

Die Region ist eher industriell geprägt mit Fabriken und Fabrikruinen. Wir sind nun auf der Salzhandelsroute und umrunden den weithin sichtbaren »Eisberg« **Sal Sallent**, der da so fremd in der Landschaft wirkt. Unsere Recherche ergab, dass dieser Berg ein Produkt der Kali-Industrie ist. Die Firma *Iberpotash* baut in der Region Kalisalz ab, das unter anderem zur Düngemittelproduktion verwendet wird.

Die Region um Cardona liegt an der Salzhandelsroute. Hier wurde bereits zu Zeiten der Römer das »Weiße Gold« abgebaut.

Auch in **Cardona** (4.575 Einwohner) erwartet uns ein Salzberg, jedoch einer, wie ihn Mutter Natur erschaffen hat. Dieses Phänomen wollen wir uns gerne genauer anschauen und die Stadt hält dafür zwei Stellplätze für uns bereit. Bereits vor der Stadt finden Sie im Vorort **Coromina** die erste Übernachtungsmöglichkeit. Lassen Sie sich bei der Anfahrt nicht vom Lost-Place-Charme verfallener Industrie- und Wohnanlagen abschrecken. Der Stellplatz ist recht neu, ruhig und ordentlich.

086 Cardona – Coromina

GPS: N 41°54'39" E 01°41'40", Carrer dels Teulissos, 389 m. **Max. WOMOs**: 37. **Öffnungszeit**: Ganzjährig. **Ausstattung**: Ver-/Entsorgungsstation, Mülleimer, Picknickzone, Spielplatz. **Beschreibung**: Geräumige Stellflächen auf Kies/Naturboden innerhalb eines eingezäunten Areals mit freier Zufahrt. Der Stellplatz befindet sich am Rand des kleinen Vorortes Coromina, der früher eine Arbeitersiedlung des Salzbergwerkes war. Der örtliche Fußballplatz befindet sich gleich nebenan. Am Flussufer gibt es Spaziermöglichkeiten, das Zentrum von Cardona ist 2,5 km entfernt, der Salzberg liegt in 3 km Entfernung. Man kann das WOMO für den Besuch auf dem dortigen Besucherparkplätzen abstellen und für eine Übernachtung hierher umziehen. **Zufahrt**: An der Zufahrtsstraße nach Cardona ist der Stellplatz noch vor der Stadt mit WOMO-Piktogrammen ausgeschildert.

087 Cardona – Zentrum

GPS: N 41°54'42" E 01°40'51", Carretera de la Mina, 472 m. **Max. WOMOs**: 9. **Öffnungszeit**: Ganzjährig. **Ausstattung**: Ver-/Entsorgungsstation, Mülleimer, Picknickzone, WLAN. **Beschreibung**: Auf einem öffentlichen Parkplatz auf Kies/Naturboden sind Stellplätze für WOMOs ausgewiesen, die durch Holzbalken parzelliert sind. Es gibt jung gepflanzte, schattenspendende Bäume sowie einen Bereich mit Wiese. Am Ortsrand neben dem örtlichen Fußballstadion und dem Schwimmbad

sowie an der Zufahrtsstraße zum Salzberg/Minenmuseum gelegen. Sehr schöner Blick auf das Castillo und die Stadt. Tagsüber lebhafter Besucherverkehr, bei Fußballspielen herrscht eine entsprechende Geräuschkulisse. Nachts jedoch ruhig. Maximale Aufenthaltsdauer 48 h. **Zufahrt**: In Cardona der Beschilderung zum *Muntanya de Sal* und den WOMO-Piktogrammen folgen.

Zwei Dinge beherrschen die Stadt Cardona. Das erste ist der bereits erwähnte Salzberg, den wir aber noch nicht zu Gesicht bekommen. Unübersehbar ist hingegen das alles überragende Castell de Cardona. Es erhebt sich auf einem 589 Meter hohen Hügel hoch über der Stadt. Wer ihn erklimmt, genießt eine herrliche Aussicht über das Tal, die Stadt und ja – nun auch den Salzberg.

Erbaut wurde die Festung im Jahr 886 von Wilfrid dem Haarigen, oder auch *Guifré el Pilós*. Graf von Barcelona und – falls Ihnen der Name bekannt vorkommt – Stammvater Kataloniens (siehe Tour 3). Das weithin sichtbare Castell war in erster Linie ein Verteidigungsbau. In der Nähe wurden bereits zu römischer Zeit große Salzvorkommen gefunden, die im Mittelalter wertvollen Rohstoff für die Konservierung von Lebensmitteln lieferten. Außerdem war Salz zu damaliger Zeit auch ein Zahlungsmittel. »Das weiße Gold« musste deshalb entsprechend geschützt und gegen die islamischen Eroberer militärisch verteidigt werden.

Die Festung galt als uneinnehmbar und bestand aus einem ganzen Gebäudekomplex, zu dem der **Adelspalast** sowie die **Stiftskirche Sant Vicenç** gehörten. Letztere war übrigens Schauplatz des 1965 gedrehten Filmes »Falstaff« von Orson Welles.

Heute befindet sich in dem im 18. Jahrhundert wieder aufgebauten Palast der *Parador de Cardona*, ein staat-

Plaça de la Fira in Cardona

lich geführtes Luxushotel. Einige Elemente aus dem 11. Jahrhundert sind noch erhalten geblieben, wie der ***Torre de la Minyona*** – der »Turm des Fräuleins«. Einer **Legende** zufolge soll im Turm die schöne Tochter eines Grafen von Cardona gefangen gehalten worden sein. Sie hatte sich in einen Sarazenen-Ritter verliebt. Um sie an der Flucht mit dem Geliebten zu hindern, sperrte der Vater sie kurzerhand in diesen Turm.

Das quirlige Städtchen Cardona hat noch einen hübschen, mittelalterlichen Altstadtkern mit Bars und Restaurants. Bei unserem Besuch Ende April herrschten milde Frühlingstemperaturen und die Menschen genossen auf den Plätzen einen ersten, lauen Abend.

Der Muntanya de Sal gleicht einer Mondlandschaft

Am nächsten Morgen machen wir uns auf den kurzen Fußweg zum **Muntanya de Sal**. Der Berg gilt unter Forschern als geologisches Phänomen, das weltweit einzigartig ist. Bereits der römische Konsul Marcus Portius Cato soll von »*einem riesigen Gebirge aus Salz, das in gleichem Maße anwächst, wie man es abbaut*« gesprochen haben. Entstanden ist der Salzberg durch eine Verschiebung der Kontinentalplatten. Die Salzschichten wurden dabei vertikal zu einem Berg aufgefaltet.

Eine fantastische, unterirdische Welt aus Salzkristallen

Bereits die Römer wussten um die Salzvorkommen. Die industrielle Förderung begann aber erst im Jahr 1912 und die Mineure gruben sich 1.300 Meter in den Berg hinein. Dort herrschten Temperaturen bis zu 50 Grad, weshalb man ausgeklügelte Systeme zur Kühlung und Belüftung der Stollen anlegte. Die Mine wurde bis 1990 betrieben. Danach war der Abbau von Salz nicht mehr rentabel.

Heute ist die Anlage ein Industriedenkmal und das Bergwerk für Besucher geöffnet. Ein Shuttlebus bringt uns hinunter in eine bizarre Mondlandschaft. Am Eingang werden wir mit einem Helm und einem englischsprachigen Audioguide ausgerüstet, dann geht es 86 Meter tief unter die Erde.

Dort empfängt uns eine Art »Winter-Wonderland«. Das Salz hat sich zu faszinierenden, weiß schillernden Gebilden kristallisiert. Mal sieht es aus wie weißer Schaum an den Wänden, dann wieder zeigt es sich filigran und zerbrechlich in Form von Stalagmiten und Stalaktiten.

Ein spannendes Erlebnis, bei dem wir Einblick in die historischen Techniken des Salzabbaus gewinnen und sehen, unter welch harten Bedingungen die Arbeiter damals schuften mussten *(Die geführten Touren finden Di.–So. statt. Uhrzeiten je nach Besucheraufkommen; 12,50 €, Kinder von 5–11 Jahren 6 €. Eine Online-Reservierung der Tickets unter www.cardonaturisme.cat wird empfohlen. Hunde und Kinderwagen können nicht mitgeführt werden).*

Wieder zurück am Tageslicht unternehmen wir noch einen Rundgang über das ehemalige Minengelände. Es gibt kunsthandwerkliche Läden mit hübschen Salzlampen, Imbiss- und Rastmöglichkeiten sowie eine kleine Ausstellung mit Fördermaschinen. Am Ende des Geländes führt ein kurzer, ausgeschilderter Spaziergang zum **Aussichtspunkt Bòfia de la Sal Roja**. Von dort haben wir noch einmal einen wunderschönen Ausblick auf den Salzberg und die gesamte Ausdehnung des Geländes.

Ausblick auf den Salzberg und das Castillo von Cardona

Tour 9

Cardona
087
Tour 8
Súria
N
10 km
55
Manresa
25
37
Parque Natural de Sant Llorenç del Munt i l´Obac
Parque Natural de la Muntanya de Montserrat
Igualada
2
55
088
Abric Romaní
Capellades
Abrera
Riu Anoia
15
37
7
Sant Sadurní d'Anoia
Torrelavit
089
091
Sabanell
090
CAVA Kellereien
Vilafranca del Penedès
092
093
Castell d'Olèrdola
15
Tour 10
Sitges
32
Castelldefels
31
094
095
096
Vilanova i la Geltrú
Cunit
Calafell
COSTA DAURADA
COSTA DEL GARRAF

Cava und Meer
Durch den Penedès nach Sitges
137 km

Der Penedès ist die Region des spanischen Cavas. Renommierte Sektkellereien produzieren hier edelste Schaumweine, die dem französischen Champagner in nichts nachstehen. Da lassen wir uns gerne zu einem Gläschen nieder. Aber das ist noch nicht alles. Entdecken Sie mit uns:
- **Neandertaler in Capellades**
- **Kleine, aber feine Weingüter**
- **Kathedralen des Cavas**
- **Menschentürme in Vilafranca del Penedès**
- **Postkarten-Idylle in Sitges**

Von Cardona machen wir uns in dieser Tour auf den Weg zurück an die Mittelmeerküste. Zunächst bis Manresa, wie wir gekommen sind. Dort halten wir uns jetzt aber nach Südwesten und fahren auf der C-37 in Richtung **Igualada**. Wer sich für die Lederverarbeitung interessiert, findet dort das einzige Ledermuseum Spaniens. Im Süden der Stadt widmet sich das *Museu de la Pell d'Igualda* in einer ehemaligen Lederfabrik der Herstellung und Verarbeitung der Tierhäute, *www.museupelligualada.cat*.

Wir haben allerdings anderes im Sinn, denn unser Ziel ist der **Penedès**. Er ist eines der größten Weinanbaugebiete Kataloniens, das sich auf die Herstellung des ***Cavas*** spezialisiert hat. Die gut ausgebaute C-15 führt uns in die richtige Richtung. Fast rauschen wir dort an einer Sehenswürdigkeit vorbei, die wir erst in letzter Minute entdecken. Rechts der Schnellstraße erhebt sich über dem Fluss **Ríu Anoia** eine bizarr geformte Felswand mit überhängendem Travertin Gestein, entlang der ein Fußweg verläuft. Das möchten wir uns genauer anschauen und gerade noch rechtzeitig erwischen wir die Ausfahrt nach **Capellades** (5.344 Einwohner).

Das Städtchen bietet uns nicht nur unerwartete Attraktionen, sondern auch einen Stellplatz.

Prähistorischer Felsüberhang Abric Romaní

088 Capellades

GPS: N 41°31'56" E 01°41'19", Ronda Capelló, 310 m. **Max. WOMOs**: 4. **Öffnungszeit**: Ganzjährig. **Ausstattung**: Ver-/Entsorgungsstation, Mülleimer. **Beschreibung**: Auf einem öffentlichen Parkplatz am Ortsrand sind vier Stellplätze für WOMOs reserviert. Sie befinden sich auf einem Naturboden und bieten durch angrenzende Gebäude teilweise Schatten. Sowohl die Stellplätze als auch die Ver-/Entsorgungsstation sind durch Poller abgesperrt. Für den Zugang muss die örtliche Polizei (Handynummer befindet sich am Platz) angerufen werden. Die freundlichen Beamten waren bei unserem Besuch tatsächlich schnell Vorort und öffneten die Bereiche. Das Zentrum des Ortes ist nur wenige Gehminuten entfernt. **Zufahrt**: Am Ortseingang von Capellades rechts auf die *Ronda Capelló* abbiegen und vorbei an einem Wohngebiet fahren. Der Stellplatz befindet sich nach knapp 900 m auf der linken Seite.

TOUR 9

Nur wenige Meter vom Stellplatz entfernt finden wir auch schon den Eingang zum **Abric Romaní**, den wir von der Schnellstraße aus entdeckt hatten. Dort wurden unterhalb des Felsens über dem Fluss Anoia prähistorische Funde aus der Epoche der Neandertaler entdeckt. Unter anderem waren Holzfragmente im Gestein konserviert. Sie geben den Wissenschaftlern Aufschluss über das Leben in prähistorischer Zeit. Das Gelände ist nur im Rahmen einer rund einstündigen Führung zu besichtigen. Der freundliche Guide versuchte uns mit ein wenig Englischkenntnissen das nötige Wissen zu vermitteln. Der Besuch lohnt sich und bietet interessante Einblicke in die Arbeit der Archäologen. Nach dem theoretischen Teil dürfen Kinder und Erwachsene selbst zu Pfeil und Bogen oder einem Holzspeer greifen und mit Feuersteinen einen Funken entzünden (*Führungen in katalanischer Sprache So. 11.15 und 12.45 Uhr; 4 €, Kinder unter 8 Jahren frei, dann 3 €, www.neancapellades.cat*).

Spannende Einblicke in die Zeit der Neandertaler

Zu unserer Enttäuschung war der Fußweg, der entlang der Hangkante führt, nicht zugänglich. Der freundliche Guide erklärte uns, dass dies wohl nur im Rahmen von speziellen Gruppenführungen möglich wäre. Etwas unterhalb verläuft jedoch ein Rad-/Wanderweg entlang dem Flussufer. Der Zugang befindet sich direkt hinter dem Ausgrabungsgelände und von unten bietet sich ein guter Blick hinauf an den Felsüberhang.

Capellades hat noch ein weiteres Museum zu bieten. Das ***Museu Moli Paperer*** ist in einer ehemaligen Mühle untergebracht und zeigt auf interessante Art und Weise die Papierherstellung. Teilweise sind die Originalmaschinen noch in Betrieb. Wenn Sie noch ein schönes Souvenir benötigen – die handgeschöpften Papiere und andere regionale Produkte sind im zugehörigen kleinen Laden erhältlich (*Mo.–Fr. 10–14 Uhr, Sa., So. und feiertags 10.30–14.30 Uhr. Die Führungen finden um 11.00 und 12.30 Uhr statt. Es wird empfohlen, sich vor dem Besuch unter Tel. +34 938 012 850 anzumelden; 6,75 €, www.mmp-capellades.net*).

Nun aber weiter auf der C-15, die ab Capellades während unserer Reise eine einzige Baustelle war. Sie dürfen sich bei Ihrem Besuch also höchstwahrscheinlich über eine nagelneue Schnellstraße freuen, die Sie zügig auf den folgenden 17 Kilometern bis zur Ausfahrt **Sabanell** bringen wird. Dort halten wir uns nach links auf die BV-2153, wo wir auch gleich das erste Weingut ansteuern.

Wir sind nun in der Region des **Penedès** angekommen, dem größten Weinanbaugebiet Kataloniens. Insgesamt gesehen ist Katalonien mit 60.000 Hektar Rebfläche sogar die zweitgrößte Weinregion ganz Spaniens und Hauptproduzent des spanischen ***Cavas***.

Prickelnder Cava aus dem Penedès

Sicherlich haben Sie schon einmal mit einem Glas prickelndem *Freixenet* auf ein schönes Ereignis angestoßen. Doch wussten Sie, dass, die Trauben des katalanischen Schaumweines genau hier, im Penedès wachsen?

Die Geschichte des Weinbaus in Katalonien reicht über 2.000 Jahre zurück. Bereits die Römer kelterten hier den Rebensaft. Nach der verheerenden Reblaus-Katastrophe Ende des 19. Jahrhunderts wurden zunächst billige Massenweine aus robusten Sorten produziert, die den Bedarf der Stadt Barcelona decken sollten. Ein Umdenken fand ab den 1960er Jahren statt. Die Winzer experimentierten mit neuen Lagen und begannen damit, höherwertige, elegantere Weine herzustellen. Heute garantieren insgesamt **zwölf Herkunftsbezeichnungen**, die ***Denominació d'Origen***, kurz *D.O.* die Qualität der Weine Kataloniens.

Der sanft hügelige Penedès erinnert uns dabei ein wenig an die Toskana. Darin versteckt liegen die beiden Weinorte Sant Sadurní d'Anoia und Vilafranca del Penedès, in denen bekannte Marken, wie *Freixenet*, *Codorníu* oder *Miguel Torres* ihren Sitz haben. Hier werden überwiegend die Rebsorten *Xarel·lo*, *Parellada* und *Macabeu* angebaut, welche die Grundlage für den katalanischen Sekt – den Cava sind.

Der französische Champagner ist wohl der klassische und berühmteste Luxus-Schaumwein. Er darf allerdings nicht überall produziert werden. Nur in einem begrenzten Anbaugebiet Frankreichs, der Champagne, dürfen die Winzer ihre fertigen Tropfen auch »Champagner« nennen. Dafür sorgt ein Beschluss aus dem Jahre 1927, der nicht nur die Region schützt, sondern zahlreiche weitere Vorgaben zur Herstellung enthält. So dürfen nur ausgewählte Rebsorten, wie *Pinot Meunier, Pinot Noir* und auch *Chardonnay* verwenden werden. Die Trauben müssen von Hand geerntet sein, die Lagerzeit auf der Hefe ist vorgeschrieben und es darf auch nur ein bestimmter Ertrag produziert werden. Erst dann ist ein Champagner auch ein Champagner.

So ist es nicht verwunderlich, dass es die Franzosen waren, die den Champagner 1823 nach Katalonien brachten. Der hier nach französischem Vorbild produzierte Sekt, wurde als »xampany« vermarktet, was aber aus den oben genannten Gründen 1972 höchstrichterlich untersagt wurde. Seitdem heißt der katalanische Sekt »Cava«, benannt nach dem Ort, in dem er reift – dem Weinkeller. Inzwischen ist auch diese Bezeichnung geschützt, wobei auch andere Regionen Spaniens das prickelnde Getränk unter dem Namen »Cava« produzieren dürfen.

Der Herstellungsprozess der Schaumweine unterscheidet sich allenfalls in kleinen Details voneinander. Genauso wie beim Wein wird der gepresste Traubensaft zunächst in großen Edelstahltanks vergoren. Um die Kohlensäuregärung anzustoßen, werden danach Zucker und Hefe zugesetzt. Nun beginnt die eigentliche Flaschengärung. Kopfüber lagern die Flaschen für mindestens neun Monate in Holzgestellen, wo sie der Kellermeister jeden Tag einige Grad um die eigene Achse dreht. Dadurch setzen sich die Feststoffe der Hefe am provisorischen Korken ab. Um ihn zu entfernen, taucht man die Flaschen kurz in Eiswasser und der gefrorene Pfropfen wird förmlich herausgeschossen. Früher geschah dies alles von Hand, heute erledigen Maschinen die Arbeit.

Neben den beiden Marktführern *Codorníu* und *Freixenet* wird der Cava auch in kleinen bis mittelgroßen Kellereien produziert, von wo aus der katalanische Schaumwein längst seinen Siegeszug um die Welt angetreten hat. Ein Großteil des hier gekelterten Cavas geht in den Export und er ist auch aus deutschen Supermarkt-Regalen nicht mehr wegzudenken. In diesem Sinne – Prosit oder *txin-txin*, wie man in Katalonien sagt.

In der Region gibt es mehrere Weingüter, die nicht nur Führungen durch ihre Anlagen mit Verkostungen anbieten, sondern gleich auch einen Übernachtungsplatz für Wohnmobilisten bereithalten. Im Gegenzug wird ein Einkauf der lokalen Produkte erwartet. Wir werden Sie auf den nächsten Kilometern sowohl zu kleinen und mittleren als auch einem ganz großen Produzenten einladen. Den Anfang macht dabei das Weingut ***Finca Nadal***

089 Torrelavit – *Weingut Finca Nadal*

GPS: N 41°25'27" E 01°41'58", 241 m. **Max. WOMOs**: 5. **Öffnungszeit**: Ganzjährig. **Ausstattung**: Mülleimer, WLAN. **Beschreibung**: Asphaltierter und schattenloser Parkplatz mit Blick auf die Weinfelder und etwas abseits des offiziellen Besucherparkplatzes. Schöne Spaziermöglichkeiten. Sehr ruhig gelegen und mit einem freundlichen Patron, der gerne einen Plausch mit den Übernachtungsgästen hält. **Zufahrt**: An der BV-2153 ist die Zufahrt zur *Finca Nadal* mit einem WOMO-Piktogramm ausgeschildert.

TOUR 9

Die ***Finca Nadal*** gehört zu den mittelgroßen Weingütern und produziert seit Ende des Spanischen Bürgerkrieges in dritter Generation Schaumweine aus ökologisch bewirtschafteten Weinbergen. Hervorgegangen ist das Familienunternehmen aus einer Brandy-Destillerie, doch setzte man schon bald auf die Cava-Herstellung. Die erste Flasche *Nadal Brut* kam im Jahr 1943 auf den Markt. Heute liefern die Rebsorten *Xarel·lo, roter Xarel·lo, Parellada* und *Macabeu* auch die Grundlage zu trockenen Weißweinen, die seit 1998 zur Produktpalette gehören *(Mo.–Fr. 10–14 Uhr und 15–18 Uhr, Sa.–So. 10–14 Uhr. Für eine Besichtigung wird um eine vorherige Anmeldung unter Tel. +34 938 988 011 oder visita@nadal.com, www.nadal.com gebeten).*

Nur knapp zehn Kilometer weiter können wir bereits die nächste Sektkellerei ansteuern. Im kleinen Familienweingut ***Cava Guilera*** werden ausschließlich Schaumweine mit langer Reifezeit produziert, die wir im rustikalen Garten unter schattigen Feigenbäumen mit einer Käse- oder Schokolade-Auswahl verkosten. Die sehr freundlichen Betreiber erklären gerne die Besonderheiten ihrer ausgezeichneten Cavas *(Di.–Sa. 10–18 Uhr, So. und feiertags bis 14 Uhr. Im Winter abweichende Zeiten; Cava-Verkostung ab 15 €, www.cavaguilera.com).*

090 Lavern – *Weingut Cava Guilera*

GPS: N 41°23'56" E 01°46'11", 170 m. **Max. WOMOs**: 5. **Öffnungszeit**: Ganzjährig. **Ausstattung**: Keine. **Beschreibung**: Teilweise leicht schräge Stellfläche auf einem Naturboden hinter dem Weingut und am Rand der Weinfelder. Hier sind Fahrradtouren und Wanderungen unter anderem nach Sant Sadurní d'Anoia möglich. Das Weingut liegt etwas eingepfercht zwischen Autobahn AP-7, Schnellbahntrasse und Bahnlinie. Daher ist mit einer gewissen Geräuschkulisse zu rechnen. **Zufahrt**: An der C-243a in Richtung Sant Sadurní d'Anoia fahren und rechts in Richtung Lavern abbiegen. An der BV-2429 ist die Zufahrt zum Weingut ausgeschildert, die letzten 500 Meter geht es über eine Schotterpiste.

TOUR 9

Zu guter Letzt fahren wir noch in die Hochburg der Cava-Produktion **Sant Sadurní d'Anoia** (12.860 Einwohner). Hier sind die beiden großen Namen ***Freixenet*** und ***Codorníu*** angesiedelt. Aber auch etliche kleinere Cava-Kellereien reihen sich im Ort aneinander, der ansonsten eher trist daherkommt. Um sich nach einer ausgedehnten Cava-Tasting-Tour gut ausgeruht wieder ans Steuer setzen zu können, steht hier ein ruhiger Übernachtungsplatz zur Verfügung.

091 Sant Sadurní d'Anoia – *Àrea Autocaravanes*

GPS: N 41°26'02" E 01°47'06", Carrer de les Flors, 175 m. **Max. WOMOs**: 10. **Öffnungszeit**: Ganzjährig. **Ausstattung**: Ver-/Entsorgungsstation, Mülleimer, Picknickplatz. **Beschreibung**: Gut anzufahrender Stellplatz am Ortsrand auf Kies/Erde, teilweise mit Schatten. Perfekter Ausgangspunkt, um die Cava-Kellereien im Ort zu besuchen. Vom Stellplatz führt ein kleiner Spaziergang in rund 30 Minuten durch die Weinfelder und vorbei an einem kleinen See zur Cava-Kellerei *Codorníu*. **Hinweis**: Am Stellplatz ausgeschildert sind weitere Übernachtungsmöglichkeiten in den Weinorten der Umgebung. Unter *www.enoturismepenedes.cat* hat man sich hier zusammengeschlossen, um den Weintourismus in der Region zu fördern. **Zufahrt**: Im Ort ist die Àrea Autocaravanes ausgeschildert.

Die **Sektkellerei *Codorníu*** ist sicherlich das Flaggschiff unter Spaniens Cava-Produzenten. Das Unternehmen geht zurück auf das Jahr 1551 und ist der weltweit größte Hersteller von in der Flasche gereiftem Sekt. Der prickelnde Schaumwein braucht sich

Die Kathedrale des Cavas – Sektkellerei Codorníu

also nicht hinter seinem französischen Kollegen, dem Champagner, zu verstecken und auch die modernistische Architektur ist ein echter Hingucker. Somit buchen wir bereits vorab online eine Führung in und durch die unterirdischen Kelleranlagen. Diese ist tatsächlich sehr eindrucksvoll. Wir erfahren dabei sowohl einiges über die Familiengeschichte der Familien **Codorníu-Raventós** als auch über die Architektur der verschiedenen Gebäude. Das heutige **Empfangsgebäude**, in dem unsere Tour beginnt, ist das Werk des Architekten **Puig i Cadalfach** und stammt aus dem Jahr 1872. Einst war es als Lager und für den Vertrieb konzipiert und gilt heute zurecht als »Kathedrale des Cava«.

Dann geht es hinunter in die unterirdischen, heiligen Hallen der Sektkellerei. Sie gelten als die weltweit größte Anlage zur Herstellung des edlen Schaumweines. Gezeigt werden die aufwändige Herstellung, die Unterschiede der verschiedenen Produktlinien und wir fahren in einer rasanten Fahrt mit einer Elektro-Bahn durch die mehr als 30 Kilometer langen Galerien voller Sektflaschen.

Natürlich gibt es am Ende der Führung eine Kostprobe, dann endet der unterhaltsame Ausflug in die Welt der Sektkeller im Verkaufsraum *(Die Führungen finden täglich, auch in englischer*

Sprache ab 10.15 Uhr statt. Eine vorherige Online-Reservierung *unter* www.codorniu.com *wird empfohlen; 22 € inkl. Verkostung von zwei Gläsern Cava).*

Wer jetzt noch nicht genug gepröbelt hat, kann die Verkostung im benachbarten Restaurant ***Els Jardins de Codorníu*** fortsetzen. Dort gibt es eine Bar mit den verschiedenen Cavas des Hauses. Außerdem lohnt sich die Einkehr zum *Menú del Día* ab 27 €. Gehobene Küche in einem wunderbarem Ambiente. So heiter beschwingt wandeln wir durch die Weinfelder wieder zurück zu unserem Stellplatz.

TOUR 9

Auch diese Cava-Kellerei kann besichtigt werden

Nun fehlt noch der Besuch in der 24 Kilometer entfernten **Hauptstadt des Penedès** – in **Vilafranca del Penedès**. Die Stadt ist auf den ersten Blick etwas trostlos und die Anfahrt zum Stellplatz führt uns durch verschiedene Industrie- und Supermarkt-Ansiedlungen. Auch der Stellplatz am Stadtrand wirkt nicht gerade einladend, doch bietet er sich zumindest für den Tagesbesuch gut an. Wenn er voll ist, kann auch entlang der *Vía Servicio* im Industriegebiet geparkt werden.

092 Vilafranca del Penedès

GPS: N 41°20'22" E 01°41'24", Carretera Sant Jaume dels Domenys, 197 m. **Max. WOMOs**: 18. **Öffnungszeit**: Ganzjährig. **Ausstattung**: Ver-/Entsorgungsstation, Mülleimer. **Beschreibung**: Reservierter WOMO-Bereich am Rand eines öffentlichen Parkplatzes. Für große Wohnmobile eher schwierig anzufahren, da die Bäume niedrig sind und recht eng stehen. Untergrund aus Schotter/Erde. Obwohl die Aufenthaltsdauer auf 48 h begrenzt ist, scheint es hier einige Dauer-Bewohner zu geben. In der näheren Umgebung gibt es sowohl Supermärkte als auch einen Waschsalon. Das Zentrum ist 1,5 km entfernt. **Zufahrt**: Der Stellplatz ist an der N-340a ausgeschildert. Die Einfahrt zum Platz befindet sich bei den angegebenen Koordinaten.

Trotz des etwas nüchternen Umfeldes lohnt sich der Bummel hinein ins Zentrum von **Vilafranca del Penedès** (40.056 Einwohner). Es präsentiert sich hübsch herausgeputzt mit modernistischen Gebäuden, einladenden Plätzen und mittelalterlichen Gassen. Die Stadt lag nahe der *Vía Augusta* und erfuhr in der zweiten Hälfte des 12. Jahrhunderts als wirtschaftliches Zentrum an wichtigen Handelsstraßen einen starken Aufschwung. Das mittelalterliche Zentrum mit Stadtmauer, jüdischem Viertel und einer Königsresidenz befindet sich rund um die **Basilica de Santa Maria** an der **Plaça Sant Jaume I.**

Mittelalterliches Zentrum rund um die Plaça Sant Jaume I.

Kriege und Epidemien brachten ab Mitte des 14. Jahrhunderts zwar einen gewissen Einbruch mit sich, doch trotz der schwierigen Zeiten ließ die wirtschaftliche Attraktivität der Stadt nur wenig nach. Eine erneute Blütezeit erlebte Vilafranca del Penedès nach der Reblausplage zu Beginn des 20. Jahrhunderts. Gutsherren und Händler ließen sich Stadtpaläste bauen, die teilweise noch heute das Stadtbild prägen. Das **Tourismusbüro** an der Carrer Hermenegild Clascar hält einen Plan mit verschiedenen, historischen Rundgängen bereit. Darunter eine ***Ruta de Modernisme***, die zu den interessantesten Gebäuden dieser Architekturepoche führt, www.turismevilafranca.com.

Im ehemaligen **Königspalast**, dem ***Palau Reial***, ist heute das **Weinmuseum *Viniseum*** untergebracht, welches die Bedeutung der Rebkultur in der Region veranschaulicht. Bei unserem Besuch war es jedoch wegen umfangreicher Renovierungsarbeiten geschlossen, soll aber voraussichtlich Ende des Jahr 2023 wieder für Besucher geöffnet sein. Vergewissern Sie sich vor Ihrem Besuch unter *www.viniseum.cat* oder im Tourismusbüro über den Stand der Arbeiten.

Am westlichen Stadtrand von Vilafranca del Penedès ist Spaniens größter Weinexporteur, die ***Bodegues Torres*** angesiedelt. Das Familienunternehmen ist in 140 Ländern der Welt präsent und betreibt Weinberge nicht nur in Spanien, sondern auch in Chile und Kalifornien. In Vilafranca del Penedès können Kellerei und Weinberge nach vorherige Anmeldung im Rahmen einer Führung mit Verkostung besichtigt werden, *www.torres.es*.

Vilafranca del Penedès darf nicht nur als Hauptstadt des Cavas und des Weines betrachtet werden, sondern auch als die Hochburg der Menschentürme, den sogenannten *»Castells«*. Davon kündet ein Denkmal an der Plaça Sant Jaume I. und wir möchten uns diesen katalanischen Volkssport gerne genauer anschauen.

TOUR 9

Castells – Die Türme aus Menschen

Alljährlich Ende August steht ganz Vilafranca del Penedès Kopf. Bei der ***Festa Major***, dem Patronatsfest, wird nicht nur getanzt und gefeiert. Ein ganz besonderes Ritual sind auch die **Menschentürme**. Dabei klettern die sogenannten ***»Castelleres«*** aneinander hoch und bilden akrobatische Turmkonstruktionen, die aus bis zu zehn Etagen bestehen können. Ihren Ursprung haben diese Menschenpyramiden in der Stadt **Valls**. Dort wurden im Rahmen von religiösen Prozessionen kleinere Menschentürme aus vier bis sechs Personen gebildet, die durch die Straßen zogen. Zu Beginn des 19. Jahrhunderts begannen einzelne Gruppen damit, sich gegenseitig mit immer gewagteren Turmkonstruktionen zu überbieten. Heute können diese bis zu 20 Meter hoch sein und aus mehr als 100 Personen bestehen.

Allein in Vilafranca del Penedès gibt es vier Vereine, die das ganze Jahr über bei festlichen Anlässen in ganz Katalonien auftreten oder Wettkämpfe veranstalten. So werden beim Patronatsfest die größten Konkurrenten aus Tarragona, Valls und Manresa zum Vergleich eingeladen. Wer schafft es höher hinaus?

Der Bau einer solchen Menschenpyramide erfordert ein ausgeklügeltes, statisches Konzept. Ein ***»Castell«*** besteht aus drei Teilen: Ganz unten wird die ***Pinya*** gebildet. Ein kompakter Ring aus meist kräftigen Männern, auf dem das ganze übrige Gewicht des Turmes lasten kann. Der Ring bietet auch Schutz, sollte der Turm

Teamarbeit ist beim Bau eines Menschenturmes gefragt

ins Wanken geraten und ein *Casteller* abstürzen. Der mittlere, zentrale Teil ist der ***Tronc***. Dort gilt es, Kraft und Gleichgewicht in Einklang zu bringen, damit so viele Etagen wie möglich gebildet werden können. Die obersten Turmstufen bilden den ***Pom de dalt***. Nun sind es die leichtgewichtigen Mädchen und jungen Frauen, die innen und außen am Turm emporklettern. Gekrönt wird die Pyramide schließlich von einem **Kind**, dem ***Anxaneta***. Wieselflink klettert ein zierliches Mädchen bis ganz hinauf, steigt über die Spitze hinweg, hebt kurz die Hand und signalisiert damit, dass der Turm fertig ist.

Der Bau von Menschentürmen in Katalonien gehört seit dem Jahr 2010 zum immateriellen UNESCO-Weltkulturerbe.

Dann beginnt der vorsichtige Abbau des *Castells*, der mindestens genauso spektakulär ist wie der Aufbau. Hier ist noch einmal höchste Konzentration der *Castelleres* gefordert. Die Vereinsmitglieder, die nicht am Turmbau beteiligt sind, begleiten den Aufbau lautstark mit Trommeln, Flöten und dem Lied »Toc de Castells«.

Die Menschentürme Kataloniens gehören seit 2010 zum immateriellen UNESCO-Weltkulturerbe. Wer sie einmal live erleben möchte, kann sich beim **Tourismusbüro** nach den Auftrittsterminen erkundigen. Zudem lassen sich die *Castelleres* bei ihren Trainingszeiten gerne über die Schulter blicken.

Nachdem wir nun so viel über Sekt und Wein erfahren haben, steht uns der Sinn nach Meer. Das Ende dieser Tour an der **Costa Daurada** ist nicht mehr weit. Auf dem Weg in Richtung der Küstenstadt Sitges unternehmen wir aber noch einen Abstecher zum **Castell d'Olèrdola**. Erneut haben dort die Keltiberer ihre Spuren hinterlassen. Die Ausgrabungsstätte begeistert uns aufgrund ihrer großartigen Aussichtslage sowie ihrer Ruhe und Stille.

Für die Anfahrt nehmen wir von Vilafranca del Penedès die C-15 in Richtung Vilanova i la Geltrú. Bei **Sant Miquel d'Olèrdola** zweigt eine gut ausgeschilderte und breite Straße ab, die uns steil bergauf zu einem großen Parkplatz führt.

093 Castell d'Olèrdola

GPS: N 41°18'17" E 01°42'35", 310 m. **Max. WOMOs**: 10. **Öffnungszeit**: Ganzjährig. **Ausstattung**: Brunnen, Mülleimer, während der Öffnungszeiten Toiletten im Ausgrabungsgelände, Picknickzone mit Spielplatz. **Beschreibung**: Großer, zum Teil schräger Besucherparkplatz auf Asphalt, teilweise schattig und in Aussichtslage außerorts gelegen. Gegen Abend und am Wochenende kommen gerne Jugendliche herauf, die den Parkplatz als Treffpunkt nutzen. Für eine ruhigere Übernachtung eignet sich deshalb der etwas tiefer gelegene Busparkplatz (ohne Aussicht) neben der Straße besser. Nachts ist es einsam und ruhig. **Zufahrt**: Die Zufahrt ist von der Hauptstraße C-15 gut ausgeschildert.

Ausgrabungsstätte mit Weitblick – Castell d'Olèrdola

Das Felsenriff des **Naturparks Serra del Garraf** auf rund 350 Metern Höhe, das uns hier noch von der Mittelmeerküste trennt, war bereits in der Jungsteinzeit und später von Iberischen Stämmen besiedelt. Die Römer bauten hier oben ein befestigtes Kastell mit einer Mauer aus mächtigen Steinblöcken. Danach wechselten die Herrschaftsverhältnisse zwischen dem maurischen Kalifat und den Grafen von Barcelona. Immer wieder kam es zu Zerstörung und Wiederaufbau. Heute sind dort die Archäologen zugange und sie haben Interessantes zutage gefördert.

Beim Rundgang durch die weitläufige Anlage unternehmen wir eine Zeitreise von den Iberern bis ins Mittelalter. Aus römischer Zeit stammen Zisternen und Weinkeller. Die **romanische Kapelle Sant Miquel** wurde im frühen 10. Jahrhundert auf den Resten einer römischen Vorgängerkirche erbaut und wir entdecken Färber-Werkstätten aus der Zeit der Iberer. Die Archäologen legten außerdem eine Vielzahl mittelalterlicher Gräber frei, die in den Fels gehauen wurden und in Spanien als *Tumbas Olèrdolana* in die Wissenschaft eingingen.

Die Kapelle steht auf den Resten einer römischen Vorgängerkirche

Für uns hatte diese Ausgrabungsstätte eine ganz besondere Atmosphäre. Die Ausblicke sind atemberaubend und reichen über die Weinberge des Penedès hinweg bis zu den Pyrenäen, im Nordosten erhebt sich das markante Monserrat-Massiv, im Süden lockt das Mittelmeer. Der Wind pfeift durch die Mauerreste, in der Luft liegt ein würziger Pinienduft. Wir sind die einzigen Besucher an diesem Tag und der freundliche Mitarbeiter erklärt uns im angegliederten Museumsgebäude die Anlage mit viel Liebe zum Detail. Auch den Spazierweg durch den Wald zu einer weiteren Kirchenruine mit einem Gräberfeld zeigt er uns. Er beginnt am Ende des Parkplatzes und führt vorbei an der Picknickzone. Dort sind auch weitere Wanderwege ausgeschildert *(März bis Mai und Oktober bis Dezember Di.–So. 10–17.30 Uhr, Juni bis September bis 20 Uhr; 5 €, www.mac.cat).*

Das Meer können wir von hier oben bereits sehen und unser nächstes Ziel ist nicht mehr fern. **Sitges** – das pittoreske Küstenstädtchen ist das letzte Ziel dieser Tour. Bei der Anfahrt stecken wir schon bald im dichten Verkehr der Küstenregion fest. Es gilt nun zu entscheiden, ob Sie Sitges nur für einen Tagesbesuch aufsuchen oder länger verweilen möchten. Für ersteres bietet sich folgender Parkplatz an, der auch für große WOMOs gut zugänglich ist.

Markante Kulisse des Montserrat-Massivs

094 Sitges

GPS: N 41°14'17" E 01°47'54", Carrer de Victor de Balaguer. **Max. WOMOs**: 50. **Öffnungszeit**: Ganzjährig. **Ausstattung**: Keine. **Beschreibung**: Großer, uncharmanter und schattenloser Schotterparkplatz am Rand eines Neubaugebietes und neben einem eingezäunten Auslauf-Areal für Hunde. Durch die nahe gelegene Bahnlinie ist mit einer gewissen Geräuschkulisse zu rechnen. Die Altstadt von Sitges und die Strandpromenade sind 1,5 km entfernt. **Zufahrt**: Die C-32 in Sitges an der Ausfahrt 30 verlassen und in Richtung Zentrum fahren. Am vierten Kreisverkehr vor Unterqueren der Bahnlinie die erste Ausfahrt nehmen und dem Parkleitsystem folgen.

Wer länger verweilen möchte, hat am westlichen Stadtrand die Wahl zwischen zwei Campingplätzen:

095 Sitges – *Camping Sitges*

GPS/Kontakt: N 41°13'54" E 01°47'04", Ctra. 246a, Tel. +34 938 941 080, *www.campingsitges.com*, *info@campingsitges.com*. **Öffnungszeit**: Ganzjährig. **Ausstattung**: Campingplatzüblich mit Pool, Restaurant, Minimarkt. **Beschreibung**: Kleiner, gepflegter Campingplatz mit wahlweise schattigen oder sonnigen Stellflächen auf Naturboden/Wiese. Das Zentrum von Sitges ist etwa 2 km entfernt und auf Radwegen zu erreichen. Zum Strand sind es 700 m. **Preise**: 21–33 €. **Zufahrt**: Am westlichen Stadtrand ist der CP an der C-246a ausgeschildert.

096 Sitges – *Camping Park El Garrofer*

GPS/Kontakt: N 41°14'02" E 01°46'51", Ctra. 246a, Tel. +34 938 941 780, *www.campingelgarrofer.com*, *camping@grupolasinia.com*. **Öffnungszeit**: März bis Oktober. **Ausstattung**: Campingplatzüblich mit Pool, Restaurant, Minimarkt. **Beschreibung**: Geselliger Campingplatz mit teilweise staubigen Hart-Stellplätzen. Wahlweise schattig und unter Bäumen gelegen. Das Zentrum von Sitges ist etwa 2 km entfernt, zum Strand sind es 900 m. **Preise**: 25–46 €. **Zufahrt**: Am westlichen Stadtrand ist der CP an der C-246a ausgeschildert.

Beide Campingplätze würden sich auch für einen Besuch in der Stadt Barcelona anbieten. Es gibt mehrmals täglich Busverbindungen in die Stadt (Fahrtdauer etwa eine Stunde).

Sitges – Beliebter Ferienort an der Costa Daurada

Sitges (31.200 Einwohner) ist ein pittoresker und beliebter Badeort südlich von Barcelona. Mit seinen feinen Sandstränden und einem schrillen, bunten Nachtleben lockt er dann auch die Großstädter an, die im Juli und August für volle Hotels, Restaurants und gepfefferte Preise sorgen. Ähnlich wie bereits Cadaqués an der Costa Brava wurde Sitges von Künstlern und Intellektuellen entdeckt. Das ehemalige Fischerdorf entwickelte sich zu einem Urlaubsort mit breitem Kulturangebot. Die Dichte an zeitgenössischen Galerien und Museen ist hier ungewöhnlich hoch. Einige davon befinden sich in **alten Stadtpalästen**, die sich reich gewordene Amerika-Rückkehrer nach der Eroberung der Neuen Welt errichten ließen. Die *Ruta de los Americanos* heißt dann auch ein markierter Rundgang zu den Häusern, zu dem es weitere Informationen beim **Tourismusbüro** gibt, *www.sitgesanytime.com*.

Das Wahrzeichen von Sitges

Besonders schön ist es, über die rund drei Kilometer lange Strandpromenade zu flanieren. Sitges wurde trotz zahlreicher Neubauten von einer Verschandelung mit Hotelburgen weitgehend verschont. Unter schattigen Palmen laden Strandbars zur Rast ein und wir kommen auch zum wohl bekanntesten Postkartenmotiv des Badeorts. Unmittelbar auf einem Felsen über dem Meer thront die Kirche **Sant Bartomeu i Santa Tecla**.

Gleich dahinter befindet sich das ***Museu del Cau Ferrat***. Im Tourismusprospekt wird es als *»Tempel der Moderne«* und *»Kronjuwel von Sitges«* bezeichnet – So viele Vorschuss-Lorbeeren machen

neugierig. Im einstigen Wohnhaus und Atelier des Künstlers **Santiago Rusiñol** (1861–1931) sind neben den Werken des Allround-Talentes auch Originalgemälde von El Greco und Picasso zu sehen. Zudem beeindruckt das Gebäude mit seiner modernistischen Einrichtung. Ein Blick hinein lohnt sich *(Di.–So. im Winter 10–17 Uhr, April bis Oktober bis 19 Uhr, 10 €, www.museusdesitges.cat).*

Die Strandpromenade steigt hinter dem Stadtstrand hinauf zur **Kirche Sant Sebastiàn**. Dort eröffnet sich wohl das beste Panorama auf die Postkartenidylle von Sitges. Hinter der kleinen Kirche befindet sich der alte Friedhof, der nicht nur sehenswert, sondern auch eine Oase der Ruhe im Trubel des Küstenstädtchens ist.

Zurück geht es durch die Gassen der Altstadt mit quirligen Einkaufsstraßen. Dort reihen sich in der Fußgängerzone schicke Boutiquen, Souvenirgeschäfte und teilweise auch recht skurrile Läden aneinander.

Sitges ist berühmt-berüchtigt für sein Nachtleben in den Diskotheken, den Karneval und die LGBT-Szene. Das passende Outfit – teils schrill und bunt – können Sie hier gleich erwerben.

Die nachfolgende Tour 10 führt uns von Sitges noch einmal ins Hinterland. Wer lieber einen Badeurlaub an der Costa Daurada verbringen möchte, fährt jetzt einfach weiter auf der Küstenstraße C-31 nach Süden. Dort stehen Ihnen zahlreiche Campingplätze zur Auswahl. Wir sehen uns dann vor **Tarragona** wieder.

Postkarten-Blick auf die Bucht von Sitges

Tour 10

Tour 10

Oliven, Wein und alte Steine
Zu den Römern nach Tarragona

102 km

Das Real Monestir Santa Maria de Santes Creus ist eines von drei Zisterzienserklöstern, die Sie auf der Ruta del Cister entdecken können. Das Kloster liegt am Fluss Ríu Gaià, der lange Zeit die natürliche Grenze zwischen den maurisch besetzten Gebieten im Süden und dem christlich regierten Norden bildete. Freuen Sie sich außerdem auf weitere Höhepunkte:

- Naturstellplatz im Grünen
- Modernistische Wallfahrtskirche in den Weinbergen
- Strände der Costa Daurada
- Tarragona, Metropole der Römer

Nach dem Abstecher an die Küste in Sitges kehren wir dieser ab Vilanova i la Geltrú bereits wieder den Rücken und fahren auf der Landstraße BV-2115 in Richtung Hinterland. Der Hinweis auf den Stausee Pantà de Foix hat unsere Neugier geweckt. Schon nach wenigen Kilometern passieren wir den Campingplatz *Vilanova Park*, der laut Tourismuswerbung zu den schönsten Spaniens zählt. Eine eigene Ferienstadt für sich, mit Clubcharakter und allen Annehmlichkeiten, die auch verwöhnte Camperherzen höherschlagen lassen dürften.

097 Vilanova i la Geltrú – *Camping Vilanova Park*

GPS/Kontakt: N 41°13'54" E 01°41'28", Carretera Arboç BV-2115, Tel. +34 938 933 402, *www.vilanovapark.com*, *info@vilanovapark.com*. **Öffnungszeit**: Ganzjährig. **Ausstattung**: Campingplatzüblich mit Pools, Wellness- und Fitnesseinrichtungen, Restaurant, Bar, gutsortiertem Supermarkt und vielem mehr. **Beschreibung**: Großer, professionell geführter Campingplatz auf einem Hügel im Naturpark Parc del Foix und 2 km außerhalb von Vilanova i la Getrú. Zum Strand 3,5 km. Der Platz verfügt über parzellierte Stellflächen auf Gras oder Hartboden, wahlweise schattig, mit Strom-, Wasser- und Abwasseranschlüssen. Bushaltestelle am Eingang mit täglichen Busverbindungen an den Strand und nach Barcelona. **Preise**: 23–79 €. **Zufahrt**: Der Campingplatz ist in Vilanova i la Geltrú sowie an der BV-2115 ausgeschildert.

TOUR 10

Unser Sträßchen windet sich nun kurvenreich hinein in den **Naturpark Parc del Foix** mit seinen mediterranen Wäldern und versteckten Weinfeldern. Entlang der Strecke passieren wir die Staumauer des Pantà de Foix, die 1928 errichtet wurde. Davor gibt es einen kleinen Parkplatz, den wir für einen Spaziergang über die Talsperre nutzen. Leider ist das Wasser bei unserem Besuch von einem dichten, grünen Algenteppich bedeckt. Für ein erfrischendes Bad wirkt der Anblick wenig einladend und wir können auch nirgends eine Badebucht ausfindig machen.

Staumauer aus dem Jahr 1928

Internationales Zentrum der UNESCO-Biosphärenreservate

Am Nordufer des Stausees lädt hingegen nach vier Kilometern das kleine Dorf **Castellet i la Gornal** (2.470 Einwohner) zu einem Stopp ein. Ein schön herausgeputztes Örtchen mit einer eindrucksvollen Burg, das wir uns gerne näher anschauen möchten. Beim Bummel durch die Gassen finden wir liebevoll gestaltete Figuren und Szenerien aus dem dörflichen Leben. Genauere Informationen zum historischen Rundgang gibt es mittels eines QR-Codes direkt auf das Smartphone. Wir finden es aber einfach nur schön, uns ein wenig durch das Bilderbuch-Dorf treiben zu lassen. Der Erkundungsgang endet schließlich beim eindrucksvollen **Castell**, wo wir leider vor verschlossenen Toren stehen. Doch eine Tafel gibt Aufschluss:

Die Burg stammt aus dem 10. Jahrhundert und diente der Sicherung wichtiger Handelswege. Bis ins 16. Jahrhundert war sie von den Herren von Castellet bewohnt, die sie zu einem gotischen Wohnpalast ausbauen ließen. Danach wurde die Burg verlassen und war dem Verfall preisgegeben. Seit 1999 ist sie in Besitz der *Fundació Abertis*, die das Gemäuer umfangreich restaurierte und darin heute ein internationales Zentrum der UNESCO für die

Biosphärenreservate des Mittelmeerraumes unterhält *(Führungen zu jeder vollen Stunde an jedem 2. Wochenende im Monat zwischen 10 und 14 Uhr; www.fundacioabertis.org).*

Einkehrtipp: Nach dem Rundgang kommt die Terrasse des **Restaurants *El Barretet*** wie gerufen und wir genehmigen uns hier mit Blick auf den See ein bodenständiges *Menu del Día* mit frisch gegrillter Forelle. Ruhetag ist Montag. Wenn Sie ganz in der Nähe auch ein sehr ruhiges Übernachtungsplätzchen suchen, dann hätten wir da etwas für Sie:

098 Castellet i la Gornal

GPS: N 41°16'01" E 01°38'20", 152 m. **Max. WOMOs**: 5. **Öffnungszeit**: Ganzjährig. **Ausstattung**: Mülleimer, Picknickzone. **Beschreibung**: Außerorts gelegener Wanderparkplatz auf Naturboden in der Nähe des Friedhofes und am Rand eines kleinen Wäldchens. Teilweise Schatten und schöner Blick auf die Umgebung. Das Dorf ist 600 m entfernt. **Zufahrt**: Fahren Sie in Castellet vor dem Überqueren der Brücke geradeaus weiter auf der BV-2117 in Richtung Torrelletes. Nach knapp einem Kilometer zweigt rechts ein schmaler Weg zum ausgeschilderten Parkplatz ab.

Für die Weiterfahrt kehren wir zurück nach Castellet, überqueren nun die Brücke über den Ríu Foix und erreichen schon bald das Städtchen **L'Arboç** (5.600 Einwohner). Es fällt uns bereits von Weitem durch einen markanten **Glockenturm** auf. Kommt er Ihnen vielleicht bekannt vor? In der Tat handelt es sich dabei um einen Nachbau des Glockenturmes *La Giralda* von Sevilla. Leider war er während unserer Reise wegen Renovierungsarbeiten geschlossen und wir konnten nicht herausfinden, wie das Städtchen zu diesem Schmuckstück gekommen ist.

Ein anderes Schmuckstück verbirgt sich in der Carrer Major. L'Arboç ist nicht nur bekannt für seine Weinkellereien, sondern auch für seine Klöppelspitzen. Lange war das Klöppeln ein bedeutender Industriezweig im Ort und die Spitzen von L'Arboç *Punta Arbocenca* genießen bis heute hohes Ansehen. Das Museum *Museu de Puntes al Coixí* widmet sich dieser alten Handwerkskunst und zeigt eine der weltweit größten Sammlungen filigraner Klöppelspitzen. An der N-340 ist den Klöpplerinnen sogar ein eigenes Denkmal gewidmet *(Sa. 10–13 Uhr und 17.30–19.30 Uhr, So. und feiertags 10–13 Uhr, 3 €, www.labrocturistic.cat).*

Einen Parkplatz für den Besuch finden Sie hier:

P L'Arboç – N 41°15'50" E 01°35'55"

Wir verlassen L'Arboç auf der N-340 in Richtung Süden und fahren bis El Vendrell. Dort nehmen wir die C-51 und später die TP-2002 zum **Kloster Reial Monestir de Santes Creus**. Es ist weiträumig ausgeschildert, so dass Sie unser nächstes Ziel eigentlich nicht verfehlen können. Die Strecke führt uns vorbei an ausgedehnten Weinfeldern, großen Olivenhainen und kleinen Dörfern. In **Vilarodona** macht uns ein Hinweisschild rechts zu einer Oliven- und Weinkooperative mit Direktverkauf neugierig. Da lassen wir uns nicht zweimal bitten und legen einen spontanen Einkaufsstopp in der ***Agrobotiga*** bei N 41°18'23" E 01°21'14" ein *(Di.–Sa. 9–13.30 Uhr und 16.30–20 Uhr, So. 9–14 Uhr).*

Den großen Parkplatz für unseren Klosterbesuch erreichen wir nach weiteren fünf Kilometern.

099 Klosterparkplatz Santes Creus

GPS: N 41°21'03" E 01°21'47", Carrer Camp dels Avellaners, 300 m. **Max. WOMOs**: 20. **Öffnungszeit**: Ganzjährig. **Ausstattung**: Mülleimer. **Beschreibung**: Großer, asphaltierter Besucherparkplatz mit ebenen Stellflächen am Rand eines Wohngebietes und einer Wiese. Tagsüber während der Öffnungszeiten eventuell reger Betrieb, nachts jedoch sehr ruhig. Der Klostereingang ist rund 600 m entfernt. **Zufahrt**: Sowohl das Kloster als auch der Parkplatz sind ausgeschildert.

TOUR 10

»Ora et labora – Bete und arbeite« Die Zisterzienserklöster in Katalonien

Als das Kloster Santes Creus im Jahr 1150 gegründet wurde, trug dieser Landstrich am Ríu Gaià den Namen *Nova Catalunya*. Dieses Neu-Katalonien war erst kurz zuvor den maurischen Besatzern abgerungen worden. In der Umgebung gab es jedoch immer noch einige maurische Enklaven, die sich der Rückeroberung widersetzten. Um die zurückgewonnenen Gebiete halten zu können, mussten sie neu besiedelt und christlich »rekultiviert« werden.

Da traf es sich gut, dass sich zu dieser Zeit das klösterliche Leben in Katalonien in einem Reformprozess befand. Viele große Abteien hatten in der Vergangenheit beträchtliches Vermögen und Ländereien angehäuft, viele Äbte pflegten einen eher luxuriösen und ausschweifenden Lebenswandel. Unter den Mönchen wuchs deshalb der Wunsch nach religiöser Erneuerung. Sie verließen ihre alten Klöster, um sich zu neuen Gemeinschaften zusammenzuschließen. Diese hatten das Ziel, die Ordensregel des **Heiligen**

Benedikt von Nursia – die *Regula Benedicti* – zu leben. Einnahmen aus Verpachtungen und Zinsen wurden abgelehnt, stattdessen gehörte ein Leben in Abgeschiedenheit, Stille und Einfachheit zu ihren Grundidealen. *»Ora et labora – bete und arbeite«.*

Im Jahr 1112 trat der einflussreiche **Abt Bernhard von Clairvaux** ins **Kloster Citeaux** im französischen Burgund ein, in dem die benediktinischen Ordensregeln wörtlich und asketisch ausgelegt wurden. Das Kloster gilt deshalb als die **Keimzelle der Zisterzienser**, die sich rasch in ganz Europa ausbreiteten. Mitte des 12. Jahrhunderts genoss der Orden bereits einen ausgezeichneten Ruf. Die Mönche verfügten über die notwendige Bildung und Erfahrung in der landwirtschaftlichen Erschließung großer Gebiete. Die körperliche Arbeit hatte einen hohen Stellenwert in ihrem Tagesablauf. Zudem bauten sie ihre Klöster mitten in der Natur und fernab städtischer Zentren. Viele der Zisterzienser waren deshalb auch ausgezeichnete Architekten.

Das Kloster Citeaux im französischen Burgund gilt als Keimzelle des Zisterzienserordens, der sich ab 1112 rasch in Europa ausbreitete.

So ist es nicht verwunderlich, dass die Familie Montcada als eine der einflussreichsten Adelsfamilien Kataloniens im Jahr 1150 Zisterziensermönche aus dem **Kloster Grandselve** bei Toulouse hierher nach *Nova Catalunya* holte. Nach einigen Ortswechseln gründeten diese das Kloster **Santes Creus** an den Ufern des Flusses Gaià.

Das Königskloster Reial Monestir de Santes Creus

Der Ort war gut gewählt. Dank der Nähe zum Fluss war die Wasserversorgung garantiert, so dass die Landwirtschaft bald erblühte. Unter der Leitung von **Pere de Valldaura**, dem ersten Abt von Santes Creus, wurden die Baupläne im typischen Zisterzienserstil nach dem Vorbild des Herkunftsklosters *Grandselve* angefertigt. **Charakteristisch ist die schlichte, funktionale und strenge Architektur**, welche die Spiritualität und Bescheidenheit der Zisterzienser widerspiegelt. Mit dem Bau der Basilika wurde 1174 begonnen, die Arbeiten an den weiteren Klosterteilen zogen sich über fast ein Jahrhundert hinweg.

Im Lauf seiner Geschichte expandierte Santes Creus stark, war ein wichtiges Zentrum der Kultur und auch der Macht. In der zweiten Hälfte des

TOUR 10 **Grablege der Könige von Aragon**

13. Jahrhunderts wurde es sogar zur Grablege der Könige von Aragón. Die Basilika beherbergt heute die Sarkophage von Pere el Gran und Jaume II.

Der Niedergang begann im 17. Jahrhundert, als verschiedene politische und strukturelle Ereignisse zur Auflösung der Klostergemeinschaft führten. Im Jahr 1835 verließen die letzten Mönche Santes Creus. Der Prozess des Verfalls wurde noch beschleunigt, als man das Kloster im Jahr 1870 zum Gefängnis von Tarragona umfunktionierte. Erst 1921 ernannte man Santes Creus zum »Historischen Monument« und begann die alten Mauern zu restaurieren.

Trotz der wechselvollen Geschichte gilt das Kloster heute als das lieblichste und am besten erhaltene an der *Ruta de Cister*. Zwar kein UNESCO-Weltkulturerbe, doch dafür mit einem beeindruckenden **gotischen Kreuzgang**. Die reich verzierten, fantasievollen Kapitelle mit ihrer Vielfalt von Pflanzen, Ornamenten, Tieren und Menschen wollen so gar nicht der Strenge der Zisterzienser entsprechen. Doch dafür erzählen sie biblische Geschichten von der Erschaffung des Menschen bis hin zu Szenen der jahreszeitlichen Arbeiten und alter Handwerksformen.

Empfehlenswert ist der deutschsprachige Audioguide, der mit detaillierten Informationen durch die Anlage führt *(Oktober bis Mai Di.–So. 10–17.30 Uhr, in den Sommermonaten bis 19 Uhr, letzter Einlass 30 Minuten vor Kassenschluss; 6 €, www.patrimoni.gencat.cat)*.

Eingangs dieser Tour hatten wir Ihnen drei Zisterzienserklöster versprochen. Wenn Sie es nun ein wenig eilig haben, können Sie auf der ausgeschilderten Zisterzienser-Route *Ruta del Cister* noch die beiden Klöster **Poblet** (36 Kilometer) und **Vallbona de les Monges** (50 Kilometer) besuchen. Genauere Informationen dazu finden Sie in unserer Tour 13, die ebenfalls zu den genannten Abteien führt.

Für die Fortsetzung dieser Tour geht es nun zurück bis nach **Vilardida**, wie wir gekommen sind. Dort biegen wir ab auf die T-204, die uns nach insgesamt nur elf Kilometern zum nächsten Ziel nach **Montferri** (419 Einwohner) bringt. Bereits bei der Anfahrt auf das kleine Weindorf können Sie das markante Santuari de la Mare de Déu de Montserrat inmitten von Weinfeldern erkennen. Das modernistische Heiligtum finden Sie auch auf dem Titelbild dieses Reiseführers wieder.

Modernistische Wallfahrtskirche in den Weinbergen von Montferri

Die Wallfahrtskirche ist das Werk des Gaudí-Schülers **Josep Maria Jujol** (1879–1949), und die Einflüsse des Großmeisters sind unverkennbar. Den Auftrag zum Bau gab ein Jesuit aus Montferri, dem der Pilgerweg zur Gottesmutter nach Montserrat zu weit war. Das Heiligtum von Montferri wurde wie ein überdimensionales Schiff gestaltet, dessen Bug genau in Richtung des großen Klosters von Montserrat ausgerichtet ist (siehe Tour 8). Im Inneren findet sich dann auch eine Kopie der Schwarzen Madonna, zu der die Gläubigen pilgern.

Es scheint aber fast ein böses Omen über den verspielten, sakralen Jugendstilbauten Kataloniens zu liegen. Auch diese Kirche blieb lange Zeit unvollendet, denn Geldmangel und der Tod des Architekten stoppten den Bau. Erst 1989 wurden die Arbeiten wiederaufgenommen und der Pilgerort im Jahr 1999 seiner Bestimmung übergeben *(Di.– Do. sowie Sa./So. 10.30–13.30 Uhr, 4 €, www.montferri.cat)*.

100 Montferri

GPS: N 41°16'04" E 01°22'10", 251 m. **Max. WOMOs**: 2. **Öffnungszeit**: Ganzjährig. **Ausstattung**: Öffentliche Toiletten während der Öffnungszeiten, Mülleimer. **Beschreibung**: Außerorts gelegener Besucherparkplatz auf Naturboden, teilweise schattig und mit schönem Blick auf das Dorf und die Weinberge. Tagsüber während der Öffnungszeiten lebhaft, nachts jedoch sehr ruhig. **Zufahrt**: Am Kreisverkehr in Montferri ist die Zufahrt (etwas steil) ausgeschildert.

Nach dem Besuch in Montferri wenden wir uns wieder der Küste zu. Dafür halten wir uns zunächst noch auf der T-204, ab Salomó auf der T-202 in Richtung Süden. Am Ortsausgang von **La Nou de Gaià** entdecken wir rechts der Straße eine weitere Einkaufsmöglichkeit. Die ***Agrobotiga Verge de les Neus*** hält nicht nur frisches Obst und Gemüse bereit, hier haben Sie auch eine große Auswahl regionaler Erzeugnisse. Die sehr freundlichen Mitarbeiterinnen sprechen teilweise englisch und helfen gerne weiter. Probieren sollten Sie den Vermut aus dem Fass oder das frische Gebäck. Eine Spezialität sind kleine Pastetchen, die mit Kürbismarmelade gefüllt sind. (*Täglich 9–13.30 Uhr geöffnet, Fr./Sa. auch 18–20 Uhr*).

Unser eigentliches Ziel an der **Costa Daurada** heißt jedoch **Tarragona** (134.900 Einwohner). Leider bietet die Hafen- und Römerstadt kein wirklich erfreuliches Stellplatzangebot für Wohnmobilisten. Wir empfehlen Ihnen deshalb, sich bereits östlich der Stadt auf einem der zahlreichen Campingplätze niederzulassen und die Kultur mit ein paar Tagen Strandurlaub zu verbinden. Tarragona lässt sich von dort aus mit dem Bus oder Fahrrad erkunden. Die N-340 verbindet einige der möglichen Standorte. Anbei zwei Plätze zur Auswahl:

101 Tamarit – *Camping Tamarit Beach Resort*

GPS/Kontakt: N 41°07'57" E 01°21'37", Platja Tamarit, Tel. +34 977 650 128, *www.tamarit.com*, *resort@tamarit.com*. **Öffnungszeit**: Ende März bis Ende Oktober. **Ausstattung**: Campingplatzüblich mit mehreren Pools, Restaurant, Supermarkt. **Beschreibung**: Großer, professionell geführter Campingplatz mit Clubcharakter am Fuß der Burg von Tamarit und am Übergang von der Felsküste zu den Sandstränden. Direkter Strandzugang, parzellierte Plätze, teilweise mit eigenem Badezimmer und Animationsprogramm im Sommer. Nach Tarragona gibt es eine Busverbindung. **Preise**: 30–104 €. **Zufahrt**: Der Campingplatz ist an der N-340 ausgeschildert.

102 Tarragona – *Camping Las Palmeras*

GPS/Kontakt: N 41°07'49" E 01°18'43", N-340, Tel. +34 977 208 081, *www.laspalmeras.com*, *laspalmeras@laspalmeras.com*. **Öffnungszeit**: April bis Mitte Oktober. **Ausstattung**: Campingplatzüblich mit Pool, Restaurant, Supermarkt. **Beschreibung**: Großer, familienfreundlichen Campingplatz mit direktem Strandzugang und vielen Freizeitangeboten. Die Stellplätze sind unterschiedlich groß, teilweise mit Meerblick sowie Strom, Wasser- und Abwasseranschlüssen. Das Zentrum von Tarragona ist 4 km entfernt, es fahren Busse. **Preise**: 26–80 €. **Zufahrt**: Der Stellplatz ist an der N-340 ausgeschildert. Die Zufahrt erfolgt durch eine Bahnunterführung mit 3,50 m Höhe.

Noch näher am Ort des Geschehens stehen Sie auf einem Parkplatz am östlichen Stadtrand. Wir haben uns persönlich zwar geschworen, nie, und zwar wirklich NIE auf einem Supermarkt-Parkplatz zu übernachten, aber Tarragona lässt uns in diesem Fall keine andere Wahl. Zu unserer Überraschung ist der Strand gleich um die Ecke, in die Stadt ist es nicht weit und einkaufen können wir auch. Was will man also mehr? Wir hoffen, dass diese Notlösung nicht irgendwann den Bauspekulanten zum Opfer fällt.

103 Tarragona

GPS: N 41°07'10" E 01°16'20", Carrer Ernest Lluch. **Max. WOMOs**: 15. **Öffnungszeit**: Ganzjährig. **Ausstattung**: Mülleimer. **Beschreibung**: Großer Schotter-/Erdparkplatz, nicht ganz eben, zwischen den Supermärkten *Aldi* und *Mercadona* sowie nahe der Bahnlinie. Nachts fahren jedoch kaum Züge. Gut erreichbar auch für große WOMOs. Der Strand mit einigen Bars und öffentlichen Toiletten ist gleich hinter der Bahnlinie, das Zentrum von Tarragona ist etwa 1,5 km entfernt. **Zufahrt**: Auf der N-340, der *Vía Augusta*, in Richtung Zentrum fahren. Den Kreisverkehr auf Höhe des *Mercadona*-Marktes verlassen, vor der Bahnlinie links halten, dann befindet sich der Parkplatz auf der linken Seite.

Tarragona – Alte Römerstadt am Meer, Stadt der Menschentürme und UNESCO-Weltkulturerbe. Die Hafenstadt, die zugleich auch Hauptstadt der südlichsten Provinz Kataloniens ist, vereint gleich mehrere Superlative.

218 v. Chr. eroberten die Römer die ehemals iberische Stadt und gaben ihr den Namen *Tarraco*. Um 27 v. Chr. machte Kaiser Augustus Tarragona zur Hauptstadt der römischen Provinz *Tarraconensis*, die damals ungefähr drei Viertel der Iberischen Halbinsel umfasste. In der Blütezeit lebten über 200.000 Menschen in Tarragona. Sie hinterließen eine Vielzahl römischer Monumente. Dazu zählen die Stadtmauern, das Amphitheater, den Circus, das

Reiches römisches Erbe in Tarragona

Forum Romanum, Aquädukte – kurzum: alte Gemäuer aus römischer Zeit, wohin man auch schaut. Tarragona zählt zusammen mit der Stadt **Mérida** in der Extremadura zu den wichtigsten Zeugnissen römischer Geschichte in Spanien.

Das **Tourismusbüro** in der Carrer Major hält Broschüren mit entsprechenden Stadtrundgängen bereit und liefert zusätzliche Informationen auf der sehr gut aufgemachten, deutschsprachigen Internetseite *www.tarragonaturisme.cat*.

Selbst wenn Sie für alte Steine nicht viel erübrigen können – einige Stationen der römischen Geschichte lohnen den Besuch. Unmittelbar an der Küste und eingebettet in einen Park mit wunderschönen Ausblicken liegt das **Amfiteatre Romà**. Dort fanden die Gladiatorenkämpfe statt und es war Schauplatz des Märtyrertods von Bischof Fructuosus und zweier Priester, die während der Christenverfolgung bei lebendigem Leib verbrannt wurden. Das Theater ist zu großen Teilen eine Rekonstruktion, da die alten Steine zum Bau des Hafens und einiger Kirchen verwendet wurden. Die oberen Zuschauerränge können kostenlos besichtigt werden, hinein geht es aber nur mit Eintrittskarte *(Di.–Fr. 9.30–21 Uhr, Sa. 10–21 Uhr, So. und feiertags 10–15 Uhr; 5 €)*.

Der Passeig Arqueològic zieht sich entlang der Stadtmauer und beeindruckt mit den tonnenschweren Steinblöcken, die ohne Fugen bis zu 15 Meter hoch aufragen. Außerdem sind noch eine Statue Caesars sowie Remus und Romulus zu sehen. Aus jüngerer Zeit stammen die Kanonen sowie Festungsbauwerke aus dem 18. Jahrhundert *(Di.– Fr. 9.30–21 Uhr, Sa. 10–21 Uhr, So. und feiertags 10–15 Uhr; 5 €).*

Wer sich noch eingehender mit der römischen Geschichte befassen möchte, ist im Archäologischen Museum *Museu Arqueològic* an der Plaça de Rei richtig. Glanzstück sind die prächtigen Mosaike. Die Hauptstelle wurde zum Zeitpunkt der Recherche gerade umfangreich restauriert und soll noch im Jahr 2023 wiedereröffnet werden. In der Übergangszeit sind einige der der wichtigsten Exponate im **Tinglado 4** im Hafen von Tarragona ausgestellt *(Di.–Sa. 9.30–20.30, So. 10–14 Uhr; 4 €, www.mnat.cat).*

Nach dem Fall Roms und dem Untergang des weströmischen Reiches verlor Tarragona an Bedeutung. Die Mauren haben wenig Spuren hinterlassen, dafür ist das Mittelalter wieder präsent. Die Stadt war bereits in der Antike ein bedeutender **Bischofssitz**. Nach der Rückeroberung 1118 durch Raimund Berengar III. ernannte dieser Tarragona erneut zum Hauptsitz des Erzbischofs. Die **Kathedrale Santa María** entstand ab 1171 an der Stelle einer maurischen Moschee, die wiederum auf einem römischen Jupitertempel errichtet war. Das Gotteshaus thront hoch über der historischen Altstadt und vereint romanische und gotische Elemente. Im angegliederten ***Museu Diocesà*** sind neben sakralen Kunstgegenständen auch römische Haarnadeln zu bewundern *(Mo.–Sa. 10–20 Uhr, So. 15–20 Uhr; 5 €, www.catedraldetarragona.com).*

Gotisches Portal der Kathedrale

Außerhalb der mittelalterlichen Altstadt präsentiert sich Tarragona als moderne Industrie- und Hafenstadt. Die Hauptstraße *Rambla Nova* ist eine Geschäfts- und Flaniermeile, in deren Mitte ein großes Denkmal den ***Castells*** gewidmet ist. Tarragona ist nach Vilafranca del Penedès (siehe Tour 9) eine weitere Hochburg der Menschentürme.

Unweit des Denkmals liegt westlich der Rambla an der Plaça de Corsini der **Zentralmarkt** Tarragonas. Er trägt die Handschrift des Architekten **Josep Maria Pujol**, den wir bereits vom Bau der Wallfahrtskirche in Montferri kennen. Der Bummel durch das modernistische Gebäude ist ein Genuss für alle Sinne und wir lassen uns hier gerne zu einer kleinen Stärkung an der Tapas-Bar nieder *(Mo.–Sa. 8.30–21 Uhr; www.mercatsdetarragona.cat)*.

Am Aussichtspunkt Balcó del Mediterrani

Die Rambla endet am ***Balcó del Mediterrani*** – dem Balkon des Mittelmeeres. Von dort reicht der Blick über die Gleise der Eisenbahn hinüber zu den modernen Hafenanlagen. An lauen Sommerabenden laden die Bänke unter schattigen Palmen beim Klang von Straßenmusikanten zum Verweilen ein.

Zum Abschluss bietet sich noch ein Besuch im **alten Fischerviertel Serrallo** im westlichen Teil des Hafens an. Am späten Nachmittag kehren die Fischerboote zurück und der Fang wird in der ***Lotja de Mar*** versteigert. Frischen Fisch bieten auch die guten Fischrestaurants in Serrallo. Eine sehr gute Meeresfrüchteplatte konnten wir im Restaurant ***Ca l'Eulàlia*** an der Plaça Bisbe Bonet genießen *(Mittagsmenüs von Mo.–Sa. zwischen 13 und 17 Uhr, Do.–Sa. auch abends ab 20.30 Uhr. Ruhetag So., www.caleulalia.com)*.

Tarragona ist das Ende unserer Tour 10. Nachfolgend werden wir der Costa Daurada noch ein wenig treu bleiben, der wir bis zum südlichsten Punkt unserer Reise, dem Ebro-Delta, folgen werden.

Tour 11

Tour 11

Flamingos und Reis
Die südliche Costa Daurada bis ins Ebro-Delta

158 km

Das Ebro-Delta ist das südlichste Ziel unserer Reise durch Katalonien. Hier mündet der Ríu Ebre nach 910 Kilometern ins Mittelmeer. Zugleich unsere ganz persönliche Lieblings-Region. Warum? Das und mehr verraten wir Ihnen in dieser Tour.

- **Teufelsbrücke von Tarragona**
- **Vermut trinken in Reus**
- **Kunst im Mas Miró**
- **Fahrradtouren im Ebro-Delta**
- **Fisch essen im Restaurant Casa de Fusta**

Auch wenn wir in Tarragona bereits ausgiebig auf den Spuren der Römer wandeln konnten, so möchten wir Ihnen doch noch ein weiteres der beeindruckenden antiken Bauwerke vorstellen. Es liegt nördlich und etwas außerhalb Tarragonas an der N-240. Die Rede ist von der **Teufelsbrücke**, oder auch der ***Pont de Diable***. Sie gilt als einer der besterhaltenen römischen Aquädukte, und diesen möchten wir uns natürlich genauer anschauen.

104 Tarragona – Pont de Diable

GPS: N 41°08'49" E 01°14'24", N-240. **Max. WOMOs**: 5. **Öffnungszeit**: Ganzjährig. **Ausstattung**: Keine. **Beschreibung**: Besucherparkplatz auf Kies, außerorts am Rand einer Grünanlage. Für eine Übernachtung ist der Platz angesichts der Lage neben der Schnellstraße und der Nähe zur Autobahn eher zu laut, aber nicht unmöglich. **Zufahrt**: Der Parkplatz ist an der N-240 sehr dürftig ausgeschildert und man kann die Einfahrt bei einer Bushaltestelle leicht übersehen. Wenn Sie an der Tankstellen-Ausfahrt sind, sind Sie bereits zu weit gefahren.

Pont de Diable oder *Aqüeducte de les Ferreres* – Die berühmte Teufelsbrücke ist gleich unter mehreren Namen bekannt. Eigentlich handelt es sich dabei nur um das Fragment einer langen Wasserleitung, die das kostbare Nass aus dem Fluss **Francolí** in die antike Stadt *Tarraco* beförderte. Der genaue Zeitpunkt der Errichtung ist unbekannt, doch der Aquädukt diente noch bis ins Mittelalter der Wasserversorgung Tarragonas.

Dieses wurde dem etwa 15 Kilometer nördlich der Stadt liegenden Fluss auf rund 92 Metern über dem Meeresspiegel entnommen und über verschiedene Kanäle sowie weitere Aquädukte nur mittels des natürlichen Gefälles in die Stadt geleitet. Die Teufelsbrücke überspannt dabei die Senke *Barranc de les Arcs* mit einer Länge von 217 Metern und einer Höhe von 27 Metern. Das doppelstöckige Bauwerk besteht aus 25 Bögen, der mittlere Bereich weist zusätzliche 11 Bögen auf der unteren Ebene auf. Staunend stehen wir vor dem Bauwerk und können uns kaum vorstellen, wie die mächtigen Quadersteine in antiker Zeit, ohne Zement und Mörtel und ohne unsere modernen Hilfsmittel aufgeschichtet werden konnten. Eine wahre Meisterleistung!

Der Aquädukt verbirgt sich in einer parkähnlichen Grünanlage mit schattigen Bäumen. Eigentlich wäre der kurze, ausgeschilderte Spaziergang vom Parkplatz hierher sehr schön, wäre er nicht begleitet vom Verkehrslärm der vorbeirauschenden AP-7. Dort gibt es sogar eine eigene Rastanlage für den Besuch der Sehenswürdigkeit.

Wie kam nun der Aquädukt zu seinem Namen *Pont de Diable*? Dazu erzählen wir Ihnen gerne die Legende:

Mit 25 Bögen überspannt die Teufelsbrücke das Tal

Die Legende der Teufelsbrücke

In Zeiten der Römer entschloss man sich angesichts einer großen Wasserknappheit, unter der Tarragona zu leiden hatte, ein Aquädukt zu errichten. Hierzu galt es, eine tiefe Klamm mit einer Brücke zu überspannen. Doch gerade als die Brücke fertiggestellt war, kam ein mächtiger Wind auf und brachte die gesamte Konstruktion zum Einstürzen. Als der Baumeister das Unglück sah, sagte er, dass nur der Teufel hier eine Brücke würde bauen können, die tausend Jahre hält.

Kaum hatte er diese Worte ausgesprochen, erschien auch schon der Teufel und bot an, in nur einer Nacht eine neue Brücke zu errichten, die von Dauer sein würde. Daraufhin bot ihm der Baumeister 30 Sack Gold an, um das Werk zu vollenden, doch der Teufel lehnte das Gold ab. Stattdessen sagt er, dass er als Bezahlung nur die Seele des ersten, der vom Wasser des Aquädukts tränke, akzeptieren würde. So wurde es vereinbart und am nächsten Morgen stand die mächtige Brücke vollendet über der Schlucht. Der Teufel erschien, um seinen vereinbarten Lohn abzuholen. Da zeigte ihm der Baumeister einen Esel, denn dieser hatte als erster vom Wasser des Aquädukts getrunken.
[Quelle: Wikipedia]

Nach dem Besuch der Brücke kehren wir zurück nach Tarragona und folgen dort der Beschilderung nach **Reus** (106.740 Einwohner). Es ist die Stadt des Modernisme, die Geburtsstadt Antoni Gaudís und die Stadt des *Vermuts*. Diese Attribute haben uns neugierig gemacht, doch der berühmte Funke ist hier leider nicht auf uns übergesprungen. Bereits die Suche nach einem geeigneten Parkplatz gestaltet sich schwierig und wir parken notgedrungen etwas verkehrswidrig auf einem großen Schotterparkplatz:

P Reus – N 41°09'35" E 01°07' 00"

Autobuses und *Camiones* sind verboten – von Wohnmobilen steht hier nichts. Wenn Sie also nicht gerade in die Kategorie Dickschiff fallen, dürfte dem Aufenthalt für einen Tagesbesuch nichts im Wege stehen.

Vor der Schule Antoni Gaudís in Reus

Von dort ist die zentrale **Plaça del Mercadal** mit den wichtigsten Sehenswürdigkeiten rund 900 Meter entfernt. Ende des 19. Jahrhunderts war die Stadt eine der wichtigsten in Katalonien und bekannt für ihren Handel mit Wein, Spirituosen und Trockenfrüchten. Antoni Gaudí wurde am 25. Juni 1852 in Reus geboren und verbrachte hier seine ersten 16 Lebensjahre, bevor er im Jahre 1868 nach Barcelona zog.

Die Stadt widmet ihrem berühmtesten Sohn ein eigenes, modern gestaltetes Museum an der Plaça del Mercadal. Das *Centre Gaudí* zeigt die wichtigsten Stationen und Werke im Leben des Architekten, der selbst nie in seiner Geburtsstadt aktiv wurde.

Im gleichen Gebäude ist auch das **Tourismusbüro** untergebracht, in dem weitere Informationen erhältlich sind. So etwa ein Plan zur *Ruta de Modernisme*. Etwa 80 Gebäude im katalanischen Jugendstil gibt es in Reus. Teilweise ist dies aber eher etwas für echte Fans *(Mo.–Sa. 9.30–14 Uhr und 16–19 Uhr, So. 10–14 Uhr; Eintritt Gaudí-Museum 10 € inkl. Audioguide, www.reusturisme.cat)*.

Zentraler Treffpunkt in Reus – Die Plaça del Mercadal

Das Flaggschiff unter den Jugendstilgebäuden ist die ***Casa Navàs*** und sie steht gleich nebenan. Die Eintrittskarten dafür erhalten Sie im Tourismusbüro. Dieses Gebäude wurde von **Lluís Domènech i Montaner** entworfen. Wir kennen ihn bereits aus Barcelona und als Architekten des dortigen *Hospital de la Santa Creu i Santa Pau* (siehe Tour 7). In Reus baute er die *Casa Navàs* als Wohn- und Geschäftshaus für einen vermögenden Unternehmer der Textilindustrie. Im Untergeschoss des reich verzierten und verspielten Gebäudes sind die Geschäftsräume angesiedelt, in den oberen Stockwerken die luxuriösen Wohnräume. Die prächtig ausgestatteten Salons, Schlafzimmer, Terrasse und Küche können im Rahmen einer Führung besichtigt werden *(Führungen zu jeder vollen Stunde Mo.–Fr. 11–13 Uhr und 16–18 Uhr, Sa. 11–14 Uhr und 16–19 Uhr, So. 11–14 Uhr; 12 €, www.casanavas.cat).*

Außerhalb der Innenstadt liegt das **Krankenhaus *Institut Pere mata***, das ebenfalls vom Architekten Domènech y Montaner entworfen wurde. Es ist an das Gebäudeensemble in Barcelona angelehnt. Zu besichtigen ist der ***Pabellón de los Distinguidos***, ein Pavillon, der als Krankenstation der Luxusklasse gezielt für die wohlhabenden Patienten errichtet wurde *(Mo.–Sa. 11–14 Uhr und 16.30–18.30 Uhr, So. und feiertags 11–14 Uhr; 6 €).*

Reus soll aber auch die Stadt des ***Vermut*** (deutsch: Wermut)sein. Tatsächlich gibt es hier in der Carrer de Vallroquetes das *Museu del vermut*, welches zugleich Ausstellung, Vermut-Bar und Restaurant ist. Bereits im Jahr 1892 wurde in Reus die erste Vermut-Fabrik eröffnet und noch heute gibt es mehrere bekannte Hersteller in der Stadt. Das private Museum zeigt die Geschichte des weinhaltigen Getränks sowie eine Sammlung von mehr als 1.300 Flaschen aus aller Welt, Reklameschilder und Fotos. Leider hatte es bei unserer Reise geschlossen, vielleicht haben Sie mehr Glück *(Di.–Sa. 12–15.30 Uhr und 19.30–22.30 Uhr, So. 12–15.30 Uhr; Eintritt frei, www.museudelvermut.com).*

In Reus wurden im Jahr 1892 die ersten Vermut-Fabriken eröffnet. Die Stadt gilt deshalb als Hauptstadt des Vermut.

Der Lieblings-Aperitif der Katalanen

Die Stunde des Vermut schlägt pünktlich um 12 Uhr. Nach dem sonntäglichen Kirchgang verabredet man sich gerne zu einem Gläschen an der Bar, begleitet von einem Schälchen Nüsse oder Oliven. Bei der *Hora del Vermut* werden Freundschaften gepflegt und Neuigkeiten ausgetauscht, bevor man mit der Familie zum Mittagessen geht. Doch worin liegt das Geheimnis dieses Lieblings-Aperitifs?

Bereits die alten Griechen mischten ihren Wein mit Gewürzen, aromatischen Pflanzen und Heilkräutern, um eine medizinische Essenz herzustellen. Grundlage dafür war das Wermut-Kraut, hierzulande auch als »Bitterer Beifuß« bekannt. Noch heute wird das Kraut zur Linderung von Magen-Darm-Beschwerden und bei Krämpfen eingesetzt.

Die erste urkundliche Erwähnung stammt aus Italien und dem Jahr 1549. Damals wurde von einem Rezept aus Wein und Absinth berichtet, welches eine heilende und therapeutische Wirkung habe. Ab dem Ende des 18. Jahrhunderts waren diese aromatisierten Weine dann als »Vermut« bekannt. Innerhalb Europas gelten Italien und Frankreich als die Ursprungsländer des kommerziell hergestellten Getränks, dessen Siegeszug um 1786 begann. Es war der König von Sardinien-Piemont, der den Vermut zum königlichen Hofgetränk erklärte und damit den Einzug in die adelige Gesellschaft auslöste.

Der »Schwarze Vermut« stammt ursprünglich aus Italien und ist süßer, während der »Weiße Vermut« in Frankreich hergestellt wird, trockener ist und einen höheren Alkoholgehalt hat. Das Geheimnis eines guten Vermuts liegt in der richtigen Mischung aus Wurzeln, Pflanzen, Blüten und Gewürzen. Typischerweise sollen mehr als 50 bis 80 verschiedene Zutaten verwendet werden, was zu einem breiten Spektrum an Geschmacksrichtungen beiträgt. Die Süßstoffe Zucker und Karamell geben dem Vermut die charakteristische, goldene Farbe.

Nach Spanien gelangte der Vermut um 1870, als die ersten Likör- und Schnapsfabriken in Reus mit der Herstellung begannen. Zeitweise waren hier bis zu 30 Vermut-Produzenten aktiv. Die sonntägliche *Hora del Vermut* entwickelte sich in den 1960er und 1970er Jahren in den Bars zu einem festen, gesellschaftlichen Ritual. Inzwischen ist das Likörchen aber nicht nur auf den Sonntag beschränkt. Vielmehr ist er als Aperitif zusammen mit einem Tellerchen Tapas nicht mehr aus der katalanischen Kneipen-Kultur wegzudenken. Auf Eis serviert, mit einer Olive garniert und nach Wunsch mit einem Schuss Soda versehen ist der Vermut sogar ein wenig gesundheitsfördernd. Gesellig ist er allemal!

Wir treten mit etwas zwiespältigen Gefühlen den Rückzug aus Reus an und befinden, dass die Stadt kein unbedingtes »Must-See« ist. Haben wir womöglich etwas übersehen, das uns Begeisterungsstürme entlocken würde? Urteilen Sie selbst und wenn Sie tatsächlich einen Geheimtipp entdecken, dürfen Sie uns diesen gerne verraten.

Während wir uns in der nächsten Etappe wieder einem Künstler zuwenden, hier noch ein Tipp für Familien:

Ganz in der Nähe zwischen Tarragona und Reus lockt der riesige Freizeitpark *PortAventura World* mit rasanten Fahrgeschäften, Wasserparks, Themenwelten, Restaurants und Shows. Der Park hält auch einen WOMO-Stellplatz mit Serviceeinrichtungen bereit, der jedoch nur in Kombination mit einem Besuch des Freizeitparks zu nutzen ist (*Die saisonal wechselnden Öffnungszeiten entnehmen Sie bitte dem Internet unter www.portaventuraworld.com; Eintritt ab 50 €, Kinder von 4–10 Jahren ab 42 €*).

105 *PortAventura Parking Caravaning*
N 41°05'40" E 01°09'15"

Durch den Großstadtverkehr von Reus kämpfen wir uns aus der Stadt hinaus zu unserem nächsten Ziel nach **Mont-roig del Camp** und das dortige Más Miró. Der Künstler **Joan Miró** (1893-1983) verbrachte mehrere Jahre seines Lebens in der Region. Die Berge, die Landschaft, das Meer und vor allem das Landgut lieferten ihm Inspiration für seine Werke.

TOUR 11

Mont-roig del Camp (13.100 Einwohner) liegt knapp 17 Kilometer südwestlich von Reus und wir erreichen den Ort auf der T-310. Das Städtchen steht ganz im Zeichen des berühmten Sohnes der Stadt, der dort eine Reihe von Kunstwerken schuf. Darunter das Gemälde »Dorf und Kirche von Mont-Roig«, dessen Ansicht wir beim Rundgang durch den Ort entdecken. Die **Tourismusinformation**, *www.mont-roigmiami.cat*, ist in der **Església Vella** mit ihrem Glockenturm im Renaissancestil untergebracht. Dort hält man auch eine Broschüre mit einer Tour durch »Mirós Seelenlandschaft« bereit. Sie führt zu den Orten, die dem Künstler für seine Werke Modell standen.

Eine der bekanntesten Ansichten ist sicherlich die **Ermita Mare de Déu de la Roca** aus dem 13. Jahrhundert mit der **Kapelle Sant Ramon** aus dem 19. Jahrhundert. Die Einsiedelei thront etwa drei Kilometer außerhalb des Ortes hoch auf einem bizarr verwitterten, roten Sandsteinfelsen. Dem charakteristischen, roten Bergmassiv hat das Städtchen auch seinen Namen zu verdanken und die Kapelle dient noch heute Seefahrern als Orientierungspunkt. Oben gibt es einen kleinen Parkplatz sowie ein Restaurant (*www.ermitadelaroca.com*, *Di. geschlossen*). Auf Mirós Gemälden ist die Ermita ebenfalls verewigt und wer mag, kann den Spuren des Künstlers auf einer kleinen Wanderung folgen. Dafür parken Sie Ihr WOMO am nördlichen Ortsrand von Mont-roig del Camp.

Das Ziel der Wanderung im Blick – Die Ermita auf dem roten Felsen

TOUR 11

106 Mont-roig del Camp

GPS: N 41°05'22" E 00°57'10", Carrer d'Amunt, 139 m. **Max. WOMOs**: 2. **Öffnungszeit**: Ganzjährig. **Ausstattung**: Mülleimer. **Beschreibung**: Am Ortsrand gelegener Parkplatz mit schöner Aussicht, der aber auch häufig von PKWs belegt ist. In unmittelbarer Nähe gibt es eine kleine Grünanlage mit Spielplatz und Wasserstelle. Am Parkplatz beginnen zwei Wanderwege zur Ermita Mare de Déu de la Roca, das Zentrum des Orts ist 600 m entfernt. **Zufahrt**: In Mont-roig auf der T-322 in Richtung Colldejou/Falset fahren. Nach 350 m rechts auf die Ronda de la Generalität abbiegen. Nach weiteren 700 m am Kreisverkehr nach rechts in die Carrer d'Amunt abbiegen. Der Parkplatz befindet sich auf der linken Seite.

Wanderung zur Ermita Mare de Déu de la Roca

Vom Parkplatz starten zwei ausgeschilderte Wanderwege zur Ermita Mare de Déu de la Roca. Für den Hinweg halten wir uns am Kreisverkehr und dem kleinen Park rechts. Dort führt der Camí vell de l'Ermita de la Roca rund **zwei Kilometer** durch Weinfelder hinauf zur Einsiedelei. Vor uns eröffnet sich immer wieder der Blick auf den charakteristischen roten Felsen. Hinter uns sehen wir das Meer und wir können die »Seelenlandschaft« Mirós mit jedem Schritt erahnen. Gut 40 Minuten dauert der Aufstieg und wir werden mit einer prächtigen Panorama-Aussicht belohnt.

Für den Rückweg nehmen wir die schmale Asphaltstraße, von der nach 850 Metern das rot-weiß-markierte Sträßchen Camí de l'Arranclavers, auch GR-192, durch einen schattigen Pinienwald zurück zum Parkplatz führt. Dort passieren wir auch eine schöne Picknickzone, die zu einer letzten Rast einlädt. Die gesamte Wegstrecke umfasst knapp **fünf Kilometer**, für die wir mit Pausen und Fotostopps **drei Stunden** unterwegs waren.

Nun wird es Zeit, uns dem eigentlichen Highlight, dem **Mas Miró** zuzuwenden. Das ehemalige Landgut liegt etwa fünf Kilometer südlich von Mont-roig del Camp und ist gut ausgeschildert.

Joan Miró und das Mas Miró

Der in Barcelona geborene und aufgewachsene Joan Miró erkrankte mit 17 Jahren schwer an Typhus. Die Heilung zog sich dahin, weshalb seine Eltern 1910 einen Bauernhof bei Mont-roig kauften und mit der Familie aus der Stadt hierherzogen. Miró, der in Barcelona eine Buchhalter-Lehre begonnen hatte, konnte sich hier nun seiner Genesung und – gegen den Willen des Vaters – seiner künstlerischen Neigung widmen.

Wie so viele Künstler zu Beginn des 20. Jahrhunderts zog es auch Joan Miró nach Paris. Dort lernte er andere Maler und Schriftsteller kennen, ebenso wie die neuen Kunstströmungen Surrealismus, Impressionismus oder Fauvismus. Doch das Leben in der Großstadt und die vielen neuen Eindrücke überforderten Miró. Er brauchte die Ruhe und Abgeschiedenheit des Landes, um die Einflüsse zu verarbeiten. Die Finca bei Mont-roig bot ihm den idealen Rückzugsort.

Während des Spanischen Bürgerkrieges war der Hof, auf dem seine Mutter und die Schwester zurückblieben, von Soldaten besetzt. Miró selbst ging bei Ausbruch des Krieges ins Exil nach Frankreich. Als dort 1940 die deutschen Truppen einmarschierten, verbrachte er die letzten Jahre des Zweiten Weltkrieges auf Mallorca. Die Kriegswirren verarbeitete er zu seinen berühmten »Constallacions«, den **Sternenbildern**.

Nach dem Krieg blieb die Finca zeitlebens ein fester Rückzugsort für den Künstler, der neben Stationen in Barcelona, Frankreich und La Palma auch in den Vereinigten Staaten lebte und arbeitete. Im Mas Miró konnte er die Einfachheit des Landlebens genießen, er spazierte ins Dorf, wo er Wein mit den Bauern trank oder an den Strand, um dort kleine Gegenstände aus der Natur zu sammeln, die er auf seinen Bildern festhielt. Während der Sommermonate empfing er hier befreundete Künstler und Intellektuelle im kleinen Kreis.

Fast meint man, Miró hätte sein Atelier eben erst verlassen

Wir sind bei unserer Reise die einzigen Besucher im Mas Miró und können den Rundgang durch das schlicht eingerichtete Gutshaus, das Atelier und den Weinkeller mit einem sehr gut aufbereiteten, deutschsprachigen Audioguide in aller Ruhe genießen. Fast haben wir das Gefühl, der Künstler hätte das Haus erst gestern verlassen. Zuletzt war er kurz vor seinem Tod Ende der 1970er Jahren hier. Ob es da die vorbeiführende, laute AP-7 schon gegeben hat? Obwohl in der Finca keine Originalgemälde Mirós zu sehen sind, hinterlässt der Besuch einen bleibenden Eindruck.

Joan Miró starb am 25. Dezember 1983 in Palma de Mallorca und ist im Familiengrab auf dem Friedhof von Montjuïc in Barcelona beigesetzt *(Di.–Sa. 10–14 Uhr und 15.30–18 Uhr, So. 10–14 Uhr; 10 €, www.masmiro.com)*.

Nach dem Kunstgenuss wenden wir uns nun wieder einmal der nahen Küste zu. **Mont-roig Bahia** ist sozusagen die Strand-Dependance von Mont-roig del Camp und wir finden hier gleich mehrere Übernachtungsmöglichkeiten in Strandnähe.

Wenn Sie gerne freistehen möchten, biegen Sie nach Unterqueren der Bahnbrücke gleich links ab auf ein schmales Sträßchen und folgen dem Schild *parking caravans*. Nach wenigenMetern befindet sich auf der rechten Seite eine große freie Fläche mit Blick auf die Felder. Begleitet vom Zirpen der Grillen und dem Bauern, der seine Wiese bestellt, fühlen wir uns der »Seelenlandschaft« Mirós noch einmal recht nahe.

107 Mont-roig Bahia

GPS: N 41°03'03" E 01°00'17", Partida Poblas. **Max. WOMOs**: 10. **Öffnungszeit**: Ganzjährig. **Ausstattung**: Keine. **Beschreibung**: Große, weitgehende ebene Fläche mit schattigen Bäumen auf Naturboden. Am Ortsrand gelegen, der Strand ist rund 700 m entfernt. Die Bahnlinie ist nicht mehr befahren und auch auf dem vorbeiführenden Sträßchen ist nur wenig Verkehr. **Zufahrt**: Siehe Text.

Wenn Sie das Sträßchen weiterfahren, gibt es immer wieder die Möglichkeit nach rechts in Richtung Meer abzubiegen und dort einen Tag am Strand zu verbringen. Wer länger bleiben möchte, für den bietet sich der angenehme Campingplatz mit Strandzugang an.

108 Mont-roig Bahia – *Camping Oasis Mar*

GPS/Kontakt: N 41°02'51" E 01°00'12", Tel. +34 977 179 595, *www.oasismar.com*. **Öffnungszeit**: Ganzjährig. **Ausstattung**: Campingplatzüblich mit Pool, Restaurant, Bar und Minimarkt. **Beschreibung**: Angenehmer Campingplatz mit schattigen Stellflächen auf Wiese/Naturboden und Strandzugang. Für Hundehalter gibt es einen separaten Stellplatzbereich. Im Sommer mit Animationsangeboten. In der Umgebung sind Fahrradtouren und Strandspaziergänge möglich. **Hinweis**: Das Frischwasser stammt aus einem eigenen Brunnen und schmeckt, bedingt durch die Nähe zum Meer, leicht salzig. Unbedenklich ist dies zum Waschen und Duschen geeignet. Zur Verwendung in der Küche empfehlen wir jedoch den Kauf von Trink-/Mineralwasser. **Preise**: 32–60 €. **Zufahrt**: In Mont-roig Bahia ist der Campingplatz ausgeschildert.

Die Costa Daurada bei Mont-roig Bahia

Entlang der N-340 geht die Fahrt nun weiter in Richtung Süden. Hier reihen sich diverse Ferienorte und Campingresorts aneinander, so dass Sie – sollten Sie einen längeren Badeurlaub verbringen wollen – die Qual der Wahl haben. Selbst ein Campingplatz für Anhänger der Freikörperkultur ist im Angebot. Einziges Manko: **Die meisten Plätze sind nur durch eine Bahnunterführung erreichbar, deren Durchfahrtshöhe zwischen 2,90 und maximal 3,50 Meter liegt**.

Ein kleiner Lichtblick ist der Ferienort **l'Hospitalet de l'Infant** (6.750 Einwohner). Hier wurde ein recht neuer Wohnmobilstellplatz angelegt. Der einzige, entlang dieses Küstenabschnittes.

109 l'Hospitalet de l'Infant

GPS: N 40°59'09'' E 00°54'30'', Vía Augusta. **Max. WOMOs**: 25. **Öffnungszeit**: Ganzjährig. **Ausstattung**: Ver-/Entsorgungsstation, Wasser (gebührenpflichtig), Mülleimer. **Beschreibung**: Der Stellplatz befindet sich etwa 1,5 km außerhalb des Zentrums und in Hörweite der N-340. Die Eisenbahnlinie ist nicht mehr in Betrieb und wurde bei unserem Besuch bereits zurückgebaut. Eventuell entsteht hier sogar ein *Vía Verde* entlang der Küste, was jedoch noch eine Mutmaßung des Autorenpaares ist. Die teilweise leicht schrägen und schattenlosen Stellflächen auf Kies sind mit Holzbalken parzelliert. Das Meer ist in Sichtweite und der nächstgelegene Strand befindet sich knapp 600 m entfernt. Maximale Aufenthaltsdauer 48h. **Preise**: Von Mitte Juni bis Mitte September 7 € pro Tag, ansonsten kostenlos. **Zufahrt**: Der Stellplatz liegt im südlichen Stadtbereich und ist mit WOMO-Piktogrammen ausgeschildert.

So richtig vermochte uns dieser Küstenabschnitt nicht zu begeistern, zumal auch noch die Kulisse des **Kernkraftwerkes Vandellòs** ins Blickfeld rückt. Somit rollen wir die N-340 ohne größeren Zwischenstopp weiter gen Süden.

L'Ametlla de Mar (7.200 Einwohner) ist eines der charmantesten Städtchen an der südlichen Costa Daurada und lohnt dann auch wieder einen längeren Halt. Für den Tagesbesuch können Sie Ihr WOMO am Ortsrand bei N 40°53'06" E 00°47'56" parken. Für einen längeren Aufenthalt steht Ihnen ein großer Campingplatz zur Verfügung:

110 L'Ametlla de Mar – *Camping Nautic*

GPS/Kontakt: N 40°53'14" E 01°48'23", Carrer de la Llibertat, Tel. + 34 977 456 110, *www.campingnautic.com*, *info@campingnautic.com*. **Öffnungszeit**: Ostern bis Ende Oktober. **Ausstattung**: Campingplatzüblich mit Pool, Restaurant, Bar und Minimarkt. **Beschreibung**: Angenehmer und zentral gelegener Terrassen-Campingplatz mit unterschiedlich großen Parzellen und schattenspendenden Bäumen. Es gibt einen direkten Zugang zur Badebucht, der Hafen ist etwa 600 m entfernt. **Preise**: 25–35 €. **Zufahrt**: An der N-340 ist der Campingplatz ausgeschildert.

TOUR 11

L'Ametlla de Mar schmiegt sich um eine Bucht mit einem Naturhafen, weshalb die Stadt von ihren Bewohnern auch ***La Cala*** genannt wird. Trotz der touristischen Prägung des Ortes spielt die Fischerei hier immer noch eine bedeutende Rolle. Am Hafen liegt die **Plaça del Canó**, um die sich das bunte Treiben des Fischer- und Ferienortes abspielt. Es gibt zahlreiche Fischrestaurants, man sitzt schön auf den Terrassen und kann das Einlaufen der Fischerboote beobachten. Wochentags finden ab 16 Uhr in der ***Lotja*** die Auktionen statt, bei denen der frische Tagesfang versteigert wird. Gegen Abend lohnt sich der Bummel über die erhöht verlaufende Promenade. Wenn die Laternen auf der weißen Balustrade leuchten, ist der Blick hinaus aufs Meer besonders stimmungsvoll.

Fischereihafen in L'Ametlla de Mar

Nur 14 Kilometer trennen uns jetzt noch von **L'Ampolla** (3.560 Einwohner). Die Stadt gilt bereits als »Tor zum Ebro-Delta«. Die Sand- und Kiesstrände mit kleinen Buchten locken Badeurlauber an, die hier aber auch eine gute Ausgangsbasis finden, um das Ebro-Delta in all seiner Vielfalt zu erkunden. L'Ampolla bietet zudem zahlreiche Möglichkeiten für Fans von Wassersportarten wie Segeln, Windsurfen, Kiten oder Angeltouren auf See. Entsprechend gut ist die Infrastruktur und bei Bedarf finden Sie hier auch einen Campingplatz.

Für einen Tagesbesuch am Strand erreichen Sie auf einer festen Sandpiste einen Badeplatz südlich der Stadt am Rand des **Vogelschutzgebietes Bassa de les Olles**. Es gibt eine kleine Imbissbude und einen Spielplatz sowie Dünenwanderwege ins Naturschutzgebiet.

P **Bassa les Olles – N 40°47'31" E 00°42'15"**

Uns zieht es jedoch noch ein wenig weiter ins Delta. Die erste Station, die wir hier anfahren, ist die Stadt **Deltebre** (11.660 Einwohner). Sie bietet mit Übernachtungsangeboten und einem Museum zum Naturschutzgebiet eine gute Ausgangsbasis, um das Delta zu erkunden. Dazu fahren wir einen Stellplatz direkt am Ebro – dem **Ríu Ebre** an.

TOUR 11

111 Deltebre

GPS: N 40°42'51" E 00°42'58', Carrer Verge del Carme. **Max. WOMOs**: 50. **Öffnungszeit**: Ganzjährig. **Ausstattung**: Mülleimer, Ver- und Entsorgungsstation (gebührenpflichtig) in 100 m Entfernung, Spielplatz **Beschreibung**: Großer Schotterparkplatz am Fluss und am Radweg gelegen, mit Blick auf die Ebro-Brücke. Tagsüber lebhaft, nachts jedoch sehr ruhig. Normalerweise ist der Parkplatz wohl gebührenpflichtig, bei unserem Aufenthalt war der Parkscheinautomat allerdings außer Betrieb. Die sehr saubere und gut funktionierende Ver-/Entsorgungsstation befindet sich am Zufahrtsweg und ist mit einer Schranke und einem eigenen Automaten ausgestattet. **Preise**: 8 € zahlbar mit Kreditkarte oder Münzgeld, die V/E kostet 5 €. **Zufahrt**: In Deltebre die TV-3454 in Richtung St. Jaume d'Enveja verlassen. Am Kreisverkehr vor der Ebro-Brücke rechts auf die Carrer Jaume I. el Conqueridor abbiegen, die nächste Straße links bis zum Fluss fahren.

Einen weiteren, kostenlosen Stellplatz finden Sie auf der gegenüberliegenden Seite des Flusses im Stadtteil **Sant Jaume d'Enveja** in etwa zwei Kilometern Entfernung.

112 Sant Jaume d'Enveja

GPS: N 40°42'20" E 00°42'48", Passeig de la Segregació. **Max. WOMOs**: 50. **Öffnungszeit**: Ganzjährig. **Ausstattung**: Ver-/Entsorgungsstation, Spielplatz, Picknickbänke, Mülleimer. **Beschreibung**: Großer Schotterparkplatz am Ortsrand. Durch die vorbeiführende Hauptstraße eventuell nicht ganz ruhig. Das Zentrum des kleinen Ortes mit Restaurants und Einkaufsmöglichkeiten ist etwa 500 m entfernt. **Zufahrt**: Über die Ebro-Brücke fahren, den Kreisverkehr in Richtung Amposta verlassen. Der Stellplatz befindet sich nach 800 m auf der linken Seite.

Die Stadt **Deltebre** bietet keine Sehenswürdigkeiten im eigentlichen Sinn, doch wir möchten uns im kleinen, aber feinen *Ecomuseu* einen ersten Überblick über diese faszinierende Naturlandschaft verschaffen.

Das Ebrodelta – Eine Landschaft zwischen Bergen und Meer

Der Naturpark Ebrodelta ist eine Welt für sich. Die flache Landschaft ist durchzogen von Lagunen und Kanälen, Sandflächen und im Wind wogenden Reisfeldern. Der Park gilt, zusammen mit der Rhone-Mündung in Frankreich und dem Po-Delta in Italien als eines der wichtigsten und größten Feuchtbiotope des Mittelmeeres. Da mag man es kaum glauben, dass das Ebrodelta, so wie wir es heute sehen, erst im Lauf der vergangenen 2.000 Jahre entstanden ist. Noch im 1. Jahrhundert v. Chr. soll die Küstenlinie bei **Tortosa** verlaufen und das Delta komplett vom Meer bedeckt gewesen sein.

Nach der Entdeckung Amerikas erfuhr der Schiffsbau in Spanien einen enormen Aufschwung. Das führte zu einem Kahlschlag großer Waldflächen im Einzugsgebiet des Ebros und damit einhergehend zu verstärkten Sedimentablagerungen im Mündungsgebiet. Die Delta-Ebene wuchs stark an. Diese Phasen der Verlandung sorgten dafür, dass sich der Fluss immer neue Wege suchen musste und sich die Mündung deshalb auch immer wieder verlagerte.

Reis-Aussaat im Frühling

Ab Mitte des 19. Jahrhunderts wurde das bis dahin lediglich als Jagdrevier und für den Fischfang genutzte, weitgehend naturbelassene Sumpf- und Marschland der Delta-Ebene für den Reisanbau erschlossen und besiedelt. Auf etwa 75 Prozent der 20.000 Hektar großen Fläche wächst heute das Getreide, womit das Ebrodelta zu den größten Reisanbaugebieten Spaniens zählt. Außerdem spielen weiterhin der Fischfang sowie die Gewinnung von Meersalz aus den Salinen eine wichtige wirtschaftliche Rolle.

Im 20. Jahrhundert wurden Ebro aufwärts zahlreiche Talsperren für die Stromgewinnung errichtet, wodurch sich die Sedimentfracht des Flusses erheblich verringerte. Zudem sorgt der Klimawandel für einen aktuellen Anstieg des Meeresspiegels. Faktoren, welche die deichfreie Kulturlandschaft des Ebrodeltas derzeit am meisten bedrohen.

TOUR 11

Das Ebro-Delta ist ein wichtiges Brut- und Überwinterungsgebiet für viele Vögel. Mehr als 300 Arten wurden gezählt.

Etwa ein Drittel der Ebene wurde deshalb 1983 zum Naturpark Parc Natural del Delta de l'Ebre ausgewiesen. Das gesamte Flussdelta ist ein artenreiches Brut- und Rastgebiet für viele Vogelarten, dient aber auch als Überwinterungsgebiet von Zugvögeln aus Nordeuropa. Das im Herbst unbedeckte Sumpfland der Reisfelder bietet Nahrung für tausende von Vögeln. Ornithologen haben mehr als 300 Arten gezählt und man kann neben Enten, Reihern, Watvögeln, Möwen und Blässhühnern auch große Flamingo-Kolonien beobachten. Das Ökosystem ist allerdings durch Fremdeinwanderer gefährdet. Die Blaukrabbe und der Louisianakrebs stellen eine Bedrohung für die heimischen Arten dar.

All dies erfahren wir beim Besuch im sehr schön aufbereiteten Freilichtmuseum, in dem ein Ebro-Delta en miniature eingerichtet wurde. Ein Ausstellungsraum vermittelt Informationen zur Naturlandschaft, der Geografie und der Bewirtschaftung. Im Außenbereich ist ein botanischer Lehrpfad mit

den typischen Pflanzen des Deltas angelegt. In den charakteristischen Gebäuden mit Schilfdächern ist unter anderem ein Aquarium mit den hier vorkommenden Fischen, Amphibien und Reptilien zu sehen *(Täglich von 15. November bis Februar 10–14 Uhr, März, April, Oktober bis 14. November 10–14 Uhr und 15–17 Uhr, Mai, Juni und September bis 18 Uhr, Juli und August 10–14 Uhr und 16–19 Uhr, So. und feiertags nur am Vormittag; 2,50 €, www.parcsnaturals.gencat.cat.)*

Fahrradtour nach Riumar

Am Stellplatz vorbei führt ein gut ausgebauter und beschilderter Radweg, den wir nun für einen Ausflug in den **Badeort Riumar** und an die **Mündung des Ebros** ins Mittelmeer nutzen möchten. Badesachen einpacken, denn es geht auch an den Strand.

Zunächst verläuft unser Weg noch entlang des Flusses. Nur knapp 800 Meter entfernt erreichen wir bereits eine erste Anlegestelle für Ausflugsschiffe, die hier zu ihren Touren ins Delta starten. Es gibt ein Restaurant und eine kleine Fischauktionshalle. Einst haben hier wohl auch kleinere Fähren den Ebro überquert, wovon noch Stege und Anlegestellen zeugen. Sie wurden jedoch längst von der modernen Brücke abgelöst und dienen heute nur noch den Anglern mit ihren kleinen Booten. Dann zweigt der Radweg ab und verläuft nun auf einer eigenen, abgetrennten Piste parallel der TV-3454. Teilweise etwas holprig geht es vorbei an unendlich weiten Reisfeldern und den Bewässerungskanälen. Bei unserer Reise im Mai sind die Felder bereits geflutet und der Reis ist ausgesät. Es scheint, als würden wir über eine einzige Wasserfläche radeln.

Ausflug auf dem Ebro

In Riumar ist unser erstes Ziel die ausgeschilderte **Anlegestelle für die Ausflugsschiffe**. Es ist der zentrale und auch einzige touristische Hotspot des Deltas mit Souvenirläden, Restaurants und großen Busparkplätzen. Verschiedene Anbieter starten hier zu den Touren durch das Delta, die meist auf zwei Routen mit einer **Dauer von 1,5** bis **2 Stunden** angeboten werden *(Erw. 15 €, Kinder 5–10 Jahre 10 €)*.

Wir radeln weiter in Richtung Yachthafen. Während wir uns dort eine kleine Stärkung auf der Terrasse der netten Bar genehmigen, genießen wir den Blick auf die vor sich hin dümpelnden Freizeitboote.

Auf der Weiterfahrt in Richtung Mündungsdelta passieren wir den **Campingplatz *Capfun L'Aube***. Während unseres Besuches wurde hier kräftig umgebaut und erneuert. Nach der Anzahl der abgestellten Mobil-Homes zu urteilen, werden diese Mietunterkünfte in Zukunft wohl dominieren. Doch der Platz dürfte groß genug sein, um auch noch Platz für Tourismus-Camper zu bieten. Falls Sie also Bedarf an einem Campingplatz haben, hier wäre er:

113 Riumar – *Camping Capfun L'Aube*

GPS/Kontakt: N 40°43'15" E 00°50'55", Cami del Camping, Tel. +34 977 489 904, *www.campinglaube.com*, *aube@capfun.com*. **Öffnungszeit**: Mitte März bis Ende September. **Ausstattung**: Campingplatzüblich mit saisonal unterschiedlich geöffneten Pool-Landschaften, Bar, Restaurant, Minimarkt, Spiel- und Sportplätzen. **Beschreibung**: Großer Campingplatz mit allen Annehmlichkeiten, Animationsprogramm im Sommer, Kinderclub und vielem mehr. Die Stellflächen sind wahlweise sonnig bis schattig und auf einem Untergrund aus Wiese und Naturboden. In der Umgebung Wander- und Radfahrwege, der Strand ist 1,5 km entfernt. **Preise**: 16–38 €. **Zufahrt**: In Riumar ist der Campingplatz ausgeschildert.

Ende des Radwegs an der Mündung des Ebro bei Riumar

Unser Radweg endet an einer Aussichtsplattform, dem **Mirador del Zigurat**. Von hier geht es nur noch zu Fuß weiter ins Naturschutzgebiet und zu mehreren Vogelbeobachtungsstationen. Wir steigen die Treppen hinauf, genießen den Ausblick auf die vorbeischippernden Ausflugsboote und die schier unendliche Weite der Landschaft.

Zurück nehmen wir den ersten breiten Sandweg nach rechts. Er ist bei trockener Witterung fest und gut mit dem Rad zu befahren. Der Weg mündet in den Passeig Maritim und die Strandpromenade von Riumar. Wir hatten Ihnen ja noch einen Besuch am Strand versprochen. Das Meer versteckt sich hinter einem Dünengürtel, der auf ausgewiesenen Wegen und Holzstegen überquert werden kann. Dann liegt der feinsandige Strand vor uns. Anfang Mai ist es uns noch zu kühl für ein Bad im Mittelmeer, doch hier am Strand zu sitzen, die Seele ein wenig baumeln zu lassen und die Kitesurfer bei ihren wagemutigen Sprüngen zu beobachten – das hat schon was.

Riumar selbst ist eine reizlose und künstlich geschaffene Ansiedlung aus Ferien- und Wochenendhäusern. Bei unserem Besuch in der Nebensaison wirkte der Ort wie ausgestorben und will schnell durchquert werden. Zurück zu unserem WOMO geht es auf gleicher Strecke, vorbei am ***Parc Deltaventur***, *www.parcdeltaventur.com*, mit Kletterpark, Streichelzoo, Cartbahn und Restaurant. Für Familien mit Kindern sicherlich ein lohnendes Ausflugsziel. Am Ende unserer entspannten Fahrradtour stehen für den Hin- und Rückweg knapp **30 Kilometer** auf unserem Tachometer.

Wir beschließen unsere Radtour mit einem Einkehrtipp. In unmittelbarer Nachbarschaft zum Stellplatz befindet sich das **Restaurant *L'Arròs de Ladis Alcalà*** mit hervorragenden Reisgerichten. Die Paella schmeckt mit Blick auf den träge vorbeifließenden Ebro einfach köstlich.

Ein weiteres, empfehlenswertes Restaurant finden Sie auf der anderen Flussseite. Dort können Sie im ***Racó del Ríu*** vorzügliche Fischgerichte und Meeresfrüchte genießen.

Einen unserer Lieblingsplätze im Ebro-Delta möchten wir Ihnen nun ebenfalls noch vorstellen. Dazu fahren wir 14 Kilometer auf kleinen Sträßchen noch ein Stück hinein ins Delta. Orientieren Sie sich bitte an der Beschilderung nach **La Poble Nou del Delta**. Bei einem weiteren Naturpark-Informationsbüro und einem Restaurant gibt es einen Stellplatz, auf dem wir uns ausgesprochen wohl fühlen. Dort genießen wir die Weite und Ruhe der Landschaft, neben uns ein Reisfeld, hinter uns eine Süsswasser-Lagune, in der sich die Vögel und manchmal auch die Flamingos tummeln. Dazu der Wind in den Weiden und nebenan ein köstliches Fisch-Restaurant. Wir mögen dieses Plätzchen sehr und wir hoffen, Ihnen geht es ebenso. Und hier finden Sie unseren Ort zum Ausruhen:

114 Amposta – *Area Autocaravanes Casa de Fusta*

GPS: N 40°39'30" E 00°40'30", Carrer Ebre. **Max. WOMOs**: 64. **Öffnungszeit**: Ganzjährig. **Ausstattung**: Ver-/Entsorgungsstation (gebührenpflichtig) von 9–13 Uhr zugänglich, Mülleimer, Picknickplätze, Restaurant. **Beschreibung**: Geräumige, parzellierte Stellflächen auch für große WOMOs auf einem Untergrund aus Kies/Naturboden. Am Kiosk sind diverse Artikel für den Campingbedarf erhältlich. Dort auch öffentliche Toiletten, ein Kinderspielplatz und ein kleiner Streichelzoo. In der Nachbarschaft befindet sich ein Informationszentrum zum Naturpark mit einem kleinen Museum, einem Vogelbeobachtungsturm sowie regionalen Produkten im Shop. Der Platz eignete sich hervorragend zur Erkundung des Deltas zu Fuß oder mit dem Fahrrad. **Zufahrt**: Ab Deltebre auf kleinen Straßen der Beschilderung in Richtung El Poble Nou del Delta folgen. Das Restaurant *Casa de Fusta* und der Stellplatz sind dann irgendwann ausgeschildert.

Falls Sie lieber auf einem Campingplatz Quartier beziehen möchten, auch damit kann dieser Teil des Deltas aufwarten.

115 Delta de l'Ebre – *Camping Eucaliptus*

GPS/Kontakt: N 40°39'23" E 00°46'45", Tel. +34 977 479 046, *www.campingeucaliptus.com*. **Öffnungszeit**: Mitte März bis Ende September. **Ausstattung**: Campingplatzüblich mit Pool, Bar, Restaurant, Minimarkt, Grillzone, Spiel- und Sportplätzen. **Beschreibung**: Außerorts und in Strandnähe gelegener, familienfreundlicher Campingplatz im Herzen des Ebro-Deltas. Die Stellflächen sind wahlweise schattig bis sonnig und befinden sich auf einem Untergrund aus Wiese/Naturboden. Für größere WOMOs stehen Premium-Plätze zur Verfügung. Im Sommer gibt es Animationsangebote und man kann geführte Touren zu Wasser und zu Land ins Delta buchen. Je nach Jahreszeit sollten Sie an ausreichend Mückenschutz denken. **Preise**: 25–55 €. **Zufahrt**: Ab Amposta der TV-3405 in Richtung Els Muntells und der Beschilderung zum Strand Platja Eucaliptus folgen.

Wir haben unser Quartier auf dem Stellplatz Nr. 114 bezogen und machen uns jetzt mit den Fahrrädern auf die Suche nach den Flamingos.

TOUR 11

Fahrradtour zu den Flamingo-Lagunen

Die Radtour führt uns auf ebenen, verkehrsarmen Straßen rund **20 Kilometer** an die Strände und Lagunen des Ebrodeltas. Auch bei dieser Tour heißt es: Badesachen einpacken, denn es geht an den Strand. Außerdem sollte natürlich ein **Fernglas** für die Vogelbeobachtung mit ins Gepäck. Entsprechendes Kartenmaterial und weitere Tourenvorschläge hält das **Informationscenter des Naturparks** bereit (*15. November bis Februar Mo.–Sa. 10–14 Uhr, März bis April und Oktober bis 14. November 10–14 Uhr und 15–17 Uhr, Mai, Juni und Sept. bis 18 Uhr, Juli und August 10–14 Uhr und 16–19 Uhr. So. und feiertags 10–14 Uhr; Eintritt in die Ausstellungsbereiche 2,50 €; www.parcsnaturals.gencat.cat*).

Wir nehmen den ausgeschilderten Radweg in Richtung **Mirador de l'Embut**, den wir nach etwa zwei Kilometern erreichen. Dort gibt es einen ersten Vogelbeobachtungsturm, auf dem wir Ausschau nach den rosafar-

benen Flamingos halten. Dann radeln wir geradeaus weiter, bis wir an einen Kanal gelangen. Dort stehen weitere Informationstafeln, wir überqueren ihn auf einer kleinen Brücke und halten uns danach rechts.

Nach knapp 700 Metern zweigt bei einem Bewässerungswehr links ein Schotterweg ab, dem wir nun für 4,8 Kilometer folgen. Wir passieren dabei die **Lagune Llancuda de la Tancada** auf nördlicher Seite. Etwa auf halber Strecke gelangen wir zu einem weiteren Aussichtspunkt, dem **Mirador la Tancada**.

Am Ende kommen wir zu einem kleinen Landsträßchen, das wir geradewegs überqueren und nun in Richtung Küste radeln. Dort treffen wir auf eine breite Sandpiste, die nach links zur **Platja Eucaliptus** und dem Campingplatz Nr. 115 führt. Rechts geht es zur **Platja del Trabucados** und den anschließenden Salinen auf der Halbinsel Terres de l'Ebre. Sie ist über eine Landzunge zu erreichen, die je nach Wetterlage auch überflutet sein kann und inzwischen für den öffentlichen Verkehr gesperrt ist. Wer mit dem WOMO hier herausfahren möchte, findet einen gebührenpflichtigen Tagesparkplatz.

P Platja del Trabucados – N 40°37'47" E 00°44'32"

TOUR 11

Für den Rückweg nehmen wir nun die Fahrstraße in Richtung **El Poble Nou del Delta**. Wir passieren dabei das Natur- und Eventzentrum *MonNatura* an den ehemaligen Salinen von Sant Antoni. Dort werden geführte Touren zu Fuß oder mit Kanus ins Delta angeboten. Unter anderem kann man an einer speziellen Tour zu den Flamingos teilnehmen. Zudem gibt es ein kleines **Freilichtmuseum** mit den typischen Gebäuden aus den Delta-Dörfern *(Mi.–Fr. 10–14 Uhr, Sa., So.- und feiertags 10–18 Uhr, Mitte Juli bis Mitte August täglich 10–20 Uhr; 10 €, Kinder 5 €, geführte Touren ab 12 €, www.monnatura-delta.com).*

Über das kleine Dorf El Poble Nou del Delta fahren wir zurück in Richtung unseres Stellplatzes. Noch einmal haben wir die Chance, am **Mirador Pont del Través** Ausschau nach den Flamingos zu halten. Und tatsächlich: Hier schreitet eine ganze Kolonie recht nah durch das seichte Wasser. Welch ein schöner Abschluss, den wir mit einer Einkehr im **Restaurant *Casa de Fusta*** und einer köstlichen Fischplatte abrunden *(Mo.–Do. 9–20 Uhr, Fr./Sa. 9–22 Uhr, So. 8.30–20 Uhr, www.restaurantcasadefusta.com)*.

Hier im Ebro-Delta ist für uns der südlichste Punkt unserer Reise entlang der katalanischen Küste erreicht. Wir wenden uns nun wieder dem Landesinneren zu. Sollten Sie weiter in Richtung Süden reisen wollen, empfehlen wir Ihnen dazu gerne unseren WOMO-Reiseführer Band 101 – Zentralspanien: Der Osten.

Der kilometerlange Sandstrand führt zu den Salinen des Deltas

Tour 12

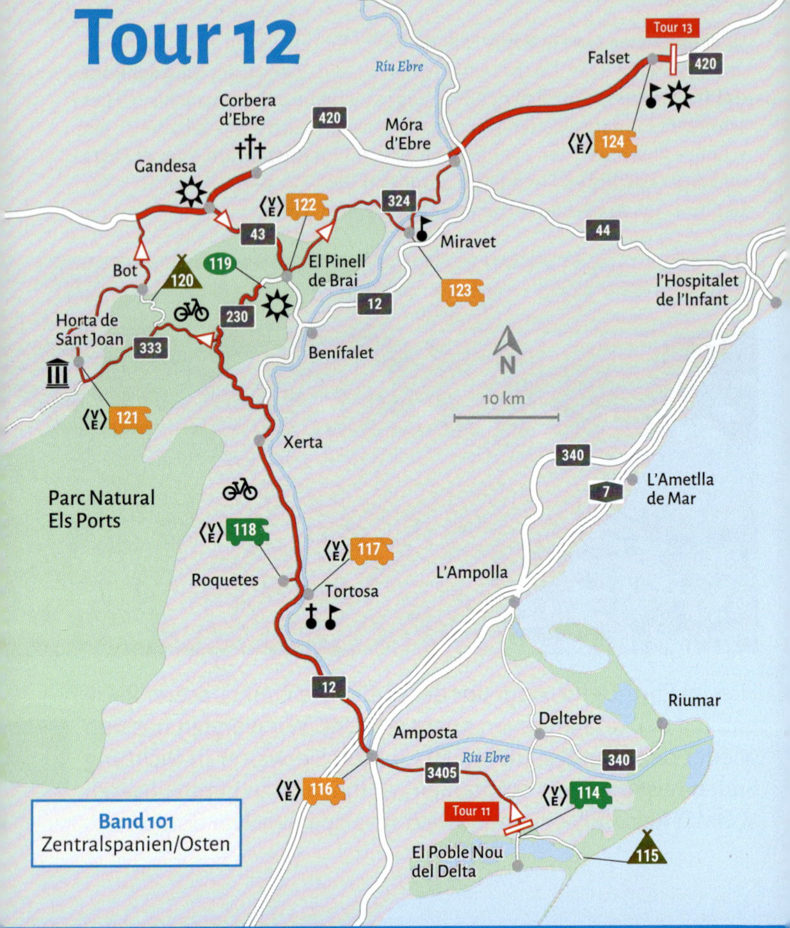

Tour 12

Tunnel, Brücken und ein Fluss
Ebro aufwärts von Amposta nach Falset

162 km

In dieser Tour nehmen wir Sie mit zu einem unserer persönlichen Highlights: Die Vía Verde Ferrocarril del Val de Zafán. Sie ist der längste, zusammenhängende Bahntrassen-Radweg Spaniens und bietet Abenteuer sowie Naturgenuss pur. Freuen Sie sich außerdem auf:

- **Kulinarische Genüsse in der Markthalle von Tortosa**
- **Picasso in Horta de Sant Joan**
- **Modernistische Kathedralen des Weines**
- **Ein Mahnmal für den Frieden**
- **Mittelalter in Miravet**

Die Pont penjant überspannt den Ebro in Amposta

Ein wenig schweren Herzens nehmen wir Abschied vom Ebro-Delta. Uns begeistert diese Weite der Landschaft fernab des touristischen Küstentrubels jedes Mal aufs Neue. Gut erholt starten wir nun Ebro aufwärts in Richtung **Amposta** (21.800 Einwohner), *www.amposta.cat*. Die Stadt bietet keine herausragenden Sehenswürdigkeiten, doch können wir dort unsere Vorräte auffüllen und dem Wahrzeichen der Stadt einen kurzen Besuch abstatten. Die elegante **Hängebrücke Pont penjant** über den Ebro stammt aus dem Jahr 1905 und war – zu damaliger Zeit – die längste der Welt. Dieses Superlativ musste sie schon wenig später an andere Brücken abtreten, aber schön ist die alte Dame immer noch. An der Brücke erinnern »Stolpersteine« an jüdische Einwohner aus Amposta, die von den Nationalsozialisten ins deutsche Konzentrationslager Mauthausen deportiert wurden.

Für die Versorgung mit frischen Lebensmitteln lohnt sich ein Besuch der hübschen **Markthalle** an der Carrer Palau i Quer *(Täglich außer So. 8–14 Uhr)* und wer mag, kann hier auch einen ordentlichen Stellplatz beziehen.

116 Amposta

GPS: N 40°42'18" E 00°35'09", Passeig del Canal Maritim. **Max. WOMOs**: 50. **Öffnungszeit**: Ganzjährig. **Ausstattung**: Ver-/Entsorgungsstation, Strom, Mülleimer. **Beschreibung**: Großer Parkplatz auf Kies und mit wenig Schatten in der Nähe von Sportanlagen, nur wenige hundert Meter vom Zentrum entfernt. Über den Platz verteilt sind mehrere Stromsäulen, die Trinkwasserversorgung war im Recherchejahr 2023 noch provisorisch gelegt. In der Nachbarschaft gibt es eine schöne Grünanlage mit Spazierwegen und Spielplätzen. Nachts ist der Platz beleuchtet. **Zufahrt**: In Amposta der Beschilderung zur *Zona Esportiva / Fira Amposta* folgen.

Unser nächstes Ziel liegt 18 Kilometer Ebro aufwärts. Die Stadt **Tortosa** (33.890 Einwohner) erreichen wir flott über Schnellstraßen. Für den Tagesbesuch nutzen wir den dortigen Stellplatz. Eine Übernachtung erscheint uns unter der vielbefahrenen Brücke aber zu uncharmant und laut.

117 Tortosa

GPS: N 40°48' 10" E 00° 30'52", Passeig de Ribera. **Max. WOMOs**: 30. **Öffnungszeit**: Ganzjährig. **Ausstattung**: Ver-/Entsorgungsstation zwischen 7 und 19.30 Uhr, Mülleimer. **Beschreibung**: Asphaltierter, städtischer Stellplatz am Ufer des Ebro mit viel Schatten und am Ausgangspunkt von Rad- /Wanderwegen. Entlang einer schattigen Uferpromenade gelangt man nach 1,3 km ins Zentrum von Tortosa. Maximale Aufenthaltsdauer 72 h. **Zufahrt**: Am Kreisverkehr auf der C-42 bleiben, dann die erste Straße rechts und der Beschilderung zur *Area Caravanes* folgen.

TOUR 12

Tortosa am Ebro wurde uns als kein »Must-See« beschrieben. Solche Bewertungen wecken in der Regel unsere Neugier und wir handeln nach dem Motto »Jetzt erst recht«. Enttäuscht wurden wir nicht, denn die Stadt kann auf eine mehr als 2.000jährige Geschichte zurückblicken. An strategisch günstiger Stelle am Unterlauf des Ebro gelegen, spazieren auch wir entlang des Flusses in Richtung Zentrum. Die Promenade ist hübsch gestaltet, mit Sitzbänken unter schattigen Bäumen und Wasserspielen. Diese sind jedoch wegen des akuten Wassermangels im Frühling 2023 abgestellt und auch die Sandbänke im Ebro verhindern, dass hier die normalerweise verkehrenden Ausflugsschiffe unterwegs sind.

Wir erreichen eine markante, rote Eisenbrücke, die einst zu einer Bahnlinie gehörte. Heute startet hier der Radweg ***Vía Verde Ferrocarril del Val de Zafán***, zu dem wir später noch kommen werden.

Über die rote Eisenbrücke rollten früher Züge

Tortosa und die »unfertige« Kathedrale Santa María

Zunächst flanieren wir weiter entlang der Promenade und erreichen hinter der **Pont de l'Estad** das **Bürgerkriegsdenkmal**. Tortosa war während des Spanischen Bürgerkriegs schweren Bombardierungen durch die faschistischen Truppen ausgesetzt. Das 45 Meter hohe Monument mitten im Fluss wurde noch zu Zeiten der Franco-Diktatur errichtet und ist deshalb in der Bevölkerung nicht unumstritten. Während es die einen als »Mahnmal der Schande« gerne abreißen würden, sehen andere darin ein Symbol für die Aufarbeitung der dunklen Bürgerkriegsgeschichte.

In die Vergangenheit tauchen wir noch weiter ein und orientieren uns jetzt an den Wegweisern zur **Kathedrale Santa María**. Die wuchtige Kirche wirkt mit ihren fehlenden Türmen ein wenig unvollendet. Sie kann weder mit eindrucksvollen Portalen noch sonstigen äußerlichen Attributen aufwarten. Ihre wahren Schätze verbergen sich im Inneren. Sehenswert sind dort der Chor und der prächtige, vergoldete Flügelaltar. Der gotische Kreuzgang zählt zu den ältesten Teilen der Kirche.

Der Standort der Kathedrale spiegelt zudem die wechselvolle Geschichte der Iberischen Halbinsel wider. Ursprünglich befand sich an diesem Platz ein römisches Forum. Die Westgoten errichteten dort eine kleine Kirche, die von den Mauren durch eine Moschee ersetzt wurde. Auf deren Ruinen erbaute man schließlich ab dem Jahr 1347 die gotische Basilika und erhob Tortosa zum Bischofssitz *(Di.–Sa. 10.30–13.30 und 16–19 Uhr, So. 11–13.30 Uhr; 4,50 €)*.

Kulinarischer Streifzug durch die Markthalle von Tortosa

Noch weiter zurück in die Stadtgeschichte geht es beim Aufstieg zum **Castell de la Suda**. Die mächtige Befestigungsanlage thront hoch über der Altstadt und wurde von den Mauren angelegt. Sie hatten von 714 bis 1148 das Sagen in der Stadt. Heute residieren die Hotelgäste in einem Teil der Burg. Wie so oft in Spanien, hat auch hier ein Luxushotel der staatlichen *Parador-Kette* seinen Sitz. Für uns lohnt sich der Aufstieg also in erster Linie wegen der überwältigenden Aussicht auf das fruchtbare Tal des Ebro, die umliegenden Berge und die zu Füßen liegende Stadt.

Über die steilen Gassen kehren wir zurück in die mittelalterliche Altstadt. Teile davon warten noch auf ihre Renovierung, denn der Bürgerkrieg hat auch an den historischen Gebäuden große Schäden hinterlassen. Eines davon ist das **Reials Col·legis**. In diesem Gebäudeensemble wurden ab 1544 vom Islam zwangskonvertierte Muslime im katholischen Glauben unterrichtet. Heute ist darin eine Ausstellung zur Renaissance-Geschichte der Stadt untergebracht.

TOUR 12

Wir lassen uns noch ein wenig durch die geschäftige Innenstadt treiben und stoßen auf die sehenswerte **Markthalle**. Sie wurde vom Architekten **Joan Torras i Guardiola** Ende des 19. Jahrhunderts im Stil des Modernisme entworfen. Er gilt auch als der »katalanische Eiffel«. Ein Streifzug durch die Marktstände mit den frischen, regionalen Produkten ist ein Fest für alle Sinne. Wir lassen uns hier gerne noch zu einem Glas Wein mit einem Tellerchen Tapas an der Bar nieder, bevor wir zurück zu unserem WOMO schlendern *(Täglich außer So. 8–14.30 Uhr)*.

Für den Rückweg wählen wir jetzt nicht die Uferpromenade, sondern gehen durch den **Stadtpark *Parc de Teodor Gonzàlez***, in dem sich die ***Lonja*** versteckt. Es ist eines der ältesten Gebäude der Stadt und stammt aus dem 14. Jahrhundert. Früher diente es als Getreidespeicher und Börse, an der der Getreidepreis für die gesamte Region festgelegt wurde. Heute sind darin die gigantischen Puppen aus Pappmaché ausgestellt, die wir jedoch nur durch das Fenster bestaunen können. Die vier Meter hohen und bis zu 65 Kilogramm schweren Figuren werden alljährlich zu den ***Fiestas del Renascimiento*** in der dritten Juliwoche durch die Straßen der Stadt getragen. Sie repräsentieren die drei Kulturen Christen, Muslime und Juden; *www.tortosaturisme.cat* .

Eingangs hatten wir Ihnen bereits erzählt, dass die Stadt Tortosa auch der Ausgangspunkt zum Radweg *Vía Verde Ferrocarril del Val de Zafán* ist. Die Geschichte dieser Bahnlinie reicht zurück bis ins 19. Jahrhundert. Projektiert war sie, um das einsame und bergige Hinterland mit dem Hafen von San Carlos de la Rapita am südlichen Rand des Ebro-Deltas zu verbinden. Ganz fertiggestellt wurde die Bahnlinie nie, auch wenn auf verschiedenen Abschnitten Züge verkehrten. Der Einsturz eines Tunnels im Jahr 1973 war schließlich der Anlass für die endgültige Einstellung des Bahnverkehrs.

Die Vía Verde Ferrocarril del Val de Zafán zählt mit 130 Kilometern zum längsten, zusammenhängenden Radweg Spaniens.

Heute ist die Bahnlinie einer der längsten, zusammenhängen Bahntrassen-Radwege Spaniens. Er erstreckt sich über 130 Kilometer von Tortosa bis nach Alcañiz in der Autonomen Region Aragonien. Diesen Radweg möchten wir uns in den nächsten Etappen dieser Tour ein wenig genauer anschauen.

Sie können bereits hier in Tortosa an der roten Eisenbahnbrücke in den Radweg einsteigen. Doch uns erscheint der Stellplatz in der Stadt als wenig charmant für eine Übernachtung, so dass wir das WOMO fünf Kilometer in den Vorort **Roquetes** umparken. Dort gibt es einen weitaus angenehmeren, recht neuen Stellplatz, von dem aus wir zur Erkundung der ersten Etappe des Radweges starten.

118 Roquetes

GPS: N 40°49'15" E 00°29'45", Urb. Torre d'en Gil. **Max. WOMOs**: 11. **Öffnungszeit**: Ganzjährig. **Ausstattung**: Ver-/Entsorgungsstation, Strom, Picknickbänke, Spielplatz. **Beschreibung**: Mit Rasengittersteinen und kleinen Mauern begrenzter Stellplatz am Rand eines Freizeitzentrums mit Schwimmbad. Weitgehend schattenlos und rund 600 m vom Zentrum entfernt. Zum Recherchezeitpunkt waren alle Serviceleistungen kostenlos, aber es scheint ein Bezahlsystem in Vorbereitung zu sein. Die maximale Aufenthaltsdauer beträgt 72 h. **Zufahrt**: Von Tortosa auf der C-42 den Ebro überqueren und auf der C-12 weiter noch Roquetes. Dort der Beschilderung zu den Sporthallen *Pavelló Municipal* folgen.

Bahntrassen-Radweg Teil 1 – Die Vía Verde del Baix Ebre

Von Roquetas wollen wir den ersten Abschnitt des Bahntrassen-Radweges erkunden. Hier ist es die ***Vía Verde del Baix Ebre***, die uns gut ausgeschildert auf **27 Kilometern** bis zum ehemaligen **Bahnhof Pinell de Brai** führt. Die Strecke hat nur eine leichte Steigung zu verzeichnen und führt abseits der Straße, so dass sie auch von Familien mit Kindern sehr gut zu befahren ist.

Ehemaliger Bahnhof und Ebro-Staustufe bei Xerta

Dieser erste Abschnitt führt uns zunächst noch durch die fruchtbare Ebene des Ebros. Mediterrane Pflanzen, Zitrus-Plantagen und Gemüsegärten säumen unseren Weg. Hinzu kommen kleinere Bewässerungskanäle sowie ein breiter Kanal, der uns vom Ufer des Ebro trennt. Der erste Ort, den wir erreichen, ist **Xerta**. Das gemütliche Dorf lädt auf der **Plaça Major** zu einer kleinen Stärkung ein. Dann geht es weiter, vorbei am ehemaligen Bahnhof von Xerta zur **Staustufe *Assut de Xerta***. Sowohl die Staustufe als auch die beiden Kanäle rechts und links des Ebro gehen auf maurische Zeit zurück. Die Araber legten die ausgeklügelten Bewässerungssysteme an, um die fruchtbare Ebene zu kultivieren. Das Bauwerk, wie wir es heute sehen, entstand allerdings erst im Mittelalter. Der Ebro wird an dieser Stelle diagonal auf einer Länge von mehr als 300 Metern aufgestaut und ein Teil der Wassermassen in die beiden Seitenkanäle geleitet. Von einer Aussichtsplattform an der C-12 können wir das gut erkennen.

TOUR 12

Wenig später zweigt unser Radweg ab in Richtung Berge. Nun beginnt der Abschnitt mit den spektakulären **Tunneln und Viadukten**. Bis zum ehemaligen **Bahnhof Pinell de Brai** durchqueren wir mindestens 15 der mehr oder weniger dunklen Röhren. Wir haben irgendwann aufgehört zu zählen. Ganz wichtig sind eine gute Fahrradbeleuchtung und/oder eine Stirnlampe. Nicht immer ist das sprichwörtliche Licht am Ende des Tunnels zu sehen und nicht immer funktioniert die meist ohnehin spärliche Beleuchtung in den Tunneln. Doch die Fahrt lohnt sich. Die Landschaft wird immer spektakulärer. Über uns türmen sich die schroffen Felsen auf, unter uns fließt der **Ríu de Canaleta**. Wir überqueren Viadukte, atmen den würzigen Duft der

Tunneldurchfahrten und schöne Rastplätze am Radweg

Pinien, lauschen dem Zwitschern der Vögel. Es geht vorbei am ehemaligen Bahnhof von **Benífallet**, der zur Herberge für Schulklassen umgebaut wurde. Für vorbeikommende Radler gibt es hier einen Getränkeautomaten.

Immer wieder laden Rastmöglichkeiten an Aussichtspunkten zu kleinen Verschnaufpausen ein. Am Bahnhof **Pinell de Brai** endet nach 27 Kilometern dieser erste Abschnitt und geht über in die ***Vía Verde Terra Alta***. Doch für heute ist es genug. Wir machen kehrt und jetzt rollen unsere Räder fast von allein wieder zurück an den Ausgangspunkt nach Roquetas. Aus der anderen Perspektive betrachtet entdecken wir tatsächlich auch Neues, wie etwa eine verlassene Zementfabrik und Minenanlagen am gegenüberliegenden Ebro-Ufer, eine Palmen-Plantage und bizarre Felsformationen.

Nach der Erkundung dieses ersten Abschnittes haben wir Lust auf mehr bekommen. Um die Kräfte zu schonen, parken wir das WOMO erneut um und steuern den Parkplatz am ehemaligen Bahnhof **Pinell de Brai** an. Von dort wollen wir die *Vía Verde Terra Alta* erkunden.

Bereits die Anfahrt auf der C-12 und N-230b ist spektakulär. Es geht hinein in die Berglandschaft des Naturparks Els Ports, der zu einem Biosphärenreservat erklärt wurde. Rote Sandsteinfelsen und Felder mit Oliven- und Mandelbäumen säumen die Strecke. Wenn Ihre Reise auf den Monat April fällt, können Sie in ein rosafarbenes Blütenmeer eintauchen. Die Region ist nur sehr dünn besiedelt und einsam. Der Künstler **Pablo Picasso** soll hier in einer Höhle gemalt und den Kubismus für sich entdeckt haben. Doch dazu später noch mehr.

Wir beziehen Quartier am ehemaligen Bahnhof, der auf den ersten Blick wie ein »Lost Place« wirkt. Doch lassen Sie sich von der Einsamkeit nicht abschrecken. Sie werden hier eine ausgesprochen ruhige Nacht verbringen können, die auch nicht von Meldungen auf Ihrem Smartphone gestört wird. Hier gibt es nämlich keinen Netzempfang.

Am Wochenende ist die Gaststätte ***La Brasa Verde*** am Bahnhof geöffnet und tagsüber herrscht dann auch reger Ausflugsverkehr.

119 Bahnhof Pinell de Brai

GPS: N 40°59'55" E 00°28'16", 107 m. **Max. WOMOs**: 5. **Öffnungszeit**: Ganzjährig. **Ausstattung**: Keine. **Beschreibung**: Außerorts und einsam gelegener Parkplatz am Radweg auf Kies/ Naturboden und teilweise schattig. Ohne Mobilfunk-Netzabdeckung. Das Ausflugsrestaurant im Bahnhof ist am Wochenende bis 17 Uhr geöffnet. Danach und an Wochentagen ist es sehr ruhig. **Zufahrt**: Die Einfahrt zum Parkplatz ist an der N-230b ausgeschildert.

TOUR 12

Bahntrassen-Radweg Teil 2 – Die Vía Verde Terra Alta

Dieser zweite Abschnitt des Radweges verläuft über eine Strecke von **24 Kilometern** bis nach **Arnes** an der **Grenze zur Autonomen Region Aragonien**. Die Route geht nun leicht, aber stetig bergauf und beginnt gleich mit einigen Tunneldurchfahrten, die teils beleuchtet, teils stockfinster sind. Der längste davon hat stattliche 750 Meter. Da beschleicht uns schon ein etwas ungutes Gefühl, so ins ungewisse Dunkel abzutauchen. Doch umso spektakulärer sind die Landschaften, die danach auftauchen. Der Blick reicht hinauf zu schroffen Felsen, in die sich der Ríu de Canaleta eine spektakuläre Schlucht gegraben hat. Die Bahntrasse wurde dieser kargen und dünn besiedelten Gebirgslandschaft förmlich abgerungen.

Tiefe Schluchten, warme Quellen

Beim **Kloster Mare de Déu de la Fontcalda** lohnt sich ein erster Stopp. Wir stellen die Fahrräder oben am Radweg ab und spazieren hinunter an den Fluss. Das Wasser sammelt sich dort in natürlichen Badegumpen, an denen ein erfrischendes Bad möglich ist. Allzu warm empfanden wir die »warmen« Quellen nämlich nicht, die hier mit einer Temperatur von angeblich 28 Grad emporsprudeln.

Beim ehemaligen Bahnhof **Prat de Comte** teilen wir uns kurzfristig den Weg und Tunnel mit dem öffentlichen Straßenverkehr. Allzu viele Fahrzeuge sind hier jedoch nicht unterwegs und die Fahrstreifen sind sorgsam voneinander getrennt.

Auf der weiteren Strecke gibt es auch hier immer wieder schöne Rast- und Picknickplätze. Bei **Bot** beschreibt der Radweg eine weite Kurve, um an Höhe zu gewinnen. Ganz ähnlich, wie man es vielleicht vom Prinzip der **Kehrtunnel** her kennt. Wir umrunden dabei auch die **Ermita de Sant Josep**, die malerisch auf einem Felsen thront.

Am ehemaligen Bahnhof in Bot wurde ein alter Triebwagen deutscher Bauart zu einer urigen Bar mit Imbiss umfunktioniert. Auch sie ist nur an Wochenenden geöffnet, an Werktagen steht ein Getränkeautomat den durstigen Radlern zur Verfügung. Wenige Meter hinter Bot entdecken wir zudem einen kleinen Campingplatz, der sehr idyllisch im Grünen liegt. Wer Bedarf hat, kann hier sicherlich eine ruhige und schöne Auszeit in der Natur genießen.

120 Bot – *Camping Terra Alta*

GPS/Kontakt: N 41°00'23" E 00°22'45", TV-3301, 262 m, Tel. +34 673 450 651, *info@campingterraalta.com*, *www.campingterraalta.com*.
Öffnungszeit: Ganzjährig. **Ausstattung**: Campingplatzüblich mit Pool, Bar, Restaurant, Spielplatz, Fahrradverleih und Hundedusche.
Beschreibung: Angenehmer, kleiner Campingplatz mit terrassierten, schattigen Stellflächen auf Wiese/Naturboden und Platz für größere WOMOs. Die Betreiber bieten Reparaturmöglichkeiten und Ersatzteile für Fahrräder an, was auch von Nicht-Campinggästen genutzt werden kann. Ebenso die Ver- und Entsorgungsstation. Auf dem Platz verteilt gibt es zudem mehrere Wasserentnahmestellen. Das Zentrum von Bot ist etwa 1,5 km entfernt. **Preise**: 26–30 €, Quickstopp zur V/E 8 €.
Zufahrt: Der Campingplatz ist für alle WOMO-Größen gut anzufahren über Horta de Sant Joan und Bot. Das Navi lockt gerne auf der TV-3301 über Prat de Comte, doch diese Route ist aufgrund zahlreicher, enger Kurven für WOMOs eher ungeeignet und für Fahrzeuge über 8 m Länge gesperrt.

Wir sind jedoch mit dem Radl da und die Strecke verläuft nun durch eine zunehmend weiter werdende Landschaft. Mehrere spektakuläre Viadukte ersetzen jetzt die Tunneldurchfahrten, die schroffen Felsen weichen Wiesen und Weinfeldern. Es duftet nach frisch gemähtem Heu, Oliven- und Mandelbäume prägen das breite Tal. In der Ferne ragen die charakteristisch-markanten Felstürme des Naturparks Els Ports auf. Der Gegenwind weht nun kräftig und wir müssen einige Gänge herunterschalten. Selbst mit unseren E-Bikes wird es da anstrengend, denn wir strampeln immer noch stetig bergauf. Nach gut 20 Kilometern ist schließlich der ehemalige Bahnhof von **Horta de Sant Joan** erreicht. Auch er ist verlassen und bietet nicht viel, außer einer Brücke, die den Radweg wie einen Triumphbogen überspannt. Tatsächlich ist hier auf 432 Metern Höhe ein Scheitelpunkt der Strecke erreicht und wir fühlen uns fast wie Eddy Merxx. Drei Kilometer sind es jetzt noch bis zum ehemaligen Bahnhof und dem Endpunkt dieser Etappe nach **Arnes**.

Dort schließt sich die ***Vía Verde del Val de Zafán*** bis nach **Alcañiz** an, welches bereits in der Autonomen Region Aragonien liegt. Das ist jedoch eine andere Reise – beschrieben wird die Region rund um Alcañiz im WOMO-Reiseführer Band 101 – Zentralspanien: Der Osten.

Wir entschließen uns an dieser Stelle für den steilen Anstieg hinauf ins Picasso-Dorf Horta de Sant Joan. Dort entdecken wir einen Stellplatz in wunderbarer Aussichtslage, der gar zu schön wäre. Wäre da nicht der sehr steile und sehr enge Zufahrtsweg. Die Spitzkehre ist zudem häufig von PKWs zugeparkt. Zu schaffen ist das nur mit Vans und kleineren Kastenwagen.

TOUR 12

121 Horta de Sant Joan

GPS: N 40°57'21'' E 00°19'03'', Carrer de les Piles, 494 m. **Max. WOMOs**: 10. **Öffnungszeit**: Ganzjährig. **Ausstattung**: Ver-/Entsorgungsstation, Mülleimer. **Beschreibung**: Der Stellplatz befindet sich am Ortsrand neben einer Sportanlage mit wunderschöner Aussicht auf die Weinfelder und die gegenüberliegende, verlassene Ermita. Die Stellflächen auf einem Naturboden sind mit Holzbalken parzelliert, Bäume spenden Schatten. Den zentralen Platz des Orts mit Bars und Restaurants erreicht man bergauf nach 200 m. Die maximale Aufenthaltsdauer beträgt 72 h. **Hinweis**: Wie bereits erwähnt, halten wir den Platz nur für Vans und Kastenwagen geeignet. Wir sahen dort auch keine anderen Fahrzeugkategorien stehen. Besitzern von größeren WOMOs empfehlen wir daher,

den kostenlosen Parkplatz am ehemaligen Bahnhof von Horta de Sant Joan zu nutzen. Er ist ebenfalls übernachtungstauglich und der 1,5 km lange Spazierweg hinauf in den Ort lohnt sich. **Preise**: 3 € bezahlbar am Kassenautomaten mit Münzgeld. **Zufahrt**: In Horta de Sant Joan ist der Stellplatz im Zentrum ausgeschildert. Vorsicht bei der Anfahrt über die sehr steile und sehr enge Zufahrtsstraße.

Horta de Sant Joan (1.150 Einwohner) ist ein winziges, abgeschiedenes Bergdorf mit blumengeschmückten Steinhäusern und pittoresken, gepflasterten Gassen. Ein Bilderbuchdorf, in dem sich bereits **Pablo Picasso** wohlfühlte. Mit gerade mal 18 Jahren kam er im Jahr 1898 gemeinsam mit seinem Freund Manel Pallarès nach Horta de Sant Joan. Der junge Maler wollte sich von dem Druck und den Erwartungen seines Vaters lösen, um hier in aller Ruhe malen und zu sich selbst finden zu können. Für Picasso, der bislang nur die großen Zentren Barcelona, Paris oder Madrid kannte, eröffnete sich in dieser ländlichen Umgebung eine völlig neue Welt. Mit seinem Freund zog er sich tagelang in die Natur zurück und malte in einer nahe gelegenen Höhle.

Picasso kam verändert nach Barcelona zurück und soll später einmal über diesen Sommer in den Bergen gesagt haben, er habe alles, was er wisse, hier in Horta de Sant Joan gelernt. Später kam er in Begleitung einer Geliebten noch einmal in das Dorf, stieß jedoch aufgrund seines mondänen Auftretens sowie des »lasterhaften« Lebenswandels auf Ablehnung bei der katholischen Landbevölkerung.

Im ehemaligen Hospital von Horta de Sant Joan ist heute das ***Centre Picasso*** untergebracht. Originalgemälde des Meisters sind hier nicht zu sehen, aber der Ort soll ihn zum Kubismus inspiriert haben. Das zu glauben fällt uns angesichts der massigen Felskulisse des ***Roques de Benet*** nicht schwer *(Saisonal wechselnd und meist nur am Wochenende geöffnet, siehe unter www.centrepicasso.cat; 4 €).*

Mittelalterlicher Charme im Picasso-Dorf Horta de Sant Joan

Wir spazieren noch ein wenig durch den hübschen Ort und genehmigen uns auf der **Plaça Catalunya** eine kleine Stärkung, bevor wir den Rückweg antreten. Die gute Nachricht: Ab hier geht es nur noch bergab. Die Räder rollen fast von allein und der zuvor kräftige Gegenwind schiebt uns jetzt von hinten an.

Nach **41 Kilometern, 300 Höhenmetern und sechs Stunden** inklusive aller Pausen sind wir erschöpft, aber glücklich wieder an unserem WOMO.

Wir hoffen sehr, dass wir Ihnen mit diesem Bahntrassen-Radweg nicht zu viel versprochen haben. Selbst wenn Sie nicht mit dem Fahrrad unterwegs sind, lohnt es sich, die Trasse auf einigen Metern zu Fuß zu erkunden.

Für uns geht die Reise weiter und wir passieren einige der Orte, die wir bereits auf unserer Fahrradtour kennenlernten, jetzt mit dem WOMO. Die Straßen T-333 und T-334 nach **Horta de Sant Joan** sind sehr gut ausgebaut und führen durch eine bergige Region. Im Frühling geben die blühenden Mandelbäume und die grünen Weinfelder einen wunderschönen Kontrast zu den roten Felsen ab.

Beim Ort **Prat de Comte** liegt links der Straße der Rastplatz *Área recreativa el molí* mit Informationstafeln und den Resten einer alten Mühle am Fluss.

P Prat de Comte – N 40°58'44" E 00°24'27"

Im Ort gibt es zudem ein **Informationsbüro** zum **Naturpark Els Ports** sowie weitere Parkplätze, so dass Sie auch ab hier ein Einstieg auf den Bahntrassen-Radweg möglich ist.

Wenige Kilometer vor Horta de Sant Joan passieren wir bei N 40°56'32" E 00°18'57" die **Weinkellerei *Les Vinyes del Convent***, *www.lesvinyesdelconvent.wine*. Nach vorheriger Anmeldung kann die Kellerei inklusive einer Verkostung verschiedener Weine besichtigt werden. Für uns war es am Vormittag noch zu früh für eine ausgiebige Weinprobe, so dass nur einige Fläschchen für den Abend in den WOMO-Vorrat wanderten.

Bis nach Gandesa sind es jetzt noch knapp 20 Kilometer. Die Straße windet sich dabei kurvenreich durch die Weinfelder. Wir kommen vorbei an Olivenhainen, deren Bäume hunderte von Jahren alt zu sein scheinen. Sie verzaubern uns mit ihren knorrigen, dicken und fast schon mystisch verwachsenen Stämmen.

Mit der Stadt **Gandesa** (3.100 Einwohner) haben wir den Hauptort der ***Comarca Terra Alta*** erreicht. Neben farbenfroher Streetart gefällt uns hier die **Weinkellerei *Cooperativa de Gandesa***. Sie wurde 1919 vom Architekten **Cèsar Martinell** (1888–1973) im Stil des *Modernisme* erbaut.

Martinell ging als Meister der katalanischen Industriearchitektur in die Geschichte ein. Zweckmäßige, landwirtschaftliche Gebäude wurden von ihm auf einen hohen, künstlerischen Standard gebracht. Mehr als 40 Weinkellereien hat er entworfen und er prägte den Begriff ***»Catedrals del Vi«***. Tatsächlich ähneln die Hallen aus roten Backsteinen einer Kathedrale und wir werden dem Meister noch einige Male begegnen. Hier in Gandesa gibt es neben der Weinkellerei, die besichtigt werden kann, auch einen Shop mit regionalen Erzeugnissen und sehr gutem Olivenöl *(Mo.–Fr. 9.30–13.15 Uhr und 16–19.30 Uhr, Sa. 9.30–12 Uhr und 16–19.30 Uhr, So. 10–13.30 Uhr; Tour mit Audioguide 5 €, geführte Touren mit Verkostung ab 12 €, www.coopgandesa.com)*.

Für den nächsten Abstecher fahren wir auf der N-420 vier Kilometer weiter nach **Corbera d'Ebre** (993 Einwohner). Das Dorf schrieb grausame Bürgerkriegsgeschichte. Zwischen Juli und November 1938 war es Schauplatz der blutigen **Ebroschlacht**. Unter Beteiligung der deutschen *Legion Condor* wurde der Ort auf einem Hügel, der einmal 2.000 Einwohner zählte, mit einem Bombenhagel in Schutt und Asche gelegt. Man baute das zerstörte **Poble Vell** nie wieder auf. Stattdessen entstand unterhalb des alten Dorfes eine neue Siedlung. Doch viele der ehemaligen Bewohner verließen diesen Ort, sofern sie das Inferno überhaupt überlebten.

Mahnmal für den Frieden – Das Ruinendorf Poble Vell in Corbera d'Ebre

Seit dem Jahr 1992 ist das Ruinendorf auf dem Hügel ein Kulturdenkmal und Mahnmal gegen den Krieg. Heute kümmert sich eine Vereinigung darum, mit Ausstellungen und Führungen eine Art Freilichtmuseum zu schaffen. Ein Ort des Erinnerns und Gedenkens.

Wir bezahlen die Eintritts-Obolus gerne, zumal wir an diesem Tag die einzigen Besucher sind. Der Wind pfeift durch die leeren Fensterhöhlen, ein Haustürportal zeigt das Baujahr 1934. Das Gebäude wurde also nur vier Jahre alt. Eine bizarre und zugleich nachdenklich stimmende Atmosphäre.

Mitten in den Ruinen steht ein mächtiger Olivenbaum. Er scheint, wie durch ein Wunder die Feuersbrunst überstanden zu haben. Ein Sinnbild dafür, dass die Natur stärker ist als jeder Krieg. Sie erobert sich das zerstörte Land Stück für Stück zurück.

Für den Besuch parken Sie Ihr Fahrzeug bitte unten entlang der Hauptstraße. Der Weg herauf und der kleine Parkplatz am Poble Vell sind nicht Wohnmobil-geeignet *(Täglich 9.30–14 Uhr und 16–18 Uhr; 3 €).*

Nach diesem Abstecher kehren wir zurück nach Gandesa und fahren dort auf der C-43 weiter nach **El Pinell de Brai** (1.000 Einwohner). Sie erinnern sich? Im Rahmen unserer Fahrradtour standen wir dort am ehemaligen Bahnhof. Er ist etwa sechs Kilometer vom Hauptort entfernt, der nun so malerisch auf einem Felsen vor uns liegt.

Auch hier hat der Architekt des Modernisme Cèsar Martinell seine Spuren hinterlassen und eine ansehnliche »Kathedrale des Weines« erschaffen. Diesmal haben wir auch Glück mit den Öffnungszeiten und schauen uns das Bauwerk genauer an. Einen großen Parkplatz finden Sie gleich hinter der Kellerei.

P El Pinell de Brai – N 41°00'59" E 00°30'47"

Die Besichtigung des Gebäudes ist ein echtes Highlight. Ausgestattet mit einem deutschsprachigen Audioguide geht es hinein in die eindrucksvollen Kelleranlagen, die 1918 vom Gaudí-Schüler Cèsar Martinell entworfen wurden. Wir schnuppern uns durch eine **Aroma-Galerie** und verkosten am Ende zwei Weißweine sowie köstliches Olivenöl. Nicht nur für Feinschmecker ein lohnendes Erlebnis *(Di.–So. 10–18 Uhr; 7,50 € inkl. Verkostung, www.catedraldelvi.com).*

Die Kathedrale des Weines in El Pinell de Brai

Im Anschluss an die Besichtigungstour schauen wir uns auch noch das Dorf mit seinen unglaublich steilen Gassen an. Es ist uns ein Rätsel, wie die Einwohner hier noch mit ihren Autos in kleine und allerkleinste Garagen rangieren. Wir kommen schon auf zwei Beinen ordentlich ins Schwitzen.

Ein ausgeschilderter Weg führt uns zu einem Aussichtspunkt mit »Hängenden Häusern« dem **Mirador Lleva del biberó**. Wir haben solche am Felsen klebende Häuser bereits auf unserer Reise durch Zentralspanien in der Stadt Cuenca kennengelernt. Hier sind sie freilich nicht ganz so spektakulär, doch der Anblick der Gebäude, die über dem Abgrund zu schweben scheinen, ist immer noch beeindruckend.

Wir haben uns ein wenig verbummelt und sind nun auf der Suche nach einem Übernachtungsplatz. El Pinell de Brai bietet dafür einen Stellplatz auf einem ehemaligen, städtischen Campingplatz an.

122 El Pinell de Brai

GPS: N 41°01'07" E 00°31'01", Carrer de l'Estadi, 174 m. **Max. WOMOs**: 40. **Öffnungszeit**: Ganzjährig. **Ausstattung**: Ver-/Entsorgungsstation, Strom, Sanitärgebäude mit Duschen und Toiletten, Mülleimer, Picknickzone mit Grillstellen. **Beschreibung**: Der ehemalige Campingplatz befindet sich neben dem Fußballplatz und dem Schwimmbad. Der Platz ist frei zugänglich und es sind noch alle Einrichtungen vorhanden. Sie wurden bei unserem Besuch auch gepflegt und waren sauber. Die Stellflächen haben schattenspendende Bäume und befinden sich auf einem Untergrund aus Kies. Das Zentrum des Ortes ist 300 m entfernt. Offiziell ist der Platz gebührenpflichtig. Doch hat sich uns nicht erschlossen, wo und wie bezahlt werden kann. Eventuell kommt ein Mitarbeiter der Gemeinde vorbei, um zu kassieren, was an einem Wochenende aber nicht der Fall war. **Preise**: 11 € (ohne Gewähr). **Zufahrt**: An der Ortsdurchfahrt ist der Platz mit *Àrea d'acampada* ausgeschildert, die Zufahrt befindet sich gleich hinter dem Rathaus.

Von El Pinell de Brai geht die Reise weiter in Richtung **Miravet**. Dort wollen wir dem Ebro einen letzten Besuch abstatten. Zunächst geht es jedoch durch den »Obstgarten Kataloniens«. Die Strecke ist gesäumt von Aprikosen- und Pfirsichbäumen, es gibt Obstplantagen und Kistenfabriken. Im Mai sind die Kirschen reif. Die köstlich süßen Früchte werden an Straßenständen angeboten. Zugreifen lohnt sich! Die ersten Kirschen des Jahres sind der ideale Energie-Lieferant für unterwegs.

Dann ist auch schon das mittelalterliche Städtchen **Miravet** (700 Einwohner) am Ebro erreicht. Kommen Sie mit dem WOMO bitte nicht auf die Idee, rechts in den Ort hineinzufahren. Sie würden unweigerlich steckenbleiben. Stattdessen biegen Sie links ab auf die T-324 in Richtung **Móra/Benissanet**. Schon nach wenigen Metern können Sie Ihr WOMO für einen Tagesbesuch links auf einem öffentlichen Parkplatz abstellen. Einen ruhigen Übernachtungsplatz finden Sie allerdings noch ein paar Meter weiter hier:

Miravet und die Templerburg über dem Ebro

123 Miravet

GPS: N 41°02'23" E 00°36'10", Partida Illetes. **Max. WOMOs**: 25. **Öffnungszeit**: Ganzjährig. **Ausstattung**: Mülleimer. **Beschreibung**: Geräumiger Parkplatz für WOMOs am Ortsrand. Es gibt schattenspendende Bäume, der Untergrund ist ein Naturboden/Kies und das Zentrum mit Bäckerei und Bars befindet sich in 500 m Entfernung. Am Platz starten schöne Spazier- und Radwege entlang des Ebro. **Zufahrt**: Von Miravet auf der T-324 in Richtung Móra fahren. Nach 600 Metern ist die Zufahrt nach rechts mit Parkplatz-Piktogrammen und den braunen Hinweisen zum *Pas de Barca* ausgeschildert.

In **Miravet** windet sich der Ebro in einer malerischen Kurve um einen eindrucksvollen Burgberg. Gekrönt wird dieser vom **Castell de Miravet**, welches schon viele Herren hat kommen und gehen sehen. Die ältesten Mauern innerhalb der mächtigen Festung stammen aus dem 2. Jahrhundert v. Chr. und gehörten zu einer Iberischen Siedlung.

Im 11. Jahrhundert waren es die Mauren, die an dieser strategisch günstigen Stelle hoch über dem Ebro eine befestigte Burg errichteten. Sie erhoffen sich damit die Sicherung ihre Kalifats, doch das Machtgefüge im Land hatte sich bereits zu Gunsten der christlichen Herrscher verschoben. Der Graf von Barcelona, Raimund Berengar IV. eroberte das Castell im Jahr 1153 und übergab es dem **Templerorden**. Die Ritter dieser legendären, militärisch

Miravet an der Schleife des Ebro

ausgerichteten Ordensgemeinschaft waren ursprünglich angetreten, um Pilger im Heiligen Land vor Überfällen zu schützen. Schon bald gewannen die Templer aber an Macht und Einfluss. Sie entwickelten eine frühe Form des Bankwesens und werden von manchen Historikern als erstes, internationales Unternehmen der Welt betrachtet. Während die Ritter selbst in Armut lebten, sammelten sich die Besitztümer bei der Gemeinschaft an. Die Templer unterhielten Niederlassungen in ganz Europa und dem Nahen Osten.

Der Reichtum des Templerordens war vielen Monarchen ein Dorn im Auge. Die Kreuzritter wurden deshalb der Ketzerei beschuldigt.

Dieser Reichtum war vielen Monarchen ein Dorn im Auge. Die Ordensbrüder, die sowohl als religiöse Gemeinschaft als auch militärisch als Kreuzritter auftraten, wurden der Ketzerei bezichtigt und verfolgt. Anfang des 14. Jahrhundert löste man die Bruderschaft auf. Zuvor jedoch verschanzten sich die Templer aus Miravet auf ihrer Burg und hielten der Belagerung durch König Jaume II. von Aragonien ein Jahr lang stand. Schließlich ergab sich die Mehrheit, doch eine Handvoll Ritter verteidigte sich noch in einem Turm. Nachdem sie überwältigt wurden, schnitt man ihnen die Kehlen durch. Der Turm wird deshalb noch heute ***Torre de la Sang*** genannt – Turm des Blutes.

Nach den Templern kamen die Johanniter, die Bourbonen und die Habsburger, die Republikaner und Francos Truppen. Im 21. Jahrhundert ist das geschichtsträchtige Castell von Hobbits, Elben und Zwergen bevölkert. Auf Initiative der Spanischen Tolkien-Gesellschaft fanden hier bereits mehrfach Treffen der Anhänger des Fantasy-Epos »Herr der Ringe« statt *(Di.–So. 10–16 Uhr, März bis Mai und Oktober bis Mitte Dezember bis 17.30 Uhr, Juni bis September bis 20 Uhr; 5 €, www.patrimoni.gencat.cat).*

Wir kehren durch die Altstadtgassen zurück an den Ebro. Dort gibt es einen kleinen Badestrand und es verkehrt die letzte PKW-Fähre über den Fluss. Sie funktioniert ganz ohne Motor und die Fährschiffer nutzen einzig die Kraft der Strömung, um ans gegenüberliegende Ufer zu gelangen.

Einkehrtipp: Wir lassen uns in der ***Bar Amadeo*** *(Ruhetag Di.)* nieder und genießen ein wunderbares zweites Frühstück mit Tortilla, frischem Orangensaft, Schinken und Kaffee. Im Schatten der Bäume mit Blick auf den träge dahinfließenden Ebro nehmen wir Abschied vom zweitlängsten Fluss Spaniens.

In Falset fließt der Rotwein

Unsere Reise geht weiter und wir verlassen Miravet in Richtung Benissanet. Am Ortsrand gibt es mehrere Keramikfabriken, denn Miravet ist auch bekannt für sein traditionelles Töpferhandwerk. Wem der Sinn nach neuen Blumentöpfen und Amphoren steht, ist hier goldrichtig.

Über die moderne Industriestadt **Móra d'Ebre** rollen wir auf der gut ausgebauten N-420 nach **Falset** (2.740 Einwohner). Das Städtchen gilt als die Hauptstadt des Priorat, einer der bedeutendsten Rotweinregionen Spaniens. Um uns davon zu überzeugen, steuern wir einen Stellplatz gleich hinter der modernistischen Weinkellerei an. Sie werden es erahnen – auch sie stammt vom Architekten Martinell *(Führungen nur nach vorheriger Anmeldung in Spanischer und Katalanischer Sprache Mo.–Fr. um 10 Uhr, Sa./So. um 12 Uhr; 12€ inkl. Verkostung, www.etim.cat).*

124 Falset

GPS: N 41°08'35" E 00°49'04", Carrer Cèsar Martinell, 351 m. **Max WOMOs**: 10. **Öffnungszeit**: Ganzjährig. **Ausstattung**: Ver-/Entsorgungsstation, Mülleimer. **Beschreibung**: Asphaltierte Stellflächen hinter der Weinkellerei und am Rand eines Wohngebietes. Teilweise mit Schatten durch Bäume. Durch die vorbeiführenden Straßen nicht ganz ruhig und aufgrund der etwas unglücklich platzierte Pfosten an den Einfahrten für Fahrzeuge über 8 m Länge eventuell problematisch. In der näheren Umgebung gibt es mehrere Restaurants und Einkaufsmöglichkeiten. Das Zentrum von Falset befindet sich in 600 m Entfernung. Maximale Aufenthaltsdauer 72 h. **Zufahrt**: In Falset ist der Platz hinter der Kellerei nicht zu übersehen und ausgeschildert.

Repräsentative Wein-Kooperative in Falset

Falset steht ganz im Zeichen seiner Weinbautradition. Neben der bereits erwähnten ***Cooperativa Falset Marçà*** reihen sich entlang der Hauptstraße Bodegas, Bars und einige Restaurants. Ansonsten kommt die Hauptstadt der prestigeträchtigen Weinbauregion eher schlicht daher. Die wahren Reichtümer verbergen sich in den Weinhängen des **Priorat**, die wir in der nachfolgenden Tour 13 genauer erkunden werden.

Hier in Falset sind alle Versorgungseinrichtungen vorhanden und ein Bummel durch die Altstadtgassen lohnt sich durchaus. Nicht zuletzt, um sich im **Tourismusbüro** *(Mo.–Fr. 9–15 Uhr, www.turismepriorat.org)* mit allen notwendigen Informationen für die Weiterfahrt zu versorgen. Sie finden es in der arkadengesäumten **Plaça de la Quartera**, auf der Dienstagvormittag ein schöner **Wochenmarkt** stattfindet.

Am selben Platz befinden sich auch das Rathaus, das in einem ehemaligen Stadtpalast der Herzöge von Medinaceli untergebracht ist. Erbaut wurde er im Renaissance-Stil im Jahr 1630. Ein weiterer Renaissance-Palast beherbergt heute die Kreisverwaltung.

Die wuchtig wirkende **Barockkirche Santa Maria de Falset** wurde im Jahr 1770 geweiht. Für ihren Bau verwendete man die Steine der ehemaligen Burg und der dortigen romanischen Kirche.

Den Burghügel erreichen wir durch das letzte verbliebene Tor der alten Stadtbefestigung, das ***Portal del Bou***. Die Burg hat dann tatsächlich eine erstaunliche Geschichte. Errichtet wurde sie im 12. Jahrhundert von den Grafen von Prades und sie ist die Geburtsstätte zweier Königinnen. In den Mauern erblickten **Eleonore von**

Die Burg von Falset – Geburtsstätte zweier Königinnen

Aragon (1333–1417), spätere Königin von Zypern sowie **Margarita de Prades** (1387–1429), spätere Monarchin der Königreiche Aragón, Valencia, Mallorca und Sardinien das Licht der Welt. Ganz unroyal wurde das Gemäuer ab 1825 als Gefängnis genutzt. Heute finden Sie dort ein **Heimatmuseum** sowie eine schöne Aussicht auf die Stadt *(Oktober bis März Mo., Do.–Sa. 10–14 Uhr und 16–18 Uhr, längere Nachmittagszeiten im Sommer, So. und feiertags 10–14 Uhr)*.

Für den Bau der Barockkirche Santa Maria de Falset wurden die Steine der ehemaligen Burg verwendet.

Damit wären wir mit unserem Rundgang durch Falset bereits am Ende. Die edlen Rotweine der Priorat-Region werden uns in der nachfolgende Tour 13 jedoch weiterhin begleiten und dort finden Sie dann auch weitere Informationen zu diesem prestigeträchtigen Weinanbaugebiet. Vorab jedoch noch folgender **Hinweis**:

Die Tour wird uns auf kurvenreichen, engen und teilweise auch recht steilen Sträßchen mitten durch das Priorat und die Berge der **Serra de Montsant** führen. Landschaftlich ein Hochgenuss, fahrerisch allerdings durchaus herausfordernd. Wer es eilig oder keine Lust auf Kurven hat, kann ab Falset die bequemere Alternativroute über Reus auf der N-420 und C-14 nehmen. Wir sehen uns dann in **Montblanc** oder am **Kloster Poblet** wieder.

Tour 13

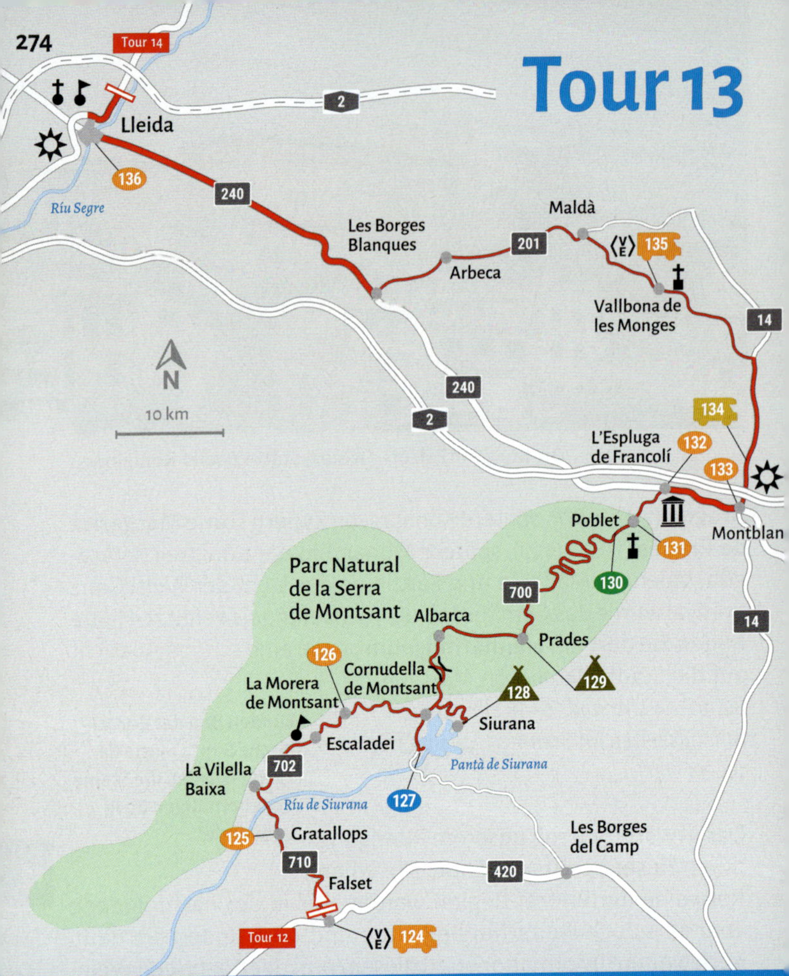

Tour 13

Wein, Berge und Klöster
Durch das Priorat nach Lleida

168 km

Die beiden Zisterziensterklöster Poblet und Vallbona de les Monges sind nur zwei der Höhepunkte dieser Tour. Kunstvolle Kreuzgänge, wertvolle Kulturschätze und eine heiter-besinnliche Atmosphäre bei den Nonnen in Vallbona de les Monges bezaubern uns. Außerdem erwarten Sie auf dieser Tour:

- Eindrucksvolle Weingüter im Priorat
- Malerische Bergdörfer
- Kartäuser-Einsiedelei Escaladei
- Drachentöter in Montblanc
- Oldtimer in Lleida

Das Weindorf Gratallops ist einer der Hauptorte des Priorat

Von Falset geht es in dieser Tour ins Herz des **Priorat**. Die Weinanbauregion erstreckt sich an den steilen Hügeln der **Serra de Montsant** und zählt zu den ältesten sowie prestigeträchtigsten Weinregionen Spaniens. Schon im Mittelalter wurden hier Reben angebaut, dann war es lange still. Der richtige Aufschwung begann erst ab 1989, als die Weine des Priorat eine geschützte Ursprungsbezeichnung sowie im Jahr 2001 gar die höchste spanische Qualitätsstufe *DOCa – Denominación de Origen Calificada* erhielten. Außer dem Priorat darf diese Auszeichnung nur das Anbaugebiet **La Rioja** tragen. Die tiefdunklen, ausdrucksstarken Weine haben einen hohen Alkoholgehalt von 13,5 bis 15 Prozent und reifen mehrere Jahre in der Flasche oder in Eichenfässern.

Dunkle Schieferböden sind das Terroir des Priorat

Die Besonderheit des Priorat liegt in den Schieferböden der steilen Mittelgebirgslandschaft. Die Weinberge sind meist terrassenförmig auf einer Höhe von bis zu 1.000 Metern angelegt. Diese geographische Lage ermöglicht zwar eine außerordentlich hohe Qualität, aber durch die schwierige Bewirtschaftung nur geringe Hektarerträge. Die langen Transportwege auf kleinen, kurvigen Landstraßen treiben den Flaschenpreis zusätzlich in die Höhe. Machen wir uns also auf den Weg ins Priorat, oder *Lo Priorat*, wie dieser Landstrich im Dialekt der Einheimischen genannt wird.

Nur knapp zehn Kilometer von Falset entfernt erreichen wir auf der T-310 ein erstes Weindorf, das ganz im Zeichen der berühmten Rotweine steht. **Gratallops** (236 Einwohner) kann nicht mit sensationellen Sehenswürdigkeiten aufwarten. Auch ist es nicht touristisch herausgeputzt, wie man es vielleicht von einem Weindorf im Elsass oder anderen europäischen Weinstraßen her kennt. Selbst Blumenschmuck fehlt. Die wahren Schätze befinden sich hier entweder in tiefen Kellern oder aber in Form von modernen, futuristischen Weingütern in der Umgebung. Sie reihen sich wie Perlen an einer Kette aneinander. Ein Stopp lohnt sich, denn Gratallops liegt malerisch eingebettet auf einem Berg inmitten der Weinfelder. Damit man nach einer ersten Wein-Verkostung nicht weiterfahren muss, steht sogar eine improvisierte Übernachtungsmöglichkeit auf dem ehemaligen Fußballplatz zur Verfügung.

125 Gratallops

GPS: N 41°11'30" E 00°46'32", T-710, 305 m. **Max. WOMOs**: 5. **Öffnungszeit**: Ganzjährig. **Ausstattung**: Picknickbänke. **Beschreibung**: Improvisierter Parkplatz auf einem ehemaligen Fußballplatz am Ortsrand, ruhig, teilweise Schatten und mit schönem Blick auf die Weinfelder und das Dorf. In der Nachbarschaft gibt es eine Bar, im Ort eine Bäckerei. **Hinweis**: Möglicherweise ist der Parkplatz während der Weinlese im September nicht nutzbar, da er für Erntemaschinen benötigt wird. Dann ist er mit einer Kette abgesperrt. **Zufahrt**: Die leicht zu übersehende und etwas enge Einfahrt befindet sich vor der Schule auf der linken Seite und ist als Parkplatz ausgeschildert.

Beim Spaziergang durch Gratallops entdecken wir die kleine Familienkellerei ***Cellers Costers del Ros***, in die wir einen Blick hineinwerfen dürfen. Die freundliche Besitzerin nimmt uns in ihrem Wohnhaus an der Plaça Església mit hinunter in die alten Keller, in der nicht nur Weinfässer lagern, sondern auch eine kleine Ausstellung mit alten Werkzeugen zu sehen ist. Die App Google-Translate hilft bei der Verständigung und wir erfahren, dass das Familienweingut bereits um 1775 gegründet wurde. Inzwischen

TOUR 13

ist die Kellerei in Händen der Familie Gracia i Juanpere, die neben diesem Museums-Keller eine moderne Produktionsanlage im Ort betreibt. Auf Wunsch werden geführte Touren in die Weinberge angeboten, eine erste Kostprobe gibt es aber auch schon hier bei schummrigem Licht in den Tiefen der Gewölbe *(Geöffnet, wenn die Türen offenstehen oder nach vorheriger Anmeldung unter Tel. +34 977 839 455, www.costersdelros.com)*.

Einkehrtipp: Wer noch ein wenig authentisches Flair schnuppern möchte, sollte eine Einkehr in der **Bar *Flor de Maig*** oberhalb des Stellplatzes nicht versäumen. Hierher kommen die Landwirte nach getaner Arbeit in den Weinbergen, hier treffen sich die Einheimischen und hier schaut der Ortspolizist auf einen Kaffee vorbei. Auch wir genießen ein Glas Wein mit leckeren Tapas und Blick auf die Rebhänge.

Am nächsten Morgen steht die kurvenreiche Weiterfahrt durch das Priorat und die Berge des **Parc Natural de Montsant** auf dem Programm. Unser angedachtes Tagesziel, das **Kloster Poblet**, ist zwar nur 60 Kilometer entfernt. Doch die Strecke auf teilweise sehr engen Sträßchen erfordert Zeit und es geht hinauf auf bis zu 1.012 Meter Höhe. Doch beginnen wir von vorn.

La Vilella Baixa beeindruckt mit mehrstöckigen Häusern am Hang

Die T-710 ist zunächst noch recht gut ausgebaut, aber bereits sehr kurvig. Kaum zu glauben, wo sich überall die Weinfelder in den Steillagen verstecken. Hier wird schnell deutlich, dass die Bewirtschaftung mit Maschineneinsatz auf den kleinen Terrassen schwierig ist. Das erklärt dann auch die hohen Preise, die für die Weine des Priorat aufgerufen werden.

Entlang der Route folgt ein großes Weingut dem anderen. Teilweise mutet die moderne Architektur sehr futuristisch an. Dahinter türmen sich die Felsen der Serra de Montsant auf. Fast gewinnt man den Eindruck, direkt auf eine riesige, unüberwindbare Mauer zuzusteuern.

Der Ort **La Vilella Baixa** (200 Einwohner) schmiegt sich mit eindrucksvollen, mehrstöckigen Häusern an einen Berghang. Sie scheinen sprichwörtlich an den Felsen zu kleben. Wenn Sie mit einem kleinen Van oder Kastenwagen unterwegs sind, können Sie für einen Bummel durch den Ort Ihr Fahrzeug am Ortsrand abstellen. Größere Fahrzeuge haben hier leider keine Chance.

P La Vilella Baixa – N 41°13'02" E 00°45'50"

Somit genießen wir die Kulisse des Ortes aus der Ferne und biegen ab auf die T-702 in Richtung La Morera de Montsant. Die Straße wird nun zunehmend schmaler und führt uns weiterhin kurvenreich Kilometer für Kilometer stetig bergauf. Immer wieder entdecken wir kleine Weinfelder. Darüber hinaus werden hier Oliven und Mandeln angebaut.

Dann taucht am Fuße einer Felswand das **5-Sterne-Weingut und Hotel *Terra Dominicata*** auf. Ist Ihre Reisekasse noch gut gefüllt? Dann können Sie hier abbiegen und ein luxuriöses Mahl genießen.

Uns zieht es jedoch weiter und beim Örtchen **Escaladei** wechseln wir auf die TV-7021. Hier lohnt sich ein Abstecher zur Kartäuser-Einsiedelei *Cartoixa d'Escaladei*. Die Ruinen des ehemaligen Klosters aus dem 12. Jahrhundert liegen in atemberaubend schöner Landschaft und gelten als die Keimzelle des Priorat. Einer Legende zufolge sollen die Mönche auf der Suche nach einem geeigneten Platz für ihr Kloster einen Hirten getroffen haben. Der erzählte ihnen von einem Traum, als er ein Nickerchen unter einem alten Baum gehalten hatte. Dort sei ihm ein Engel erschienen, der auf einer langen Leiter in den Himmel hinaufgestiegen wäre. Die Mönche errichteten an dieser Stelle das Kloster und nannten es ***Escaladei*** was übersetzt bedeutet »Gottesleiter«.

Die Kartäuser lebten hier in Stille und Einfachheit, bewirtschafteten ihre Ländereien und erhielten von den Herrschern die umliegenden Dörfer geschenkt, um sie nach dem Rückzug der Mauren neu zu besiedeln. Die gesamte Region wurde bald das *Priorat* genannt.

Die Ruinen der Einsiedelei wurden in den vergangenen Jahren restauriert und können heute besichtigt werden. Die Zufahrt ist ausgeschildert, doch muss im Ort Escaladei auf sehr schmaler Straße ein Torbogen mit einer Durchfahrtshöhe von weniger als vier Metern passiert werden. Am Kloster gibt es dann einen Tagesparkplatz *(Mitte Dezember bis Februar Di.–So. 10–14 Uhr, März bis Mai und Oktober bis Mitte Dezember von 10–17.30 Uhr, Juni bis September 10–20 Uhr, letzter Einlass jeweils 30 Minuten vor Kassenschluss; 5 €, www.patrimoni.gencat.cat)*.

Die Strecke wird nun steil und schmal, wir verlassen das Priorat und winden uns über 16prozentige Steigungen hinauf in die Region Serra de Montsant. Freundlich empfängt uns dort das Bergdorf **La Morera de Montsant** (160 Einwohner), welches auch »Balkon des Montsant« genannt wird. Ein Parkplatz befindet sich dann auch gleich in wunderschöner Aussichtslage.

126 La Morera de Montsant

GPS: N 41°15' 55" E 00° 50' 35", TV-7021, 727 m. **Max. WOMOs**: 2. **Öffnungszeit**: Ganzjährig. **Ausstattung**: Picknickbänke. **Beschreibung**: Parkplatz am Ortsrand auf einem Untergrund aus Kies und schattenspendenden Bäumen. Wunderschöner Ausblick auf die Region mit Sonnen-Untergangs-Garantie. **Zufahrt**: Die Parkplätze befinden sich rechts der Straße.

Von La Morera de Montsant führen Klettersteige hinauf zu den eindrucksvollen, senkrechten Felsmassiven der **Serra Major**, den fast 17 Kilometer langen Hauptkamm des Montsant.

Die **Tourismusinformation** an der Plaça de la Bassa, *www.lamoreradetmontsant.org*, informiert über die entsprechenden Touren. Eine Leserempfehlung führt zudem zu folgendem Einkehrtipp: Das **Restaurant *La Morera*** in der Carrer de la Bassa punktet mit sehr gutem Essen und ausgezeichnetem, freundlichem Service. Das Menü gibt es inklusive einem Glas Wein und Wasser ab 30 € *(Do.–So. 13.30–16.00 Uhr, Tel. +34 667 442 904)*.

Wir kurven aussichtsreich acht Kilometer weiter auf der TV-7021, bis uns die Route schließlich hinunter nach **Cornudella de Montsant** (980 Einwohner) führt. Das geschäftige Städtchen am Ríu Siurana ist eine Hochburg der **Weinregion D.O. Montsant**, in der wir uns nun befinden. Augenfälliges Zeugnis ist die

Weinberge des Montsant

modernistische **Kellerei *Celler Cooperatiu***, 1919 erbaut vom bereits bekannten Architekten Cèsar Martinell. Angesichts der frühen Stunde verzichten wir jedoch auf eine Kostprobe und steuern auf der C-242 weiter zum **Stausee Pantà de Siurana**. Die Zufahrt ist am Ortsausgang ausgeschildert und der See präsentiert sich mit einer erschreckenden Leere. Die Wasserknappheit in Katalonien ist hier besonders ausgeprägt. Auch zwei einheimische Spaziergänger äußern sich besorgt, denn der Stausee gilt als Trinkwasserspeicher. An der Staumauer gibt es einen Parkplatz, der sich gut für einen kleinen Spaziergang eignet. Im Sommer darf – sofern Wasser vorhanden – auch gebadet werden.

127 Pantà de Siurana

GPS: N 41°15'03" E 00°54'46", 472 m. **Max. WOMOs**: 2. **Öffnungszeit**: Ganzjährig. **Ausstattung**: Mülleimer, Badestrand. **Beschreibung**: Asphaltierter Parkplatz vor der Staumauer, wenig Schatten, außerorts gelegen. In der Nebensaison sehr ruhig, im Sommer vermutlich an schönen Wochenenden reger Ausflugsverkehr. **Zufahrt**: Die Zufahrt zum Stausee ist an der C-242 ausgeschildert.

Vom Stausee kehren wir zurück zur C-242, der wir nun in Richtung Prades folgen. Schon nach 500 Metern lockt uns ein weiterer Abstecher. Diesmal in das **Bergdorf Siurana**. Acht Kilometer geht es auf, wieder einmal kurvenreicher Strecke zu einem spektakulären Felsstock, der mit nahezu senkrechten Steilwänden hoch über uns aufragt. Ein Eldorado für Freizeitkletterer und Freeclimber, die sich hier auf einigen der weltweit schwierigsten Kletterrouten austoben können. Die Fahrt endet für alle Ausflügler zwangsläufig an einem großen, gebührenpflichtigen Tagesparkplatz. Für eine Übernachtung steht daneben ein einfacher Terrassencampingplatz zur Verfügung, den wir allerdings nur Besitzern kleinerer WOMOs empfehlen.

TOUR 13

128 Siurana – *Camping Siurana*

GPS/Kontakt: N 41°15'41" E 00°56'28", Coll de Ginebre, 760 m, Tel. +34 977 821 383, *www.campingsiurana.com*, *aarbones@gmail.com*. **Öffnungszeit**: Ganzjährig. **Ausstattung**: Campingplatzüblich mit Bar, Restaurant, Pool, Brötchenservice. **Beschreibung**: Gemütlicher Terrassen-Campingplatz mit schattigen Stellflächen auf Wiese/Naturboden und vielen Bäumen. Beliebt bei Wanderern und Kletterern. **Preise**: 20 €. **Zufahrt**: In Siurana ist der Campingplatz ausgeschildert.

Sagenumwobenes Bergdorf Siurana mit der Kirche Santa Maria

Das pittoreske Bergdorf Siurana ist sicherlich kein Geheimtipp. Vielmehr lässt die Größe des Parkplatzes darauf schließen, dass es hier an schönen Wochenenden recht überlaufen sein kann. Mittelalterliche Steinhäuser säumen die engen Gassen und wirken fast schon ein wenig »überrestauriert«. Doch die Lage ist spektakulär. Das Dorf thront auf einem mächtigen, 740 Meter hohen Kalksteinfelsen und wird gekrönt von den Ruinen einer alten, maurischen Festung. Von hier oben wurden über Jahrhunderte hinweg die Dörfer und die gesamte Region beherrscht. Die Maurenburg in Siurana galt lange Zeit als uneinnehmbar und war eines der letzten Gebiete, das von den Christen zurückerobert werden konnte.

Bei unserem Streifzug durch den Ort gelangen wir zur **romanischen Kirche Santa Maria** sowie zu mehreren, spektakulären Aussichtpunkten. Dort, wo einst die Maurenburg stand, finden wir den *Salt de la Reina Mora*. Einer Legende zufolge soll ein verräterischer Jude den christlichen Truppen Zugang zu der bis dahin uneinnehmbaren Festung verschafft haben. Die schöne, arabische Monarchin Abd-el-Azia nahm gerade ein Bad, als die Soldaten einfielen. Hüllenlos entsprang sie der Wanne, setzte sich auf ihr Pferd und galoppierte geradewegs in den Abgrund.

Siurana ist eine Sackgasse, so dass wir nach diesem Abstecher wieder zurückkehren zur C-242. Dieser folgen wir bis nach **Albarca**. Auf der **Passhöhe Coll d'Albarca** (774 Meter) zweigt rechts die T-701 ab nach Prades. Es geht nun in sanftem Auf und Ab über eine Hochebene mit Weitblick, die uns ein wenig an die heimatliche Schwäbische Alb erinnert. Landwirtschaft findet man hier kaum noch, stattdessen ist die Hochebene mit dichtem Macchia-Bewuchs und niedrigen Steineichen-Büschen bedeckt. Am Ortseingang von **Prades** (590 Einwohner) lockt ein großer Campingplatz zu einem längeren Aufenthalt.

129 Prades – *Camping Prades Parc*

GPS/Kontakt: N 41°18'48" E 00°58'46", T-701, 923 m, Tel. +34 977 868 270, *www.campingprades.com*, *camping@campingprades.com*. **Öffnungszeit**: Ganzjährig. **Ausstattung**: Campingplatzüblich mit Pool, Bar, Restaurant, Minimarkt, Spiel- und Sportplätzen. **Beschreibung**: Gepflegter 4-Sterne-Platz mit allen Annehmlichkeiten. Die Stellflächen sind wahlweise schattig bis sonnig auf einem Untergrund aus Wiese/Naturboden. Durch eine enge Wegführung jedoch nur für mittelgroße WOMOs geeignet. Im Sommer mit Animationsprogramm sowie vielen Tipps zu Ausflügen und Wanderungen in die Region. Das Zentrum von Prades ist 750 m entfernt. **Preise**: 24–51 €. **Zufahrt**: Der Campingplatz ist an der T-701 ausgeschildert.

Prades wollten wir eigentlich noch einen Tagesbesuch abstatten, denn das Städtchen soll über einen hübschen Ortskern mit zentraler Plaça Major und einem originellen Brunnen in Form einer Weltkugel verfügen. Leider scheitern wir an der Parkplatzsuche und der auserkorene, große und gebührenpflichtige Platz am nördlichen Ortsrand ist aus uns unerfindlichen Gründen mit einer Höhenbarriere von 2,50 Metern ausgestattet. Dann eben nicht.

Auf der T-700 rollen wir unserem Tagesziel, dem Kloster Poblet, entgegen. Unsere Straße hat jetzt nur noch anderthalb Spuren und windet sich in unzähligen Serpentinen talwärts. Das zaubert dem WOMO-Fahrer dann doch die eine oder andere Schweißperle auf die Stirn und auch die Beifahrerin schaut mit einem halben Auge in den Abgrund. Kurve um Kurve, Kehre um Kehre erreichen wir schließlich am Ende der Serpentinen einen kleinen Rastplatz. Genau richtig, um sich ein wenig von der Kurbelei zu erholen.

130 Àrea de lleure font de Teula

GPS: N 41°21'03" E 01°01'20", T-700, 688 m. **Max. WOMOs**: 2. **Öffnungszeit**: Ganzjährig. **Ausstattung**: Grillstellen, Picknickbänke, Brunnen, Mülleimer. **Beschreibung**: Schattiger Picknickplatz neben der Straße mit wenigen Parkplätzen. Die Grillstelle kann saisonal wegen Waldbrandgefahr geschlossen sein. Am Platz starten mehrere Wanderwege, es gibt eine Info-Tafel mit Routenvorschlägen. **Zufahrt**: Am Ende der Serpentinenstrecke rechts und links der Straße.

Nach weiteren sechs Kilometern sind wir am **Kloster Poblet** angekommen. Der dortige, riesige Parkplatz eignet sich gut, um eine ruhige Nacht zu verbringen.

Das Kloster Poblet ist Grablege der Könige von Aragón

131 Kloster Poblet

GPS: N 41°22'48" E 01°04'49", TV-7007, 500 m. **Max. WOMOs**: 20. **Öffnungszeit**: Ganzjährig. **Ausstattung**: Mülleimer, öffentliche Toiletten im Kloster während der Öffnungszeiten. **Beschreibung**: Sehr großer Besucherparkplatz auf Asphalt, teilweise mit Schatten. Tagsüber reger Betrieb. Wenn möglich, parken Sie im hinteren Bereich. Dort ist es sehr ruhig. **Zufahrt**: Der Parkplatz ist ausgeschildert.

Das **Reial Monestir de Santa Maria de Poblet** ist das zweite und zugleich prächtigste der insgesamt drei Zisterzienserklöster (siehe auch Tour 10). Neben dem Kloster Montserrat zählt es zu den historisch bedeutendsten Klöstern Kataloniens.

Gegründet wurde es um das Jahr 1150 von Ramón Berenguer IV., dem Grafen von Barcelona. Die geographische Lage war gut gewählt, denn der Standort lag in einer wasserreichen und einsamen Region, die beste Voraussetzungen für eine blühende Landwirtschaft bot. Zugleich lag es unweit der Grenze zum benachbarten Königreich Aragón, mit dem der Graf durch die Heirat mit der minderjährigen Thronfolgerin Petronila verbunden war. Dem feindlichen *Al-Ándalus* im Süden bot man mit einer festungsartigen Architektur, mächtigen Mauerringen und einem zinnengekrönten Portal die Stirn.

Die Zisterziensermönche setzten hier zunächst ihren asketischen Lebensstil in Armut und Gebet um.

Doch das Kloster wuchs schnell und wurde zu einem geistigen und politischen Zentrum. Die Könige von Aragón wählten es zu ihrem Altersruhesitz und fanden hier auch ihre letzte Ruhestätte, die Äbte waren einflussreich und der Orden beherrschte mehr als 60 Dörfer in der Umgebung. Mit der Enteignung der katalanischen Klöster im Jahr 1835 verließen die Zisterzienser Poblet, die zornige Landbevölkerung riss die Mauern nieder und plünderte die Klosteranlage.

Heute erstrahlt Poblet in neuem Glanz, die Anlage wurde grundlegend restauriert und seit 1940 lebt hier wieder eine Gemeinschaft mit Zisterziensermönchen. Seit 1991 steht das Kloster Poblet zudem auf der Liste des UNESCO-Weltkulturerbes. Zu verdanken ist die Wiederauferstehung dem Architekten Antoni Gaudí, der sich zu Beginn des 20. Jahrhunderts für die Restaurierung der Anlage engagierte.

Die Wiederauferstehung des Klosters Poblet ist Antoni Gaudí zu verdanken, der sich für die Restaurierung der Anlage einsetzte.

Der Rundgang ist ein Erlebnis für sich. Zunächst werden die Besucher mit einem multimedialen Einführungsvideo auf die Klostergeschichte eingestimmt. Dann geht es mit einem deutschsprachigen Audioguide durch die Gemäuer. Ein echtes Highlight ist die Klosterkirche mit dem Kreuzgang, dem monumentalen Altaraufsatz sowie den Alabaster-Sarkophagen der Könige Aragóns (*15. September bis 14. Juni Mo.–Sa. 10–12.30 Uhr und 15–18 Uhr, So. und feiertags 10.30–12.30 Uhr und 15–18 Uhr, 15. Juni bis 14. September bis 18.30 Uhr; 8,50 €, www.poblet.cat*).

TOUR 13

Am nächsten Morgen werden wir von den Glocken der Klosterkirche geweckt. Sie rufen die Mönche bei Sonnenaufgang zum Morgengebet. Müßiggang ist aller Laster Anfang, weshalb auch wir uns schon zeitig auf die Weiterfahrt machen.

Bereits nach vier Kilometern lohnt ein erster Stopp in **L'Espluga de Francolí** (3.700 Einwohner). Das Städtchen liegt auf der Zisterzienser-Route und kann mit gleich mehreren Sehenswürdigkeiten aufwarten. Der Wein spielt auch hier eine wichtige Rolle und wird am Ortsrand in einer weiteren »Kathedrale des Weines« angeboten. Diesmal stammt sie vom Architekten Lluís Domènech i Montaner und ist von seinem Sohn Pere fertiggestellt worden. Auch diese Kellerei kann besichtigt werden, doch das zugehörige Weinmuseum war bei unserer Reise wegen

Renovierungsarbeiten geschlossen. Den passenden Übernachtungsplatz finden Sie gleich daneben.

132 L'Espluga de Francolí

GPS: N 41°23'55" E 01°06'16", Camí dels Horts, 403 m. **Max. WOMOs**: 3. **Öffnungszeit**: Ganzjährig. **Ausstattung**: Picknickbänke, Toiletten, Brunnen, Mülleimer. **Beschreibung**: Kleiner, schattiger Parkplatz am Ortrand, hinter der Wein-Cooperative und am Fluss gelegen. Es gibt Spazier- und Wanderwege, die prähistorische Höhle *Coves de l'Espluga* befindet sich genau gegenüber. **Zufahrt**: Nach Überqueren der Brücke befindet sich die Zufahrt zum Parkplatz noch vor der Wein-Cooperative auf der linken Seite.

Auf der gegenüberliegenden Flussseite befindet sich eine weitere Sehenswürdigkeit, deren Besuch wir Familien mit Kindern ans Herz legen. Dort haben die Neandertaler ihre Spuren hinterlassen, die in der Höhle ***Coves de l'Espluga*** anschaulich gezeigt werden. Die ***Font Major***, wie die Höhle auch genannt wird, wurde 1853 entdeckt und besteht aus verschiedenen unterirdischen Karst-Galerien, durch die das Wasser des Ríu Francolí fließt. Im Laufe der Geschichte ließen sich hier immer wieder Menschen nieder. Deren prähistorische Lebensformen lassen sich anhand von Nachbildungen, Videosequenzen und Exponaten spannend erleben *(Di.–So. 10.30–13.30 Uhr und 16–18 Uhr; 7,40 €, Kinder 5,10 €, www.covesdelespluga.info)*.

Wir nehmen jetzt die N-240, die uns sieben Kilometer in Richtung Süden zu unserem nächsten Ziel nach **Montblanc** (7.410 Einwohner) bringt. Das Mittelalterstädtchen hat unsere Herzen sozusagen im Sturm erobert. Soll hier doch der Welttag des Buches erfunden worden sein. Und der tapfere Ritter Georg – hier ***Sant Jordí*** genannt – eine Prinzessin vor einem bösen Drachen gerettet haben. Wir erzählen Ihnen Märchen? Keineswegs! Kommen Sie mit.

Wehrhafte Kulisse von Montblanc

133 Montblanc

GPS: N 41°22'54" E 01°09'38", Carretera Lleida, 332 m. **Max. WOMOs**: 25. **Öffnungszeit**: Ganzjährig. **Ausstattung**: Keine. **Beschreibung**: Großer, schattenloser und staubiger Kiesparkplatz am Ortsrand von Montblanc. Schöner Blick auf die Altstadtkulisse und sehr gut sowohl für einen Tagesbesuch als auch die Nacht geeignet. Die Altstadt erreicht man nach 500 m. **Hinweis**: Am 23. April findet in der Stadt ein großes Mittelalter-Spektakel statt. Möglicherweise ist der Parkplatz dann nicht nutzbar. **Zufahrt**: Von der N-240 in Richtung Montblanc-Zentrum fahren. Der Parkplatz befindet sich nach 950 m auf der rechten Seite.

Bereits am Parkplatz beeindruckt uns die Silhouette mit der riesigen Stadtmauer und den vielen Türmen. Hier weht ein Hauch von Carcassonne. Doch anders als die berühmte, französische Schwester ist Montblanc nicht ganz so »Disney-like« herausgeputzt. Hier herrscht noch ein kleinstädtisches, authentisches Flair abseits der Touristenströme. Am Flussufer wurde während unseres Besuches eifrig gebaut und die alte Brücke über den Ríu Francoli für Fußgänger instandgesetzt.

Der Drachentöter Sant Jordi ist der Schutzpatron von Montblanc

Am Sant-Jordi-Tag werden Rosen und Bücher verschenkt

Auf der gegenüberliegenden Seite stoßen wir dann auch schon auf den Schutzheiligen der Stadt: Eine Bronzestatue des Heiligen Georg, der hier *Sant Jordí* genannt wird. Ihm begegnet man beim Bummel durch die Gassen auf Schritt und Tritt. Sogar einer der Stadttürme wurde ihm gewidmet. Die Legende vom Drachentöter ist in nahezu der gesamten christlichen Welt verbreitet und der sagenhafte Kampf soll sich genau hier, in Montblanc, zugetragen haben. Ob wahr oder nicht vermögen wir nicht zu beurteilen.

Schön ist hingegen der Brauch der Katalanen, sich am ***Día de Sant Jordí***, dem 23. April, rote Rosen und ein Buch zu schenken. Dieser Tag ist nämlich seit 1995 auch der *Welttag des Buches*, an dem man zwei der größten Dichter der Weltliteratur gedenkt: Sowohl der spanische Dichter Miguel Cervantes als auch William Shakespeare sind am 23. April gestorben. Früher waren es die Damen, die eine rote Rose geschenkt bekamen. Das Buch war für die Herren vorgesehen. Heute darf man jedem alles schenken und somit kauft jeder Katalane mindestens einmal im Jahr ein Buch.

Doch zurück nach Montblanc: Mit dem Stadtplan aus der **Tourismusinformation**, *www.montblancmedieval.cat* lassen wir uns durch die hübschen Gassen treiben und steigen hinauf zu den **Ruinen des Castillos**. Aragóns König Alfons der Keusche hatte den Bau der Festung 1163 in Auftrag gegeben, um die Straßenverbindung von Tarragona nach Lleida zu sichern. Immerhin war der Ort im Mittelalter die siebtgrößte Stadt Kataloniens. Von hier oben erschließt sich auch die gesamte Dimension der Stadtmauer, die nahezu die gesamte Altstadt mit immerhin noch 25 erhaltenen Türmen umschließt. Der Blick in die weite Ebene und auf den angrenzenden Naturpark ist wunderschön.

25 Türme umgeben die Altstadt von Montblanc

Wieder zurück in der Altstadt werfen wir einen Blick in die mächtige **Pfarrkirche Santa Maria La Major** aus dem 14. Jahrhundert. Wir haben Glück und können einer Probe des Organisten beiwohnen. Bei den Klängen der Orgelpfeifen bewundern wir das reich geschnitzte, barocke Chorgestühl und den gotischen Altaraufsatz, der den beiden Heiligen Bernat und Bernabé gewidmet ist.

Einkehrtipp: Zum Abschluss unseres Spaziergangs durch Montblanc genießen wir köstlich frische Backwaren im urig-gemütlichen ***Café Joan*** an der Carrer Major. Auch wenn Sie keinen Kaffeedurst haben, werfen Sie einen Blick hinein und staunen Sie über die gemütliche Einrichtung.

Eingangs hatten wir Ihnen ein weiteres Zisterzienserkloster versprochen. Und da zieht es uns jetzt hin. »Noch ein Kloster?« werden weniger Kulturbeflissene jetzt vielleicht stöhnen. Falls Sie dazu gehören, nehmen Sie einfach die N-240 und rauschen nach Lleida. Wir sehen uns in der Provinzhauptstadt wieder. Aber Sie werden etwas verpassen!

Wir verlassen Montblanc auf der C-14 nach Norden. Die Strecke ist recht stark von Schwerlastverkehr befahren, führt sie doch geradewegs in Richtung Andorra. Die LKWs kommen uns donnernd entgegen. Fahren Sie also vorsichtig. Bereits nach vier Kilometern entdecken wir links der Straße ein einladendes Restaurant mit WOMO-Piktogramm. Offenbar wird Gästen hier eine Übernachtungsmöglichkeit angeboten. Wir haben das Restaurant ***Heretat Masia Poblet*** nicht getestet. Doch falls Sie der Hunger plagt – hier die Koordinaten:

134 Heretat Masia Poblet – N 41°24'52" E 01°10'29".

Nach weiteren neun Kilometern zweigt links die TP-2335 nach Rocallaura ab und der Verkehr lässt deutlich nach. Wir können also die Route durch eine liebliche Landschaft mit terrassierten Feldern und charakteristischen Trockensteinmauern in vollen Zügen genießen. Die Region ist nur sehr dünn besiedelt.

Alle Vogelscheuchen sind schon da!

Kurz bevor wir unser Ziel in Vallbona de les Monges erreichen, taucht rechts ein höchst eigenartiges Feld auf. Bevölkert wird es von skurrilen Vogelscheuchen. Da steht ein Manager mit Anzug und Krawatte neben dem Rennrad-Sportler und einem Fußballer des FC-Barcelona. Eine Blondine in Lockenpracht und ein Schulkind mit Ranzen sind ebenfalls vertreten. Schauen Sie mal genau hin! Die Köpfe der Vogelscheuchen sind zugleich Nistkästen für Amsel, Drossel, Fink und Star. Offensichtlich lassen sich diese nicht von den bunten Figuren abschrecken. Ein echter Hingucker.

In **Vallbona de les Monges** (250 Einwohner) angekommen, steuern wir den dortigen WOMO-Stellplatz an.

135 Vallbona de les Monges

GPS: N 41°31'36" E 01°05'14", 466 m. **Max WOMOs**: 12. **Öffnungszeit**: Ganzjährig. **Ausstattung**: Ver-/Entsorgungsstation, Mülleimer. **Beschreibung**: Asphaltierter Besucherparkplatz am Ortsrand neben dem städtischen Freibad, auf dem ein Bereich für WOMOs reserviert ist. Man steht hier sehr ruhig mit Blick auf eine Obstbaumplantage. Das Kloster ist in Sichtweite und nur wenige Gehminuten entfernt. Maximale Aufenthaltsdauer 48 h. **Zufahrt**: Vallbona de Monges auf der Hauptstraße (LP-2335) durchqueren. Am nordwestlichen Ortsrand ist die Zufahrt zu den Besucherparkplätzen ausgeschildert. Das Navigationsgerät lockt gerne bereits vorher in den Ort, was Sie aber mit dem WOMO tunlichst unterlassen sollten.

Das Kloster **Monestir Santa Maria de Vallbona de les Monges** steht ein wenig im Schatten der beiden großen Zisterzienserklöster Poblet und Santes Creus (siehe Tour 10). Und doch ist es das ganz persönliche Lieblingskloster der Autorin. Es ist bis heute noch von Zisterzienserinnen bewohnt und in Spitzenzeiten lebten hier bis zu 150 Nonnen in den altehrwürdigen Gemäuern. Man spürt hier förmlich die weibliche Hand. Alles wirkt ein wenig luftiger, heller, heiterer. Es hat nichts von der bedrohlichen Düsternis eines Männerklosters und fast meint man, das Lachen der frommen Frauen im Kreuzgang zu hören.

Im Kloster Vallbona de les Monges leben noch heute Zisterzienserinnen

Auch dieses Kloster ging auf die Gründung des Grafen von Barcelona, Ramón Berenguer IV. zurück. Er stiftete es im Jahr 1173 und es erlangte schnell Einfluss. Ab dem 13. Jahrhundert erlaubte der Zisterzienserorden auch Frauenkonventen, sich dem Orden anzuschließen. In der Folge stieg die Anzahl der Klöster der Zisterzienserinnen stark an. Entweder durch Neugründungen oder durch bereits bestehende Frauenklöster, die nach den Regeln der Zisterzienser reformiert wurden.

In der historischen Kloster-Apotheke wird mit einer modernen Videoinstallation die Herstellung von Salben und Tinkturen gezeigt.

Vallbona de les Monges zog vor allem adelige Frauen aus Katalonien an. Im Jahr 1200 erhielt es von Papst Innozenz III. die Immunität, die Äbtissin war zugleich Herrin der Grafschaft Vallbona. Der Niedergang setzte ab dem 15. Jahrhundert ein, doch das Klosterleben war auch nach der Enteignung nur kurz unterbrochen.

In jüngster Zeit fanden Restaurierungsarbeiten statt und die Besucher können heute – ausgestattet mit einem englischsprachigen Informationsflyer – durch die Anlage streifen. Im ehemaligen Dormitorium wurde eine historische Apotheke aufgebaut. Dort sind in einer eindrucksvollen Videoprojektion zwei virtuelle Nonnen beim Sammeln der Kräuter und der Herstellung von Salben und Tinkturen zu erleben.

In der schlichten, hellen Klosterkirche befinden sich die Sarkophage der Königin Doña Violante, Gattin von Jaime I., und ihrer Tochter Doña Sancha. Südlich der Kirche liegt der wunderschöne Kreuzgang mit einem plätschernden Brunnen und blühenden Rosen.

Der Rundgang durch die Anlage ist ein wahrhaft besinnliches Erlebnis (*Saisonal wechselnd von Di.–So. zwischen 10.30–13.00 Uhr sowie 16–18 Uhr; 7 €, www.monestirvallbona.cat*).

Streetart in Vallbona de les Monges

Im Anschluss bummeln wir ein wenig durch das Dorf und schauen uns die **Oliven-Cooperative** an. Hier können wir einige Öle probieren und die köstlichen, feinen **Arbequines-Oliven** für den WOMO-Vorrat erwerben. Die kleinen, rundlichen Früchte sind charakteristisch für die Region und werden hier neben Mandeln und Haselnüssen angebaut (*Mi. und Fr. 10–14 Uhr*). Ansonsten wirkt das Dorf sehr verschlafen und besteht in erster Linie aus dem Kloster. Die Nacht wird entsprechend ruhig. Nur begleitet vom regelmäßigen Bimmeln der Klosterkirche.

La Seu Vella – Der Festungshügel von Lleida

Zum Abschluss dieser Tour zieht es uns noch einmal in die Großstadt. **Lleida** (140.800 Einwohner), zweitgrößte Stadt Kataloniens und Hauptstadt der gleichnamigen Provinz. Diese Provinz ist übrigens die einzige Kataloniens ohne Strand, doch dafür mit den meisten Skipisten. Ein Großteil der katalanischen Pyrenäen zählt zu diesem Teil des Landes.

Die Anfahrt führt uns durch eine weite Ebene, den Obst- und Gemüsegarten des Landes. Die Weinfelder werden abgelöst von Olivenhainen. Im Örtchen **Arbeca** sollen gar die besten Oliven Kataloniens gedeihen. Wer sich nicht bereits eingedeckt hat, findet am Ortsausgang eine weitere **Cooperative** mit *Agrobotiga*. Dann ist auch schon Lleida erreicht. Leider gibt es dort keinen WOMO-Stellplatz, weshalb wir einen riesigen Parkplatz beim Messegelände am südöstlichen Stadtrand ansteuer. Er eignet sich hervorragend für einen Tagesbesuch, eine Übernachtung ist möglich, doch erscheint es uns hier ein wenig ungemütlich.

136 Lleida – N 41°36'52" E 00°38'16"

Lleida am **Ríu Segre** ist für die meisten Reisenden eine Durchgangsstation. Liegt die Stadt doch an wichtigen Verkehrsverbindungen von Ost nach West und von Nord nach Süd. Zwar ist die Anzahl an Sehenswürdigkeiten überschaubar, doch wäre es schade, hier einfach nur vorbeizufahren. Die Stadt hat durchaus ihre Reize.

Von unserem Parkplatz ist der Fluss Segre, ein wichtiger Nebenfluss des Ebro, schnell erreicht. Das Ufer wird gesäumt von einer schönen Grünanlage, die zum Flanieren und Ausruhen einlädt. Dort führt uns die Fußgängerbrücke **Passarel·la del Liceu Escolar** hinüber in die Altstadt. Von der Brücke bietet sich der wohl schönste Blick auf die Stadtkulisse, die überragt wird vom Wahrzeichen Lleidas, der **Kathedrale *La Seu Vella*** und dem **Königspalast**. Beide thronen hoch oben auf dem Burgberg, dem ***Turó de Lleida***, und zaubern uns schon jetzt Schweißtropfen auf die Stirn. Doch keine Sorge – in Lleida gibt es auch einen bequemen Weg hinauf, den wir angesichts frühsommerlicher Temperaturen gerne in Anspruch nehmen.

Ab der Plaça de Sant Joan führen uns Rolltreppen und ein Panorama-Aufzug ganz elegant in die Oberstadt. Dort ist die Alte Kathedrale unser erstes Ziel und zugleich auch die wichtigste Sehenswürdigkeit. Die Kirche wurde an Stelle einer ehemaligen Moschee errichtet und der Bau begann 1149, unmittelbar nach dem Sieg über die maurischen Herrscher. Die Kathedrale wurde zunächst noch im Stil der Romanik begonnen, doch die Fertigstellung zog sich über 300 Jahre hin. Zahlreiche gotische Elemente kamen also dazu, wie etwa der 60 Meter hohe **Glockenturm** und das reich verzierte **Portal *Puerta de los Apóstolos***.

Die Kathedrale von Lleida diente bis 1948 als Kaserne. Wertvolle Inneneinrichtungen gingen dabei verloren.

Im Zuge des Spanischen Erbfolgekrieges (1701 bis 1714) ließ König Felipe V. den gesamten Berg besetzen und zu einer Festung umbauen. Die Kathedrale, ehemals ein Bischofssitz, wurde in eine Kaserne umfunktioniert und vieles von der wertvollen Inneneinrichtung ging verloren. Stattdessen baute man in der Stadt eine neue Kathedrale, die ***Seu Nova***, im Stil des Barock und Neoklassizismus. Die alte Kathedrale verfiel zusehends und blieb bis 1948 eine Kaserne. Erst danach konnte mit den Restaurierungsarbeiten begonnen werden. Während sich die Kirche etwas schmucklos präsentiert, beeindruckt der **Kreuzgang** umso mehr. Ungewöhnlich ist seine Lage vor der Kirche mit Blick hinunter auf die Stadt *(Mai bis September Di.–Sa. 10–14 Uhr und 16.30–19.30 Uhr, Oktober bis April Di.–Fr. 10–13.30 Uhr und 15–17.30 Uhr, Sa. 10–17.30 Uhr, So. und feiertags ganzjährig 10–15 Uhr; 7 €, www.turoseuvella.cat).*

Beim anschließenden Rundgang genießen wir von den Mauern der Festung einen wunderschönen Blick über die Stadt. Der ehemalige Königspalast wurde renoviert und zeigt Ausgrabungsfunde des Burgbergs.

Uns zieht es wieder hinunter in die Stadt, wo wir noch ein wenig entlang der Einkaufs- und Flaniermeile **Carrer Major** bummeln. Überall laden Cafés und Restaurants zu einer Pause ein. Dann geht es über die Fußgängerbrücke wieder zurück in Richtung Parkplatz. Im Prospekt des Tourismusbüros entdecken wir noch den Hinweis auf ein **Automobilmuseum**. Das ***Museu de l'Automoció Rodo Rodo*** versteckt sich nur unweit unseres Parkplatzes in der Carrer Santa Cecilia in einem ehemaligen Autohaus. Was wir zu sehen bekommen, ist eine eindrucksvolle Sammlung prächtiger Oldtimer. Gleich am Eingang stehen ein imposanter Rolls Royce, einige historische Feuerwehrfahrzeuge und wunderschöne alte Karossen, die das Herz von Oldtimerfans höherschlagen lassen. Außerdem sind noch etliche Miniaturen ausgestellt. Hineinschauen lohnt sich! *(Di.–Sa. 11–14 Uhr und 17–20 Uhr, So. und feiertags 11–14 Uhr; Eintritt frei, www.museudelautomociodelleida.cat).*

TOUR 13

Damit endet nun unsere Tour 13. Falls Sie nicht in Lleida übernachten möchten (was wir Ihnen nicht verdenken können), fahren Sie noch 30 Kilometer weiter nach **Balaguer**. Wir beschreiben Ihnen Ort und Stellplatz in unserer nachfolgenden Tour 14.

Tour 14

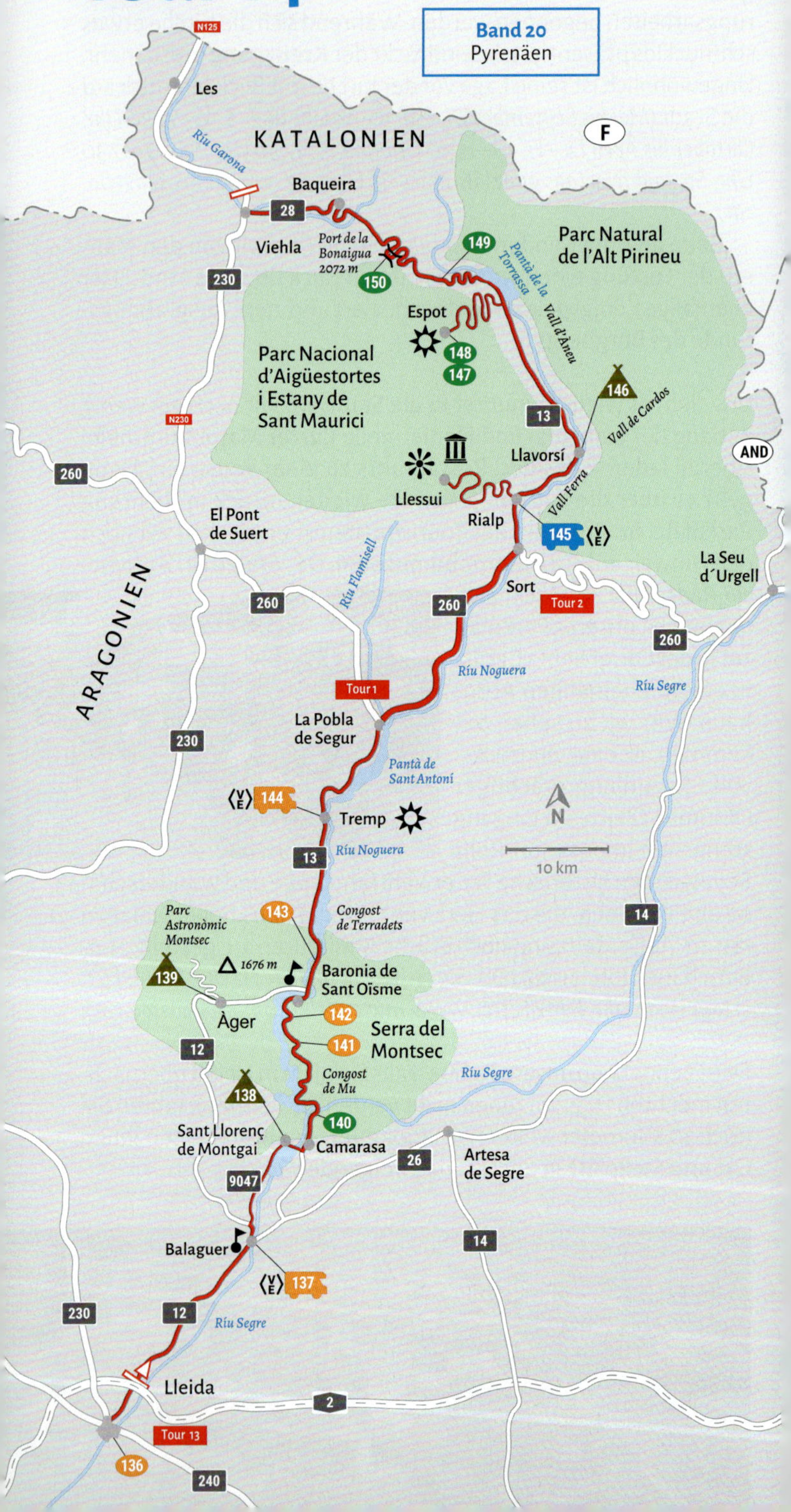
Band 20
Pyrenäen
KATALONIEN
ARAGONIEN
Les
Ríu Garona
Baqueira
Viehla
Port de la Bonaigua 2072 m
Espot
Parc Nacional d'Aigüestortes i Estany de Sant Maurici
Parc Natural de l'Alt Pirineu
Pantà de la Torrassa
Vall d'Àneu
Vall de Cardos
Vall Ferra
Llavorsí
Llessui
Rialp
Sort
La Seu d'Urgell
El Pont de Suert
Ríu Flamisell
Ríu Noguera
Ríu Segre
La Pobla de Segur
Pantà de Sant Antoni
Tremp
Congost de Terradets
Parc Astronòmic Montsec
1676 m
Baronia de Sant Oïsme
Àger
Serra del Montsec
Congost de Mu
Sant Llorenç de Montgai
Camarasa
Artesa de Segre
Balaguer
Lleida
10 km
N
Tour 1
Tour 2
Tour 13
F
AND
N125
N230
28
230
13
260
14
12
26
9047
2
240
136
137
138
139
140
141
142
143
144
145
146
147
148
149
150

Reißende Flüsse, wilde Schluchten
Über die Pyrenäen von Lleida nach Vielha

235 km

Auf einer faszinierenden Panoramaroute kehren wir zurück in die Pyrenäen. Grandiose Schluchten, glasklare Seen und einsame Berglandschaften begleiten uns. Spektakuläre Sehenswürdigkeiten dürfen Sie nicht erwarten. Dafür aber eine großartige Natur. Erleben Sie mit uns weitere Höhepunkte:

- **Camping zum Wohlfühlen**
- **Hochspannung in der Congost de Mu**
- **Einsamkeit im Bergdorf Llavorsi**
- **Wandern im Nationalpark Aigüestortes i Estany de Sant Maurici**
- **Weitblick am höchsten Pass Kataloniens**

Mit dieser Tour schließt sich der Kreis unserer Rundreise durch Katalonien. Bis zum Ausgangspunkt zurück nach Vielha erleben wir noch einmal die Großartigkeit der Pyrenäen.

Wir verlassen Lleida also in Richtung Norden. Die nächsten 30 Kilometern auf der C-12 durch die Ebene sind ziemlich trostlos. Die staubigen Ansiedlungen aus Tankstellen und großen landwirtschaftlichen Industriebetrieben wollen schnell durchquert werden. Unser Ziel ist **Balaguer** (17.460 Einwohner), eine Kleinstadt am Ríu Segre. Sie wurde unter dem Namen *Medina Hisn Balagi* von den Mauren gegründet, die hier auch das einst mächtige Castell Formòs errichteten. Vieles erinnert noch an diese Zeit, denn die Altstadt mit ihren verwinkelten Gassen und steilen Treppen verströmt das Flair einer orientalischen Medina.

Wappen mit maurischem Erbe

An der Brücke über den Segre unweit des örtlichen Stellplatzes treffen wir auf den Grafen Jaume II. von Urgell. Er steht hier in Form einer mächtigen Statue und er war es, der die Stadt im Jahr 1106 von den Mauren zurückeroberte. Gleich daneben befindet sich ein

Bunte Häuser, Burg und Kirche prägen des Stadtbild von Balaguer

Museum mit dem vielversprechenden Namen ***Centre d'Interpretació de l'Or***. Es widmet sich der maurischen Stadtgeschichte sowie dem Thema **Gold**. Einst waren hier am Ríu Segre die Goldsucher unterwegs und wuschen das begehrte Edelmetall aus den Fluten. Heutige Besucher dürfen während der Sommermonate ebenfalls auf die Suche nach einem Goldklumpen gehen. Wir wünschen Ihnen viel Glück dabei *(Di.–Sa. 11–14 Uhr und 16–18 Uhr, So. und feiertags nur am Vormittag; 3 €, www.museucn.com)*.

Unmittelbar hinter dem Museum finden Sie dann auch den Stellplatz für einen Besuch von Balaguer.

137 Balaguer

TOUR 14

GPS: N 41°47'45" E 00°48'35", Avinguda Compte Jaume d'Urgell, 215 m. **Max. WOMOs**: 10. **Öffnungszeit**: Ganzjährig. **Ausstattung**: Ver-/Entsorgungsstation, Strom, Mülleimer, Spielplatz. **Beschreibung**: Auf dem Parkplatz neben einer Sporthalle und am Rand eines Wohngebietes ist ein Bereich für WOMOs reserviert. Die Stellflächen auf Kies sind mit schattenspendenden Bäumen parzelliert. Die Altstadt liegt 800 m entfernt auf der anderen Flussseite. **Zufahrt**: Auf der C-12 in Richtung Zentrum fahren, den Ríu Segre auf der Pont Nou überqueren, am Kreisverkehr links und geradeaus der Beschilderung folgen.

Um es gleich vorwegzunehmen: Balaguer hinterließ bei uns etwas zwiespältige Gefühle. Auf den ersten Blick wirkt die Kulisse der Altstadt am Ríu Segre sehr pittoresk und einladend. Eine bunte Häuserzeile, die alles überragende, mittelalterliche **Stadtmauer** sowie die Kirche **Santa Maria de Balaguer** sind hübsch anzuschauen. Auch die arkadengesäumte **Plaça Mercadal**, auf der samstags ein großer Wochenmarkt stattfindet, ist durchaus attraktiv. Es soll laut Tourismusbüro sogar einer der größten Kataloniens sein. Hinter den Kulissen sieht es jedoch leider etwas anders aus. Die Gassen der Altstadt wirken schmutzig und die teilweise sehr baufälligen Gebäude werden von Menschen bewohnt, die nicht auf der Sonnenseite des Lebens stehen.

Nette optische Täuschung

Hinzu kam bei unserem Besuch, dass wir bei allen Sehenswürdigkeiten vor verschlossenen Toren standen. Teils wegen Umbauarbeiten, teils aus uns unerfindlichen Gründen. Sogar die Zugänge zur Stadtmauer, die wir über steile Treppen mühsam erklommen hatten, waren abgesperrt. Vielleicht hatten wir einfach nur Pech, aber der berühmte Funke ist in Balaguer nicht auf uns übergesprungen. Wir hoffen, Sie haben mehr Glück.

Etwas enttäuscht verlassen wir Balaguer über die **Pont de Sant Miquel** auf der C-12 in Richtung Àger, nehmen aber bereits beim nächsten Kreisverkehr die Ausfahrt auf die LV-9047 nach **Gerb** und folgen dort der Beschilderung *Camping*. Unser nächstes Ziel ist bereits nach neun Kilometern erreicht. In **Sant Llorenç de Montgai** möchten wir uns auf einem komfortablen Campingplatz ein wenig erholen und die eindrucksvolle Landschaft am See bei einer Wanderung genießen.

TOUR 14

138 Sant Llorenç de Montgai – *Camping La Noguera*

GPS/Kontakt: N 41°51'37" E 00°49'59", C-9047, 248 m. Tel. +34 973 420 334, *www.campinglanoguera.com*, *info@campinglanoguera.com*. **Öffnungszeit**: Ganzjährig. **Ausstattung**: Campingplatzüblich mit mehreren Pools (saisonal unterschiedlich geöffnet), Restaurant, Bar, Minimarkt, Spiel- und Sportplätzen, Kajak- und Fahrradverleih. **Beschreibung**: Großer, familienfreundlicher Campingplatz mit allen Annehmlichkeiten in naturnaher, schöner Umgebung. Der Platz ist in verschiedene Zonen aufgeteilt mit Bereichen für Dauercamper, Mietunterkünften, Zeltwiesen für Gruppen und Touristen-Plätzen. Der Untergrund besteht wahlweise aus Wiese, Kies oder Naturboden, es gibt viel Schatten durch Bäume und mehrere Sanitärblocks. Guter Ausgangspunkt für Wanderungen und Klettertouren. An der Rezeption ist man gerne bei der Tourenplanung behilflich. Während der Hochsaison und in Ferienzeiten ist eine Reservierung erforderlich. Sehr empfehlenswert ist das Restaurant, das auch von Einheimischen gerne besucht wird. **Zufahrt**: Der Campingplatz ist ab Balaguer ausgeschildert.

Die Region rund um Sant Lorenç de Montgai und der Stausee Pantà de Sant Lorenç sind ein beliebtes Ausflugsgebiet für Wander- und Fahrradtouren oder einen entspannten Aufenthalt am und im Wasser. Auch Freizeitkletterer kommen hier auf ihre Kosten. Gleich an mehreren der schroffen Felswände sieht man sie wie Spiderman die Höhe erklimmen. Wir behalten lieber die Bodenhaftung und nehmen Sie mit zu einer gemütlichen Wanderung.

Einmal rund um den Pantà de Sant Lorenç

Unsere Wanderung startet auf der gegenüberliegenden Straßenseite des Campingplatzes. Dort führt uns ein breiter, ebener Weg auf einem Damm und entlang des Ufers zu einer Staumauer. Links von uns eröffnet sich ein schöner Panoramablick über den See und die umgebenden Berge. Der Wind rauscht im Schilf, wo sich im Frühsommer zahlreiche Wasservögel tummeln. Mit dem im Jahr 1929 errichteten Wehr wurde der Fluss Segre für die Stromgewinnung aufgestaut.

Die Staumauer überqueren wir auf einem Gittersteg. Die Einrichtungen hier wirken etwas marode, doch scheint die Anlage noch ihren Zweck zu erfüllen. Nach dem Wehr halten wir uns links. Es gibt keine Markierungen, aber verlaufen können wir uns nicht. Der schmale Pfad verläuft durch einen dichten, schattigen Wald mit duftenden Pinien und Steineichen. Teilweise ist er stark mit Gestrüpp zugewachsen und es geht in einem stetigen, leichten Auf-und-Ab voran. Den See auf unserer linken Seite können wir teilweise nur erahnen. Hin und wieder eröffnen sich aber wunderschöne Ausblicke. Auf der gegenüberliegenden Uferseite sehen wir die bunten Häuser von Sant Lorenç de Montgai, die uns fast ein wenig an einen oberitalienischen See erinnern. Besonders eindrucksvoll sind nun auch die Ausblicke auf die senkrecht emporragenden Kletterfelsen. Einmal mehr bewundern wir den Wagemut der Sportler.

Etwa drei Kilometer nach Überqueren der Staumauer wird der See wieder zum Fluss Segre und macht einen Knick nach Osten. Unser Weg ist jetzt teilweise

Ausblicke am See auf die Kletterfelsen

etwas ausgesetzt und schmal. Links fallen die Felsen steil ab in Richtung Wasser. Aber es ist auch von uns Freizeitwanderern gut zu schaffen. Die Autorin – nicht immer ganz schwindelfrei – darf nur nicht nach unten schauen. Nach einem weiteren Kilometer mündet der Wanderweg in die wenig befahrene Landstraße nach Camarasa. Ihr folgen wir nach links, überqueren die Brücke über den Segre und spazieren zurück nach Sant Lorenç de Montgai. Teilweise gibt es eine Seitenbegrenzung mit eigenem Fußweg, teilweise geht es entlang dem Straßenrand. Immer wieder schweift unser Blick hinauf zu den Kletterern, die jetzt direkt über uns die senkrechten Felswände erklimmen.

Dann erreichen wir eine überdachte Felsnische. Dort wurden prähistorische Höhlenmalereien entdeckt, die aber zu deren Schutz nur im Rahmen einer Führung zu besichtigen sind. Bei entsprechendem Interesse können Sie sich hier anmelden: Tel. +34 973 420 427, *cepap@uab.cat*.

Wir erreichen schließlich das Dorf und haben uns jetzt eine Einkehr im **Restaurant *Mirador de Llac*** mehr als verdient. Mit wunderschönem Blick über den See genießen wir auf der Terrasse das Tagesmenü bei einem kühlen Getränk *(9–21 Uhr, Ruhetag Mo.)*.

Frisch gestärkt spazieren wir nun entlang der Uferpromenade zurück zu unserem Campingplatz. Für die etwa **8,5 Kilometer** lange Runde waren wir mit Pausen etwa **3,5 Stunden** unterwegs. Die Tour erfordert ein wenig Trittsicherheit, enthält aber kaum Steigungen und ist auch mit Kindern gut zu meistern.

Nach unserer kleinen Auszeit auf dem Campingplatz geht die Reise weiter in Richtung Pyrenäen. Die C-13 entpuppt sich dabei als wahre Panoramaroute mit spektakulären Aussichts- und Haltepunkten. Bis nach **Pobla de Segur** sind es zwar nur rund 60 Kilometer, doch für die sollten Sie sich ein wenig Zeit nehmen.

Wir starten auf der LV-9047 in Richtung **Camarasa**. Immer wieder gibt es entlang den nun folgenden sechs Kilometern kleinere Parkplätze, die vor allem von den Freizeitkletterern genutzt werden. Bei Camarasa treffen wir auf die C-13, der wir nach Norden folgen. Der Ort bietet Einkaufsmöglichkeiten sowie ein hübsche Bogenbrücke über den Segre. Dort gibt es eine einfache Bar sowie einen Parkplatz am Fluss, der sich gut für eine Bade- oder Picknickpause eignet.

P Pont de Camarasa – N 41°52'45" E 00°52'40"

Die Strecke verläuft nun durch die **Serra del Montsec**. Der Gebirgszug erstreckt sich auf einer Länge von etwa 40 Kilometern, seine höchsten Gipfel erreichen 1.676 Meter. Bekannt ist der Naturpark für seine klaren Nächte mit wenig Lichtverschmutzung. Er wurde deshalb zum UNESCO Lichtschutzgebiet erklärt und ist ein ideales Refugium für alle Sternengucker. Bei **Àger** bietet die Sternwarte *Parc Astronòmic Montsec* nach vorheriger Anmeldung zweistündige, nächtliche Führungen auf Katalanisch oder Spanisch an. Dabei kommt man im Planetarium und im Teleskop-Park den Sternen ganz nah. Anmeldungen und Informationen sind unter *www.parcastronomic.cat* möglich.

Leider gibt es in der Nähe des astronomischen Parks keine Übernachtungsmöglichkeiten für WOMOs, da sich die Sternwarte innerhalb des Naturparks befindet. Einzig der Ort Àger würde sich mit einem Campingplatz als Ausgangspunkt anbieten. Von dort sind es noch knapp fünf Kilometer zum astronomischen Park, weitere 16 Kilometer auf schmaler, kurvenreicher Straße zum Observatorium.

139 Campingplatz Vall d'Àger – N 42°00'16" E 00°45'57"

Die Serra de Montsec ist aber auch für ihre beeindruckenden Schluchten bekannt. Eine davon ist die berühmte **Congost de Montrebei**, auch »Der heimliche Grand Canyon Kataloniens« genannt. Die spektakuläre Schlucht mit Hängebrücke und schwindelerregenden Wegen wird vom **Ríu Noguera Ribagorçana** durchflossen. Derzeit wird sie in den Sozialen Medien von Influencern und Vanlifern regelrecht gehypt und ist damit auch rettungslos überlaufen. So verwundert es nicht, dass der gebührenpflichtige Wanderparkplatz am Nordeingang nicht mehr für Fahrzeuge über 2,20 Meter Breite und 2,30 Meter Höhe zugänglich ist. Auch das schmale Zufahrtssträßchen bietet so gut wie keine Parkmöglichkeiten. Von Süden her sieht es nicht besser aus. Auch dort ist der Parkraum sehr begrenzt, die Wanderzeit zudem um einiges länger. Die Möglichkeit, für den Rückweg das Mietkanu zu nutzen, war aufgrund der schon lange anhaltenden Trockenheit in Spanien im Frühjahr 2023 ebenfalls nicht möglich.

Aufgrund dieser Unwägbarkeiten haben wir uns dazu entschlossen nach Alternativen zu suchen, die nicht ganz so überlaufen, aber nicht minder spektakulär sind. Und die zudem mit einem Wohnmobil erreichbar sind, welches die Kastenwagen-Größe überschreitet. Bereits zwei Kilometer nördlich von **Camarasa** sind wir fündig geworden. Vor der Brücke über den Segre können wir unser WOMO rechts der C-13 auf einem kleinen Wanderparkplatz abstellen.

140 Congost de Mu

GPS: N 41°53'31" E 00°52'53", C-13, 255 m. **Max. WOMOs**: 2. **Öffnungszeit**: Ganzjährig. **Ausstattung**: Mülleimer. **Beschreibung**: Teilweise schräger und schattiger Wanderparkplatz rechts der C-13 am Zufahrtsweg zur Congost de Mu und einem Elektrizitätswerk. **Zufahrt**: An der C-13 nördlich von Camarasa.

Hochspannung in der Congost de Mu

Wir starten hier zu einem kurzen, etwa **fünf Kilometer** langen Spaziergang mit Verlängerungs-Option und Abenteuer-Charakter in die **Congost de Mu**. Zunächst geht es nach der Schranke auf dem asphaltierten Sträßchen recht bequem durch einen schattigen Pinien- und Maulbeerwald zum **Elektrizitätswerk *Central de Camaresa***. Für den Bau des Projektes Anfang des 20. Jahrhunderts wurde eine eigene Arbeitersiedlung errichtet, denn die Lage zu damaliger Zeit war fernab von Dörfern oder größeren Städten. Somit wurden Wohnhäuser für die Arbeiter und ihre Familien, eine Schule, Werkstätten und ein Tennisplatz gebaut. Auch repräsentative Villen für die Geschäftsleitung gab es. Heute ist diese Siedlung ein »Lost Place« und dem Verfall preisgegeben. Zu-Verkaufen-Schilder künden jedoch davon, dass hier die Immobilien-Makler auf solvente Investoren hoffen.

Für den Bau des Elektrizitätswerkes wurde eine Arbeitersiedlung mit Villen und Wohnhäusern errichtet. Heute ein Lost Place mitten im Wald.

Neben uns rauscht der Segre über mehrere Stromschnellen und leuchtet mit seinem türkisgrünen Wasser durch das dichte Blattwerk der Bäume. Über uns türmen sich steile Felswände, in denen sich wieder Kletterer tummeln. Auf der gegenüberliegenden Uferseite windet sich die C-13 am Berg empor und die Fahrzeuge verschwinden dort in einem Tunnel.

Am eindrucksvollen Elektrizitätswerk münden die beiden Flüsse Ríu Segre und der Ríu Noguera Pallaresa zusammen. Für uns beginnt nun der Adrenalin-Kick, denn der Weg hinter der Staustufe führt uns auf einem schmalen Gitterrost entlang einer Felswand. Über uns das schroffe Gestein, unter uns das rauschende Wasser. Rund 400 Meter sind zu bewältigen, dann ist die Mutprobe für die Autorin überstanden. Doch die nächste folgt sogleich. Es gilt, eine schwankende **Hängebrücke** zu überqueren. Auf der anderen Seite verläuft der Wanderweg sechs Kilometer weiter durch die Schlucht bis nach

Congost de Mu – Das Abenteuer wandert mit

Alòs de Balaguer. Von dort geht es auf gleicher Strecke wieder zurück. Wir beschließen bereits bei der Hängebrücke die Umkehr und spazieren zurück zu unserem WOMO. Dabei können wir noch einige wagemutige Wasserratten beobachten, die mit ihren Rafting-Booten über die Stromschnellen des Ríu Segre hüpfen.

Die C-13 schwingt sich jetzt durch mehrere Straßentunnel kurvig bergauf und folgt mit grandiosen Ausblicken dem Lauf des Ríu Noguera Pallaresa. Ein erster Stopp ist der **Mirador del Doll** mit herrlicher Aussicht auf den türkisgrün aufgestauten Fluss. Dahinter ragt die senkrechte Felswand des 696 Meter hohen **Cingles del Coscoll** wie Orgelpfeifen in die Höhe.

141 Mirador del Doll

GPS: N 41°54'56" E 00°51'57", C-13, 446 m. **Max WOMOs**: 2. **Öffnungszeit**: Ganzjährig. **Ausstattung**: Picknickbänke, Mülleimer, Panoramatafel. **Beschreibung**: Aussichtspunkt ohne Schatten mit halbwegs ebener Stellfläche auf Kies neben der Straße. **Zufahrt**: Links der C-13.

Unser nächster Halt folgt bereits acht Kilometer später und ist ein wenig bizarrer Natur. Wir sind auf die Suche nach Fußstapfen, die Dinosaurier auf einem Felsplateau hinterlassen haben sollen. Ob Wahrheit oder Legende konnten wir nicht so ganz herausfinden, denn die Informationstafel war verblichen und unlesbar. Doch wir befinden uns hier in einem UNESCO-Geopark, in dem tatsächlich bedeutende Fossilien- und Dinosaurierfunde gemacht wurden. Schauen Sie also selbst: Mit etwas Fantasie sind hier durchaus »tiefe Treter« zu erkennen.

Rätselhafte Dino-Spuren

142 Jaciment d'icnites de la Carretera del Doll

GPS: N 41°57'26" E 00°51'27", C-13, 640 m. **Max. WOMOs**: 2. **Öffnungszeit**: Ganzjährig. **Ausstattung**: Keine. **Beschreibung**: Leicht schräger Schotterparkplatz auf einem Felsplateau neben der Straße. Zu den Dino-Spuren sind es nur wenige Meter. **Zufahrt**: Links der C-13.

Aussichtsreich geht es weiter nach **Baronia de Sant Oïsme**. Ein pittoresker Ort, der mit den Überresten einer Burg aus dem Jahr 1095 und einem noch gut erhaltenen Wehrturm hoch über dem aufgestauten Fluss thront. Einen Parkplatz finden Sie links der Straße bei einem Hotel. Wir bummeln hinunter zu dem kleinen Dorf mit seinen hübschen Steinhäusern, das allerdings wie ausgestorben wirkt. Wir vermögen nicht zu beurteilen, ob hier tatsächlich noch Menschen leben oder ob die Häuser nur noch als Feriendomizile dienen. Man kann auf den Wehrturm hinaufsteigen und genießt von oben schöne Ausblicke auf den Stausee **Pantà de Camarasa**, der aber auch hier viel zu wenig Wasser führt. Wir entdecken unter uns die Reste des versunkenen Dorfes, dessen Ruinen normalerweise unterhalb des Wasserspiegels liegen.

Ganz in der Nähe überspannt die historische Pont de la Baronia einen

Ausläufer des Stausees. Die Hängebrücke mit einer Eisenkonstruktion wurde um 1920 gebaut, um den Bewohnern von Baronia de Sant Oïsme den Zugang zu ihrem Dorf zu ermöglichen.

Kurz hinter dem Örtchen zweigt die C-12 nach Àger ab. Wenn Sie also die eingangs erwähnte Schlucht Congost de Montrebei und/oder den Astronomischen Park auf eigenen Faust erkunden möchten, müssen Sie hier abbiegen.

Wir bleiben jedoch der C-13 treu und werden nicht enttäuscht. Schon wenig später rücken die senkrechten Felswände immer näher zusammen und verengen sich zur **Congost de Terradets**. Durch diese Engstelle zwängen sich die Eisenbahnlinie, die Straße und der Fluss. Zu unserer Freude gibt es einen großen Parkplatz, von dem aus wir diese spektakuläre Landschaft in Augenschein nehmen können. Beim Anblick der riesigen Felswände werden auch wir demütig. Wenn Sie dem kleinen Fußweg flussaufwärts folgen, können Sie noch eine schöne **osmanische Brücke** bewundern, die uns an unsere Reise nach Albanien erinnert.

143 Congost de Terradets

GPS: N 42°02'07' E 00°53'03'', C-13, 350 m. **Max. WOMOs**: 5. **Öffnungszeit**: Ganzjährig. **Ausstattung**: Grillstellen, Picknickbänke, Brunnen, Mülleimer. **Beschreibung**: Großer, asphaltierter Parkplatz, teilweise auch Stellflächen auf der Wiese mit schattenspendenden Bäumen. Es gibt eine schöne Picknickzone am Fluss vor der großartigen Kulisse der Felswände. Lage außerorts, tagsüber mit Verkehrsgeräuschen, nachts jedoch sicherlich sehr ruhig und einsam. **Zufahrt**: Links der C-13.

Nach der Schlucht weitet sich das Tal merklich. Eine weitere Rast- und Einkehrmöglichkeit gibt es in **Cellers**, wo der Fluss erneut aufgestaut wurde. Diesmal zum **Pantà de Terradets**. Das ***Restaurant del Llac*** lädt zu einer Erfrischung mit Blick auf den See ein, dahinter gibt es noch einige Parkplätze zum Verweilen und Baden.

Wir rollen weiter bis nach **Tremp** (5.850 Einwohner), wo wir einen zentralen Stellplatz finden. Trotz seiner Lage an einem Kreisverkehr ist es dort nachts erstaunlich ruhig.

144 Tremp

GPS: N 42°09'49" E 00°53'25", Carrer Acadèmia General Bàsica de Suboficiales, 464 m. **Max. WOMOs**: 13. **Öffnungszeit**: Ganzjährig. **Ausstattung**: Ver-/Entsorgungsstation, Strom (gebührenpflichtig), Mülleimer. **Beschreibung**: Städtischer Stellplatz am Rand von Sport- und Freizeiteinrichtungen. Der Untergrund ist asphaltiert und es gibt zwei Anschlüsse für Strom (zahlbar mit Münzgeld). Der Stellplatz ist in zwei Bereiche aufgeteilt. Der obere Teil hinter der Sporthalle und am Rand einer Grünfläche ist etwas ruhiger als der Platz unmittelbar am Kreisverkehr. Das Zentrum von Tremp mit allen Versorgungseinrichtungen ist etwa 650 m entfernt. **Zufahrt**: An der C-13 ist die Zufahrt zum Stellplatz ausgeschildert.

Tremp ist die Hauptstadt der *Comarca Pallars Jussà* und gilt als guter Ausgangspunkt für Wanderungen und Outdoor-Sportarten in der reizvollen Vorpyrenäen-Landschaft. Entsprechende Routenvorschläge hält das **Tourismusbüro** am Passeig de Vall bereit. Es ist zugleich das Besucherzentrum für den UNESCO-Geopark Origens (siehe auch Tour 2) und in einem futuristischen Gebäude untergebracht. Darin integriert ist der mittelalterliche Turm ***Torre de los Padres***. Ein architektonisches Schmuckstückchen *(Mo.–Sa. 10–14 Uhr und 17–20 Uhr, So. 9.30–13.30 Uhr; www.pallarsjussa.net)*.

Die Stadt ist insgesamt eher wenig spektakulär, bietet aber an der einen oder anderen Ecke noch mittelalterlichen Charme, wie etwa rund um die Kirche **Basílica Mare de Déu de Valldeflors**. Entlang der **Rambla** reihen sich unter schattigen Bäumen die Restaurants und Bars. Einkehrtipp: Besonders gut hat uns dort das ***Café La Azotea*** gefallen. Es gibt einen hübschen Innenhof, der sowohl zum Nachmittagskaffee als auch zu einem zweiten Frühstück einlädt.

Die Stadt der Flößer – La Pobla de Segur

Von Tremp fahren wir 13 Kilometer weiter entlang des Stausees **Pantà de Sant Antoní** nach **La Pobla de Segur**. Immer wieder gibt es Haltemöglichkeiten mit Strandzugängen, so dass Sie je nach persönlichem Gusto auch eine Badepause einlegen können. Die Flößerstadt La Pobla de Segur kennen wir bereits aus unserer ersten Tour, die hier endete. Ebenso den nun folgenden Streckenabschnitt auf der N-260 bis nach **Sort**. Wir verweisen Sie deshalb auf die Beschreibungen der Städte und Stellplatzmöglichkeiten in den Touren 1 und 2.

Warum wir Sie noch einmal hierherführen, hat einen besonderen Grund. Ab Sort soll es nun nämlich hinein in die Pyrenäen gehen und auf Passhöhen, die zu Beginn unserer Reise noch zu winterlich waren. Inzwischen ist es Frühsommer geworden und wir möchten den einzigen Nationalpark Kataloniens, den **Aigüestortes i Estany de Sant Maurici** von seiner östlichen Seite her erkunden. Wer die Pyrenäenregionen Spaniens und Frankreichs ausführlicher besuchen möchte, den verweisen wir an dieser Stelle noch einmal auf den WOMO-Reiseführer Band 20 – Pyrenäen.

Im Pyrenäen-Bergdorf Llesui kehrt langsam der Frühling ein

Wir überqueren in La Pobla de Segur also den Ríu Flamisell und genießen auf den nun folgenden knapp 30 Kilometern bis nach **Sort** ein weiteres Mal die eindrucksvollen Schluchten und Landschaften. Die Wiesen sind inzwischen saftig grün geworden und den erneuten Zwischenstopp in Sort nutzen wir, um uns wieder mit dem köstlichen Käse der ***Formatgeria Tros de Sort*** einzudekcen *(Mo.–Sa. 10–14 Uhr und 17–20 Uhr, www.trosdesort.cat).*

Sort verlassen wir diesmal auf der C-13 in Richtung **Rialp**, entschließen uns aber bereits am Ortsausgang zu einem ersten Abstecher in die Berge. Das Bergdorf **Llessui** ist unser Ziel. Die gut ausgebaute Straße windet sich kurvenreich auf 13 Kilometern hinauf auf rund 1.440 Meter Höhe. Unterwegs bieten sich immer wieder spektakuläre Ausblicke auf die Region.

Unser Ziel war eigentlich das kleine **Schäfereimuseum *Ecomuseu Els Pastors de la Vall d'Àssua***, in dem über die Tradition der Schäferei in den Pyrenäenregionen informiert wird. Leider standen wir – trotz anderslautender Aussage des Tourismusbüros – vor verschlossener Tür. Die nachfolgenden Öffnungszeiten verstehen sich daher ohne Gewähr *(Mo.–Sa. 9-14 Uhr und 15.30–17.45, So. 9–14 Uhr, www.parcsnaturals.gencat.cat).* Doch der Abstecher in das abgelegene Dorf mit seinen pittoresken Steinhäusern lohnt sich trotzdem. Viele davon sind bereits restauriert und dienen heute als Feriendomizile. Die Bar am Dorfplatz ist geöffnet und wir genießen unseren *Café Cortado* mit Blick auf die Berglandschaft, umgeben vom Bimmeln der Kuhglocken.

Danach geht es wieder talwärts, wie wir gekommen sind. **Rialp** (660 Einwohner) ist eine weitere Hochburg der Kajak- und Wildwassertouristen. Es gibt zahlreiche Unterkünfte, eine entsprechende Infrastruktur mit Restaurants und kleinem Supermarkt sowie eine Übernachtungsmöglichkeit für Wohnmobilisten.

145 Rialp

GPS: N 42°26'20" E 01°08'02", Carrer de Sort, 709 m. **Max. WOMOs**: 20. **Öffnungszeit**: Ganzjährig. **Ausstattung**: Ver-/Entsorgungsstation, Mülleimer. **Beschreibung**: Schattiger, unbefestigter Parkplatz am Ortsrand und mit Zugang für Kajaks in den Fluss. In der Nähe befinden sich mehrere Sportzentren und der Platz wird auch als Camp bei größeren Veranstaltungen genutzt. **Zufahrt**: Am Ortseingang von Rialp rechts den WOMO-Piktogrammen folgen.

Auch der nächste Ferienort **Llavorsí** (350 Einwohner) steht ganz im Zeichen des Abenteuertourismus. Hier treffen die Täler **Vall d'Àneu**, **Vall Ferrera** und **Vall de Cardos** zusammen, was den Ort zu einem guten Ausgangspunkt für Wanderungen oder Rafting-Touren macht. Wir beobachten gleich mehrere Schulklassen bei ihrem Schlauchboot-Ausflug in wilde Gewässer, verzichten jedoch auf diese Art der Mutprobe und wenden uns dem kleinen Städtchen zu. Die Gassen mit den charakteristischen Steinhäusern sind blumengeschmückt und wir lassen uns gerne zu einem Kaffee nieder. Wer hier länger verweilen und eventuell selbst einen Ritt auf den Stromschnellen unternehmen möchte, kann sich auf einem kleinen und einfachen Campingplatz einquartieren.

146 Llavorsí – *Camping Llavorsí*

GPS/Kontakt: N 42°29'45" E 01°12'55", L-504, 802 m, Tel. +34 609 924 927, *www.campingllavorsi.com*, *info.campingllavorsi@gmail.com.* **Öffnungszeit**: Vermutlich von Ostern bis Ende Oktober. **Ausstattung**: Campingplatzüblich mit Bar/Restaurant und Minimarkt. **Beschreibung**: Kleiner, gemütlicher Campingplatz am Fluss mit viel Grün und schattigen Bäumen. Die Stellflächen auf Wiesenboden sind für kleine bis mittelgroße WOMOs geeignet. Guter Ausgangspunkt für Ausflüge in die Region, das Zentrum ist nur wenige Schritte entfernt. **Preise**: 22–27 €. **Zufahrt**: Die Zufahrt zum Campingplatz befindet sich am Ortseingang vor der Brücke rechts und ist ausgeschildert.

Weiter auf der C-13 zweigt nach 12 Kilometern auf Höhe des Stausees **Pantà de la Torrassa** links die LV-5004 nach **Espot** (377 Einwohner) ab. Der Ort ist das östliche Eingangstor zum **Nationalpark Aigüestortes i Estany de Sant Maurici** und zudem mit der Skistation **Espot Esqui** ein beliebtes Feriengebiet, in dem also ganzjährig touristischer Trubel herrscht. Die Straße hinauf ist gut ausgebaut und bereits ein gutes Stück vor dem Ort findet man die ersten beiden Campingplätze. Insgesamt gibt es gleich sechs davon, nicht alle sind jedoch mit einem Wohnmobil erreichbar und einige sind auch nur im Juli und August geöffnet.

Wir fahren deshalb weiter bis zum großen Parkplatz am Ortseingang. Hier **müssen** Sie Ihr WOMO abstellen, wenn Sie den Nationalpark näher erkunden möchten. Die Zufahrt zum Wanderparkplatz, von dem aus man auch zum **Estany de Sant**

Maurici wandern könnte, ist reglementiert und auf eine Fahrzeugbreite von maximal 2 Metern und eine Höhe von 2,30 Metern beschränkt.

147 Espot

GPS: N 42°34'29" E 01°05'29", 1.300 m, **Max. WOMOs**: 20. **Öffnungszeit**: Ganzjährig. **Ausstattung**: Keine. **Beschreibung**: Großer Schotterparkplatz am Ortseingang, auf dem auch Reisebusse parken. Tagsüber lebhafter Betrieb. Laut Mitarbeiter des Nationalpark-Büros ist hier auch eine Übernachtung im WOMO gestattet, wobei wir nicht beurteilen können, ob dies auch im Hochsommer so ist. Hier starten die Jeep-Taxis in den Nationalpark, das Zentrum mit Restaurants ist wenige Gehminuten entfernt. **Zufahrt**: Am Ortseingang auf der linken Seite.

Der Nationalpark Aigüestortes i Estany de Sant Maurici

»Gewundenes Wasser«, so kann der katalanische Ausdruck *Aigüestortes* übersetzt werden. Er umschreibt damit den Verlauf des Flusses Ríu de Sant Nicolau, welcher im westlichen Teil des Nationalparks in Richtung **Vall de Boí** fließt. Wir haben dieses Tal bereits in unserer ersten Tour kennengelernt.

Der östliche Teil, in dem wir uns nun befinden, steuert den zweiten Namenszusatz *Estany de Sant Maurici* bei. Unzählige Quellen, Wildbäche und Seen, aber auch Wasserfälle und Sümpfe sind die Wahrzeichen des einzigen Nationalparks Kataloniens. Über 80 Gletscherseen, die während der Eiszeit entstanden sind, zählt der Park. Der Estany de Sant Maurici gehört dazu. Zusammen mit der Doppelspitze des 2.749 Meter hohen **Gran Encantats** im Hintergrund ist der namensgebende See zugleich der Postkartenblick des Nationalparks.

Zum Wasserreichtum kommt eine einzigartige Flora und Fauna hinzu. Mehr als 200 Tierarten finden hier einen geschützten Rückzugsraum. Darunter Auerhahn, Steinadler, Bartgeier, Gämsen, Murmeltiere oder der seltene Pyrenäen-Gebirgsmolch.

Die beiden Ost- und Westbereiche des Nationalparks sind nicht nur durch ihren Namen, sondern auch durch steile Gipfel voneinander getrennt. Auf der Straße muss deshalb ein weiter Umweg in Kauf genommen werden. Ambitionierte Wanderer können dafür den Weg über den 2.428 Meter hohen Pass **Portarró d'Espot** auf sich nehmen.

Wandertaxis warten in Espot auf Kundschaft

Innerhalb des Parks, der mit einer Fläche von 40.852 Hektar in den 1950er Jahren zur Schutzzone erklärt wurde, gelten für die Besucher strenge Regeln. Zu Fuß darf man sich zwar frei bewegen, aber die Zufahrt mit Privatfahrzeugen ist nicht gestattet. Lediglich die **Jeep-Taxis** dürfen von Espot oder dem Vall de Boí die Wanderer in den Park befördern. Das mag nicht jedem gefallen, doch in den Sommermonaten bevölkern ganze Heerscharen von Touristen die Wege und die Erkundung kommt einer Völkerwanderung gleich. Auch der Pyrenäen-Fernwanderweg GR-11 führt von der Atlantikküste bis zum Cap de Creus am Mittelmeer quer durch den Nationalpark. Von der vielgerühmten Einsamkeit der Berge ist dann nicht mehr viel zu spüren und die Besuchermassen müssen entsprechend gelenkt werden.

Wer nicht schon in Espot die 4,5 Kilometer zum **Estany de Sant Maurici** wandern möchte, nimmt ab dem Parkplatz eines der bereitstehenden Taxis. Am See starten verschiedene Wanderwege, deren Schwierigkeitsgrade vom einfachen, kinderwagentauglichen Spaziergang auf Holzstegen bis hin zur alpinen, mehrtägigen Hochgebirgstour reichen. Entsprechendes Kartenmaterial und Informationen hält das *Casa del Parc de Espot* bereit *(Täglich von 9–14 Uhr und 15.30–17.45 Uhr. So. und feiertags nur am Vormittag; www.parcsnaturals.gencat.cat).*

Beliebtes Wander- und Ausflugsziel – Der Estany de Sant Maurici

Die Taxis fahren das ganze Jahr über zu verschiedenen Haltepunkten. Preise ab 5,75 € für die einfache Fahrt und bis 40 € für die Hin- und Rückfahrt mit Zustieg an unterschiedlichen Start- und Zielpunkten. Eine Fahrt zum Estany de Sant Maurici kostet hin und zurück 11,50 €, Kinder 7,50 €. Hunde kosten extra und müssen innerhalb des Parks an der Leine geführt werden. Reservierungen werden unter *www.taxisespot.es* in der Hochsaison empfohlen.

Haben Sie die passende Wandertour für sich gefunden? Wenn Sie danach nicht auf dem zugegeben uncharmanten Parkplatz in Espot übernachten möchten, fahren Sie einfach noch drei Kilometer hinauf zum **Skiressort Espot-Esqui**. Außerhalb der Wintersaison ist hier ruhig und einsam. Zudem ist der hintere Bereich des riesigen Parkplatzes für WOMOs ausgewiesen und wir konnten dort eine ruhige Nacht in gesunder Bergluft verbringen. Besuch bekommen Sie allenfalls von den vorbeiziehenden Kühen und den Pyrenäen-Pferden, die nun auf den Sommerweiden stehen.

148 Espot-Esqui

GPS: N 42°33'48" E 01°05'34", 1.508 m. **Max. WOMOs**: 10. **Öffnungszeit**: Ganzjährig. **Ausstattung**: Keine. **Beschreibung**: Großer Asphaltparkplatz bei der Skistation. Außerorts und keine Verpflegungs- oder Einkehrmöglichkeiten während der Sommermonate. Sowohl tagsüber als auch nachts sehr ruhig und eher einsam. **Zufahrt**: Am Ortsende von Espot vorbei am Camping *La Torre* der Beschilderung zum Skiressort und den WOMO-Piktogrammen am oberen Ende des Parkplatzes folgen.

Nach einer erholsamen Nacht rollen wir wieder talwärts und fahren jetzt entlang dem Stausee **Pantà de la Torrassa**. Dort drehen bereits die ersten Paddler ihre Runden. Haltebuchten oder Parkplätze, um es ihnen gleichzutun, konnten wir nicht erkennen. Dafür jedoch jede Menge Verbotsschilder für WOMOs.

Am nördlichen Ufer wird aus unserer C-13 die C-28 und sie beginnt sich jetzt merklich in die Höhe zu schrauben. Erst noch gemäßigt, dann in unzähligen Serpentinen. Bei **Les Ares** erwartet uns eine kleine Haltebucht vor einem Kirchlein, an der wir einen Blick auf die zurückgelegten Kurven werfen. Das gegenüberliegende Restaurant schien allerdings längerfristig geschlossen zu sein. Einen ersten schönen Übernachtungsplatz entdecken wir einige Serpentinen später. Er befindet sich an der Talstation eines Skiliftes, der jedoch im Sommer außer Betrieb ist.

149 Clot-Gran

GPS: N 42°39'11" E 01°00'00", C-28, 1.920 m. **Max. WOMOs**: 5. **Öffnungszeit**: Ganzjährig. **Ausstattung**: Keine. **Beschreibung**: Schattenloser und leicht schräger Schotterparkplatz rechts und links der Passstraße. Außerorts gelegen, nachts einsam und ruhig. **Zufahrt**: An der C-28.

Wandertipp zum Estany de Gerber: Wie wir der Informationstafel entnehmen können, führt hier ein schöner Wanderweg entlang mehrerer Gletscherseen und Wasserfälle zum **Estany de Gerber**. Etwa **acht Kilometer** und **3,5 Stunden** sollten Sie dafür einkalkulieren. Gerne hätten wir den Weg für Sie erkundet, doch drohten dunkle Gewitterwolken, so dass wir auf die Wanderung verzichten mussten.

Stattdessen kurven wir die restlichen Serpentinen hinauf zum Pass **Port de la Bonaigua** auf 2.072 Metern Höhe. Dort liegen Ende Mai noch die letzten Schneereste und wir sind hier am höchsten Pass Kataloniens angekommen. Wintersportler finden einen riesigen Skizirkus mit mehreren Liften und Einkehrmöglichkeiten vor. Wir suchen hingegen Schutz vor dem herannahenden Gewitter hinter der Maschinenhalle des Sessellifts.

150 Port de la Bonaigua

GPS: N 42°39'56" E 00°58'36", C-28, 2.058 m. **Max WOMOs**: 10. **Öffnungszeit**: Ganzjährig. **Ausstattung**: Keine. **Beschreibung**: Großer asphaltierter Parkplatz bei der Skistation. Je nach Wetterlage können Sie windgeschützt hinter einem Wall und der Maschinenhalle parken oder aber aussichtsreich mit Weitblick. Außerorts gelegen, nachts sehr einsam und ruhig. **Zufahrt**: Auf der Passhöhe sind die Parkplätze ausgeschildert.

Der höchste Pass Kataloniens auf 2.072 Metern

Nachdem das Gewitter vorüber ist, schaut doch noch kurz die Sonne hervor, so dass wir uns ein wenig die Beine vertreten können. Im Mai ist hier oben alles verwaist. Selbst das markante Restaurant auf der Passhöhe hat nur an schönen Wochenenden geöffnet. Dafür können wir bei unserem Spaziergang eine Herde mit Bergziegen beobachten. Hoch über uns kreisen einige Gänsegeier. Es ist immer wieder ein majestätischer Anblick, die mächtigen Aasvögel durch die Lüfte gleiten zu sehen.

Am nächsten Morgen geht es mindestens genauso viele Serpentinen von der Passhöhe hinunter, wie wir tags zuvor hinaufgekurvt sind. Die Nebelwolken lichten sich allmählich und geben in den Wolkenlücken großartige Ausblicke frei. Der nächste Ort ist **Baqueira**. Das Ferien-Ressort mutet nach der Einsamkeit der Berge an wie ein Kulturschock. Spaniens Architektursünden der Küste wiederholen sich hier in den Bergen. Himmelwärts strebende Ferien- und Hotelanlagen, wohin man auch schaut. Und es wird tatsächlich noch weiter gebaut. Baukräne und Betonmischer bestimmen das Bild. Immerhin bestehen die meisten der Gebäude aus grau-braunem Naturstein und fügen sich damit zwar nicht harmonisch, aber halbwegs stilistisch ins Landschaftsbild ein. Dennoch scheint das Profitstreben hier unaufhaltsam voranzugehen.

Von Baqueira führt eine gut ausgebaute und ausgeschilderte Straße ins höher gelegene **Skigebiet Beret**. Auch dort gibt es an den im Sommer verwaisten Skistationen Übernachtungs- und Wandermöglichkeiten. Wir rollen jedoch weiter talwärts. Es folgt nun ein Ferienort nach dem anderen. Im Mai herrscht hier eher verschlafene Tristesse, doch einige der Orte sind einigerma-

ßen nett anzusehen. Entstanden sind sie nicht auf dem Reißbrett, sondern um die alten, ursprünglichen Zentren der Bergdörfer herum. Einige schöne Steinhäuser und kleine Kirchen sind noch erhalten geblieben.

So erreichen wir schließlich **Vielha** und werden von geschäftigem Treiben empfangen. Es ist Donnerstag und damit **Markttag**. Wir nutzen die Gelegenheit, um uns am Ende unserer Reise noch einmal mit den typischen Spezialitäten des **Val d'Aran** zu versorgen. Käse, Wurst, Honig und der katalanische Kräuterlikör Ratafia wandern als Souvenirs für zuhause in den Vorrat.

Für uns schließt sich nun der Kreis und wir sind wieder am Ausgangspunkt unserer Reise angekommen. Wir hoffen, dass wir Ihnen die Autonome Region Katalonien im Nordosten Spaniens ein wenig näherbringen und 14 abwechslungsreiche Touren für Sie zusammenstellen konnten.

Damit wünschen wir Ihnen nun eine gute Heim- oder Weiterreise und sagen

Adéu i bon viatge!

Tipps und Infos

Anreise

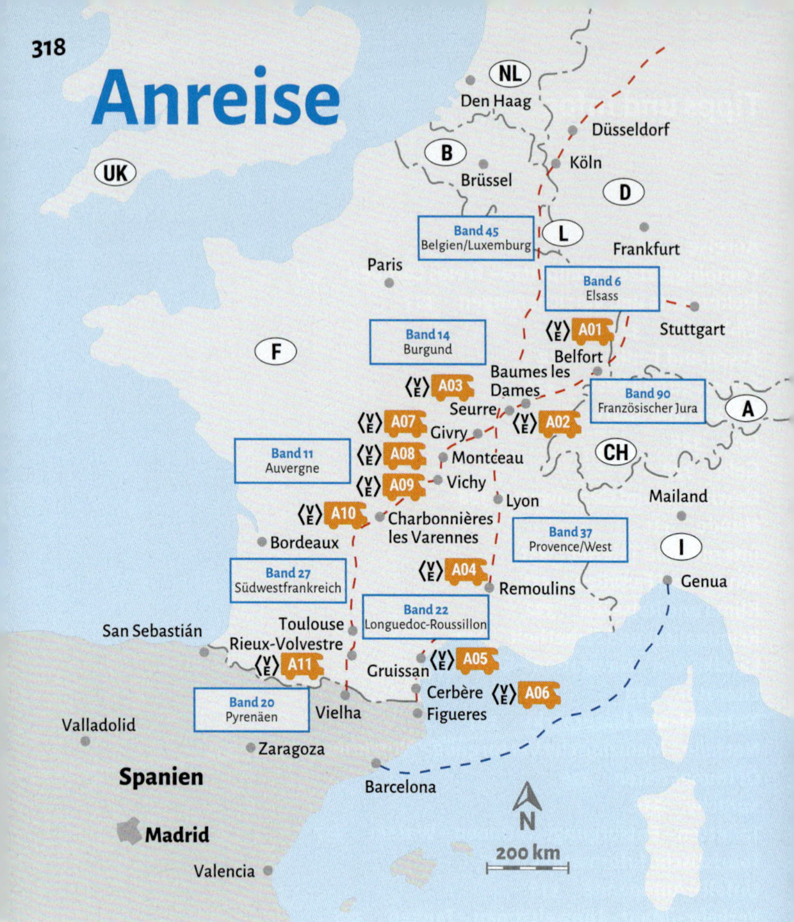

Anreisewege nach Katalonien

Der Weg in den Nordosten Spaniens führt für die meisten Reisenden unweigerlich durch Frankreich. Das Land kann auf verschiedenen Routen durchquert werden. Je nach Wohnort und Zeit-Budget lohnt es sich, die verschiedenen Varianten zu vergleichen.

Der Klassiker ist sicherlich die Route über **Lyon** und das **Rhonetal** entlang des Mittelmeeres bis zur spanischen Grenze bei **La Jonquera**. Eine denkbare Alternative ist es auch, bereits in Frankreich die Autobahn bei Le Boulou zu verlassen und ab dem pittoresken Hafenstädtchen **Collioure** der kurvenreichen, aber wunderschönen Küstenstraße bis **Portbou** zu folgen. Sie stoßen in beiden Fällen auf unsere Tour 5.

Eine weitere Anreiseroute ist die Strecke durch **Zentralfrankreich**. Sie führt über Clermont-Ferrand und Toulouse in Richtung Pyrenäen. Für die Über- oder auch Unterquerung des Bergmassivs haben Sie wieder verschiedene Möglichkeiten. Allesamt sind landschaftlich überaus reizvoll und teilweise spektakulär. Beispielsweise können Sie durch den Zwergstaat **Andorra** fahren und südlich bei **La Seu d'Urgell** die Reise durch Katalonien mit unserer Tour 3 beginnen.

Für diesen Reiseführer haben wir **ab Toulouse** die Fahrt durch das Tal der Garonne gewählt. Ab dem Grenzübergang bei **Les** startet unsere erste Tour und dort schließt sich auch der Kreis mit der Tour 14.

Ob Sie den schnellen und bequemen Weg auf gut ausgebauten und meist mautpflichtigen Autobahnen oder stattdessen die häufig parallel verlaufenden National- und Landstraßen wählen, ist letztlich eine Frage des persönlichen Zeit- und Geldbudgets.

Mit der Fähre nach Spanien

Last-but-not-Least gibt es noch die Anreisevariante mit der **Fähre ab Italien**. Die lange Anreise nach Spanien ist mitunter zeitraubend, kräftezehrend und nicht ganz billig. Je nach Wohnort lohnt es sich deshalb, den Fährhafen in **Genua** anzusteuern und ganz entspannt in rund 20 Stunden nach **Barcelona** zu schippern. Durch die eingesparten Sprit- und Mautkosten hält sich der eventuelle Mehrpreis in Grenzen. Zumal wenn Sie ihre Schiffspassage rechtzeitig buchen. Informationen und Buchungen sind unter *www.gnv.it/de* möglich.

Wie auch immer Sie Ihren Anreiseweg wählen: Es gilt mehrere Grenzen zu überqueren und jedes Land hat seine eigenen Bestimmungen. Aktuelle Auskünfte über die jeweiligen Mautgebühren und -systeme sowie Preise für Treibstoff gibt der, auch für Nichtmitglieder kostenlos verfügbare, ADAC-Routenplaner *www.maps.adac.de*.

Wir haben für dieses Buch den **Anreiseweg aus Süddeutschland** über den Landweg gewählt. Von unserem Wohnort in Baden-Württemberg sind mehr als 1.100 Kilometer bis zur spanischen Grenze zu bewältigen. Dabei planen wir gerne mehrere Übernachtungen ein. Nachfolgend nennen wir Ihnen unsere Empfehlungen für einen Etappenstopp unterwegs. In der **Anreisekarte** finden Sie die Übernachtungsplätze an den jeweiligen Reiserouten.

Möchten Sie darüber hinaus etwas mehr Zeit einplanen und unterwegs auch noch die angrenzenden Länder und Regionen ein wenig näher erkunden, so leisten Ihnen die Bände der WOMO-Reihe gute Dienste. Sie finden die jeweils verfügbaren Bände ebenfalls auf der **Anreisekarte**.

Mittelmeerroute

Mulhouse – Lyon – Montpellier – Perpignan – Collioure – Portbou (E)

A01 Belfort

GPS: N 47°38'31" E 06°51'57", Avenue de la Miotte.
Wenn die offiziellen Stellflächen belegt sind, können auch die anderen Parkplätze genutzt werden.

A02 Baume-les-Dames

GPS: N 47°20'25" E 06°21'25", Quai du Canal.
Der Stellplatz ist, ebenso wie der nachfolgende Platz A03 ein beliebter Etappenstopp. Insbesondere während der Hauptreisezeiten empfiehlt sich deshalb eine frühzeitige Anreise.

A03 Seurre

GPS: N 47°00'09" E 05°08'42", Rue de la Perche à l'Oiseau.
Der Platz gehört, ebenso wie der nachfolgende Platz **A04** zur Kette *Camping-Car Park*. Bezahlt wird mit der aufladbaren Mitgliedskarte *Pass'Étapes* die am Kassenautomaten erhältlich ist.

A04 Remoulins – Pont du Gard

GPS: N 43°56'17" E 04°33'19", Avenue du Pont du Gard.
Vom Stellplatz lohnt sich ein Spaziergang zum **römischen Aquädukt Pont du Gard**. Das UNESCO-Weltkulturerbe beeindruckt durch seine stattliche Höhe von fast 50 Metern. Es überspannt mit drei Etagen den Fluss Gardon und zählt zu den wichtigsten, noch erhaltenen Brückenbauwerken der antiken römischen Welt. Im Fluss kann zudem eine erfrischende Badepause am Ende des Fahrtages eingelegt werden.

A05 Gruissan – *Aire des quatre Vents*

GPS: N 43°06'12" E 03°05'57", Avenue des Quatre Vents.
Der idyllische Küstenort Gruissan lohnt durchaus einen längeren Aufenthalt. Neben dem oben genannten Stellplatz gibt es hier weitere Camping- und Übernachtungsmöglichkeiten. Ein schönes Fischer- und Ferienstädtchen, um auf der Hin- oder Rückreise einige Erholungstage am Meer einzulegen.

A06 Cerbère

GPS: N 42°27'21" E 03°09'44".
Dies ist der **letzte Stellplatz vor der spanischen Grenze**. Er empfiehlt sich vor allem deshalb, weil es in Portbou und dort weiter bis nach El Port de la Selva für WOMOs kaum Park- und schon gar keine Übernachtungsplätze gibt. Nach **Portbou** sind es auf der Küstenstraße noch rund 10 Kilometer und Sie können dort in unsere Tour 5 einsteigen.

Zentralfrankreich-Route
Mulhouse – Chalon-sur-Saône – Digoin – Vichy – Brive-la-Gaillarde – Toulouse – Vielha (E)

Diese Route entspricht bis Chalon-sur-Saône der Mittelmeerroute, dann trennen sich die Wege. Im französischen Burgund geht es nun weiter in Richtung Zentralmassiv. Die ehemalige Nationalstraße N-79, eine der wichtigsten und bislang mautfreien Ost-West-Verbindungen, wurde inzwischen zur Autobahn A-79 ausgebaut und ist seit 2022 auf dem Abschnitt von Digoin bis zur Autoroute A-71 mautpflichtig. Erstmals wird dort zur Abrechnung das sogenannte **Free-Flow-System** eingesetzt. Bei Besitzern von Transpondern wird die Maut über Kennzeichen-Erkennung automatisch abgerechnet. Ohne ein solches Gerät muss für die Bezahlung das Kennzeichen vorab registriert werden oder die Durchfahrt innerhalb von 72 Stunden auf einer Autobahnraststätte an einem Automaten entrichtet werden.

Wir verlassen die neue A-79 bereits bei Molinet, um auf der Landstraße D-994 nach Süden bis **Vichy** zu fahren. Es bleibt abzuwarten, wie lange dieser mautfreie »Schleichweg« noch geduldet wird. Entlang der Zentralfrankreich-Route können wir Ihnen nun folgende Etappenstopps empfehlen:

A07 Givry

GPS: N 46°46'48" E 04°44'54", Rue de la Gare.

A08 Montceau-les-Mines

GPS: N 46°40'42" E 04°21'34", Boulevard Maugrand.

A09 Vichy – *Aire de Camping Car Bellerive*

GPS: N 46°06'55" E 03°25'50", Rue Claude Decloitre.

A10 Charbonnières-les-Varennes

GPS: N 45°53'05" E 02°58'47", Route de St.-Georges.

A11 Rieux-Volvestre

GPS: N 43°16'07" E 01°10'39", Route du Plan d'Eau.

Bis zum Start unserer Tour 1 in Les sind noch knapp 100 Kilometer zu bewältigen und wir wünschen Ihnen nun gute Reise. Lesen Sie dazu auch bitte noch unsere nachfolgenden Tipps und Infos mit weiteren Informationen zu unserem Reiseziel Katalonien.

Campingplätze – Stellplätze – Freies Campen

In Spanien dürfen Sie sich über ein gutes Netz an Camping- und offiziellen Wohnmobilstellplätzen mit entsprechender Infrastruktur freuen. Um dem Campingboom gerecht zu werden, sind neue Einrichtungen für Wohnmobilisten auf dem Vormarsch. So wurden auch in kleinen Gemeinden neue Stellplätze eingerichtet. Nicht immer Urlaubsparadiese, aber doch zweckmäßig und gut für einen Etappenstopp und/oder eine Stadtbesichtigung geeignet.

Viele Camping- und Wohnmobilstellplätze sind nicht nur während der Sommermonate rappelvoll. Die Küstenregionen Spaniens sind wegen ihres milden Klimas auch in der kalten Jahreszeit bei vielen Langzeiturlaubern als Überwinterungsziel äußerst beliebt. Um eine Reservierung kommt man deshalb häufig nicht herum.

Um eine entsprechende Langzeit-Belagerung offizieller Stell- und Parkplätze zu verhindern, gibt es inzwischen in beliebten Ferienregionen Vorgaben hinsichtlich der maximalen Aufenthaltsdauer sowie dem Campingverhalten. Einige Regionalregierungen in Spanien arbeiten derzeit an einer neuen, einheitlichen Benutzungsordnung für Wohnmobil-Stellplätze. Neben Mindeststandards sehen diese gesetzlichen Vorschriften unter anderem vor, die maximale Aufenthaltsdauer pauschal auf 72 Stunden zu begrenzen. Auch campingartiges Verhalten, wie das Ausfahren der Markise und das Aufstellen von Klappstühlen, ist auf einigen offiziellen Stellplätzen unerwünscht. Wo diese Verordnungen bereits in Kraft sind, wurde es in den Stellplatz-Kästen vermerkt.

Wildcampen und freistehen ist in Spanien nicht uneingeschränkt möglich und nicht überall gerne gesehen. Das Parken auf einem Parkplatz ist in der Regel für maximal drei Nächte problemlos möglich, sofern es nicht anders beschildert ist. Gerade in Küstennähe gibt es jedoch häufig Verbotsschilder und Höhenbarrieren, die die Einfahrt auf strandnahe Parkplätze für Wohnmobile verhindern. Auch in Wohngebieten oder in der Nähe von Campingplätzen existieren regional unterschiedliche Verbote. Ein generelles Übernachtungsverbot gilt für National- und einige Naturparks.

Es gibt also – wie nahezu überall in Europa – eine gewisse Grauzone in Sachen freistehen und es liegt in Ihrem eigenen Ermessen, ob und wo Sie in Ihrem Fahrzeug übernachten möchten. Dabei sollten Sie einige Grundregeln des Campens beherzigen. Dazu zählt, dass man niemanden stört, weder die Natur noch die Bewohner, dass die Naturschutzgebiete respektiert werden, dass man diese Plätze nur mit autarken Fahrzeugen aufsucht und dass der Übernachtungsplatz sauber hinterlassen wird.

Auch sollte an solchen Plätzen kein campingartiges Verhalten an den Tag gelegt werden. Will heißen: Markise, Tisch, Grill und Stühle bleiben im Fahrzeug. Wer sich über längere Zeit häuslich einrichten möchte, ist auf einem Campingplatz immer noch am besten aufgehoben.

Die Einhaltung solcher Regeln versteht sich eigentlich von selbst und sollte keiner besonderen Erwähnung bedürfen. Leider gibt es aber immer wieder – und leider auch immer mehr – schwarze Schafe unter den Wohnmobilisten. Die Entsorgung der Campingtoilette im benachbarten Gebüsch zählt bei einigen Zeitgenossen leider zu den lässlichen Sünden.

Egal wo – gegenseitige Rücksichtnahme ist und bleibt das oberste Gebot. Ansonsten fördern Wohnmobilisten und Vanlife-Enthusiasten mit ihrem Verhalten immer mehr Verbotsschilder anstatt legaler Übernachtungsmöglichkeiten in freier Natur.

Wir beschreiben Ihnen deshalb in diesem WOMO-Führer nur Stellplätze, die wir persönlich besucht oder die uns verlässlich empfohlen wurden und auf denen wir sicher, legal und unbehelligt übernachten konnten. Dabei ist die Auswahl der Stellplätze subjektiv und wir erheben keinen Anspruch auf Vollständigkeit. Dieses Buch ist nicht als reiner Stellplatzführer zu verstehen. Davon gibt es sowohl in gedruckter als auch digitaler Form schon mehr als genug.

Stattdessen wollen wir Ihnen interessante Reisewege vorstellen, auf denen Sie sowohl die Kultur der interessanten Städte als auch die Ruhe und Großartigkeit der Landschaften er-fahren können. Am Wegesrand empfehlen wir Ihnen dabei Plätze, die auch mit großen WOMOs anzufahren sind, die strategisch günstig liegen oder landschaftlich reizvoll sind.

Apropos WOMO-Größe: Alle Touren wurden mit einem geländegängigen Expeditionsmobil im LKW-Format befahren. Zugegeben – nicht gerade ein übliches Fortbewegungsmittel. Alle Sehenswürdigkeiten Spaniens sind problemlos auch ohne Allradantrieb und manchmal sogar besser mit einem Standardwohnmobil zu erreichen. Dennoch dient unsere WOMO-Größe Besitzern ähnlicher Fahrzeuge oder größerer Standardwohnmobile eventuell als Anhaltpunkt dafür, was machbar ist und was nicht. Wo es Gewichts- oder Höhenbeschränkungen gibt oder wo ein kleineres Fahrzeug für die Übernachtungsplätze sinnvoll ist, haben wir es in den jeweiligen Tourenbeschreibungen vermerkt.

Dokumente und Versicherungen

Sehr hilfreich sind (digitale) Kopien von Pass und Dokumenten, um bei einem eventuellen Verlust jederzeit und überall Zugriff auf die entsprechenden Daten zu haben. Wir haben gute Erfahrungen mit dem Hinterlegen der digitalen Kopien in einer Cloud gemacht. Werden Pass und/oder andere Dokumente im Ausland gestohlen, muss dies umgehend bei der nächsten Polizeidienststelle zur Anzeige gebracht werden.

Als Wohnmobilist mit dem eigenen Fahrzeug müssen Sie eine **gültige Fahrerlaubnis** und den **Fahrzeugschein** (Zulassungsbescheinigung Teil I.) mit sich führen. Der deutsche Führerschein ist ausreichend. Als Nachweis für eine gültige Kfz-Haftpflichtversicherung reicht in der Regel das deutsche Autokennzeichen. Dennoch wird die Mitnahme der **Grünen Versicherungskarte** empfohlen, da mithilfe der Karte die Schadensabwicklung erleichtert wird.

Einkaufen

In Spanien gibt es insbesondere im Bereich der Küste ein dichtes Netz der gängigen, internationalen Supermarkt-Ketten. Je weiter man ins Hinterland fährt, desto mehr beschränkt sich das Angebot an Supermärkten auf die größeren Städte. Die Grundversorgung ist aber flächendeckend mit kleinen Einkaufsmärkten und Tante-Emma-Läden gesichert. Darüber hinaus finden Sie auch in kleineren Orten Metzgereien *carnisseria* und Bäckereien *forn de pa* oder *fleca*, in denen Sie sich mit frischen Produkten versorgen können.

Ein ganz besonderes Erlebnis sind die lokalen **Märkte** und **Markthallen** *Mercat Central*. Hier genießt man nicht nur ein gut sortiertes, frisches Angebot samt Lokalkolorit, sondern vielfach auch eine sehenswerte Architektur, wie etwa die Markthallen in Barcelona und Tortosa. Ein Fest für alle Sinne.

Essen und Trinken

Zu einem der schönsten Erlebnisse auf Reisen gehört für uns ein Blick in die Töpfe des jeweiligen Urlaubslandes. Ein gutes Essen ist bekanntlich Balsam für die Seele. Neben Restaurantbesuchen tragen die Einkaufsmöglichkeiten auf den regionalen Märkten dazu bei.

Wo wir gut gegessen haben, wo wir frische Lebensmittel einkaufen konnten und wo man besser Vorsicht walten lassen sollte, all dies wurde in den jeweiligen Tourenbeschreibungen unter dem Stichwort Einkehrtipp vermerkt. Auch viele der regionalen Spezialitäten sind direkt bei den Touren beschrieben. Dennoch möchten wir Ihnen hier ein wenig den Mund wässrig machen. Spanien gehört zurecht zu den Genießer-Regionen Europas und verwöhnt unseren Gaumen mit einer Vielzahl regionaler Köstlichkeiten.

Spartanisch sind die Spanier beim **Frühstück** *desayuno / esmorzar*. Da begnügen sie sich gerne mit einem *café solo* oder einem *café cortado* und einem spanischen Croissant.

Ein spanisches Mittag- oder Abendessen besteht hingegen aus mindestens drei Gängen und nimmt entsprechend Zeit in Anspruch. Beide Mahlzeiten werden deutlich später eingenommen als in nordeuropäischen Ländern. Somit setzen sich die meisten Spanier erst gegen 14 Uhr zu Beginn der Siesta an den Mittagstisch, das Abendmenü wird gerne auch mal erst ab 21 Uhr eingenommen.

Wir empfehlen Ihnen gerne die Einkehr zur Mittagszeit. Da haben ohnehin die meisten Geschäfte und Sehenswürdigkeiten geschlossen, so dass Sie sich einem ausgiebigen Mittagsmahl hingeben können. Preiswert ist es obendrein und mit begleitenden Getränken kostet das *Menú del día* oder *Menú diari* selten mehr als 16 Euro pro Person.

Den Auftakt machen dabei die **Vorspeisen und kleinen Häppchen**. Auf den Speisekarten findet man sie unter den Begriffen ***Entrantes, Para Compartir*** oder ***Tapas***. Typisch für Katalonien sind die Anchovis. Die in Öl eingelegten Sardellen werden pur oder auf geröstetem Brot serviert. Die kleinen Fische sind häufig auch in Essig mariniert, dann nennt man sie *Seitons*. Sie zählen zu den Klassikern der katalanischen Küche.

Eine sehr beliebte Beilage ist das *Pa amb Tomaquet*. Es handelt sich dabei um eine mit Olivenöl und Tomaten bestrichene Scheibe Weißbrot. Auf Wunsch kann sie mit *Embutids* belegt werden. Das sind die in Katalonien weit verbreiteten, geräucherten Wurstwaren, für die die Stadt Vic bekannt ist. Eine *Tabla de Embutids* ist ein Vesperteller mit verschiedenen Wurst- und Schinkensorten.

Die Costas sind von der **mediterranen Küche** geprägt. Fisch und Meeresfrüchte spielen eine ebenso wichtige Rolle wie fremde Gewürze und Rezepte. Kein Wunder, denn als Nation von Seefahrern und Entdeckern brachten die Spanier Lebensmittel aus der ganzen Welt mit ins Land. Seit Jahrhunderten ist die **Paella** das spanische Nationalgericht. Daran hat sich bis heute nichts geändert. Inzwischen wird sie in fast allen Ländern der Welt gegessen. Ursprünglich stammt sie zwar aus der Region Valencia, doch die Grundzutat wächst im größten Reisanbaugebiet Spaniens, dem Ebro Delta. So spielt der

Reis auch in vielen Orten Kataloniens eine wichtige Rolle und es gibt zahlreiche, köstliche Reisgerichte.

Ein Klassiker ist dabei der *Arròs negre*, der schwarze Reis. Die Farbe stammt vom Tintenfisch und der Reis wird in einem Sud aus Meeresfrüchten gekocht. Je nach Rezept kommen Gemüse, Fisch und weitere Krustentiere dazu. Eine Art katalanische Bouillabaisse ist der Fischeintopf *Suquet de Peix*. Neben Fisch und Meeresfrüchten gehören Kartoffeln und Safran in den Eintopf.

Im Hinterland dominiert hingegen die **herzhafte, deftige Küche**. Die Stadt Lleida gilt als Hochburg der Schneckengerichte und alljährlich wird dort im Frühjahr ein großes Schneckenfest gefeiert. Auf der Speisekarte findet man sie als *cargols*. Eines der klassischen Wintergerichte *Conill al cargols* ist eine Kombination aus Kaninchenfleisch, Gemüse und Schnecken.

Bohnen, Wurst und Speck sind die Grundzutaten für herzhafte Eintopfgerichte. Die *Botifarra* ist eine typisch katalanische Wurstspezialität und ähnelt mit ihren Variationen der deutschen Blutwurst oder dem Presskopf. Die Bohnen *Mongetes* gedeihen besonders gut in der Garrotxa rund um Santa Pau und werden dort als *Botifarra amb mongetes* aufgetischt.

Vegetarier haben es in Katalonien nicht immer leicht. Zugreifen lohnt sich aber bei den *Calçots*, die besonders in den Monaten Januar bis April angeboten werden. Frische Frühlingszwiebeln werden über dem Holzfeuer gegrillt, bis sie nahezu schwarz sind. Am Tisch befreit man sie aus ihrer verkohlten Hülle und tunkt das süßliche Frühlingsgemüse in verschiedene Dips, wie die Knoblauchsauce *Allioli* oder die *Romesco-Sauce*, für die die Stadt Tarragona bekannt ist. Die Sauce besteht aus Tomaten, Mandeln, Paprika, Essig, Knoblauch und frischen Kräutern.

Calçots werden auf dem Holzfeuer gegrillt

Süß können die Katalanen auch und bei den **Desserts** steht die *Crema catalana* ganz hoch im Kurs. Mit der knusprigen, zartschmelzenden Krokant Schicht ist sie einfach ein Gedicht. Beim spanischen Nougat *Turrón* und anderen süßen Sünden lässt sich der maurische Einfluss erkennen. Zutaten wie Mandeln, Honig und Nüsse sowie Kardamom, Anis und Zimt lassen die Herzen von Leckermäulern höherschlagen. Ein sehr einfaches, aber überaus leckeres Dessert ist *Mel y Mató*. Die Zutaten sind Honig *mel* und ein junger Ziegenfrischkäse *mató*. Angeboten werden sie unter anderem an den Verkaufsständen vor dem Kloster Montserrat, wo man die Leckerei auch frisch probieren kann.

Bei den **Getränken** greifen die Spanier gerne zu **Wein** *Vi* und **Bier** *Cervesa*. Es gibt mehrere heimische Biersorten und zu den bekanntesten zählen *San Miguel* und *Mahou*. Wer es frisch gezapft haben möchte, bestellt *caña*. Die spanischen Weine genießen weltweit einen ausgezeichneten Ruf. Neben den bekannten Rotweinsorten *Vi negre* wird auch vermehrt auf qualitativ hochwertige Rosé- und Weißweine gesetzt, *Vi rosat* und *Vi blanc*.

Von eher fragwürdiger Qualität ist die **Sangría**. Die Bowle aus Rotwein, Weinbrand, Orangensaft und Eiswürfeln ist unter Touristen das Partygetränk schlechthin. Da häufig minderwertige Weine verwendet werden, ist die

Katalonien ist eine Hochburg der Cava-Produktion

Kopfschmerzgarantie gleich inklusive.

Prickelnd serviert wird hingegen der **Cava**. Er darf sich nicht Champagner nennen, wird aber nach ähnlichen Verfahren hergestellt. Eine Hochburg der Cava-Produktion ist die Stadt Sant Sadurní d'Anoia (Tour 9).

In Spanien zieht man am Abend gerne von Bar zu Bar, um bei einem kühlen Glas Cava die köstlichen **Tapas** zu verkosten. Die kleinen Häppchen heißen im Baskenland auch **Pintxos** und sind wahrhaft ein Genuss. Jede Kneipe hat ihre eigenen Spezialitäten. Oliven *aceitunas*, Schinken *jamón* und Kartoffeln *patatas* spielen immer eine Rolle. Durchfuttern ist angesagt.

Feiertage und Feste

Die Spanier sind ein feierfreudiges Volk und in wohl kaum einem anderen Land gibt es rund ums Jahr einen so prall gefüllten Festkalender. Das beginnt im Frühjahr mit dem *Día de Sant Jordi*, der am 23. April gefeiert wird und zugleich eine Art Nationalfeiertag in Barcelona ist.

Weiter geht es mit den berühmten Osterprozessionen in der Karwoche *Semana Santa*. Eine besondere Oster-Tradition ist das Singen von *Caramelles*. Die Katalanen tragen Musikstücke und Osterlieder auf Straßen und Plätzen vor, während Speisen und Süßigkeiten in einem Korb gesammelt werden. Im ganzen Land gibt es über das ganze Jahr verteilt bunte Volksfeste zu Ehren der Stadtpatrone. Sie sind begleitet von Jahr- und Krämermärkten, Musik und Tanz, Umzügen und vielem mehr.

Folgende **gesetzliche Feiertage** gelten in ganz Spanien:

1. Januar:	Neujahr *Año Nuevo*
6. Januar:	Dreikönigstag *Reyes Magos*
März/April:	Karfreitag *Viernes Santo*
	Ostersonntag *Domingo de Resurrección*
1. Mai:	Tag der Arbeit *Día del Trabajo*
15. August:	Mariä Himmelfahrt *Asunción*
12. Oktober:	Entdeckung Amerikas *Día de la Hispanidad* und Spanischer Nationalfeiertag
1. November:	Allerheiligen *Todos los Santos*
6. Dezember:	Verfassungstag *Día de la Constitución*
8. Dezember:	Mariä Empfängnis *Inmaculada Concepción*
25. Dezember:	Weihnachten *Navidad*

Darüber hinaus gibt es noch **regionale Feiertage in Katalonien**, deren genaue Termine häufig jedes Jahr neu festgelegt werden.

19. März:	Josefstag *San José*
März/April:	Gründonnerstag *Jueves Santo*
	Ostermontag *Lunes de Pascua*
23. April:	Georgstag *Sant Jordi*
Juni:	Fronleichnam *Fiesta del Corpus Christi*
11. September:	Nationalfeiertag in Katalonien

Freizeit und Sport

In Spanien sind eine Vielzahl an Freizeitsportarten möglich. Von A wie Angeln bis hin zu Z wie Zip-Line. Eine entsprechende Ausrüstung kann fast überall vor Ort gemietet werden.

Baden: Spanien ist das klassische Ziel für Badeurlauber. Mehr als 2.000 Kilometer Küste hat das Land und die Strände reichen von kleinen Kiesbuchten an Steilküsten bis hin zu breiten, sandigen Badestränden. Beste Voraussetzungen also für Surfer, Kiter, Strandsegler und alle Arten von Wassersport. Die Wasserqualität wird mit der Blauen Flagge *Bandera Azul* ausgezeichnet. Viele Strände an der Küste sind zudem auch überwacht

Im Hinterland sind in zahlreichen Stauseen und Flüssen nahezu uneingeschränkte Badevergnügen möglich. In den bergigen Regionen hat die Kraft des Wassers natürliche Pools geschaffen, die Erfrischung in glasklarem Wasser bieten. Stand-up-Paddling und Kanutouren sind ebenso möglich wie rasantes und abenteuerliches Wildwasser-Rafting.

Auch wenn man bei Spanien nicht unbedingt an **Wintersport** denkt – in den Pyrenäen und Vorpyrenänen sind alpiner Skisport und Langlauf möglich.

Wandern: Für Wanderer steht ein ausgedehntes und gut markiertes Wanderwegenetz zu Verfügung. Das ganze Land ist durchzogen von **Pilger- und Fernwanderwegen**. Unsere Wanderungen, die wir in diesem Buch beschreiben, sind für normal ambitionierte Freizeitwanderer gedacht und ohne größere Ortskenntnis gut in Eigenregie durchzuführen. Unter dem Stichwort **Literatur** finden Sie weitere Empfehlungen für entsprechende Wanderführer. Darüber hinaus halten die Tourismusbüros Informationen und Kartenmaterial bereit.

Vorsorglich weisen wir darauf hin, dass Sie selbst bei kürzeren Wanderungen über ein gewisses Maß an Orientierungssinn und Eigenverantwortlichkeit verfügen sollten. Ordentliches Schuhwerk, Sonnenschutz und ausreichend Flüssigkeit gehören ausnahmslos dazu.

Radfahren: Freizeitradler finden in Spanien ebenfalls beste Bedingungen. Das Angebot reicht von gut ausgebauten Radwegen auch in vielen Städten über ambitionierte Bergetappen für Radrennsportler bis hin zu anspruchsvollen Mountain-Bike-Trials. Auch hierzu finden Sie entsprechendes Material in den einschlägigen Outdoor-Apps sowie in den Tourismusbüros.

Eine Besonderheit Spaniens sind die *Víes Verdes*. Es handelt sich dabei um ein ausgedehntes Netz von Radwegen auf ehemaligen Bahntrassen. Derzeit ausgewiesen sind über 100 Radwege mit einer Gesamtlänge von mehr als 2.400 Kilometern. Die Steigungen dieser Strecken sind in der Regel moderat und wer keine Lust zum Radfahren hat, kann hier selbstverständlich auch Wandern. Die Grünen Wege verlaufen meist in landschaftlich schönen Gegenden. Spannende Akzente werden durch zahlreiche Brücken und unbeleuchtete Tunnel gesetzt. Beschrieben sind die Strecken auf der spanischen Internetseite *www.viaverdes.com*. Deutschsprachige Informationen bietet

Entspanntes Radeln auf den Bahntrassen-Radwegen Kataloniens

unter anderem das Portal *www.bahntrassenradwege.de*. Hinweise auf die Bahntrassenwege finden Sie dann auch in unseren jeweiligen Tourenbeschreibungen.

Empfehlenswerte **Outdoor-Apps** mit Routenvorschlägen und Navigation sind sowohl für Wanderungen als auch Radtouren **komoot**, *www.komoot.de* und **wikiloc**, *www.wikiloc.com*.

Gas

Für einen durchschnittlichen Spanien-Urlaub von zwei bis drei Wochen sollte in der Regel eine volle 11-Kilogramm-Gasflasche ausreichend sein. Wenn Sie dann noch eine volle Ersatzflasche mit sich führen, sind Sie auf der sicheren Seite. Wenn Sie länger bleiben oder gar Überwintern möchten, kaufen Sie sich bereits in Deutschland ein **Adapterset** für spanische Gasflaschen. Ein Befüllen oder Tauschen deutscher Gasflaschen ist in Spanien nicht möglich. Die wichtigsten Anbieter für Gasflaschen sind die **Repsol- und Cepsa-Tankstellen**. Einige Camping- und Stellplätze bieten ebenfalls Unterstützung beim Kauf oder Tausch einer spanischen Gasflasche an.

Wer einen fest installierten Gastank besitzt, kann ihn an einer LPG-Tankstelle auffüllen lassen, von denen es inzwischen eine große Zahl gibt. Eine interaktive Landkarte mit dem aktuellen Tankstellen-Netz gibt es unter *www.mylpg.eu* auch in deutscher Sprache.

Geld

Die Landeswährung ist der Euro. Bankautomaten (ATM) finden sich nahezu an jeder Ecke. Weit verbreitet ist selbst bei Kleinbeträgen die Bezahlung mit Kreditkarte. Akzeptiert werden in der Regel die Euro- und Mastercard sowie die VISA-Card.

Falls die Karte weg ist: der zentrale **Sperr-Notruf** +49 116 116 gilt für Deutschland. Man kann hier neben Kreditkarten und Online-Banking-Zugängen auch Handykarten und die elektronische Identitätsfunktion des neuen Personalausweises bei Verlust sperren lassen.

Für **Österreich** gilt die Nummer +43 1717 01 45 00.
Die wichtigsten Notfallnummern für die **Schweiz** sind +41 04 46 59 69 00 (Swisscard) oder +41 04 48 28 35 01 (UBS Card Center).

Geschichte und Gegenwart im Überblick

Bereits vor mehr als 800.000 Jahren zogen Jäger und Sammler über die Iberische Halbinsel. Ihnen folgten Phönizier und Römer. Mehr als 800 Jahre lang bestimmten die Muslime die Geschicke der Halbinsel. Reconquista, Kolonialzeit und Spanischer Bürgerkrieg – die Geschichte des Landes gleicht einem wechselvollen Epos. Viele historische Zusammenhänge haben wir bereits in unseren Touren beschrieben, so dass wir Ihnen hier nur einen kurzen Abriss mit einigen historischen Daten und Fakten geben.

1. Jahrt. v. Chr.	Die Iberer wandern von Nordafrika aus auf die Iberische Halbinsel ein. Von Norden überqueren keltische Völkergruppen die Pyrenäen
ab 264 v. Chr.	Die Karthager erobern weite Teile Spaniens
201 v. Chr.	Nach dem Zweiten Punischen Krieg wird das gesamte Land römisch
4.–7. Jahrh. n. Chr.	Germanische Stämme fallen in Spanien ein
9.–11. Jahrh. n. Chr.	Unter der Herrschaft der Mauren erlebt Spanien eine kulturelle und wirtschaftliche Blütezeit. Im Norden des Landes wächst gleichzeitig der Widerstand der Christen gegen die arabische Fremdherrschaft
1218	**Alfonso IX. König von León** gründet die Universität Salamanca. Die älteste und bis heute renommierteste Universität des Landes
1469	Durch die Heirat von **Isabella von Kastilien und Ferdinand von Aragon** wird Spanien zum mächtigsten, christlichen Staat vereint.
1478	In blindem, religiösem Eifer führen die »Katholischen Könige« Isabella und Ferdinand die spanische Inquisition ein, durch die tausende Menschen einen qualvollen Tod finden.
1492	Durch die Eroberung Granadas findet die Reconquista ihren Abschluss und der letzte muslimische Herrscher Boabdil wandert nach Marokko aus.
1492	**Christoph Kolumbus** landet auf den Bahamas und ebnet den Weg für die spanische Kolonisierung Amerikas.
1517	Der Habsburger und Kaiser des Heiligen römischen Reiches **Karl V.** erbt das Königreich Spanien.
1556–1598	Unter der Herrschaft **Felipe II.** ist Spanien auf dem Zenit als Kolonialmacht. Mit dem erbeuteten Gold und Silber der hoch entwickelten Inka- und Azteken-Kulturen entstehen monumentale Bauwerke.
1561	Madrid wird zur Hauptstadt ernannt
1580–1660	Spanien erlebt mit dem Literaten **Miguel de Cervantes** und den Künstlern **El Greco**, **Velázques** und **Zurbarán** eine kulturelle Blütezeit. Gleichzeitig wird mit dem Untergang der spanischen Armada 1588 vor Calais der Niedergang des spanischen Weltreiches eingeläutet
1700–1713	**Spanischer Erbfolgekrieg** zwischen den Habsburgern und den Bourbonen. 1713 wird der Franzose **Felipe V.** neuer König von Spanien.
1808–1814	**Napoleon** erobert Spanien und setzt seinen Bruder Joseph I. als König ein. 1814 endet der spanische Unabhängigkeitskrieg mit der Rückkehr von Ferdinand VII.

1873/74 Die erste spanische Republik währt nur ein Jahr. Danach kehrt die Monarchie nach dem zweiten Karlistenkrieg zwischen den Lagern dreier Könige zurück. Alfonso XII. besteigt den Thron.

1898 Spanien verliert im Spanisch-Amerikanischen Krieg seine restlichen Kolonien.

1923–1930 Putsch und Militärdiktatur des Generales **Miguel Primo de Rivera**

1931 Zweite Republik Spaniens

1936–1939 Spanischer Bürgerkrieg in dessen Folge General Francisco Franco eine rechtsgerichtete Diktatur etabliert

1939–1975 Epoche der Franco-Diktatur

1975 Nach dem Tod Francos entsteht in Spanien eine parlamentarische Monarchie mit **König Juan Carlos I.** als Staatsoberhaupt.

ab 1982 Unter Führung von Ministerpräsident Felipe González erlebt das Land einen Wirtschaftsboom und tritt der NATO bei. Doch die Regierung gerät auch durch Korruption und Skandale in die Schlagzeilen.

1992 Mit der Ausrichtung der **Olympischen Sommerspiele in Barcelona**, Madrid als Kulturhauptstadt und Sevilla als Schauplatz der Weltausstellung ist Spanien im internationalen Blickpunkt.

2004 Am 11. März detonieren bei Madrid zehn Sprengsätze in Pendlerzügen. 193 Menschen sterben bei dem islamistischen Terroranschlag, viele werden verletzt.

2008 Schwere Wirtschaftskrise mit hoher Arbeitslosenquote, Bankenkrise und Platzen der Immobilienblase.

2014 König Juan Carlos dankt nach einer Reihe von Skandalen im Königshaus ab. Sein Sohn **Felipe VI.** besteigt den Thron.

2017 **Katalonien** erklärt seine als verfassungswidrig eingestufte Unabhängigkeit und verliert daraufhin seine regionale Autonomie. Es kommt zu schweren Ausschreitungen, mehrere Politiker gehen ins Exil oder werden inhaftiert.

2020 Die Corona-Pandemie erfasst auch Spanien. Die Zahl der Todesfälle geht in die Hunderttausend.

Hunde

Viele Wohnmobilisten schätzen es, den eigenen Hund mit auf Reisen nehmen zu können. Die Einfuhr eines Hundes nach Spanien ist grundsätzlich unproblematisch. Tierhalter benötigen dafür den **EU-Heimtierausweis**, in den alle Impfungen eingetragen sind, inklusive einer gültigen Tollwutimpfung (mindestens 21 Tage vor der Einreise). Zudem muss das Tier durch einen **Mikrochip** gekennzeichnet sein.

Nicht überall sind Hunde gerne gesehene Gäste. In der Hochsaison dürfen die Tiere häufig nicht mit an den Strand genommen werden. Manchmal gibt es jedoch Bereiche, die als Hundestrand ausgewiesen sind. In vielen Restaurants, öffentlichen Gebäuden und Verkehrsmitteln sind Hunde ebenfalls verboten. In Nationalparks und Naturschutzgebieten herrscht eine **Leinenpflicht**, die regional unterschiedlich geregelt wird. Gleiches gilt für das Tragen eines **Maulkorbes**. Sicherheitshalber sollte er mitgeführt werden und Ihr Hund daran gewöhnt sein.

Internet und Telefonieren

Seit dem Wegfall der Roaminggebühren im Jahr 2017 kann innerhalb der EU zum Heimattarif telefoniert und gesurft werden. Das Mobilfunknetz ist flächendeckend gut ausgebaut.

Für Telefonate aus Spanien gelten folgende Vorwahl-Nummern:
0049 nach Deutschland
0043 nach Österreich
0041 in die Schweiz
Für Anrufe nach Spanien gilt die Vorwahlnummer 0034.

In Spanien finden Sie in größeren Orten die bekannten Mobilfunkanbieter, um sich gegebenenfalls mit einer lokalen SIM-Karte zu versorgen. Das Datenvolumen für das Smartphone lässt sich auch in Tabakläden oder an Zeitungskiosken aufstocken. Die Länderkennung im Internet ist *.es*, in Katalonien häufig auch *.cat*.

Kinder und Familien

Spanien ist ein sehr kinderfreundliches Reiseziel und Familien mit Kindern sind in der Regel überall Willkommen. Hinsichtlich der Urlaubs- und Freizeitgestaltung gibt es unendlich viele Möglichkeiten. An der südlichen Costa Brava und der Costa Daurada laden flache Buchten und feinsandige Strände zum sicheren Buddeln und Baden ein. In vielen kleineren Ortschaften gibt es Freibäder, in denen man sich abkühlen kann.

Darüber hinaus sorgen Themen- und Tierparks für Spiel und Spaß. Im Hinterland warten Burgen und Höhlen auf große und kleine Entdecker. Viele Museen bieten interaktive Ausstellungen, die sich mit mehrsprachigen Audioguides erkunden lassen. Familienfreundliche Wander- und Fahrradwege tun ein Übriges dazu, um einen abwechslungsreichen Familienurlaub zu verbringen. Innerhalb unsere Tourenbeschreibungen haben wir aus unserer Sicht empfehlenswerte Tipps für Familien aufgenommen.

Klima und beste Reisezeit

Grundsätzlich hat Spanien ganzjährig Saison. Doch es gibt einige klimatische Besonderheiten, die zur Vielfalt des Landes beitragen und die man bei der individuellen Reiseplanung berücksichtigen sollte.

Das Klima an der spanischen Mittelmeerküste ist mediterran geprägt. Mit langen, warmen und trockenen Sommern sowie milden, feuchten Wintern. Baden ist von Mai bis November möglich. Die meisten Niederschläge fallen hier in den Wintermonaten und die können – nicht zuletzt im Zuge des Klimawandels – auch heftig ausfallen. Im Recherchejahr 2023 sorgten hingegen lange Trockenperioden für leere Stauseen und verheerende Waldbrände. Besonders angenehm empfanden wir als **Reisezeit** den Frühling mit den Monaten **April bis Juni**. Dann sprießt das zarte Grün auf den Wiesen und Feldern, Klatschmohn, Ginster und Schopflavendel blühen um die Wette. Auch die Mandel- und Aprikosenbäume tauchen die kargen Landschaften in ein weißes und zartrosa Blütenmeer. Die Temperaturen sind angenehm und laden zum Wandern und Radfahren ein. Selbst der kulturelle Stadtbummel fällt deutlich erholsamer aus als bei glühender Sommerhitze. Gleichzeitig kann es im Frühjahr aber auch nochmals zu Wintereinbrüchen kommen und die Bergregionen der Pyrenäen in ein Winter-Wonderland verwandeln.

Ebenfalls angenehme Reisemonate sind **September bis November**. Dann fallen die Temperaturen, der Wind weht kräftiger und an der geschäftigen Küste kehrt allmählich Ruhe ein. Die Strände sind leerer und an den Promenaden lässt es sich entspannt bummeln. Nachteil: Viele Einrichtungen haben geschlossen und mancher Ort wirkt eher wie ein Geisterdorf.

Das Hinterland präsentiert sich trotz der abgeernteten Felder in einem Farbenmeer aus Terracotta-Tönen. Im Spätsommer leuchten zudem riesige Sonnenblumenfelder vor blauem Himmel. In den Weinregionen wird die Ernte mit geselligen Weinfesten gefeiert. Für Wandertouren in den Bergregionen und Stadtbesichtigungen sind dies ebenfalls ideale Reisemonate. Im Internet liefern *www.wetteronline.de* und *www.eltiempo.es* die aktuellen Wetterinformationen.

Kriminalität und Sicherheit

Spanien ist – wie das Auswärtige Amt betont – ein politisch stabiler Staat und eine Reise dorthin ist nicht gefährlicher oder ungefährlicher als in andere Urlaubsziele Europas. Dennoch kann es in den Großstädten, insbesondere in Barcelona, zu spontanen und mitunter gewaltsamen Demonstrationen kommen. Halten Sie sich in diesem Fall von großen Menschenansammlungen fern.

Wie überall in Europa ist das größere Problem **Kleinkriminalität und Diebstahl**. Insbesondere in den touristischen Regionen der Küste, im Gedränge der Innenstädte und in überfüllten Verkehrsmitteln kommt es häufig zu Taschen- oder Trickdiebstählen. Achten Sie beim Abstellen Ihres Fahrzeuges darauf, Wertsachen nicht offen liegenzulassen. Nehmen Sie nicht unnötig viel Bargeld mit und tragen Sie Schmuck und teure Elektronikgeräte nicht allzu offensichtlich zur Schau. Pass, Kreditkarte und größere Geldsummen sind in einem Brust- oder Hüftgürtel gut aufgehoben. Suchen Sie in Großstädten nach Möglichkeit bewachte Parkplätze auf. Auch auf Supermarkt-Parkplätzen sollten Sie Vorsicht walten lassen und Ihr Fahrzeug möglichst nicht unbeaufsichtigt lassen.

Wenn Sie mit dem Fahrrad unterwegs sind, sollten Sie dieses ebenfalls gut sichern. Entweder mit einer Transportbox, abschließbaren Heckträgern und beim Abstellen mit einem ordentlichen Fahrradschloss. Die meisten Campingplätze beschäftigen einen Sicherheitsdienst und auch viele offizielle Stellplätze sind eingezäunt und/oder videoüberwacht. Die örtliche Polizei fährt häufig Streife und die meist freundlichen Beamten geben den Touristen entsprechende Verhaltenshinweise.

Für Spanien kursieren im Internet vielfach Berichte über Diebesbanden und Gasüberfälle an der Autobahn. Bevorzugt entlang der Strecke AP-7 zwischen Frankreich und Barcelona werden vermeintliche Autopannen vorgetäuscht, bei denen das Fahrzeug der hilfsbereiten Touristen von Komplizen ausgeräumt wurde. Wir selbst haben solche trickreichen Ablenkungsmanöver nicht erlebt, doch ein wenig Vorsicht ist sicherlich angebracht. Zudem würden wir die Übernachtung auf einem Autobahn-Rastplatz möglichst vermeiden. Wir haben Spanien als sehr sicheres Reiseland erlebt und hatten zu keiner Zeit etwas zu befürchten.

Landkarten – Navigation – GPS

Trotz aller technischen Finessen halten wir nach wie vor die klassische Landkarte im Papierformat zur Routenplanung und besseren Übersicht für unverzichtbar. Empfehlenswert sind aus unserer Sicht der **Reiseatlas** Spanien-Portugal (1:300 000) von *Marco Polo*, die **Karte** Spanien-Portugal (1:900 000) aus dem *Reise Know-How Verlag*, die *Michelin Straßenkarte* Spanien-Portugal (1:1 000 000) und die Spanien-Portugal Autokarte (1:700 000) von *Freytag & Berndt*. Darüber hinaus haben wir mit einem Tablet-PC und diversen **Navigations-Apps** gearbeitet. Empfehlenswert finden wir folgende Anwendungen, die auch offline gut funktionieren. Die entsprechenden Länderkarten muss man sich allerdings zuvor online herunterladen: *Maps Me*, *Pocket Earth Pro*, *Sygic GPS Navigation* und *Google Maps*. Ein zusätzliches Navigationsgerät hatten wir nicht in Gebrauch.

Literatur

Um sich vertiefend mit dem Land, den Menschen und der Kultur zu befassen, legen wir Ihnen folgende **Reiseführer** ans Herz:

Katalonien von Jens Wiegand.
Erschienen im Trescher Verlag, ISBN 978-3-397-94474-9.
Informativer Reiseführer mit detaillierten Beschreibungen der Reiseregionen in Katalonien.

Costa Dorada mit Barcelona von Hans-Jürgen Fründt.
Erschienen im Reise Know-How Verlag, ISBN 978-3-8317-3299-9.

Für alle, die unterwegs auch die Wanderstiefel schnüren möchten, empfehlen wir diese **Wanderführer** im praktischen Hosentaschenformat:

Katalonien von Annika Müller.
Erschienen im Outdoor-Verlag, ISBN 978-3-8668-6466-5.
Dieser Wanderführer beschreibt 31 Wanderungen in den Pyrenäen und Vorpyrenäen mit Empfehlungen für Wandern mit Kind und Hund sowie GPS-Tracks zum Download.

Costa Brava von Roger Büdeler.
Erschienen im Bergverlag Rother, ISBN 978-3-7633-4328-7.
Hier sind 67 Wandertouren unterschiedlicher Schwierigkeitsgrade im Nordosten Kataloniens vom Cap de Creus bis Montserrat beschrieben. Inklusive GPS-Tracks zum Download für fast alle Touren.

Costa Daurada von Ulrich Redmann.
Erschienen im Bergverlag Rother, ISBN 978-3-7633-4326-3.
Dieses Büchlein beschreibt 50 Küsten- und Bergwanderungen unterschiedlicher Schwierigkeitsgrade im Süden Kataloniens mit GPS-Tracks zum Download.

Mit der App des Bergverlages Rother können die Wandertouren kostenlos auf das Smartphone heruntergeladen und offline nachgewandert werden. Das kostenpflichtige Gold-Abo erlaubt den Zugriff auf alle Karten und Guides des Verlages.

Wer sich mit **erzählender Reiselektüre** auf Spanien einstimmen möchte, der kann sich den Klassiker *Don Quijote* von **Miguel de Cervantes** zu Gemüte führen. Zu den zeitgenössischen Autoren zählen **Javier Marías** und **Carlos Ruiz Zafón**, die es auch in Deutschland auf die Bestsellerlisten geschafft haben. Eher leichte und entspannende Urlaubslektüre versprechen die Historien-Schmöker von **Christopher W. Gortner**. Zwar ein Amerikaner, doch seine Bücher haben die spanischen Königshäuser und die einflussreiche Familie der Borgia zum Thema. Amüsant mit Land und Leuten befasst sich schließlich die *Gebrauchsanweisung für Katalonien* von **Michael Ebmeyer**.

National- und Naturparks

Viele Regionen Spaniens mit ihren spektakulären Landschaften stehen als National- oder Naturparks unter besonderem Schutz. Derzeit sind im Land 15 **Nationalparks** ***parques nacionales*** ausgewiesen. Zehn davon befinden sich auf dem Festland, vier auf den Kanarischen Inseln und einer auf den Balearen. Zu Katalonien gehört als einziger Nationalpark der **Parc Nacional d'Aigüestortes i Estany de Sant Maurici** in den Pyrenäen. Die Parks sind Rückzugsgebiet zahlreicher Pflanzen und seltener Tiere, sie befinden sich in spektakulären Landschaften und sind durchzogen von Wanderwegen. Die Zugänglichkeit variiert und für den Aufenthalt in den Parks gelten strenge Regeln, die von Nationalpark-Rangern überwacht werden.

Es gibt **Informationszentren** ***Centro de interpretación*** mit Wanderkarten, Ausstellungen zu Flora und Fauna sowie Hinweisen zu den jeweils gültigen Regeln im Park.

Nicht ganz so streng sind die Vorgaben in den **Naturparks** ***parc natural***. Doch auch hier sollten Sie die Regeln respektieren, wie etwa das Verbot von offenem Feuer oder das Führen des Hundes an der Leine.

Notfälle – Auslandsvertretungen – Medizinische Versorgung

Deutsches Generalkonsulat Barcelona
Torre Mapfre, C/de la Marina 16-18/30°, 08005 Barcelona
Tel. +34 93292 1000
Bereitschaftsdienst im Notfall: +34 661 611 104
www.barcelona.diplo.de, *info@barcelona.diplo.de*

Honorarkonsulat der Republik Österreich
Mariano Cubi, 7 1e2ª, 08006 Barcelona
Tel. +34 93368 6003
www.bmeia.gv.at/oeb-madrid/, *barcelona@consuladodeaustria.com*; *info@consuladodeaustria.com*

Schweizerisches Generalkonsulat in Barcelona
Gran Via Carles III 94-7°, 08028 Barcelona
Tel. +34 93409 0650
www.eda.admin.ch, *barcelona@eda.admin.ch*

Viele Hinweise zu Reise- und Sicherheitsfragen gibt es beim **Auswärtigen Amt** in 11013 Berlin, *www.auswaertiges-amt.de*, Tel. +49 30 5000 0.

Darüber hinaus hat das Auswärtige Amt die nötigen Informationen für eine sichere und möglichst reibungslose Auslandsreise in einer Reise-App für Android- und iOS-Geräte zusammengefasst. Die App ist kostenlos über die Internet-Seite des Auswärtigen Amtes erhältlich.

Wir empfehlen zudem, sich in die **Krisenvorsorgeliste ELEFAND** https://krisenvorsorgeliste.diplo.de einzutragen. Über diese Liste ist es der Auslandsvertretung möglich, in Krisen- oder sonstigen Ausnahmesituationen mit Deutschen, die sich auch nur vorübergehend im Ausland aufhalten, in Kontakt zu treten oder Angehörige im Heimatland zu informieren. Selbst wenn Spanien auf den ersten Blick nicht unter die Kategorie eines Hochrisiko-Landes fällt, sind Notsituationen wie Naturkatastrophen, Terroranschläge oder Ähnliches überall auf der Welt nicht komplett auszuschließen.

Das **medizinische Versorgungsniveau** ist in Spanien laut dem Auswärtigen Amt sehr gut. Alle Personen, die in Deutschland gesetzlich versichert sind, haben einen Anspruch auf eine Behandlung bei Ärzten, Zahnärzten und in Krankenhäusern, die vom ausländischen gesetzlichen Krankenversicherungsträger zugelassen sind. Der Abschluss einer **Auslandskrankenversicherung** ist dennoch anzuraten, da diese auch einen eventuell notwendigen Rücktransport nach Deutschland abdeckt. Ob und in welchem Umfang Sie während Ihrer Auslandsreise krankenversichert sind, sollten Sie vor Ihrer Abreise ins Ausland mit Ihrer Krankenversicherung klären.

Erste Anlaufstelle bei gesundheitlichen Problemen sind auch die **Apotheken** *farmàcias*. Die Abdeckung ist selbst im ländlichen Raum sehr gut und man kennt dort die örtliche Infrastruktur. Es empfiehlt sich zudem die Mitnahme einer eigens zusammengestellten Reiseapotheke mit den Medikamenten des persönlichen Bedarfs.

Notrufnummern

Notruf Allgemein:	112
ADAC Auslands-Notruf:	+49 89 22 22 22

Die **App *Alertcops*** *www.alertcops.ses.mir.es* ermöglicht den direkten Kontakt zu den Sicherheitskräften, um ungewöhnliche Situationen oder Gewaltvorfälle zu melden. Sie ist auf Spanisch, Englisch, Französisch, Deutsch und Italienisch verfügbar.

Öffnungszeiten

In Spanien ticken die Uhren ein wenig anders und am besten gewöhnen Sie sich schnell an den spanischen Way-of-Life. Die Siesta ist heilig und eine ausgedehnte Mittagsruhe findet auch in den kühleren Monaten statt.

Große Supermärkte haben durchgehend von 9 bis 21 Uhr geöffnet. Manchmal auch am Sonntagvormittag. Kleinere Läden, Geschäfte, Museen und Sehenswürdigkeiten sind in der Regel vormittags zwischen 10 und 14 Uhr geöffnet, nachmittags kehrt ab 16 Uhr das Leben zurück. Dafür kann man dann bis in die Abendstunden hinein shoppen und bummeln. Restaurants sind häufig mittags zwischen 13 und 16 Uhr sowie abends ab 20.30 Uhr geöffnet. Bei Museen und Sehenswürdigkeiten sind die jeweiligen Öffnungszeiten in den Tourenbeschreibungen genannt. Montags bleiben viele Museen generell geschlossen.

Sprache

Ein Land, viele Sprachen. Die Vielfalt Spaniens spiegelt sich auch in den Sprachen wider. Neben diversen Dialekten gibt es drei offizielle Landessprachen. Die kastilische Sprache *castellano*, gemeinhin als Spanisch bezeichnet, ist die **Amtssprache** im gesamten Land und wird von jedem Spanier beherrscht. Darüber hinaus sind Katalanisch *català*, Galicisch *galego* und Baskisch *euskera* weitere **offizielle Landessprachen**.

Zur katalanischen Sprachfamilie gehört auch Valencianisch *valenciano*, das sowohl in der Region Valencia als auch auf den Balearen gesprochen wird. Spanisch ist neben Englisch die bedeutendste Handelssprache und wird weltweit von mehr als 570 Millionen Menschen verstanden. Längst nicht alle Spanier sprechen deshalb Englisch und Deutsch versteht man allenfalls in den Touristengebieten entlang der Küste.

Die Katalanen verwenden ihre Sprache sehr konsequent und demonstrieren damit auch ihre Eigenständigkeit gegenüber der spanischen Zentralregierung. Mit digitalen Helferlein, wie der *Google-Translate-App*, lassen sich Sprachhürden sehr gut meistern. Ein paar Brocken der Landessprache zu beherrschen, öffnet aber oft Türen. Deshalb finden Sie anbei einen kleinen Grundwortschatz und Redewendungen für den täglichen Sprachgebrauch.

Deutsch	**Katalanisch**
Guten Tag	Bon dia
Guten Abend	Bona nit
Hallo	Hola
Auf Wiedersehen	Adéu!
Entschuldigung	excusa
Bitte	Si us plau
Vielen Dank	Gràcies

Deutsch	Katalanisch
ja / nein	sí / no
Sprechen Sie Deutsch/Englisch?	¿Parles alemany / amlès?
Ich spreche nur wenig Spanisch	Només parlo una mica de català
Mein Name ist	el meu nom és
Wie bitte?	¿Ho sento, què?
Was kostet ...?	¿Què costa... ?
Ich möchte bitte bezahlen	M'agradaria pagar si us plau
Die Rechnung bitte	El compte, si us plau
Mann	Home
Frau	Dona
geöffnet	obert
geschlossen	tancat
Wochentage	
Montag	Dilluns
Dienstag	Dimarts
Mittwoch	Dimecres
Donnerstag	Dijous
Freitag	Divendres
Samstag	Dissabte
Sonntag	Diumenge
Notfall	
Hilfe	ajuda
Polizei	policía
Arzt	metge
Apotheke	farmàcia
Krankenwagen	ambulància
Unfall / Panne	accident

Toiletten – Entsorgungsstationen – Trinkwasser

Einrichtungen für die Entsorgung von Chemietoiletten sind in der Regel auf den beschriebenen Stell- und Campingplätzen vorhanden. Auch eine Entsorgungsstation mit Bodeneinlass für größere WOMOs mit Grau- und Fäkaltanks ist nahezu überall Standard. Die Entsorgung ist meist kostenlos, der Bezug von Strom oder Wasser kann dagegen gebührenpflichtig sein.

Das **Leitungswasser** hat überall Trinkwasserqualität und ist, da es meist mit Chlor versetzt ist, in der Regel hygienisch unbedenklich. Gezapft werden kann frisches Wasser auf den Campingplätzen sowie an den Stellplätzen. Darüber hinaus gibt es öffentliche Brunnen. Dabei sollten Sie auf den Trinkwasserhinweis ***Agua potable*** oder ***Bebent aigua*** achten. Dennoch sind eine Filteranlage bzw. der Zusatz eines Entkeimungsmittels im Wohnmobil empfehlenswert.

Touristische Informationen

Für die Reise nach Katalonien finden Sie auf vielen und gut aufgemachten Internet-Portalen zahlreiche weitere Informationen. Sie sind häufig mehrsprachig (insbesondere Englisch) und es gibt sie sowohl für die Städte als auch die einzelnen Reiseregionen. Viele National- und Naturparks betreiben eigene Besucherzentren mit Ausstellungen und nützlichen Tipps zur jeweiligen Region. Sie finden die jeweils aktuellen Internetportale und Tourismusbüros bei unseren Tourenbeschreibungen. Die wichtigsten deutschsprachigen Portale, die einen touristischen Überblick bieten, sind folgende: *www.katalonien-tourismus.de*, *www.spain.info* und *www.reisen-nach-spanien.com*.

Unfall – Autopanne

Bei Sachschäden ist die Verwendung des **Europäischen Unfallberichts** zu empfehlen, der in mehreren Sprachen als Download sowie in den Geschäftsstellen des *ADAC* erhältlich ist.
Bei einer Fahrzeugpanne kann durch den Automobilclub Hilfe organisiert werden. Partnerorganisation der meisten europäischen Automobilclubs ist in Spanien der ***RACE Real Automóvil Club de España***, Tel. +34 900 112 222, *www.race.es.*

Unter dem **ADAC-Auslandsnotruf** +49 89 22 22 22 können Sie weitere Hilfe erhalten.

Verkehrsregeln – Maut – Umweltzonen – Tankstellen

Das Reisen innerhalb Spaniens und der Transitländer bei der Anreise ist weitgehend unkompliziert und sie dürfen sich über ein gut ausgebautes Straßenverkehrsnetz freuen.

Die Verkehrsregeln entsprechen den international üblichen. So gelten eine 0,5-Promille-Grenze, Anschnallpflicht auf allen Sitzen, mobil telefonieren am Steuer sollten Sie nur mit einer entsprechenden Freisprecheinrichtung und bei Autopannen muss eine Warnweste getragen werden. Dann gibt es noch ein paar Besonderheiten zu beachten.

Frankreich:
Seit 2021 benötigen alle Fahrzeuge über 3,5 Tonnen drei magnetische und selbstklebende Warntafeln, die Radfahrer und Fußgänger vor den **toten Winkeln *Angles morts*** warnen sollen. Dabei ist es ganz egal, ob Lkw, Kastenwagen oder Wohnmobil. Diese Warntafeln sind rechts am Heck sowie an beiden Fahrertüren in einer Höhe zwischen 90 und 150 Zentimetern anzubringen.

Spanien:
Auch für Spanien gelten einige Besonderheiten. So gibt es eine **Kennzeichnungspflicht für überstehende Ladung**, wie beispielsweise den Fahrradträger oder eine Gepäckbox. Hier ist eine rot-weiß-schraffierte Warntafel in der Größe von 50x50 Zentimetern erforderlich. Achten Sie beim Kauf darauf, dass es unterschiedliche Tafeln für Italien und Spanien gibt.

Eine Besonderheit sind die **Geschwindigkeitsbegrenzungen innerorts**. Gibt es nur eine Fahrspur für beide Richtungen ohne Mittelstreifen gilt 20 km/h. Sind zwei Fahrspuren aber kein Mittelstreifen vorhanden, darf 30 km/h gefahren werden. 50 km/h gelten bei zwei, durch einen Mittelstreifen getrennte Fahrspuren für beide Richtungen.

Gelbe Markierungen am Straßenrand bedeuten ein **absolutes Parkverbot**. Blaue Markierungen kennzeichnen ein gebührenpflichtiges und/oder zeitlich begrenztes Parken. Bei einer weißen Markierung darf das Fahrzeug kostenlos geparkt werden.

Um beim Linksabbiegen Staus zu vermeiden, sind auf vielbefahrenen Straßen an Kreuzungen **Abbiegeschleifen** ausgewiesen. Das heißt: Man biegt rechts ab und überquert die Straße geradeaus, sobald es der Verkehr zulässt. Es gibt zwar keine generelle **Winterreifenpflicht** in Spanien, doch können gerade in den Pyrenäen heftige Wintereinbrüche für ein Verkehrschaos sorgen. Wer in der kalten Jahreszeit in bergigen Regionen unterwegs ist, sollte Schneeketten im Gepäck haben, die für das Befahren spezieller Bergstraßen vorgeschrieben sind. Abgelegene Berg- und Passstraßen können auch komplett gesperrt sein.

Anbei finden Sie eine Übersicht über die wichtigsten **Maut-Bestimmungen** in Spanien und den Anreiseländern:
Belgien und Luxemburg: Hier ist die Nutzung der Autobahnen mautfrei.
Schweiz: Auf Schweizer Autobahnen brauchen Wohnmobile bis 3,5 Tonnen und auch der eventuell mitgeführte Motorradanhänger eine Jahresvignette. Zusätzlich sind Tunnel und Autoverladungen gebührenpflichtig. Fahrzeuge über 3,5 Tonnen müssen bei der Einreise eine Schwerlastabgabe beim Zoll entrichten.
Frankreich: Das französische Autobahnnetz wird zu etwa 75 Prozent von Privatgesellschaften betrieben, die eine streckenabhängige Maut erheben. Ausnahmen gibt es bei Teilen der Stadtautobahnen in Paris, Lyon, Bordeaux, Marseille und Toulouse. Zudem sind einige autobahnähnlich ausgebaute Fernstraßen mautfrei. Ob eine Gebühr entrichtet werden muss, ist am Hinweis *péage* zu erkennen.

Spanien: In unserem Reiseland Spanien bietet sich hingegen ein sehr erfreuliches Bild. Dort werden gegenwärtig immer mehr Mautstationen demontiert und seit 2021 sind zwei wichtige Autobahnen in den Süden mautfrei. So gelangt man mittlerweile kostenfrei von der französischen Grenze bis nach Alicante, aber auch von Barcelona bis nach Zaragoza.

Hintergrund der Mautfreiheit ist das Auslaufen der staatlichen Konzessionen für die privaten Autobahnbetreiber. Dadurch fallen die Straßen zurück in die öffentliche Hand, die ihr Streckennetz gebührenfrei betreibt. Pläne für eine Neuvergabe der Konzessionen gibt es derzeit nicht.

Generell gibt es in Spanien zwei Typen von Autobahnen: Die mautpflichtigen, meist privat betriebenen ***Autopistas*** (AP) und die mautfreien staatlichen ***Autovias*** (A). Ob Sie für einen Streckenabschnitt bezahlen müssen, erkennen Sie am Hinweis *peaje/toll*. Mittlerweile ist die Mehrheit der Autobahnen in Staatshand und damit gebührenfrei.

Die **Bezahlung** erfolgt sowohl in Frankreich als auch Spanien an den Mautstationen in bar (Münzgeld bereithalten) oder mit Kreditkarte. Immer verbreiteter sind **elektronische Abrechnungssysteme (*Télépéage* *oder* *Télépéaje*)**. Wohnmobile bis 3,5 Tonnen können dazu den gebührenpflichtigen Transponder der französischen Firma ***bip&go***, www.bipandgo.com nutzen. Er wird online bestellt, die Abrechnung der Einzelbeträge erfolgt über Kreditkarte und man kann ihn auch für die Länder **Italien**, **Spanien** und **Portugal** freischalten.

Wohnmobile über 3,5 Tonnen und 3,00 Metern Höhe können sich seit Juli 2022 über die neue **Camper-Mautbox** freuen, die der ADAC in Kooperation mit DKV Mobility anbietet. Die Mautbox wird bislang in den Ländern **Frankreich, Italien, Spanien** und **Portugal**, aber auch in **Bulgarien** und **Österreich** akzeptiert. Für eine Jahresgebühr von 99,00 Euro kein ganz preiswerter Spaß, aber eine Erleichterung im europäischen Dschungel der Mautsysteme. Erhältlich ist die Camper-Mautbox beim ADAC, www.adac.de.

Das **Tankstellennetz** ist in Katalonien sehr dicht. Wenn Sie jedoch weiter ins Hinterland fahren, lohnt es sich, vor Bergetappen auf einen gefüllten Tank zu achten. Häufig werden Sie auch noch einem Tankwart begegnen, der Ihnen hilfsbereit zur Seite steht. Viele Tankstellen funktionieren jedoch in Selbstbedienung, sind damit rund um die Uhr zu nutzen und die Abrechnung erfolgt über die Kreditkarte. Die Preise werden staatlich festgelegt und unterscheiden sich bei den verschiedenen Betreibern nur unwesentlich. Teurer ist das Tanken hingegen an Autobahnraststätten.

In **Spanien** gibt es zurzeit **fünf Umweltzonen**. Diese liegen in **Madrid**, **Barcelona**, **Sevilla**, **Valencia** und **Valladolid**. Nur die Zone in Barcelona ist permanent gültig. Die anderen sind wetterbedingte Luftschutzzonen und werden nur bei starker Luftverschmutzung aktiviert. Welche Fahrzeuge dann verboten sind, ist nicht generell festgelegt. Je nach Grad der Luftverschmutzung entscheidet die Regierung, welche Fahrzeuge weiterhin einfahren dürfen.

Bis zum Jahr 2023 muss jede spanische Stadt mit über 50.000 Einwohnern eine Umweltzone einführen, so dass diese in den kommenden Jahren deutlich zunehmen werden. Welche Regeln dann gelten, ist noch nicht bekannt.

Auch im Transitland **Frankreich** gibt es in vielen Städten Umweltzonen, die sowohl dauerhaft als auch temporär ausgewiesen sind. Sie dürfen nur mit der **Crit'Air-Vignette** befahren werden. Dies gilt ebenfalls für ausländische Fahrzeuge und die Plakette kann nur online bestellt werden. Die deutsche Plakette reicht nicht aus.

In aller Regel werden Sie nicht in die Verlegenheit kommen, mit Ihrem Wohnmobil in eine der Umweltzonen einzufahren, da sich diese meist auf die Kernstadtbereiche beschränken. Dennoch lohnt es sich vorab gut informiert zu sein und eine eventuell benötigte Vignette oder Registrierung vor der Reise zu besorgen, um hohe Strafen zu vermeiden.

Eine gute Hilfe ist dabei die **Green-Zones-App**, die über alle europäischen Umweltzonen informiert. Sie zeigt an, wo genau die Umweltzonen liegen und welche Vorgaben zu erfüllen sind. Die temporären Umweltzonen werden je nach Status eingefärbt und erscheinen bei Vorwarnungen orange, bei aktuellen Fahrverboten rot. Auch neue und künftige Zonen werden angezeigt. Zusätzlich gibt es eine Suchfunktion, über die sich abfragen lässt, ob der auserkorene Wohnmobil-Stellplatz innerhalb einer Umweltzone liegt. Über die App sind zudem die europäischen Umweltplaketten bestellbar. Erhältlich ist die App sowohl für Android- als auch iOS-Geräte über die jeweiligen App-Stores, www.green-zones.eu.

Zoll

Schengen sei Dank ist die Einfuhr von Waren zum persönlichen Gebrauch uneingeschränkt möglich. Die Einfuhr von Waffen ist grundsätzlich verboten und für Reisende aus der Schweiz gelten gesonderte Zollvorschriften.
Vorsicht ist bei einem Ausflug in den Zwergstaat Andorra geboten. Das kleine Land gilt als steuerfreies Einkaufsparadies für Elektronikgeräte, Tabak und Alkohol. Grenzkontrollen sind deshalb auf spanischer als auch französischer Seite üblich und Sie sollten vorab einen Blick auf die längst vergessenen Zollbestimmungen werfen.

Stichwortverzeichnis

Bildnachweis

Mirador de la Creu de Guils (Tour 2)

Der WOMO® Online-Service

Nutzen Sie auch das Angebot unseres Online-Shops!
Unter **www.womo.de** finden Sie nicht nur sämtliche Reiseführer, sondern weitere wertvolle Anregungen und Zusatzinformationen – von der Gesamtübersicht aller Touren eines WOMO-Reiseführers bis zu weiterführendem Material.
Dazu gehören:

- die **besten Autokarten**, die garantiert die komplette Reiseroute abdecken
- und die **passenden Rother-Wanderführer** mit den schönsten Wanderregionen Ihres Reiselandes.

Einfach sicher unterwegs.

Sichern Sie Ihr Wohnmobil ab: mit unserer **exklusiven**, universellen und **sofort sichtbaren** Einbruchssperre. Sie wird **ganz einfach** in die beiden Tür-Armlehnen eingehängt, zusammengeschoben und abgeschlossen.

Der WOMO® Knackerschreck

- Passend für Ducato, Peugeot, Renault Master, MB Sprinter bis 2018 und VW (alle Typen)
- Krallen aus **10 mm massivem**, einbrennlackiertem, also nahezu unverwüstlichem Stahl

und nur bei **www.womo.de**

Alle WOMO® Reiseführer auf einen Blick

Albanien, Ulrike und Frank Staub
Allgäu, Heiner Newe
Andalusien, Christina und Christian Winkler
Baden-Württemberg, Heiner Newe
Baltikum, Stefanie Holtkamp und Andrea Bergmann Neu 2024
Bayern Der Nordosten, Heiner Newe
Bayern Der Südosten, Christina und Christian Winkler
Bayern Der Nordwesten, Heiner Newe
Belgien/Luxemburg, Ulrike und Frank Staub
Bretagne, Anette Scharla-Dey und Franz Peter Tschauner
Burgund, Ralf Gréus Neu 2024
Dänemark, Anke Globi
Elsass, Ralf Gréus
England Der Süden, Christina und Christian Winkler Neu 2024
England Der Norden, Christina und Christian Winkler
Finnland, Uwe und Annegret Rohland
Französische Alpen, Heiner Newe
Französischer Jura, Heiner Newe
Griechenland, Waltraud Roth-Schulz und Reinhard Schulz
Harz, Heiner Newe
Hessen Der Norden, Anette Scharla-Dey und Franz Peter Tschauner
Hessen Mitte und Süden, Anette Scharla-Dey und Franz Peter Tschauner
Hunsrück/Mosel/Eifel, Anette Scharla-Dey und Franz Peter Tschauner
Irland, Uwe und Annegret Rohland
Island, Jutta und Alexander Ramin
Katalonien, Ulrike und Frank Staub Neu 2024
Korsika, Stefanie Holtkamp und Andrea Bergmann Neu 2024
Kroatien und Montenegro, Anne und Michael Lindner Neu 2024
Languedoc-Roussillon, Ralf Gréus Neu 2024
Ligurien, Ralf Gréus
Lothringen, Friedrich Riehl
Lüneburger Heide, Heiner Newe
Marokko, Ulrike und Frank Staub
Mecklenburg-Vorpommern Teil 1, Stefanie Holtkamp und Andrea Bergmann
Mecklenburg-Vorpommern Teil 2, Stefanie Holtkamp und Andrea Bergmann
Münsterland, Regina Stockmann
Namibia, Ute Nast-Linke und Frank Linke
Neuseeland Nordinsel, Andrea Lossen und Dieter Giesen
Neuseeland Südinsel, Andrea Lossen und Dieter Giesen Neu 2024
Niederlande, Friedrich Riehl
Normandie, Anette Scharla-Dey und Franz Peter Tschauner Neu 2024
Norwegen Der Süden, Waltraud Roth-Schulz und Reinhard Schulz
Norwegen Der Norden, Waltraud Roth-Schulz und Reinhard Schulz
Österreich Der Osten, Christina und Christian Winkler
Österreich Der Westen, Christina und Christian Winkler
Ostfriesland, Heiner Newe

Weitere Infos unter **www.womo.de**

Pfalz, Ralf Gréus
Piemont und Aostatal, Ralf Gréus
Peloponnes, Waltraud Roth-Schulz und Reinhard Schulz
Polen Der Norden, Nicola Kluftinger
Portugal Der Norden, Stephanie Seufert Neu 2024
Portugal Der Süden, Stephanie Seufert Neu 2024
Provence Der Westen, Ralf Gréus
Provence Der Osten, Ralf Gréus
Pyrenäen, Stefanie Holtkamp und Andrea Bergmann
Rumänien, Christina und Christian Winkler
Sachsen, Anette Scharla-Dey und Franz Peter Tschauner
Sardinien, Waltraud Roth-Schulz und Reinhard Schulz
Schleswig-Holstein und Hamburg, Heiner Newe
Schottland, Anke Globi Neu 2024
Schwarzwald, Ralf Gréus
Schweden Der Norden, Uwe und Annegret Rohland
Schweden Der Süden, Anke Globi Neu 2024
Schweiz Der Osten, Stefanie Holtkamp und Andrea Bergmann
Schweiz Der Westen, Stefanie Holtkamp und Andrea Bergmann
Sizilien, Christina und Christian Winkler Neu 2024
Slowakei, Ulrike und Frank Staub
Slowenien, Silvia Sussmann und Peter Simm
Spanien Der Norden, Waltraud Roth-Schulz und Reinhard Schulz
Süditalien Der Osten, Waltraud Roth-Schulz und Reinhard Schulz
Süditalien Der Westen, Waltraud Roth-Schulz und Reinhard Schulz
Südafrika Krügernationalpark, Ute Nast-Linke und Frank Linke
Südwestfrankreich, Stefanie Holtkamp und Andrea Bergmann
Südtirol, Waltraud Roth-Schulz und Reinhard Schulz
Tal der Loire und Paris, Anette Scharla-Dey und Franz Peter Tschauner
Thüringen, Katja Eisenschmidt
Toskana und Elba, Ralf Gréus
Trentino und Gardasee, Angela Misslbeck Neu 2024
Umbrien und Marken, Ralf Gréus
Ungarn, Silvia Sussmann und Peter Simm
USA Südwesten mit Yellowstone, Regina Stockmann Neu 2024
Venetien und Friaul, Christina und Christian Winkler
Wales, Christina und Christian Winkler Neu 2024
Zentralspanien Der Osten, Ulrike und Frank Staub
Zentralspanien Der Westen, Ulrike und Frank Staub

Außerdem im Programm:
Die gordische Lüge – Reiseroman, Ralf Gréus
Allgemeines Wohnmobil Handbuch, Reinhard Schulz
Allgemeines Wohnmobil Kochbuch, Waltraud Roth-Schulz
Heitere Wohnmobil Geschichten, Silvia Sussmann und Peter Simm

Ihr WOMO® Stellplatz-Dienst

Wir führen Sie zu den **schönsten Orten**, die unsere erfahrenen Autoren **selbst besucht und getestet** haben. Die GPS-Daten ihrer Stell- und Campingplatz-Empfehlungen finden Sie im Online-Shop unter **www.womo.de**

Mehr erfahren. Mehr erleben.

womo.de ist der **Spezialist** für Ihren entspannten **Erlebnisurlaub auf vier Rädern**. Profitieren Sie für Ihre Reisevorbereitung und -planung von unserer **jahrzehntelangen Erfahrung**. Seit 2022 arbeiten wir daran, Bewährtes noch besser zu machen: Dazu gehört die **moderne Optik** unserer neu gestalteten und **neu aufgelegten** Reiseführer.

Selbstverständlich werden unsere WOMO-Reiseführer permanent auf einen **aktuellen inhaltlichen Stand** gebracht. Jeder einzelne bietet eine Fülle an Ideen, Inspiration und Information **für Ihren Erlebnisurlaub**.

Wenn Sie persönliche Anregungen oder **konkrete Fragen zu Ihrer Reiseplanung haben**, dann schreiben Sie uns gern unter: **verlag@womo.de**

Den kostenlosen Download-Link für die **GPS-Daten** zu diesem WOMO-Reiseführer finden Sie im Shop unter: **www.womo.de**
Ihr Passwort lautet: **Ka2xdz**

WOMO®
Der Wohnmobil-Verlag
An der Liethe 4
36452 Kaltennordheim
Telefon: 036946 20691
www.womo.de